AKADEMIE DER WISSENSCHAFTEN UND DER LITERATUR

JAHRBUCH 2001

52. Jahrgang

AKADEMIE DER WISSENSCHAFTEN UND DER LITERATUR · MAINZ
FRANZ STEINER VERLAG · STUTTGART

Akademie der Wissenschaften und der Literatur, Mainz
Geschwister-Scholl-Straße 2
D-55131 Mainz

Telefon 0 61 31 / 5 77-(0)
Telefax 0 61 31 / 5 77-1 11

Telefax 0 61 31 / 5 77-1 04 (Dr. Servatius)
Telefax 0 61 31 / 5 77-1 33 (Stemmler)
Telefax 0 61 31 / 5 77-2 06 (Klein)

Internet: http://www.adwmainz.de

ISBN 3-515-08089-9

Herstellung: Lektorat der Akademie, e-mail lektorat@adwmainz.de

Satz und Druck: Rheinhessische Druckwerkstätte, Alzey
April 2002

Gedruckt auf säurefreiem, chlorfrei gebleichtem Papier

Printed in Germany

Persönlichkeit auf wissenschaftlichem Gebiet hat nur der, der rein der Sache dient.

[Max Weber, Wissenschaft als Beruf, 1919]

Inhalt

Das Berichtsjahr

Präsidium

Präsident

Dr. Clemens Zintzen, o. Professor

Vizepräsidenten

Mathematisch-naturwissenschaftliche Klasse
Dr. Elke Lütjen-Drecoll, o. Professorin

Geistes- und sozialwissenschaftliche Klasse
Dr. Dr. h.c. Helmut Hesse, o. Professor

Klasse der Literatur
Walter Helmut Fritz

*

Generalsekretär

Dr. Wulf Thommel

Geldverwendungsausschuß

Präsident: Zintzen

Vizepräsidenten: Lütjen-Drecoll, Hesse, Fritz

Mitglieder: Bender, Henning, Schaefer

Generalsekretär: Thommel

*

Verein der Freunde und Förderer der Akademie der Wissenschaften und der Literatur zu Mainz e.V.

Vorsitzender: Dr. Klaus G. Adam

Präsident: Professor Dr. Clemens Zintzen
Büro: Juliane Klein

Verwaltung

(Stand 1. März 2002)

Generalsekretär: Dr. iur. Wulf Thommel
Sekretariat: Gabriele Lang

Stellvertreter des Generalsekretärs; Koordinierungsaufgaben:
Dr. phil. Carlo Servatius, Ltd. Akademischer Direktor
Sekretariat: Sieglinde Olszowy

Büroleitender Beamter: Wolfgang Stemmler, Oberamtsrat
Stellvertreterin: Gabriele Ladner, Verwaltungsangestellte

*

Referentin der Klasse der Literatur: Dr. Gabriele Söhling

Bibliothek und Schriftentausch: Eva-Katharina Kalb

Lektorat und Herstellung: Olaf Meding M.A.
Gabriele Corzelius

Koordinierung der musikwissenschaftlichen Editionen: Dr. Gabriele Buschmeier
Sekretariat: Gabriele Biersch

*

Sachbearbeitung: Karola Borg, Mario Duvnjak, Sabine Gill,
Birgitt Hatzinger, Marc Stütz, Heidi Thierolf

Hausverwaltung: Reinhard Lukas, Christa Müller

Personalrat

Dipl.-Biol. Almuth Alsleben, Kiel; Karola Borg (stellv. Vorsitz), Mainz;
Dr. Gabriele Buschmeier, Mainz; Olaf Meding M.A., Mainz;
Dr. Ekkehart Rotter (stellv. Vorsitz), Frankfurt;
Dr. Dieter Rübsamen (Vorsitz), Mainz; Dr. Manfred Wenzel, Marburg

*

Sprecherin der wissenschaftlichen Mitarbeiterinnen und Mitarbeiter:
PD Dr. Daniela Philippi (Mainz), Vertreter: Dr. Ulrich Schmidt (Tübingen)

*

Beauftragte: Dr. Rüdiger Fuchs (Datenschutz),
Tanja Gölz M.A., Vertreterin: Sabine Gill (Gleichstellung),
Professor Dr. Ernst-Dieter Hehl (Netzwerk und Sicherheit)

Mitglieder

Stand: 1. März 2002 – Die ordentlichen Mitglieder sind durch Sternchen (*) gekennzeichnet.

Alp, Dr. phil., Dr. h.c. Sedat, o. Professor, Çankaya cad. 18/6, TR-06680 Ankara-Çankaya, Türkei, Hethitologie.

*Andreae, Dr. phil. Bernard, Professor, Via del Monte della Farina 30, I-00187 Rom, Tel./Fax 00 39 06/6 87 71 99, Archäologie.

Arf, Dr. Cahit, Professor, Matematik Enstitüsü, Kücükbebek, Caddesi, Basaren Apt. No: 8, Istanbul, Türkei, Zahlentheorie.

Arias, Dr. phil. Paolo Enrico, privat: Viale delle Piagge 8, I-56124 Pisa, Tel. 00 39 50/57 05 00, Griechische Archäologie.

*Ax, Dr. rer. nat. Peter, em. o. Professor, Institut für Zoologie und Anthropologie, Georg-August-Universität, Berliner Straße 28, 37073 Göttingen, Tel. 05 51/39 54 64, Fax 05 51/39 54 48, privat: Gervinusstraße 3a, 37085 Göttingen, Tel. 05 51/4 33 59, Zoologie.

*Barthlott, Dr. rer. nat. Wilhelm, o. Professor, Botanisches Institut der Universität Bonn, Meckenheimer Allee 170, 53115 Bonn, Tel. 02 28/73 25 26, Fax 02 28/73 31 20, e-mail barthlott@uni-bonn.de, privat: Trierer Str. 145, 53115 Bonn, Botanik.

Bauer, Dr. ès Lettres Roger, em. o. Professor, Institut für Allgemeine und Vergleichende Literaturwissenschaft, Schellingstraße 3, 80799 München, privat: Aiblingerstraße 8, 80639 München, Tel. 0 89/16 87 59, Neuere deutsche Literatur und Vergleichende Literaturwissenschaft.

Baumgärtner, Dr. rer. nat. Franz, em. o. Professor, Institut für Radiochemie der Technischen Universität München, privat: Grosostraße 10d, 82166 Gräfelfing, Tel. 0 89/85 13 47, Fax 0 89/8 54 44 87, e-mail bgtbgt@web.de, Radiochemie.

Bazin, Dr. phil. Louis, Professor, Institut d'Etudes Turques, 13, rue de Santeuil, F-75231 Paris Cedex 05, Tel. 0 03 31/1-45 87 40 72, privat: 77, quai du Port-au-Fouarre, F-94100 Saint-Maur, Turkologie.

*Becker, Jürgen, Am Klausenberg 84, 51109 Köln, Literatur.

Belentschikow, Dr. phil. habil. Renate, Professorin, Institut für fremdsprachliche Philologien, Otto-von-Guericke-Universität, Vichowstraße 24, 39104 Magdeburg, Tel. 03 91/6 71 65 55, Fax 03 91/6 71 65 53, e-mail renate.belentschikow@gse-w.uni-magdeburg.de, privat: Renneweg 25 A, 39130 Magdeburg, Tel. 03 91/7 44 97 53, Fax 03 91/7 23 89 43, Slavistische Linguistik.

*Bellen, Dr. phil. Heinz, em. o. Professor, Institut für Alte Geschichte, Johannes Gutenberg-Universität, 55099 Mainz (Paketpost: Saarstraße 21, 55122 Mainz), Tel. 06131/3922752, privat: Alfred-Nobel-Straße 23, 55124 Mainz, Tel. 06131/472919, Alte Geschichte.

Bellow, Saul, Professor, University of Chicago, 1126 E. 59th St., Chicago, Illinois 60637, USA, Tel. 001312/9628405, Literatur.

Belmonte, Dr. med. Ph.D. Carlos, Professor & Director, Instituto de Neurociencias, Universidad Miguel Hernández and Consejo Superior de Investigaciones Científicas, Apdo. 18, 03550 San Juan de Alicante, Alicante (Spain), Tel. 034/965919530, 034/965919545, Fax 034/965919547, e-mail carlos.belmonte@umh.es, privat: Tel. 034/965943036, Neurophysiologie.

*Bender, Dr. h.c. Hans, Professor, Taubengasse 11, 50676 Köln, Tel. 0221/230131, Literatur.

*Benedum, Dr. phil. Jost, o. Professor, Institut für Geschichte der Medizin, Jheringstraße 6, 35392 Gießen, Tel. 0641/99-47700, Fax 0641/99-47709, privat: In den Gärten 22, 35398 Gießen, Tel. 06403/2430, Geschichte der Medizin.

*Birbaumer, Dr. rer. nat. Niels-Peter, Professor, Institut für Medizinische Psychologie und Verhaltensneurobiologie, Gartenstr. 29, 72074 Tübingen, Tel. 07071/2974219, Fax 07071/295956, e-mail niels.birbaumer@uni-tuebingen.de, Psychologie.

*Bock, Dr. rer. nat., Dr. rer. nat. h.c. Hans, Professor, FB 14: Marie-Curie-Str. 11, 60439 Frankfurt, Tel. 069/79829181, Fax 069/79829188, privat: Rombergweg 1a, 61462 Königstein, Tel. 06174/931016, Anorganische Chemie.

Böhner, Dr. phil., Dr. h.c. Kurt, Professor, Generaldirektor des Römisch-Germanischen Zentralmuseums i. R., privat: Am Holderstock 21, 91725 Ehingen, Tel. 09835/309, Prähistorische Archäologie.

Borbein, Dr. phil. Adolf Heinrich, Universitätsprofessor, Institut für Klassische Archäologie der Freien Universität Berlin, Otto-von-Simson-Str. 11, 14195 Berlin, Tel. 030/83853712, Fax 030/83856578, e-mail borbein@zedat.fu-berlin, privat: Wundtstr. 58/60, 14057 Berlin, Klassische Archäologie.

*Borchers, Elisabeth, Arndtstraße 17, 60325 Frankfurt, Tel. 069/746391, Literatur.

Brang, Dr. phil. Peter, o. Professor, privat: Bundtstraße 20, CH-8127 Forch/Zürich, Tel. 00411/9800950, e-mail peka.brang@ggaweb.ch, Slavische Philologie.

Braun, Volker, Wolfshagener Straße 68, 13187 Berlin, Tel./Fax 030/47535752, Literatur.

Büchel, Dr. rer. nat., Dr. h.c. mult. Karl Heinz, Professor, privat: Dabringhausener Straße 42, 51399 Burscheid, Tel. 02174/60932, Organische Chemie.

*Buchmann, Dr. rer. nat. Johannes, Professor, TU Darmstadt, FB Informatik, Alexanderstraße 10, 64283 Darmstadt, Tel. 06151/163416, Fax 06151/166036, e-mail buchmann@cdc.informatik.tu-darmstadt.de, privat: Heinrich-Delp-Str. 142 A, 64297 Darmstadt, Tel. 06151/537563, Informatik.

Chantraine, Dr. phil. Heinrich, o. Professor, Seminar für Alte Geschichte, Schloß, 68131 Mannheim, Tel. 0621/2922886, privat: Neudorf 33, 64756 Mossautal, Tel. 06062/3234, Alte Geschichte.

Debus, Dr. phil. Friedhelm, em. o. Professor, Germanistisches Seminar, Christian-Albrechts-Universität Kiel, 24098 Kiel, (Paketpost: Haus Leibnizstr. 8, Olshausenstr. 40, 24118 Kiel), Tel. 0431/8802310, Fax 0431/8807302, privat: Dorfstraße 21, 24241 Schierensee, Tel. 04347/7505, Deutsche Philologie.

Demargne, Dr. phil. Pierre, Professor, Les Hespérides Vaugirard, 233, Rue de Vaugirard, F-75015 Paris, Tel. 00331/45666922, Griechische Archäologie.

Dhom, Dr. med. Georg, em. o. Professor, Am Webersberg 20, 66424 Homburg, Tel. 06841/3813, Pathologie.

Diestelkamp, Dr. iur., Dr. iur. h.c. Bernhard, em. Professor, Kiefernweg 12, 61476 Kronberg, Tel. 06173/63559, Fax 06173/640819, Bürgerliches Recht, Rechtsgeschichte.

*Dingel, Dr. phil. theol. habil. Irene, Professorin, FB Evangelische Theologie, Johannes Gutenberg-Universität Mainz, 55099 Mainz, Tel. 06131/3922749, e-mail dingel@mail.uni-mainz.de, privat: Am Sportplatz 5a, 55270 Ober-Olm, Tel. 06136/850492, Fax 06136/850494, Evangelische Theologie, Kirchen- und Dogmengeschichte.

*Dittberner, Dr. phil. Hugo, Hauptstr. 54, 37589 Echte, Tel. 05553/3688, Fax 05553/3648, Literatur.

*Dorst, Tankred, Karl-Theodor-Straße 102, 80796 München, Literatur.

*Duchhardt, Dr. phil. Heinz, Professor, Direktor am Institut für Europäische Geschichte, Alte Universitätsstraße 19, 55116 Mainz, Tel. 06131/39-39360, Fax 06131/39-30154, e-mail ieg2@inst-euro-history.uni-mainz.de, privat: Backhaushohl 29a, 55128 Mainz, Tel. 06131/364441, Neuere Geschichte.

Duden, Anne, 36 Ellesmere Road, London NW 10 1JR, Tel. 0208/2081421, Literatur.

Duncan, Dr. rer. nat. Ruth, Professorin, Centre for Polymer Therapeutics, Welsh School of Pharmacy, Cardiff University, King Edward VII Avenue, GB-Cardiff CF10 3XF, 004429/20874180, Fax 004429/20874536, e-mail duncanr@cf.ac.uk, privat: Tel. 00442920/453253, Zellbiologie und Pharmazie.

Ehlers, Dr. rer. nat. Jürgen, em. Professor, Max-Planck-Institut für Gravitationsphysik, Albert-Einstein-Institut, Am Mühlenberg 1, 14476 Golm, Tel. 0331/5677110, Fax 0331/5677298, e-mail office@aei.mpg.de, privat: In der Feldmark 15, 14476 Golm, Theoretische Physik.

*Ehrenberg, Dr. rer. nat. Hans, em. o. Professor, Institut für Kernphysik, Postfach 3980, 55099 Mainz, Tel. 06131/3925830, privat: Alfred-Mumbächer-Straße 38, 55128 Mainz, Tel. 06131/331312, Kernphysik.

Ehrhardt, Dr. rer. nat. Helmut, Professor, FB Physik der Universität Kaiserslautern, Erwin-Schrödinger-Straße 56, 67663 Kaiserslautern, Tel. 0631/2052382, Fax 0631/2052834, privat: Spinozastraße 29, 67663 Kaiserslautern, Tel. 0631/17407, Experimentalphysik.

Falter, Dr. rer. pol. Jürgen, o. Professor, Institut für Politikwissenschaft, Johannes Gutenberg-Universität Mainz, 55099 Mainz, Tel. 06131/3922661, Fax 06131/3922996, e-mail falter@politik.uni-mainz.de, privat: Auf dem Albansberg 11, 55131 Mainz, Tel. 06131/940395, Fax 06131/940396, Politikwissenschaft.

Finscher, Dr. phil. Ludwig, em. o. Professor, Am Walde 1, 38302 Wolfenbüttel, Tel. 05331/32713, Fax 05331/33276, Musikwissenschaft.

Fischer, Dr. Alfred G., Professor, Princeton University, Department of Geological and Geophysical Sciences, Guyot Hall, Princeton/New Jersey 08544, USA, Tel. 001-609-452-4101, Geologie und Paläontologie.

von Fischer, Dr. phil. Kurt, em. o. Professor, Burgerheim HH 74, Postfach 5672, Viererfeldweg 7, CH-3001 Bern, Tel. 0041/31/3029059, Musikwissenschaft.

*Fleckenstein, Dr. med. Bernhard, o. Professor, Institut für Klinische und Molekulare Virologie der Friedrich-Alexander-Universität Erlangen-Nürnberg, Schloßgarten 4, 91054 Erlangen, Tel. 09131/8523563, Fax 09131/8522101, e-mail fleckenstein@viro.med.uni-erlangen.de, privat: Tel. 09199/931, Virologie.

Font, Dr. phil. Márta, o. Professorin, Középkori és Koraújkori Történeti Tanszék, Rókus u. 2, H-7624 Pécs, Tel./Fax 003672/501-572, e-mail font@btkpte.hu, privat: Légszeszgyár u. 5, H-7622 Pécs, Tel. 003672/532014, Mittelalterliche Geschichte.

*Frenzel, Dr. rer. nat., Dr. phil. h.c. Burkhard, em. o. Professor, Institut für Botanik 210 der Universität Hohenheim, Garbenstraße 30, 70599 Stuttgart, Tel. 0711/4593594, Fax 0711/4593355, e-mail bfrenzel@uni-hohenheim.de, privat: Friedhofstraße 10, 70771 Leinfelden-Echterdingen, Tel./Fax 0711/795267, Botanik.

*Fried, Dr. Johannes, o. Professor, Historisches Seminar der Johann Wolfgang Goethe-Universität, Grüneburgplatz 1, 60629 Frankfurt, Tel. 069/79832426, Fax 069/79832425, e-mail fried@em.uni-frankfurt.de, privat: Friedrichstraße 13a, 69117 Heidelberg, Tel. 06221/20395, Fax 06221/181560, Geschichtswissenschaften.

*Fritz, Walter Helmut, Kolberger Straße 2a, 76139 Karlsruhe, Tel. 0721/683346, Literatur.

Fuchs, Dr. med. Christoph, Professor, Bundesärztekammer, Postfach 410220, 50862 Köln (Paketpost: Herbert-Lewin-Straße 1, 50931 Köln), Tel. 0221/4004-400/401, Fax 0221/4004-380, privat: Königstr. 32a, 50321 Brühl, Tel. 02232/942975, Fax 02232/942977, Physiologie und Innere Medizin.

*Funke, Dr. phil. Gerhard, em. o. Professor, Philosophisches Seminar Universität Mainz, 55099 Mainz (Paketpost: Saarstraße 21, 55122 Mainz), Tel. 06131/3922388, privat: Viktoriastraße 5, 76646 Bruchsal, Tel. 07251/2786, Philosophie.

Furrer, Dr. phil. Gerhard, Professor, Geographisches Institut der Universität Zürich, privat: Im Leisibühl 45, CH-8044 Gockhausen, Tel. 0041/1/8212858, Geographie.

Galimov, Dr. rer. nat. Eric Mikhailovich, Professor, Director of V. I. Vernadsky Institute of Geochemistry and Analytical, Chemistry Russia Academy of Sciences, Kosyginstr. 19, 117975 Moscow, Russia, Tel. 007-095/1374127, Fax 007-095/9382054, e-mail galimov@geokhi.msk.su, Geochemie.

*Ganzer, Dr. theol. Klaus, em. o. Professor, Gärtnerweg 38, 86825 Bad Wörishofen, Tel. 08247/332244, Kirchengeschichte des Mittelalters und der Neuzeit.

Gärtner, Dr. phil. Kurt, Universitätsprofessor, FB II Sprach- und Literaturwissenschaften der Universität Trier, 54286 Trier (Paketpost: Universitätsring 15, 54286 Trier), Tel. 0651/2012323, Fax 0651/2013909, e-mail gaertner@uni-trier.de, privat: Sonnhalde 9, 35041 Marburg, Tel. 06421/35356, Fax 06421/35415, e-mail gaertnek@mailer.uni-marburg.de, Ältere deutsche Philologie.

Gerok, Dr. med., Dr. med. h.c. Wolfgang, em. o. Professor, Medizinische Universitätsklinik, Hugstetter Straße 55, 79106 Freiburg, privat: Horbener Straße 25, 79100 Freiburg, Tel. 0761/29373, Fax 0761/29382, Innere Medizin.

Gibbons, Dr. phil. Brian, Professor, Englisches Seminar der Westfälischen Wilhelms-Universität Münster, Johannisstraße 12-20, 48143 Münster, Tel. 0251/8324593, Fax 0251/8324827, e-mail gibbons@uni-muenster.de, privat: Burchardstraße 4, 48145 Münster, Tel. 0251/36195, Englische Philologie.

*Gottstein, Dr. rer. nat. Günter, o. Professor, Direktor am Institut für Metallkunde und Metallphysik, RWTH Aachen, 52056 Aachen, Tel. 0241/8026860, Fax 0241/8022608, e-mail gottstein@imm.rwth-aachen.de, privat: Steppenbergallee 181, 52074 Aachen, Tel. 0241/873167, Metallkunde, Metallphysik.

Götz, Dr. rer. nat. Karl Georg, Professor, Max-Planck-Institut für Biologische Kybernetik, Spemannstraße 38, 72076 Tübingen, Tel. 07071/601560, Fax 07071/601575, e-mail karl.goetz@tuebingen.mpg.de, privat: Ferdinand-Christian-Baur-Straße 15, 72076 Tübingen, Tel. 07071/64268, Biophysik.

Grauert, Dr. rer. nat., Dr. h.c. mult. Hans, o. Professor, Mathematisches Institut, Bunsenstraße 3–5, 37073 Göttingen, Tel. 0551/397749, privat: Ewaldstraße 67, 37075 Göttingen, Tel. 0551/41580, Mathematik.

Grégoire, Dr. med. Charles, em. Professor, Biochemisches Institut der Universität Lüttich, privat: 20, Route de Malmedy, B-4970 Stavelot, Elektronenmikroskopie (Biologie, Paläontologie).

Grehn, Dr. med., Dr. h.c. Franz, Professor, Direktor der Universitäts-Augenklinik Würzburg, Josef-Schneider-Str. 11, 97080 Würzburg, Tel. 0931/201-5601, Fax 0931/201-2245, e-mail f.grehn@augenklinik.uni-wuerzburg.de, privat: Walter-von-der-Vogelweide-Str. 34, 97074 Würzburg, Tel. 0931/7840500, Fax 0931/7840502, Augenheilkunde.

*Grewing, Dr. rer. nat. Michael, o. Professor, Direktor des Institut de Radio Astronomie Millimetrique (IRAM), 300, rue de la Piscine, Domaine universitaire de Grenoble, F-38406 Saint Martin d'Heres, Tel. 33/476824953, Fax 33/476515938, e-mail grewing@iram.fr, privat: Max-Planck-Str. 30, 72810 Gomaringen, Tel. 07072/6983, Astronomie.

Gründer, Dr. phil. Karlfried, em. o. Professor, Schuppenhörnlestraße 44, 79868 Feldberg/Falkau, Tel. 07655/534, Geschichte der Philosophie und der Geisteswissenschaften.

Gustafsson, Lars, Professor, 2312 Tower Drive, Austin, TX 78703, USA, Literatur.

Haberland, Dr. med., Dr. med. h.c. Gert L., Professor, August-Jung-Weg 12, 42113 Wuppertal, Tel. 0202/721630, Fax 0202/722742, Pharmakologie.

Habicht, Dr. phil. Werner, o. Professor, Institut für Englische Philologie, Universität Würzburg, Am Hubland, 97074 Würzburg, Tel. 0931/8885658, Fax 0931/8885674, e-mail whabicht@t-online.de, privat: Allerseeweg 14, 97204 Höchberg, Tel. 0931/49267, Anglistik.

Hadot, Dr. phil. Pierre, em. o. Professor, Collège de France, 11, Place Marcelin Berthelot, F-75231 Paris Cedex 05, Tel. 00331/44271019, privat: 2, rue Tolstoi, F-91470 Limours, Tel. 0033/1/64910503, Fax 0033/1/64915372, Philosophie und Geschichte der Geisteswissenschaften.

*Harig, Dr. phil. h.c. Ludwig, Oberdorfstraße 36, 66280 Sulzbach, Tel./Fax 06897/52936, Literatur.

Harnisch, Dr. rer. nat., Dr.-Ing. e.h. Heinz, Professor, Hoechst AG, Forschungszentrum, Postfach 800320, 65903 Frankfurt, Tel. 069/3051, privat: Narzissenweg 8, 53925 Kall-Benenberg, Tel. 02482/2404, Angewandte Anorganische Chemie.

*Härtling, Peter, Finkenweg 1, 64546 Mörfelden-Walldorf, Tel. 06105/6109, Fax 06105/74687, Literatur.

*Hartung, Harald, Professor, Rüdesheimer Platz 4, 14197 Berlin, Tel. 030/82704431, Fax 030/82704430, Literatur.

*Haubrichs, Dr. phil. Wolfgang, o. Professor, Philosophische Fakultät II, FR 4.1 Germanistik, Universität des Saarlandes, Postfach 151150, 66041 Saarbrücken (Paketpost: Universität, 66123 Saarbrücken), Tel. 0681/302-2328, Fax 0681/302-2293, e-mail w.haubrichs@mx.uni-saarland.de, privat: Dr. Schier-Straße 14k, 66386 St. Ingbert, Tel. 06894/87176, Deutsche Literatur des Mittelalters und Deutsche Sprachgeschichte.

*Hausherr, Dr. phil. Reiner, o. Univ.-Professor, Kunsthistorisches Institut, Koserstraße 20, 14195 Berlin, Tel. 030/83853811, Fax 030/83853810, privat: Motzstraße 6, 10777 Berlin, Tel. 030/2153735, Kunstgeschichte.

*Heinen, Dr. phil. Heinz, o. Professor, Universität Trier, FB III, Alte Geschichte, 54286 Trier, Tel. 0651/2012437, Fax 0651/2013926, e-mail heinen@uni-trier.de, privat: In der Pforte 11, 54296 Trier, Tel. 0651/16121, Alte Geschichte.

*Heitsch, Dr. phil. Ernst, em. o. Professor, Mattingerstraße 1, 93049 Regensburg, Tel. 0941/31944, Klassische Philologie.

*Hempel, Dr. phil. Wido, em. o. Professor, Romanisches Seminar, Wilhelmstraße 50, 72074 Tübingen, Tel. 07071/2972376, privat: Schönbuchstraße 20, 72135 Dettenhausen, Tel. 07157/64066, Romanische Philologie und Vergleichende Literaturwissenschaft.

*Henn, Dr.-Ing., Dr. h.c. mult. Walter, em. o. Professor, Ramsachleite 13, 82418 Murnau, Tel. 08841/9531, Fax 08841/99390, Industriebau.

*Henning, Dr. phil. Hansjoachim, o. Professor, FB Philosophie, Religions- und Gesellschaftswissenschaften, 47048 Duisburg, Tel. 0203/3793083/3791385, Fax 0203/3793084, e-mail h.henning@uni-duisburg.de, privat: Kapellenerstraße 45, 47239 Duisburg, Tel. 02151/409549, Wirtschafts- und Sozialgeschichte.

Herrmann, Dr. rer. nat. Günter, em. o. Professor, Institut für Kernchemie, 55029 Mainz (Paketpost: Fritz-Straßmann-Weg 2, 55099 Mainz), Tel. 06131/3925852, Fax 06131/3924488, privat: Kehlweg 74, 55124 Mainz, Tel. 06131/472899, Chemie.

Herrmann, Dr. rer. nat., Dr. h.c. mult. Wolfgang A., Professor, Präsident der TU München, Lehrstuhl für Anorganische Chemie I, Anorganisch-Chemisches Institut, Technische Universität München, 85747 Garching (Paketpost: Lichtenbergstraße 4, 85748 Garching), Tel. 089/289/22200, Fax 089/289/23399, e-mail praesident@tu-muenchen.de oder herrmann@zaphod.anorg.chemie.tu-muenchen.de, privat: Gartenstraße 69c, 85354 Freising, Tel. 08161/12425, Fax 08161/12973, Anorganische Chemie.

Herzog, Dr. iur. Roman, Professor, Bundespräsident a. D. (Ehrenmitglied), Postfach 860445, 81631 München.

*Hesse, Dr. rer. pol., Dr. h.c. Helmut, Professor, Berliner Straße 9, 37120 Bovenden, Tel. 0551/8875, Wirtschaftstheorie.

*Hillebrand, Dr. phil. Bruno, o. Professor, Deutsches Institut, 55099 Mainz (Paketpost: Saarstraße 21, 55122 Mainz), Tel. 06131/3922613, privat: Heinrich-Emerich-Str. 45, 88662 Überlingen, Tel. 07551/68160, Literatur, insbesondere Neuere deutsche Literaturgeschichte.

Himmelmann, Dr. phil., Dres. phil. h.c. Nikolaus, o. Professor, Archäologisches Institut und Akademisches Kunstmuseum der Universität Bonn, Am Hofgarten 21, 53113 Bonn, Tel. 0228/735011, privat: Körnerstraße 23, 53175 Bonn, Tel. 0228/351141, Klassische Archäologie.

*von Hinüber, Dr. phil. Oskar, o. Professor, Orientalisches Seminar (Indologie), Humboldtstraße 5, Kollegiengebäude III/1, 79085 Freiburg, Tel. 0761/2033158, Fax 0761/2033152, privat: Kartäuserstraße 138, 79102 Freiburg, Tel./Fax 0761/39112, Indologie.

Hirzebruch, Dr. rer. nat. Friedrich, o. Professor, Max-Planck-Institut für Mathematik, Gottfried-Claren-Straße 26, 53225 Bonn, Tel. 0228/402244, Fax 0228/402277, e-mail hirzebruch@mpim-bonn.mpg.de, privat: Thüringer Allee 127, 53757 St. Augustin, Tel. 02241/332377, Mathematik.

*Hoffmann, Dieter, 96160 Markt Geiselwind/Ebersbrunn, Unterfranken, Haus 19, Tel. 09556/1056, Fax 09556/817, Literatur.

*Hotz, Dr. rer. nat., Dr. h.c. mult. Günter, Ehrenprofessor der Academia Sinica, o. Professor, FB Informatik, Universität des Saarlandes, 66041 Saarbrücken, Tel. 0681/3022414, Fax 0681/3024812, e-mail hotz@cs.uni-sb.de, privat: Karlstraße 10, 66386 St. Ingbert, Tel. 06894/2678, Angewandte Mathematik und Informatik.

Huber, Dr. rer. nat., Drs. rer. nat. h.c., Dr. h.c. Franz, Professor, Max-Planck-Institut für Verhaltensphysiologie, 82319 Seewiesen, Tel. 08157/932335, Fax 08157/932209, privat: Watzmannstraße 16, 82319 Starnberg, Tel. 08151/15630, Zoologie.

*Issing, Dr. rer. pol., Dr. h.c. mult. Otmar, Professor, Mitglied des Direktoriums der Europäischen Zentralbank, Kaiserstraße 29, 60311 Frankfurt am Main, Postfach 160319, 60066 Frankfurt, Tel. 069/13447180, Fax 069/13447183, privat: Georg-Sittig-Straße 8, 97074 Würzburg, Tel. 0931/85312, Volkswirtschaftslehre, Geld und Internationale Beziehungen.

Jäger, Dr. rer. nat. Eckehart J., Universitätsprofessor, Institut für Geobotanik und Botanischer Garten, Martin-Luther-Universität Halle-Wittenberg, Neuwerk 21, 06108 Halle, Tel. 0345/5526210, Fax 0345/5527094, e-mail jaeger@botanik.uni-halle.de, privat: Lindenweg 8, 06179 Bennstedt, Tel. 034601/26078, Botanik.

*Jentschke, Dr. phil., Dr. rer. nat. h.c. Willibald, em. o. Professor, Kirchweg 10, OT Mackenrode, 37136 Landolfshausen, Tel. 05507/1469, Fax 0551/392705, e-mail gientsc@gwdg.de, Physik († 11. März 2002).

*Jost, Dr. rer. nat. Jürgen, Professor, Max-Planck-Institut für Mathematik in den Naturwissenschaften, Inselstraße 22–26, 04103 Leipzig, Tel. 0341/9959550, Fax 0341/9959555, e-mail jost@mis.mpg.de, privat: Stieglitzstraße 48, 04229 Leipzig, Mathematik.

von Kaenel, Dr. phil. Hans-Markus, o. Professor, Seminar für Griechische und Römische Geschichte, Abt. II, Geschichte und Kultur der römischen Provinzen sowie Hilfswissenschaften der Altertumskunde der Johann Wolfgang Goethe-Universität, 60629 Frankfurt/M. – Fach 136 (Paketpost: Grüneburgplatz 1, 60323 Frankfurt/M.), Tel. 069/79832265, Fax 069/79832268, e-mail v.kaenel@em.uni-frankfurt.de, privat: Gustav-Freytag-Straße 36, 60320 Frankfurt, Tel. 069/565178, Hilfswissenschaften der Altertumskunde.

Kahsnitz, Dr. phil. Rainer, Professor, Herzogstraße 58, 80803 München, Tel. 089/338456, Mittelalterliche Kunstgeschichte.

Kalkhof-Rose, Sibylle (Ehrenmitglied), Burgstraße 7, 55130 Mainz-Weisenau, Tel. 06131/81212.

Kandel, Dr. rer. nat. Eric Richard, Professor, Center for Neurobiology and Behavior, Columbia University, 722 West 168th Street, New York 10032, USA, Tel. 001212/9237269, privat: 9 Sigma Place, Riverdale, New York 10471, USA, Neurobiologie.

Kirchgässner, Dr. rer. nat. Klaus, Professor, Mathematisches Institut A, Pfaffenwaldring 57, 70569 Stuttgart, Tel. 0711/6855545, Fax 0711/6855535, privat: Kimbernstr. 49, 71101 Schönaich, Tel. 07031/651807, Mathematik.

*Kirsten, Wulf, Paul-Schneider-Straße 11, 99423 Weimar, Tel./Fax 03643/502889, Literatur.

Kitzinger, Dr. phil. Ernst, em. o. Professor, Harvard University, privat: 27, Vassov View Road, Poughkeepsie, NY 12603, USA, Kunstgeschichte.

Kleiber, Dr. phil. Wolfgang, em. o. Professor, FB 13, Deutsches Institut, Johannes Gutenberg-Universität, 55099 Mainz (Paketpost: Saarstraße 21, 55122 Mainz), Fax 06131/3923366; Institut für Geschichtliche Landeskunde an der Universität Mainz e.V., Tel. 06131/3924828, Fax 06131/3925508, e-mail kleiber@mail.uni-mainz.de, privat: Bebelstraße 24, 55128 Mainz, Tel. 06131/366786, Deutsche Philologie und Volkskunde.

* Kleßmann, Eckart, Kötherbusch 27a, 19258 Klein Bengerstorf, Tel./Fax 038843/ 21006, Literatur.

* Klingenberg, Dr. phil., Dr. h.c. Wilhelm, em. o. Professor, Mathematisches Institut, Wegelerstraße 10, 53115 Bonn, Tel. 0228/737785, privat: Am Alten Forsthaus 42, 53125 Bonn, Tel. 0228/251529, Mathematik.

* Kodalle, Dr. phil. Klaus-Michael, o. Professor, Friedrich-Schiller-Universität, Institut für Philosophie, 07740 Jena, Tel. 03641/944120, 944121, Fax 03641/944122, privat: Forstweg 25, 07745 Jena, Tel. 03641/619700, Praktische Philosophie.

Koller, Dr. phil. Heinrich, o. Professor, Institut für Geschichte, Rudolfskai 42, A-5020 Salzburg, Tel. 0043662/8044 4791, privat: Buchenweg 10, A-5400 Hallein/Rif, Tel. 004362 4/576416, Mittelalterliche Geschichte und historische Hilfswissenschaften.

* Kollmann, Dr.-Ing., Dr.-Ing. E. h. Franz Gustav, em. o. Professor, Mauerkircher Straße 16, 81679 München, Tel. 089/98109663, Fax 089/98109664, e-mail fg.kollmann@ t-online.de, Maschinenbau und Maschinenakustik.

* König, Barbara, Brunnenstraße 14, 86911 Dießen, Tel./Fax 08807/332 (Schellingstraße 88, 80798 München, Tel. 089/5233363), Literatur.

Konrád, György, Torockó u. 3, H-1026 Budapest, Literatur.

* Krebs, Dr. rer. nat. Bernt, Professor, Anorganisch-Chemisches Institut der Westfälischen Wilhelms-Universität, Wilhelm-Klemm-Straße 8, 48149 Münster, Tel. 0251/83-33131, Fax. 0251/83-38366, e-mail krebs@uni-muenster.de, privat: Schürbusch 65, 48163 Münster, Tel. 0251/717960, Anorganische Chemie.

Kresten, Dr. phil. Otto, Professor, Institut für Byzantinistik und Neogräzistik der Universität Wien, Postgasse 7/I/3, A-1010 Wien, Tel. 00431/4277-42001, Fax 00431/ 4277-9420, e-mail otto.kresten@univie.ac.at, privat: Laaerbergstraße 32/1/8/36, A-1100 Wien, Tel. 00431/6030989, Byzantinistik.

* Krüger, Michael, Carl Hanser Verlag, Kolbergerstraße 22, 81679 München, Tel. 089/ 998300, Fax 089/9827119, privat: Gellerstraße 10, 81925 München, Literatur.

* Krummacher, Dr. phil. Hans-Henrik, em. o. Professor, Deutsches Institut, Johannes Gutenberg-Universität, 55099 Mainz (Paketpost: Saarstraße 21, 55122 Mainz), Tel. 06131/3925518, Fax 06131/3923366, privat: Am Mainzer Weg 10, 55127 Mainz, Tel. 06131/477550, Neuere deutsche Literaturgeschichte.

* Kühn, Dr. phil. Dieter, Wiener Platz 2, 51065 Köln, Tel. 0221/622911, Literatur.

* Kuhn, Dr. phil., Dr. rer. nat. h.c. mult. Hans, em. Professor, Max-Planck-Institut für biophysikalische Chemie, Am Faßberg, 37077 Göttingen, privat: Ringoldswilstraße 50, CH-3656 Tschingel ob Gunten, Tel./Fax 0041 33/2513379, Physikalische Chemie.

*L a n g e , Dr. iur. Hermann, em. o. Professor, Ferdinand-Christian-Baur-Straße 3, 72076 Tübingen, Tel. 0 70 71/6 12 16, Römisches Recht, Bürgerliches Recht.

*L a u e r , Dr. rer. nat. Wilhelm, o. Professor, Geographisches Institut, Meckenheimer Allee 166, 53115 Bonn, Tel. 02 28/73 73 83, privat: Endenicher Allee 7, 53115 Bonn, Tel. 02 28/63 63 20, Geographie.

*L a u t z , Dr. rer. nat. Günter, em. o. Professor, Fallsteinweg 97, 38302 Wolfenbüttel, Tel. 0 53 31/7 28 29, Elektrophysik.

L e h m a n n , Kardinal, Dr. phil., Dr. theol. Karl, Professor, Bischof von Mainz, Bischofsplatz 2a, 55116 Mainz, Tel. 0 61 31/25 31 01, Dogmatik und Ökumenische Theologie.

L e h m a n n , Dipl.-Phys. Klaus-Dieter, Professor, Präsident der Stiftung Preußischer Kulturbesitz, Von-der-Heydt-Straße 16–18, 10785 Berlin, Tel. 0 30/25 46 30, 0 30/25 46 32 01, Fax 0 30/25 46 32 68, e-mail lehmann@hv.spk-berlin.de, privat: Kaulbachstraße 41 c, 12247 Berlin, Tel. 0 30/34 70 69 25, Fax 0 30/34 70 69 26, Literatur.

L e h n , Dr. rer. nat. Jean-Marie, Professor, Collège de France, Université Louis Pasteur, Institut le Bel, 4, Rue Blaise Pascal, F-67000 Straßburg, Tel. 0 03 33 88/41 60 56, Fax 0 03 33 88/41 10 20, e-mail lehn@chimie.u-strasbg.fz, privat: 6, rue des Pontonniers, F-67000 Straßburg, Tel. 0 03 33 88/37 06 42, Organische Chemie.

*L e o n h a r d , Kurt, Professor, Auchtweg 24, 73734 Esslingen, Tel. 07 11/38 46 88, Literatur.

L i e n h a r d , Dr. theol. Marc, Professor, Präsident des Direktoriums der Kirche Augsburgischem Bekenntnisses von Elsaß und Lothringen, 1b Quai Saint-Thomas, F-67081 Straßburg cedex, Tel. 0 03 33 88/25 90 05, Fax 0 03 33 88/25 90 99, privat: 1 rue Martin Luther, F-67000 Straßburg, Tel. 0 03 33 88/22 31 87, Kirchengeschichte.

*L i n d a u e r , Dr. rer. nat., Dr. h.c. mult. Martin, em. o. Professor, Theodor-Boveri-Institut für Biowissenschaften (Biozentrum), Zoologie II, Am Hubland, 97074 Würzburg, Tel. 09 31/8 88 43 06, privat: Friesplatz 8, 81827 München, Tel. 0 89/4 39 34 78, Zoologie.

L o h e r , Dr. rer. nat., Dr. phil. Werner, o. Professor, Department of Entomological Sciences, University of California, Wellmann Hall, Berkeley, CA 94720, USA, Tel. 00 14 15/ 6 42 09 75, privat: 1386 Euclid Ave., Berkeley, CA 94708, USA, Tel. 00 14 15/8 48 33 88, Physiologie des Verhaltens.

*L o o s , Dr. phil. Erich, em. o. Professor, Mainzer Straße 12, 10715 Berlin, Tel. 0 30/ 8 53 79 57, Romanische Philologie.

L ü b b e , Dr. phil. Hermann, em. o. Professor für Philosophie und politische Theorie an der Universität Zürich, Beustweg 3, CH-8032 Zürich, Tel./Fax 0 04 11/2 61 10 16, Philosophie.

Lübbers, Dr. med. Dietrich W., Professor, Max-Planck-Institut für Molekulare Physiologie, Postfach 500247, 44202 Dortmund, Otto-Hahn-Straße 11, 44227 Dortmund, Tel. 0231/133-0, Fax 0231/133-2699, e-mail dietrich.luebbers@mpi-dortmund.mpg.de, privat: Wenkerstraße 30, 44141 Dortmund, Tel. 0231/524810, Physiologie.

Lüddeckens, Dr. phil. Erich, em. o. Professor, Schillerstraße 10, 97209 Veitshöchheim, Tel. 0931/92347, Ägyptologie, insbesondere Demotistik und Koptologie.

Ludwig, Dr. rer. nat. Günther, em. o. Professor, Sperberweg 11, 35043 Marburg, Tel. 06421/41313, Theoretische Physik.

*Lütjen-Drecoll, Dr. med. Elke, o. Professorin, Anatomisches Institut II der Universität Erlangen-Nürnberg, Universitätsstraße 19, 91054 Erlangen, Tel. 09131/8522865, Fax 09131/8522862, e-mail anat2.ko@anatomie.uni-erlangen.de, privat: Am Veilchenberg 29, 91080 Spardorf, Tel. 09131/54608, Anatomie.

Lützeler, Dr. phil. Paul Michael, Rosa May Distinguished University Professor in the Humanities, Department of Germanic Languages and Literature, Washington University in St. Louis, Campus Box 1104, One Brookings Drive, St. Louis, Missouri 63130-4899, Tel. 001-314/935-4784, Fax 001-314/935-7255, e-mail jahrbuch@artsci.wustl.edu, privat: 7260 Balson Avenue, Mo 63130 St. Louis, USA, Literatur.

*Malkowski, Rainer, Bahnhofstr. 10, 83098 Brannenburg, Tel. 08034/7430, Fax 08034/7399, Literatur.

Martin, Albrecht, Staatsminister a. D. (Ehrenmitglied), Hugo-Reich-Straße 10, 55543 Bad Kreuznach, Tel. 0671/65700.

Mažiulis, Dr. sc. Vytautas, o. Professor, Bảltu filologijos katedra, Universiteto gatvė 3, Universitetas, 232734 Vilnius, Litauen, privat: Kalvariju gatvė 276-27, 2057 Vilnius, Lietuva, Baltische Sprachwissenschaft.

*Mehl, Dr. phil. Dieter, em. o. Professor, Uckerather Straße 74, 53639 Königswinter, Tel./Fax 02244/82994, Englische Philologie.

Menzel, Dr. rer. nat. Randolf, o. Professor, Institut für Tierphysiologie, FB Biologie der FU Berlin, Königin-Luise-Straße 28–30, 14195 Berlin, Tel. 030/83853930, Fax 030/83855455, e-mail menzel@zedat.fu-berlin.de, privat: Tollensestraße 42e, 14167 Berlin, Tel. 030/8177808, Neurobiologie und Verhaltensbiologie.

Messerli, Dr. phil. Bruno, Professor, Geographisches Institut der Universität Bern, Hallerstraße 12, CH-3012 Bern, Tel. 031/6318018, Fax 031/6318511, e-mail messerli@giubunibe.ch, privat: Brunnweid, CH-3086 Zimmerwald, Tel. 031/8193381, Geomorphologie, Klimageschichte, Ökologie, speziell Gebirge der Tropen und Subtropen.

Meyer zum Büschenfelde, Dr. med., Dr. med. vet., Dr. h.c., FRCP Karl-Hermann, em. o. Professor, Trabener Straße 8, 14193 Berlin, Tel. 030/89540085, 030/89540087, Fax 030/89540079, Innere Medizin.

Michaelis, Dr. med. Jörg, o. Professor, Präsident der Johannes Gutenberg-Universität Mainz, Forum universitatis 2, 55099 Mainz, Tel 06131/3922301, Fax 06131/3922919, 06131/3925698, e-mail praesident@verwaltung.uni-mainz.de, privat: Liebermannstraße 26, 55127 Mainz, Tel. 06131/71228, Medizinische Statistik und Dokumentation.

Michelsen, Dr. phil. Axel, Professor, Biologisk Institut, Odense Universitet, Campusvej 55, DK-5230 Odense M, Tel. 0045/66158600, Fax 0045/65930457, e-mail a.michelsen@biology.ou.dk, privat: Laessgade 204, DK-5230 Odense M, Tel. 0045/66117568, Zoologie.

*Miller, Dr. phil. Norbert, o. Professor, Technische Universität Berlin, Institut für Deutsche Philologie, Allgemeine und Vergleichende Literaturwissenschaft, Sekr. H 61, Straße des 17. Juni 135, 10623 Berlin, Tel. 030/31423611, Fax 030/31423107, privat: Am Schlachtensee 132, 14129 Berlin, Tel. 030/8032065, Literatur.

Miltenburger, Dr. rer. nat. Herbert G., Professor, Institut für Zoologie, FB Biologie, Technische Universität Darmstadt, Schnittspahnstraße 3, 64287 Darmstadt, privat: Hobrechtstraße 15, 64285 Darmstadt, Tel. 06151/46162, Fax 06151/429689, e-mail milbur@hrz1.hrz.tu-darmstadt.de, Zellbiologie, Zytogenetik, Zellkultur, Mutagenese.

Müller, Dr. phil. Carl Werner, o. Professor, Institut für Klassische Philologie der Universität des Saarlandes, 66041 Saarbrücken, Tel. 0681/3022305, Fax 0681/3023711, privat: Goerdelerstraße 87, 66121 Saarbrücken, Tel. 0681/817670, Klassische Philologie.

*Müller, Dr. theol., DD Gerhard, Professor, Landesbischof i.R., Sperlingstraße 59, 91056 Erlangen, Tel. 09131/490939, Historische Theologie.

*Müller, Dr. phil. Walter W., o. Professor, Seminar für Semitistik der Philipps-Universität, 35032 Marburg (Paketpost: Wilhelm-Röpke-Straße 6, Block F, 35039 Marburg), Tel. 06421/2824792, Fax 06421/2824829, e-mail muellerw@mailer.uni-marburg.de, privat: Holderstrauch 7, 35041 Marburg, Tel. 06421/31847, Semitistik.

*Müller-Wille, Dr. phil., Dr. h.c. mult. Michael, Professor, Institut für Ur- und Frühgeschichte der Christian-Albrechts-Universität Kiel, 24098 Kiel (Paketpost: Olshausenstraße 40, 24118 Kiel), Tel. 0431/8802334, Fax 0431/8807300, e-mail mmuellerwille@ufg.uni-kiel.de, privat: Holtenauer Straße 178, 24105 Kiel, Tel. 0431/83027, Ur- und Frühgeschichte.

Muschg, Dr. phil. Adolf, Professor, Hasenackerstraße 24, CH-8708 Männedorf, Tel. 00411/9204838, Literatur.

*Mutschler, Dr. rer. nat., Dr. med. Ernst, o. Professor, Pharmakologisches Institut für Naturwissenschaftler, Biozentrum Niederursel, Marie-Curie-Str. 9, Geb. N260, 60439 Frankfurt, Tel. 069/79829372, Fax 069/79829374, privat: Am Hechenberg 24, 55129 Mainz, Tel. 06131/581275, Fax 06131/581271, Pharmakologie.

*Nachtigall, Dr. rer. nat. Werner, o. Professor, Zoologisches Institut der Universität des Saarlandes, 66041 Saarbrücken, Tel. 0681/3022411, Fax 0681/3024610, e-mail w.nachtigall@rz.uni-sb.de, privat: Höhenweg 169, 66133 Scheidt, Tel. 0681/897173, Zoologie.

Oberreuter, Dr. phil., Dr. h.c. M. A. Heinrich, o. Professor, Universität Passau, Direktor der Akademie für Politische Bildung, Buchensee 1, 82323 Tutzing, Tel. 08158/25647, Fax 08158/25637, privat: Eppaner Str. 12, 94036 Passau, Tel. 0851/58606, Politikwissenschaft.

Oelschläger, Dr. rer. nat., Dr. med. h.c., Dr. rer. nat. h.c., Dr. pharm. h.c., Herbert, em. o. Professor, Institut für Pharmazeutische Chemie, Marie-Curie-Str. 9, 60439 Frankfurt, Tel. 069/79829310, Fax 069/79829352, Honorarprofessor und Direktor des Instituts für Pharmazie der Universität Jena, Philosophenweg 14, 07743 Jena, Tel. 03641/949800, Fax 03641/949802, privat: Billstedter Hauptstraße 82, 22117 Hamburg, Tel. 040/7313202, Pharmazeutische Chemie.

Oesterhelt, Dr. rer. nat. Dieter, Professor, Max-Planck-Institut für Biochemie, Am Klopferspitz, 82143 Martinsried, Tel. 089/85782386, Fax 089/85783557, Biochemie.

Osche, Dr. phil. nat. Günther, o. Professor, Institut für Biologie I (Zoologie), Albertstraße 21a, 79104 Freiburg, Tel. 0761/2032489, privat: Jacobistraße 54, 79104 Freiburg, Tel. 0761/22214, Zoologie.

*Osten, Dr. jur. Manfred, Generalsekretär der Alexander von Humboldt-Stiftung, Jean-Paul-Straße 12, 53173 Bonn, Tel. 0228/833111, Fax 0228/833216, e-mail ost@avh.de, privat: Weißdornweg 23, 53177 Bonn, Tel. 0228/328301, Fax 0228/328300, e-mail manfred.osten@t-online.de, Literatur.

*Otten, Dr. rer. nat. Ernst Wilhelm, Professor, Institut für Physik, Staudingerweg 7, 55128 Mainz, Tel. 06131/392518, privat: Carl-Orff-Straße 47, 55127 Mainz, Tel. 06131/476621, Experimentalphysik.

*Otten, Dr. phil. Fred, o. Professor, Freie Universität Berlin, FB Philosophie und Geisteswissenschaften, Institut für Slavische Philologie und Balkanologie (WE 3), Garystraße 55, 14195 Berlin, Tel. 030/83854033, Fax 030/83853788, e-mail slavott@zedat.fu-berlin.de, privat: Zehntwerderweg 168, 13469 Berlin, Tel. 030/4028778, Slavische Philologie.

*Otten, Dr. phil. Heinrich, em. o. Professor, Arbeitsstelle für Hethitische Forschungen (Kommission für den Alten Orient), Akademie der Wissenschaften und der Literatur, Mainz, Geschwister-Scholl-Str. 2, 55131 Mainz, Tel. 06131/577230, privat: Carl-Benz-Straße 1a, 55131 Mainz, Tel. 06131/52166, Altorientalische Sprachen und Kulturen.

Parisse, Dr. phil. Michel, o. Professor, Paris I, U. F. R. D'Histoire 17, rue de la Sorbonne, F-75231 Paris, Tel. 0140462786, Fax 0140463180, privat: 8, rue Cail, F-75010 Paris, Tel. 0140341246, Mittelalterliche Geschichte.

Pfister, Dr. phil., Dr. h.c. mult. Max, em. o. Professor, Philosophische Fakultät II, FR 4.2 Romanistik, Universität des Saarlandes, Postfach 151150, 66041 Saarbrücken, (Paketpost: Universität, 66123 Saarbrücken), Tel. 0681/3023671, Fax 0681/3024588, e-mail m.pfister@rz.uni-saarland.de, privat: Steinbergstraße 20, 66424 Homburg-Einöd, Tel. 06848/6323, Romanische Philologie.

*Pilkuhn, Dr. rer. nat. Manfred, o. Professor, Physikalisches Institut, Pfaffenwaldring 57, 70569 Stuttgart, Tel. 0711/6855111, privat: Bussardstraße 50, 71032 Böblingen, Tel. 07031/273646, Experimentalphysik.

*Pörksen, Dr. phil. Uwe, o. Professor, Albert-Ludwigs-Universität, Deutsches Seminar, Abteilung für Sprache und Ältere Literatur, Werthmannplatz, 79098 Freiburg, Tel. 0761/2033237, privat: Erwinstraße 28, 79102 Freiburg, Tel. 0761/73985, Literatur.

Radnoti-Alföldi, Dr. phil. Maria, o. Professorin, Seminar für Griechische und Römische Geschichte, Abt. II – Hilfswissenschaften –, Johann Wolfgang Goethe-Universität, 60629 Frankfurt/M. – Fach 136 (Paketpost: Grüneburgplatz 1, 60323 Frankfurt/M.), Tel. 069/79832297, Fax 069/79832268, privat: Hans-Sachs-Str. 1, 60487 Frankfurt, Tel. 069/7073157, Antike Numismatik.

*Ramm, Dr.-Ing. Ekkehard, o. Professor, Universität Stuttgart, Institut für Baustatik, Pfaffenwaldring 7, 70550 Stuttgart, Tel. 0711/685-6123, Fax 0711/685-6130, privat: Sperberweg 31, 71032 Böblingen, Tel. 07031/275513, Bauingenieurwesen.

*Rapp, Dr. med. Ulf, o. Professor, Universität Würzburg, Institut für Medizinische Strahlenkunde und Zellforschung, Versbacher Straße 5, 97078 Würzburg, Tel. 0931/2015140, Fax 0931/2013835, e-mail rappur@mail.uni-wuerzburg.de, privat: Rothweg 39, 97082 Würzburg, Tel. 0931/7841323, Molekulare Onkologie.

Reichert-Facilides, Dr. jur., LL.M. Fritz, o. Professor, Innrain 52, A-6020 Innsbruck, Tel. 0043512/5078131, Fax 0043512/5072916, privat: Lorettoweg 20, A-6065 Thaur b. Innsbruck, Tel. 00435223/492727, Versicherungsrecht und internationales Privatrecht.

*Riethmüller, Dr. phil. Albrecht, o. Professor, Musikwissenschaftliches Seminar der Freien Universität Berlin, Grunewaldstr. 35, 12165 Berlin, Tel. 030/83856610, Fax 030/83853006, e-mail albrieth@zedat.fu-berlin.de, privat: Max-Eyth-Straße 41, 14195 Berlin, Tel./Fax 030/8312825, Musikwissenschaft.

* Ringsdorf, Dr. rer. nat., Dr. h.c. Helmut, o. Professor, Institut für Organische Chemie, Johannes Gutenberg-Universität, 55099 Mainz (Paketpost: J. J. Becher-Weg 18–20, 55128 Mainz), Tel. 06131/3922402, Fax 06131/3923145, e-mail ringsdorf@mzdmza.zdv.uni-mainz.de, privat: Kehlweg 41, 55124 Mainz, Tel. 06131/472884, Organische und Makromolekulare Chemie.

Rittner, Dr. med. Christian, o. Professor, Institut für Rechtsmedizin der Universität Mainz, Am Pulverturm 3, 55131 Mainz, Tel. 06131/39 37 87, Fax 06131/39 33 183, privat: Höhenweg 8, 55268 Nieder-Olm, Rechtsmedizin.

* Rohen, Dr. med., Dr. med. h.c. Johannes W., em. o. Professor, Anatomisches Institut der Universität Erlangen-Nürnberg, Universitätsstraße 19, 91054 Erlangen, Tel. 09131/8526737, Fax 09131/8522862, e-mail anat2.gl@anatomie.uni-erlangen.de, privat: Streitbaumweg 3, 91077 Neunkirchen a. Br., Tel. 09134/687, Funktionelle Anatomie, Embryologie und Histologie.

* Rosendorfer, Herbert, Professor, Ansitz Massauer-Hof, Reinspergweg 5, I-39057 St. Michael/Eppan, Tel. 00390/471/664767, Fax 00390/471/664768, Literatur.

Rübner, Tuvia, em. Professor, Kibbuz Merchavia, 19100 Israel, Tel 972/6659 8754, Fax 972/6659 8754, e-mail tuvi@merchavia.org.il, Literatur.

Rupprecht, Dr. iur. Hans-Albert, o. Professor, Institut für Rechtsgeschichte und Papyrusforschung, Universitätsstraße 7, 35032 Marburg, Tel. 06421/2823140-41, Fax 06421/2823181, e-mail hansalbertrupprecht@t-online.de, privat: In den Opfergärten 5, 35085 Ebsdorfergrund, Tel. 06424/1679, Papyrusforschung.

Rydbeck, Dr. sc., Sc. D. h.c., Drs. h. c. Olof Erik Hans, Professor, Forschungsinstitut für Raumphysik, S-43992 Onsala, Tel. 0046(0)300/35500, Fax 0046(0)300/35590, privat: Lundavägen 30 B, S-43935 Onsala, Tel./Fax 0046(0)300/64249, Physik und Raumphysik.

Samuelson, Dr. Dr. h.c. mult. Paul A., M.A., Professor, Institute Professor Emeritus, Massachusetts Institute of Technology, Department of Economics, E52-383 Cambridge, MA 02138, USA, Tel. (617)253-3368, privat: 94 Somerset Street, USA Belmont, MA 02178, Wirtschaftswissenschaften.

Sandeman, Dr. rer. nat. David, Professor, School of Biological Science, University of New South Wales, Sydney, 2052. N.S.W. Australia, Tel. 61(2)9385 2117/2114, Fax 61(2)9385 1558, e-mail d.sandeman@unsw.edu.au, Biologie.

* Schaefer, Dr. rer. nat. Matthias, o. Professor, Institut für Zoologie und Anthropologie, Abteilung Ökologie, Berliner Straße 28, 37073 Göttingen, Tel. 0551/395445, Fax 0551/395448, e-mail mschaef@gwdg.de, privat: Konrad-Adenauer-Straße 15, 37075 Göttingen, Tel. 0551/21229, Tierökologie.

Schäfer, Dr. phil. Fritz Peter, em. Professor, Max-Planck-Institut für biophysikalische Chemie, Postfach 2841, 37018 Göttingen (Paketpost: Am Faßberg, 37077 Göttingen), Tel. 05 51/20 13 33/3 34, privat: Senderstraße 53, 37077 Göttingen, Tel. 05 51/2 44 96, Fax 05 51/2 35 36, Biophysik.

*Schäfer, Dr. phil. Hans Dieter, Franziskanerplatz 3, 93059 Regensburg, Tel./Fax 09 41/8 82 02, e-mail hansdieterschaefer@gmx.de, Literatur.

Scharf, Dr. med., Dr. rer. nat., Dr. h.c. Joachim-Hermann, o. Professor, Institut für Anatomie der Universität, Postfach 302, 06097 Halle, privat: Ernst-Moritz-Arndt-Straße 1, 06114 Halle, Tel. 03 45/5 23 33 89, Anatomie.

Scheibe, Dr. rer. nat. Erhard, em. o. Professor, Philosophisches Seminar der Universität, Marsiliusplatz 1, 69117 Heidelberg, Tel. 0 62 21/54 24 83, privat: Moorbirkenkamp 2 A, 22391 Hamburg, Tel. 0 40/5 36 81 07, Philosophie.

*Schirmbeck, Heinrich, Ludwig-Engel-Weg 13, Park Rosenhöhe, 64287 Darmstadt, Tel. 0 61 51/71 25 83, Literatur.

*v. Schirnding, Albert, Egling 2, 82544 Harmating, Tel. 0 81 76/3 62, Literatur.

Schlögl, Dr. rer. nat. Reinhard W., em. o. Professor, Max-Planck-Institut für Biophysik, Kennedyallee 70, 60596 Frankfurt, e-mail r.schloegl@em.uni-frankfurt.de, privat: Im Hirschgarten 3, 61479 Glashütten, Tel. 0 61 74/6 14 09, 0 61 74/96 45 48, Biophysik.

*Schmid, Dr. phil., Dr. h.c. Wolfgang P., em. o. Professor, Sprachwissenschaftliches Seminar der Universität Göttingen, Humboldtallee 13, 37073 Göttingen, Tel. 05 51/ 39 54 82, Fax 05 51/39 58 03, privat: Schladeberg 20, 37133 Friedland (Niedernjesa), Indogermanische Sprachwissenschaft.

*Schmidt, Dr. med., Ph. D., D. Sc. h.c., Robert F., o. Professor, Physiologisches Institut, Röntgenring 9, 97070 Würzburg, Tel. 09 31/31 27 30, Fax 09 31/31 27 41, 09 31/ 5 92 10, e-mail rfs@rzroe.uni-wuerzburg.de, privat: Oberer Dallenbergweg 6, 97082 Würzburg, Tel. 09 31/7 84 14 20/1, Fax 09 31/7 84 14 22, Neurophysiologie.

Schölmerich, Dr. med., Dr. med. h.c. Paul, em. o. Professor, Weidmannstraße 67, 55131 Mainz, Tel. 0 61 31/8 26 79, Innere Medizin und Kardiologie.

*Schröder, Dr. jur. Jan, o. Professor, Juristisches Seminar, Universität Tübingen. Wilhelmstraße 7, 72074 Tübingen, Tel. 0 70 71/2 97 26 99, Fax 0 70 71/29 53 09, e-mail jan.schroeder@jura.uni-tuebingen.de, privat: Bohnenbergerstraße 20, 72076 Tübingen, Tel. 0 70 71/64 04 14, Fax 0 70 71/64 04 15, Rechtsgeschichte, Bürgerliches Recht.

*Schröder, Dr. phil. Werner, em. o. Professor, Roter Hof 10, 35037 Marburg, Tel. 0 64 21/3 44 59, Germanische und deutsche Philologie.

*Schütz, Helga, Professorin, Jägersteig 4, 14482 Potsdam, Tel. 0331/708656, Literatur.

*Schulenburg, Graf von der, Dr. rer. pol. Johann-Matthias, o. Professor, FB Wirtschaftswissenschaften, Institut für Versicherungsbetriebslehre, Universität Hannover, Königsworther Platz 1, 30167 Hannover, Tel. 0511/7625083, Fax 0511/7625081, e-mail jms@ivbl.uni-hannover.de, privat: Am Hang 15, 30880 Laatzen, Tel. 05102/2901, Fax 05102/4342, e-mail jms@euroqol.de, Wirtschaftswissenschaften.

Schwarz, Dr. phil. Hans-Peter, em. o. Professor, Seminar für Politische Wissenschaft an der Rheinischen Friedrich-Wilhelms-Universität Bonn, Lennéstraße 25, 53113 Bonn, Tel. 0228/737511, Fax 0228/737512, privat: Vogelsangstraße 10a, 82131 Gauting, Tel. 089/8935 5870, Fax 089/89355869, Wissenschaft von der Politik und Zeitgeschichte.

Seebach, Dr. rer. nat. Dieter, Professor, Laboratorium für Organische Chemie, ETH Hönggerberg HCI, Wolfgang-Pauli-Straße 10, CH-8093 Zürich, Tel. 00411/6322990, Fax 00411/6321144, e-mail seebach@org.chem.ethz.ch, Organische Chemie.

*Seibold, Dr. rer. nat., Dres. rer. nat. h.c. Eugen, em. o. Professor, Richard-Wagner-Straße 56, 79104 Freiburg, Tel. 0761/553368, Fax 0761/2032463, Geologie.

*Sier, Dr. phil. Kurt, o. Professor, Institut für Klassische Philologie, Universität Leipzig, Augustusplatz 9, 04109 Leipzig, Tel. 0341/9737700, Fax 0341/9737749, e-mail hbrandt@rz.uni-leipzig.de, privat: Lilienstraße 34, 66386 St. Ingbert, Tel./Fax 06894/6650, Klassische Philologie.

Simon, Dr. rer. nat. Arndt, Professor, Max-Planck-Institut für Festkörperforschung, Heisenbergstraße 1, 70569 Stuttgart, Tel. 0711/689-1640, e-mail remon@simpow.mpi-stuttgart.mpg.de, privat: Ob dem Steinbach 15, 70569 Stuttgart, Tel. 0711/6876292, Anorganische Chemie.

Sinn, Dr. rer. nat., Dr. rer. nat. h.c., Dipl.-Chem. Hansjörg, o. Professor, Institut für Technische und Makromolekulare Chemie der Universität Hamburg, Martin-Luther-King-Platz 6, 20146 Hamburg, Tel. 040/41233162, privat: Poolstieg 14, 22846 Norderstedt, Tel. 040/5222353, Technische und Makromolekulare Chemie.

Söllner, Dr. jur. Alfred, em. o. Professor, Richter des Bundesverfassungsgerichts a.D., Hein-Heckroth-Straße 35, 35394 Gießen, Fax 0641/48272, Römisches Recht, Bürgerliches Recht, Arbeits- und Sozialrecht.

*Stadler, Dr. phil. Arnold, Walder-Straße 32, 88605 Rast über Messkirch, Tel. 07578/2462, Literatur.

Stent, Dr. phil., Dr. rer. nat. h.c. Günter S., Professor, 329 Life Sciences Addition, Department of Molecular and Cell Biology, University of California, Berkeley, CA 94720-3200, USA, Tel. 001510/6425214, Fax 001510/6436791, e-mail stent@uclink4.berkeley.edu, privat: 145 Purdue Ave., Berkeley, CA 94708, USA, Neurobiologie.

*Stolleis, Dr. jur. Michael, Professor, FB Rechtswissenschaft der Johann Wolfgang Goethe-Universität, Senckenberganlage 31, 60054 Frankfurt, Tel. 069/79823192, privat: Waldstraße 15, 61476 Kronberg, Tel. 06173/65651, Öffentliches Recht, Neuere Rechtsgeschichte, Kirchenrecht.

*Strauch, Dr. rer. nat. Friedrich, o. Professor, Geologisch-Paläontologisches Institut und Museum, Corrensstraße 24, 48149 Münster, Tel. 0251/83-33951, Fax 0251/83-33968, e-mail straucf@uni-muenster.de, privat: Südostring 26, 48329 Havixbeck, Tel. 02507/2120, Fax 02507/570645, Paläontologie, Geologie.

Streit, Dr. rer. pol. Manfred E., em. Professor, Geschäftsführender Direktor am Max-Planck-Institut zur Erforschung von Wirtschaftssystemen, Abt. Institutionenökonomik und Wirtschaftspolitik, Kahlaische Straße 10, 07745 Jena, Tel. 03641/686601, Fax 03641/686610, e-mail streit@mpiew-jena.mpg.de, privat: Kobenhüttenweg 17, 66123 Saarbrücken, Tel 0681/65281, Wirtschaftswissenschaften.

Tennstedt, Dr. disc. pol. Florian, Professor, FB 4 Sozialwesen der Universität Gesamthochschule, 34109 Kassel (Paketpost: Arnold-Bode-Straße 10, 34127 Kassel), Tel. 0561/8042945, 8042903, Fax 0561/8043388, privat: Grubenrain 10, 34132 Kassel, Tel. 0561/406798, Sozialpolitik.

*Thews, Dr. rer. nat., Dr. med. Gerhard, em. o. Professor, Physiologisches Institut, 55099 Mainz (Paketpost: Saarstraße 21, 55122 Mainz), Tel. 06131/3925648, privat: Weidmannstraße 29, 55131 Mainz, Tel. 06131/82987, Physiologie.

*Thiede, Dr. rer. nat. Jörn, o. Professor, Direktor des Alfred-Wegener-Institutes für Polar- und Meeresforschung, Columbusstraße, 27568 Bremerhaven, Tel. 0471/4831 1100, Fax 0471/48321102, e-mail jthiede@awi-bremerhaven.de, privat: Bartelsallee 8, 24105 Kiel, Tel. 0431/801635, Köperstraße 8/9, 27568 Bremerhaven, Tel. 0471/1700106, Paläo-Ozeanologie.

Thissen, Dr. phil. Heinz Josef, o. Professor, Seminar für Ägyptologie der Universität 50923 Köln, Tel. 0221/4703876, Fax 0221/4705079, privat: Bertolt-Brecht-Straße 67, 50374 Erftstadt, Tel. 02235/44246, Ägyptologie.

Thomas, Dr. phil. Werner, em. o. Professor, privat: Weinbergsweg 64, 61348 Bad Homburg, Tel. 06172/41813, Indogermanische Sprachwissenschaft.

*Vaupel, Dr. med. Peter W., M.A./Univ. Harvard, Univ.-Professor, Institut für Physiologie und Pathophysiologie, Johannes Gutenberg-Universität, Duesbergweg 6, 55099 Mainz, Tel. 06131/3925929, Fax 06131/3925774, e-mail vaupel@mail.uni-mainz.de, privat: Am Eiskeller 71, 55126 Mainz, Tel. 06131/472555, Physiologie und Pathophysiologie.

*Vesper, Guntram, Herzberger Landstraße 34a, 37085 Göttingen, Tel. 0551/57537, Literatur.

Vogel, Dr. rer. nat. Paul Stefan, em. o. Professor, Arbeitsstelle: Institut für Botanik der Universität, Rennweg 14, A-1030 Wien, Tel. 0043/1/427754087, Fax 0043/1/42779541, privat: Am Steinfeld 11-6, A-2344 Maria Enzersdorf am Gebirge, Tel. 0043/22362 11 37, Botanik.

* Vormweg, Dr. phil. Heinrich, Professor e.h., Johannes-Dech-Straße 20, 50737 Köln, Tel. 0221/5992307, Literatur.

Waetzoldt, Dr. phil. Stephan, Professor, Erlenweg 72, App. 581, 14532 Kleinmachnow, Tel. 033203/56581, Kunstgeschichte.

* Wahlster, Dr. rer. nat., Dr. h.c. mult. Wolfgang, o. Professor, Universität des Saarlandes, Fachrichtung Informatik, Postfach 151150, 66041 Saarbrücken, Tel. 0681/302-5252, Fax 0681/302-5341, e-mail wahlster@dfki.de, privat: Winterbergstr. 6, 66119 Saarbrücken, Tel. 0681/53856, Informatik.

Weber, Dr. phil. Werner, o. Professor, Seminar für Vergleichende Literaturwissenschaft, Plattenstraße 43, CH-8032 Zürich, Tel. 00411/2573526, privat: Eidmattstr. 59, CH-8032 Zürich, Tel. 00411/3825570, Literatur.

Weberling, Dr. rer. nat., Dr. h.c. Focko, em. o. Professor, Arbeitsgruppe Biosystematik, Universität Ulm, Schloßbau Wiblingen 38, 89079 Ulm, Tel. 0731/5025838, privat: Buchenstraße 3, 89155 Erbach, Tel. 07305/8585, Fax 07305/21801, e-mail focko.weberling@extern.uni-ulm.de, Morphologie und Systematische Botanik.

* Wedepohl, Dr. rer. nat. Karl Hans, o. Professor, Geochemisches Institut, Goldschmidtstraße 1, 37077 Göttingen, Tel. 0551/393971, Fax 0551/393982, privat: Hasenwinkel 36, 37079 Göttingen, Tel. 0551/91415, Geochemie.

* Wegner, Dr. rer. nat. Gerhard, Professor, Max-Planck-Institut für Polymerforschung, Ackermannweg 10, Postfach 3148, 55021 Mainz, Tel. 06131/379130, Fax 06131/379130, e-mail wegner@mpip-mainz.mpg.de, privat: Carl-Zuckmayer-Str. 1, 55127 Mainz, Tel. 06131/476724, Festkörperchemie der Polymere.

Wehner, Dr. phil. nat. Rüdiger, o. Professor, Zoologisches Institut Abteilung Neurobiologie, Winterthurerstraße 190, CH-8057 Zürich, Tel. 00411/6354831, Fax 00411/6355716, e-mail rwehner@zool.unizh.ch, privat: Zürichbergstraße 130, CH-8044 Zürich, Tel. 00411/2611374, Neuro- und Verhaltensbiologie.

* Weiland, Dr.-Ing. Thomas, Professor, Technische Universität Darmstadt, FB 18, Schloßgartenstraße 8, 64289 Darmstadt, Tel. 06151/162161, Fax 06151/164611, e-mail weiland@temf.tu-darmstadt.de, privat: Ohlystraße 69, 64285 Darmstadt, Tel. 06151/423753, Fax 06151/423891, Theorie Elektromagnetischer Felder.

* Wellershoff, Dr. phil. Dieter, Professor e.h., Mainzer Straße 45, 50678 Köln, Tel. 0221/388565, Literatur.

W e l t e, Dr. Dr. h.c. Dietrich H., o. Professor, IES GmbH, Bastionstraße 11–19, 52428 Jülich, Tel. 02461/936010, Fax 02461/936090, e-mail d.welte@ies.de, privat: II. Rote-Haag-Weg Nr. 11, 52076 Aachen, Tel. 0241/63621, Fax 0241/6052123, Organische Geochemie.

W e l z i g, Dr. phil. Werner, o. Professor, Österreichische Akademie der Wissenschaften, Dr. Ignaz-Seipel-Platz 2, A-1010 Wien, Tel. 00431/51581-203, Fax 00431/51581-209, e-mail werner.welzig@oeaw.ac.at, privat: Enzersdorfer Straße 6, A-2345 Brunn am Gebirge, Tel. 0043 2236/34269, Neuere Deutsche Literaturgeschichte.

W e s t p h a l, Dr. rer. nat., Dr. med. h.c. Otto H. E., Professor, Max-Planck-Institut für Immunbiologie, Stübeweg 51, 79108 Freiburg, Tel. 0761/51080, privat: Chemin de Ballallaz 18, CH-1820 Montreaux, Tel. 0041 21/9635486, Immunbiologie und Biochemie.

* W i c k e r t, Dr. phil. Erwin, Botschafter a. D., Rheinhöhenweg 22, 53424 Remagen, Tel. 02228/1726, Fax 02228/70006, Literatur.

* W i l h e l m, Dr. phil. Gernot, Professor, Institut für Orientalische Philologie, Universität Würzburg, Ludwigstraße 6, 97070 Würzburg, Tel. 0931/312862, Fax 0931/312674, e-mail gernot.wilhelm@mail.uni-wuerzburg.de, privat: Mozartstraße 2a, 97209 Veitshöchheim, Tel. 0931/92989, Fax 0931/9912445, Altorientalistik.

W i l l s o n, A. Leslie, Professor Ph. D., 4205 Far West Blvd., Austin, Texas 78731, USA, Tel. 001512/3450622, Literatur.

* W i n i g e r, Dr. rer. nat. Matthias, Professor, Geographisches Institut der Universität Bonn, Meckenheimer Allee 166, 53115 Bonn, Tel. 0228/737239, Fax 0228/737506, privat: Rheinaustraße 188, 53225 Bonn, Tel. 0228/479287, Geographie, Klimatologie, Hochgebirge.

W ü r t e n b e r g e r, Dr. jur. Thomas, Professor, Universität Freiburg, Rechtswissenschaftliche Fakultät, Platz der Alten Synagoge 1, 79085 Freiburg, Tel. 0761/2032246, Fax 0761/2032291, e-mail wuertenb@ruf.uni-freiburg.de, privat: Beethovenstr. 9, 79100 Freiburg, Tel. 0761/78623, Öffentliches Recht, Staatsphilosophie, Verfassungsgeschichte.

Z a g a j e w s k i, Adam, 88, rue Armand Silvestre, F-92400 Courbevoie, Tel. 00331/47689254, Literatur.

* Z a h n, Dr. med., Dr. h.c. Rudolf K., em. Universitätsprofessor, Professor for Medical Biochemistry, Arbeitsgruppe Molekulare Mechanismen umweltbedingter Gentoxizität (AMMUG), Obere Zahlbacher Straße 63, 55101 Mainz, Tel. 06131/3933315, Fax 06131/3933364, e-mail rzahn@mail.uni-mainz.de, privat: Oderstraße 12, 65201 Wiesbaden, Tel. 0611/22984, Physiologische Chemie.

*Zeller, Dr. phil., Dr. phil. h.c., Litt. D. h.c. Bernhard, Professor, Schiller-Nationalmuseum und Deutsches Literaturarchiv, Schillerhöhe, Postfach 57, 71672 Marbach, Tel. 07144/848605, privat: Kernerstraße 45, 71672 Marbach, Tel. 07144/97645, Literatur, insbesondere Deutsche Literaturwissenschaft.

*Zeller, Eva, Sponholzstraße 45, 12159 Berlin, Tel. 030/85965127, Literatur.

Zeltner-Neukomm, Dr. phil. Gerda, Rütistraße 11, CH-8032 Zürich, Tel. 00411/2516632, Literatur.

*Zimmermann, Dr. ev. theol., Dr. phil., Dr. hist. h.c., Dr. phil. h.c. Harald, em. o. Professor, Historisches Seminar, Abt. für Mittelalterliche Geschichte, Wilhelmstraße 36, 72074 Tübingen, Tel. 07071/2975498, privat: Beckmannweg 1, 72076 Tübingen, Tel. 07071/62973, Mittelalterliche Geschichte.

*Zintzen, Dr. phil. Clemens, o. Professor, Institut für Altertumskunde, Albertus-Magnus-Platz, 50923 Köln, Tel. 0221/4702357, privat: Lechenicher Weg 33, 50354 Hürth, Tel. 02233/70387, Fax 02233/707364, Klassische Philologie und Renaissanceforschung.

*Zippelius, Dr. iur. Reinhold, em. o. Professor, Institut für Rechtsphilosophie und Allgemeine Staatslehre der Universität Erlangen-Nürnberg, Schillerstr. 1, 91054 Erlangen, Tel. 09131/8526966, privat: Niendorfstraße 5, 91054 Erlangen, Tel. 09131/55726, Allgemeine Staatslehre und Rechtsphilosophie.

Zwierlein, Dr. phil. Otto, o. Professor, Philologisches Seminar, Am Hof 1e, 53113 Bonn, Tel. 0228/737339, Fax 0228/737748, e-mail upl3104@snphilos1.philos.uni-bonn.de, privat: Mozartstraße 30, 53115 Bonn, Tel. 0228/633943, Klassische und Mittellateinische Philologie.

Sachverständige der Kommissionen

Baasner, Dr. phil. Frank, Professor, Universität Mannheim, Institut für Romanistik, Schloß, 68131 Mannheim, Tel. 0621/1812377, Fax 0621/1812374, e-mail baasner@split.uni-mannheim.de, privat: Mühlehof 16, 72119 Ammerbuch, Tel. 07073/3385. Romanistische Literaturwissenschaft.

Bachmann, Dr. rer. nat. et med. habil. Michael, Johannes Gutenberg-Universität Mainz, Institut für Physiologische Chemie, Duesbergweg 6, 55099 Mainz, Tel. 06131/3925795, Fax 06131/3925243, privat: Dingesweg 4, 65779 Kelkheim, Tel. 06195/65459.

Bartolomaeus, Dr. Thomas, Professor, Universität Bielefeld, Fakultät für Biologie, Zoomorphologie und Systematik, Postfach 100131, 33501 Bielefeld, Tel. 0521/1062718, 0521/1062721, Fax 0521/1066426, e-mail t.bartolomaeus@biologie.uni-bielefeld.de, privat: Windfeldstraße 38, 32130 Enger, Tel. 05224/997025. Vergleichende Zoologie, Phylogenetische Systematik.

Beck, Dr. phil. Hanno, Universitätsprofessor, Geographische Institute, Meckenheimer Allee 166, 53115 Bonn, privat: Dürenstraße 36, 53173 Bonn, Tel. 0228/351426, Geschichte der Naturwissenschaften, insbesondere Geschichte der Geographie, Erdwissenschaften, Kartographie, Reisen und Wissenschaftstheorie.

Bendix, Dr. rer. nat. Jörg, Professor, Phillips Universität Marburg, FB Geographie, Deutschhausstraße 10, 35032 Marburg, Tel. 06421/2824266, Fax 06421/2828950, e-mail bendix@mailer.uni-marburg.de, privat: Eichenweg 6, 35287 Amöneburg, Tel. 06424/924433, Geographie.

Brennecke, Dr. rer. nat. Peter, Direktor und Professor, Bundesamt für Strahlenschutz, Albert-Schweitzer-Straße 18, 38226 Salzgitter, Tel. 05341/885610, Fax 05341/885605, e-mail pbrennecke@bfs.de, privat: Lortzingstraße 27, 38106 Braunschweig, Tel. 0531/374064, Physik und Energietechnik.

Buddecke, Dr. med. Eckhart, o. Professor, Institut für Physiologische Chemie, Waldeyer-Straße 15, 48149 Münster, Tel. 0251/8358622, Fax 0251/8358628, e-mail buddeck@uni-muenster.de, privat: Mausbach-Straße 7, 48149 Münster, Biochemie und Pathobiochemie.

Buddruss, Dr. phil., Dr. h.c. Georg, em. o. Professor, Seminar für Indologie, Postfach 3980, 55029 Mainz, Tel. 06131/3922647, privat: Am Judensand 45, 55122 Mainz, Tel. 06131/320500, Indologie.

Cardauns, Dr. phil. Burkhart, o. Professor, Seminar für Klassische Philologie, Schloß, 68131 Mannheim, Tel. 0621/2925674, Fax 0621/2925676, privat: Von-Schilling-Straße 32, 50259 Brauweiler-Pulheim, Tel. 02234/84707, Klassische Philologie, insbesondere Latinistik.

C r o l l , Dr. phil. Gerhard, em. o. Professor, Universität Salzburg, Gluck-Gesamtausgabe, Bergstr. 10, A-5020 Salzburg, Tel. 0043/0662/8044-4655, Fax 0043/0662/8044-4660, privat: Alberto-Susat-Straße 2 A, A-5026 Salzburg-Aigen, Tel./Fax 0043/0662/622835, Musikwissenschaft.

D e c k e r s , Dr. phil. Johannes Georg, o. Professor, Institut für Byzantinistik, Geschwister-Scholl-Platz 1, 80539 München, Tel. 089/21802399, Fax 089/21803578, privat: Talstr. 3, 86450 Altenmünster, Tel. 08296/1528, Frühchristliche und Byzantinische Kunstgeschichte.

D r e s c h e r , Dr. phil. Horst W., Universitätsprofessor, Johannes Gutenberg-Universität, FB Angewandte Sprach- und Kulturwissenschaft, Institut für Anglistik und Amerikanistik, Scottish Studies Centre, An der Hochschule 2, 76711 Germersheim, Tel. 07274/508240/508247, Fax 07274/508429, privat: Kurt-Schumacher-Ring 6, 76756 Bellheim, Tel. 07272/8931, Englische Philologie, Scottistik.

E i c h i n g e r , Dr. phil. Ludwig Maximilian, Professor, Christian-Albrechts-Universität zu Kiel, Germanistisches Seminar, 24098 Kiel (Paketpost: Leibnizstr. 8, 24118 Kiel), Tel. 0431/8802316, Fax 0431/8807302, e-mail eichinger@germsem.uni-kiel.de, privat: Prinz-Eugen-Str. 43, 94034 Passau, Tel. 0851/41978, Deutsche Philologie.

E n g e l s , Dr. phil. Heinz-Josef, Hauptkonservator, Landesamt für Denkmalpflege, Kleine Pfaffengasse 10, 67346 Speyer, Tel. 06232/107300, Fax 06232/107320, privat: Albrecht-Dürer-Straße 2, 67346 Speyer, Tel. 06232/25346, Archäologie.

E w e , Dr. rer. nat. Henning, Professor, Hochschulübergreifender Studiengang Wirtschaftsingenieur an der Universität Hamburg, FH Hamburg, TU Hamburg-Harburg, Lohbrügger Kirchstraße 65, 21033 Hamburg, Tel. 040/72522715, privat: Kienenhagen 2a, 21035 Hamburg, Technisch-Physikalische Forschung.

F a b i a n , Dr. phil. Bernhard, em. o. Professor, Englisches Seminar, Johannisstr. 12–20, 48143 Münster, Tel. 0251/8324501, Fax 0251/8324827, privat: Zur Windmühle 60, 48163 Münster, Tel. 02501/5492, Fax 02501/59148, Anglistik und Buchwissenschaft.

F r a n k e n b e r g , Dr. rer. nat., Dr. h. c. Peter, o. Professor, Minister für Wissenschaft, Forschung und Kunst des Landes Baden-Württemberg, Königstraße 46, 70173 Stuttgart, Tel. 0711/2793000, Fax 0711/2793219, e-mail frankenberg@mwk-bw.de, privat: Salinenstraße 55, 67098 Bad Dürkheim, Tel. 06322/65843, Geographie.

F r e y , Dr. phil. Winfried, Professor, Johann Wolfgang Goethe-Universität Frankfurt a.M., Institut für Deutsche Sprache und Literatur II (Fach 140), Grüneburgplatz 1, 60629 Frankfurt a.M., Tel. 069/79832676, Fax 069/79832850, e-mail: w.frey@lingua.uni-frankfurt.de, privat: Robert-Schuman-Ring 4, 65830 Kriftel/Ts., Tel./Fax 06192/43836, e-mail u-w.frey@t-online.de, Deutsche Philologie.

Gabriel, Dr. phil. Gottfried, Professor, Friedrich-Schiller-Universität Jena, Institut für Philosophie, 07740 Jena, Tel. 03641/944130, 03641/944120, Fax 03641/944122, privat: Ibrahimstr. 22, 07743 Jena, Tel. 03641/211577 u. Fischerstraße 15b, 78464 Konstanz, Tel. 07531/33715, Philosophie.

Gadamer, Dr. phil., Dr. phil. h.c. Hans-Georg, em. o. Professor, Philosophisches Seminar, Schulgasse 6, 69117 Heidelberg, privat: Am Büchsenackerhang 53, 69118 Heidelberg, Tel. 06221/802536, Philosophie († 13. März 2002).

Gall, Dr. phil. Dorothee, o. Professorin, Institut für Griechische und Lateinische Philologie, Universität Hamburg, Von-Melle-Park 6, 20146 Hamburg, Tel. 040/42838/4765, Fax 040/42838/4764, privat: Meckenheimer Str. 59, 53919 Weilerswist, Tel. 02254/7499, Fax 02254/2322, Klassische Philologie.

Goldmann, Dr. phil. Bernd, Direktor des Internationalen Künstlerhauses Villa Concordia, Unterer Kaulberg 4, 96049 Bamberg, Tel. 0951/955010, Fax 0951/9550129, e-mail goldmann@villa-concordia.de, privat: Schillerplatz 16, 96047 Bamberg, Tel. 0951/2081097, Literatur.

Gossauer, Dr. rer. nat. Albert, Professor, Institut für Organische Chemie der Universität Freiburg, Pérolles, CH-1700 Freiburg i. Ue., privat: Route du Bugnon 30, CH-1752 Villars-sur-Glâne/FR, Tel. 0041 26/4027177, Organische Chemie.

Greule, Dr. phil. Albrecht, Professor, Institut für Germanistik der Universität Regensburg, Lehrstuhl für deutsche Sprachwissenschaft, 93040 Regensburg (Paketpost: Universitätsstraße 31, 93053 Regensburg), Tel. 0941/9433444, Fax 0941/9434992, e-mail albrecht.greule@sprachlit.uni-regensburg.de, privat: Hangstr. 30, 93173 Wenzenbach-Grünthal, Tel. 09407/90050, Deutsche Philologie.

Grote, Dr. med., Dr. rer. nat. Jürgen, o. Professor, Physiologisches Institut, Nußallee 11, 53115 Bonn, Tel. 0228/732403/04, Fax 0228/732408, privat: Am Eselsweg 44, 55128 Mainz, Tel. 06131/361131, Physiologie.

Grubmüller, Dr. phil. Klaus, o. Professor, Seminar für Deutsche Philologie der Universität, Humboldtallee 13, 37073 Göttingen, Tel. 0551/7525, Fax 0551/7511, privat: Am Steinberg 13, 37136 Seeburg, Tel. 05507/2390, Deutsche Philologie.

Gutschmidt, Dr. phil., Dr. h.c. mult. Karl, Professor, Institut für Slavistik der Technischen Universität Dresden, Zeunerstraße 1d, 01069 Dresden, Tel. 0351/4634220, Fax 0351/4637071, privat: Heckelberger Ring 10, 13055 Berlin, Tel./Fax 030/98638205, Slavische Sprachwissenschaft.

Hagemann, Dr. rer. nat. Wolfgang, em. Universitätsprofessor, Werderplatz 11a, 69120 Heidelberg, Tel. 06221/439260, Botanik.

Harris, Dr. phil. Edward Paxton, o. Professor, Dept. of Germanic Languages and Literatures, University of Cincinnati, Cincinnati, Ohio 45221, USA, privat: 3309 Morrison Ave., Cincinnati, Ohio 45220, USA, Tel. 0015 13/2 21 02 34, Fax 00 15 13/2 21 64 41, e-mail mmharris@fuse.net, Literatur, insbesondere Neuere Germanistik.

Harth, Dr. phil. Helene, o. Professorin, Universität Potsdam, Institut für Romanistik, Postfach 601553, 14415 Potsdam, Tel. 03 31/9 77 23 61, Fax 03 31/9 77 20 55, e-mail harth@rz.uni-potsdam.de, privat: Zimmermannstr. 15, 12163 Berlin, Tel. 0 30/7 91 87 93, Romanistik, insbesondere italienische und französische Literatur.

Heuer, Dr. phil. Renate, Archiv Bibliographia Judaica e.V., Georg-Voigt-Straße 10, 60325 Frankfurt a.M., Tel. 0 69/79 82 85 73, Fax 0 69/79 82 29 71, e-mail heuer@lingua.uni-frankfurt.de, privat: Beethovenstr. 58, 60325 Frankfurt a.M., Tel. 0 69/74 51 86, Literaturwissenschaft, Philosophie, deutsch-jüd. Kulturgeschichte.

Höllermann, Dr. rer. nat. Peter, o. Professor, Geographisches Institut, Meckenheimer Allee 166, 53115 Bonn, Tel. 02 28/73 72 34, privat: Dohmstraße 2, 53121 Bonn, Tel. 02 28/62 68 85, Geographie.

Holtmeier, Dr. rer. nat. Friedrich-Karl, Universitätsprofessor, Institut für Landschaftsökologie, Robert-Koch-Straße 26, 48149 Münster, Tel. 02 51/83 39 94, Fax 02 51/8 33 19 70, e-mail holtmei@uni-muenster.de, privat: Dionysiusstraße 6, 48329 Havixbeck, Tel. 0 25 07/77 41, Geoökologie und Biogeographie.

Huder, Dr. phil. Walter, Professor, Alt-Tempelhof 7, 12099 Berlin, Literatur und Theaterwissenschaft.

Hutten, Dr.-Ing. Helmut, o. Professor, Institut für Elektro- und Biomedizinische Technik, Inffeldgasse 18, A-8010 Graz, Tel. 00 43/31 68 73 73 90, Fax 00 43/3 16 46 53 48, e-mail hutten@ibmt.tu-graz.ac.at, privat: St. Peter-Pfarrweg 30/39, A-8042 Graz, Tel. 00 43/3 16 46 66 63, Biomedizinische Technik und Biophysik.

Illhardt, Dr. theol. Franz Josef, Privatdozent, Zentrum für Ethik und Recht in der Medizin, Elsässer Str. 2m/Haus 1a, 79110 Freiburg, Tel. 02 70/72 62/60, Fax 02 70/72 63, e-mail illhardt@sfa.ukl.uni-freiburg.de, privat: Kreuzgartenstraße 2, 79238 Ehrenkirchen, Tel. 0 76 33/63 48, Ethik in der Medizin.

Jockenhövel, Dr. phil. Albrecht, Universitätsprofessor, Seminar für Ur- und Frühgeschichte, Domplatz 20–22, 48143 Münster, Tel. 02 51/8 32 45 41, Fax 02 51/8 32 45 45, e-mail jockenh@uni-muenster.de, privat: Breul 13 a, 48143 Münster, Ur- und Frühgeschichte.

Kambartel, Dr. rer. nat. Friedrich, o. Professor, J. W. Goethe-Universität, FB Philosophie u. Geschichtswissenschaften, Institut für Philosophie, Dantestr. 4–6, 60054 Frankfurt, Tel. 0 69/79 82 86 66, Fax 0 69/79 82 87 32, privat: Schulstr. 13, 25873 Rantrum, Tel. 0 48 48/14 77, Philosophie und Wissenschaftstheorie.

Keim, Dr. phil. Anton M., Peter-Weyer-Straße 80, 55129 Mainz, Tel. 06131/59818, Exilliteratur.

Kesel, Priv.-Doz. Dr. rer. nat. Antonia B., Universität des Saarlandes, Fakultät 8, Naturwissenschaftl. Techn. Fakultät III, FR. 8.4 Zoologie/Technische Biologie und Bionik, Im Stadtwald, 66123 Saarbrücken, Tel. 0681/3022711, Fax 0681/3024610, e-mail a.kesel@rz.uni-sb.de, privat: Uhlandstraße 25, 66121 Saarbrücken, Tel. 0681/61075, Zoologie, Biomechanik.

Klein, Dr. phil. Thomas, o. Professor, Germanistisches Seminar, Universität Bonn, Am Hof 1d, 53113 Bonn, Tel. 0228/737712, privat: Zedernweg 167, 53757 St. Augustin, Tel. 02241/330101, Geschichte der deutschen Sprache.

Koselleck, Dr. phil., Dr. h.c. Reinhart, o. Professor, Fakultät für Geschichtswissenschaft, Universitätsstraße, 33615 Bielefeld, Tel. 0521/1063221, privat: Luisenstraße 36, 33602 Bielefeld, Tel. 0521/170961, Theorie der Geschichte.

Kramer, Dr. phil. Johannes, Universitätsprofessor, FB II (Romanistik), Universität, 54286 Trier, Tel. 0651/2012222, Fax 0651/2013929, privat: Am Trimmelter Hof 68, 54296 Trier, Tel. 0651/45515, Fax 0651/180782, Romanische Sprachwissenschaft.

Krampitz, Dr. agr. Gottfried, em. Universitätsprofessor, Institut für Anatomie, Physiologie und Hygiene der Haustiere, Katzenburgweg 7–9, 53115 Bonn, Tel. 0228/732804, privat: Endenicher Allee 5, 53115 Bonn, Tel. 0228/652577, Biochemie.

Kümmel, Dr. phil. Werner F., Professor, Medizinhistorisches Institut der Johannes Gutenberg-Universität Mainz, Universitätsklinikum, 55101 Mainz, Tel. 06131/3937355, Fax 06131/3936682, e-mail wekuemme@mail.uni-mainz.de, privat: Schillerstraße 6a, 55288 Udenheim, Geschichte der Medizin.

Kunze, Dr.-Ing. Ulrich, Professor, Lehr- und Forschungsbereich Werkstoffe der Elektrotechnik, Ruhr-Universität Bochum, Universitätsstraße 150/IC2, 44780 Bochum, Tel. 0234/3222300, Fax 0234/3214166, privat: Dahlienweg 30, 45525 Hattingen, Tel. 02324/24182, Werkstoffe der Elektrotechnik, Nanoelektronik.

Lehfeldt, Dr. phil. Werner, Professor, Seminar für Slavische Philologie, Humboldtallee 19, 37073 Göttingen, Tel. 0551/394771, Fax 0551/394702, e-mail wlehfel@gwdg.de, privat: Steinbreite 9c, 37085 Göttingen, Tel. 0551/7907034, Slavische Philologie.

Lenz, Dr. phil., dr hab. Rudolf, Professor, Forschungsstelle für Personalschriften, Biegenstraße 36, 35037 Marburg, Tel. 06421/2823800, Fax 06421/2824501, e-mail lenzs@mailer.uni-marburg.de, privat: Wilhelmstraße 50, 35037 Marburg, Tel. 06421/26394, Sozial- und Wirtschaftsgeschichte.

Mommsen, Dr. phil. D. litt. h. c. Wolfgang J., o. Professor, Historisches Seminar der Universität Düsseldorf, Universitätsstr. 1, 40225 Düsseldorf, Tel. 0211/81-14078, Fax 0211/81-14255, e-mail mommsen@phil-fak.uni-duesseldorf.de, privat: Am Kleianskreuz 29 a, 40489 Düsseldorf, Tel. 0211/400492, Neuere und neueste Geschichte.

zur Mühlen, Dr. theol. Karl-Heinz, o. Professor, Evangel.-Theolog. Seminar der Universität Bonn, Abt. Kirchengeschichte, Am Hof 1, 53113 Bonn, Tel. 0228/737331, Fax 0228/737649, privat: Marienburger Str. 108, 53340 Meckenheim, Tel 02225/3812, Kirchengeschichte.

Müller, Dr. phil. Klaus-Detlef, o. Professor, Eberhard-Karls-Universität Tübingen, Deutsches Seminar, Wilhelmstr. 50, 72074 Tübingen, Tel. 07071/72481, 07071/78439, Fax 07071/5321, e-mail klaus-detlef.mueller@uni-tuebingen.de, privat: Am Baylerberg 5, 72070 Tübingen, Tel. 07073/3515, Neuere Deutsche Literaturwissenschaft.

Müller, Dr. rer. nat. Werner E. G., Professor, Institut für Angewandte Molekularbiologie, Duesbergweg 6, 55099 Mainz, Tel. 06131/3925910, privat: Semmelweisstraße 12, 65203 Wiesbaden, Tel. 0611/67161, Molekularbiologie und Biologie des Alterns.

Müller-Klieser, Dr. rer. nat. Wolfgang, Professor, Institut für Physiologie und Pathophysiologie, Bereich Pathophysiologie, Duesbergweg 6, 55099 Mainz, Tel. 06131/392576l, Fax 06131/3925560, e-mail mue-kli@mail.uni-mainz.de, Physiologie.

Nagel, Dr. rer. nat. Roland, Professor, Institut für Hydrobiologie, TU Dresden, 01062 Dresden, Tel. 0351/4635462, Fax. 0351/4637108, privat: Bayreuther Str. 21, 01187 Dresden, Tel. 0351/4755243, Ökotoxikologie.

Oexle, Dr. Otto Gerhard, Professor, Direktor am Max-Planck-Institut für Geschichte, Postfach 2833, 37018 Göttingen (Paketpost: Hermann-Föge-Weg 11, 37073 Göttingen), Tel. 0551/495613, Fax 0551/495670, e-mail oexle@mpgs-nts1.mpi-g.gwdg.de, privat: Planckstraße 15, 37073 Göttingen, Tel. 0551/45328, Geschichte des Mittelalters.

Ogura, Dr. med., Ph. D. Ryohei, Professor, Department of Medical Biochemistry, Kurume University School of Medicine, 67 Asahimachi, Kurume, Japan 830, Tel. 00819 42/353311 Ext. 224, privat: 247-7 Nishimachi, Kurume, Japan 830, Tel. 0081942/327791.

Osterkamp, Dr. phil. Ernst, Professor, Humboldt-Universität zu Berlin, Philosophische Fakultät II, Institut für Deutsche Literatur, Unter den Linden 6, 10099 Berlin, Tel. 030/20196646, Fax 030/20196690, privat: Heimat 35, 14165 Berlin, Tel. 030/8155293, Deutsche Literatur.

Porembski, Dr. rer. nat. Stefan, Professor, Universität Rostock, Institut für Biodiversitätsforschung i. Gr., Wismarsche Str. 8, 18051 Rostock, Tel. 0381/4981990, Fax 0381/4981980, e-mail stefan.porembski@biologie.uni-rostock.de, privat: Blücherstr. 66, 18055 Rostock, Tel. 0381/4934658, Botanik.

R a f i q p o o r , Dr. rer. nat. M. Daud, Botanisches Institut der Universität Bonn, Abteilung Systematik und Biodiversität, Arbeitsstelle Biodiversitätsforschung, Meckenheimer Allee 170, 53115 Bonn, Tel. 0228/735285, Fax 0228/733120, e-mail d.rafiqpoor@giub.uni-bonn. de, privat: Fuldastraße 18, 53332 Bornheim, Tel. 02222/82698, Geographie.

R a m g e , Dr. phil. Hans, o. Professor, FB 05 der Justus-Liebig-Universität Gießen, Institut für deutsche Sprache und mittelalterliche Literatur, Otto-Behaghel-Straße 10 B, 35394 Gießen, Tel. 0641/99-29040, Fax 0641/99-29049, e-mail hans.ramge@germanistik.uni-giessen.de, privat: Tilsiter Straße 3, 35444 Biebertal, Tel. 06409/7818, Germanistische Sprachwissenschaft.

R a s p e , Dr. med., Dr. phil. Hans Heinrich, Univ.-Professor, Direktor des Instituts für Sozialmedizin der Universität zu Lübeck, Beckergrube 43–47, 23552 Lübeck, Tel. 0451/799250, Fax 0451/7992522, e-mail raspeh@aol.com, privat: Lutherstr. 10, 23568 Lübeck, Sozialmedizin.

R e i t e r - T h e i l , Dr. rer. soc. Stella, Professorin, Vorsteherin des Instituts für Angewandte Ethik und Medizinethik, Medizinische Fakultät, Universität Basel, Missionsstraße 21, CH-4003 Basel, Tel. 0041/61/2602190/91, Fax 0041/61/2602195, e-mail s.reiter-theil@unibas.ch, privat: Jakob-Saur-Straße 40, 79199 Kirchzarten, Tel. 07661/980091, Ethik in der Medizin.

R i e m e r , Dr. phil. Peter, o. Professor, Institut für Klassische Philologie der Universität des Saarlandes, 66041 Saarbrücken, Tel. 0681/3022305, Fax 0681/3023711, e-mail p.riemer@mx.uni-saarland.de, privat: Beethovenstraße 60, 66125 Saarbrücken-Dudweiler, Tel. 06897/728955, Fax 06897/728962, Klassische Philologie.

S a p p l e r , Dr. phil. Paul, Professor, Deutsches Seminar der Universität Tübingen, Wilhelmstr. 50, 72074 Tübingen, Tel. 07071/2975327, Fax 07071/295321, e-mail paul.sappler@uni-tuebingen.de, privat: Sportplatzweg 16, 72181 Starzach, Deutsche Philologie.

S c h e u , Dr. rer. nat. Stefan, Professor, Technische Universität Darmstadt, FB Biologie (10), Institut für Zoologie, Schnittspahnstraße 3, 64287 Darmstadt, Tel. 06151/163006, Fax 06151/166111, e-mail scheu@bio.tu-darmstadt.de, privat: Im Trappengrund 3, 64354 Reinheim, Tel. 06162/807609, Ökologie.

S c h m i d t - B i g g e m a n n , Dr. phil. Wilhelm, Professor, Freie Universität Berlin, Direktor am Institut für Philosophie, Habelschwerter Allee 30, 14195 Berlin, Tel. 030/8385510, Fax 030/8386430, e-mail schmibig@zedat.fu-berlin.de, privat: Feldstraße 28, 12207 Berlin, Philosophie.

S c h o l t z , Dr. phil. Gunter, Professor, Institut für Philosophie, Ruhr-Universität Bochum, 44780 Bochum (Paketpost: Universitätsstraße 150, 44801 Bochum), Tel. 0234/3222139, Fax 0234/3214088, e-mail gunter.scholtz@ruhr-uni-bochum.de, privat: Rauendahlstraße 78, 45529 Hattingen, Tel. 02324/83738, Philosophie.

Schröder, Dr. rer. nat., Dr. med. Heinz C., Professor, Institut für Physiologische Chemie, Duesbergweg 6, 55099 Mainz, Tel. 06131/3925791, Fax 06131/3925243, e-mail hschroed@mzdmza.zdv.uni-mainz.de, privat: Hans-Bredow-Straße 37a, 65189 Wiesbaden, Tel. 0611/761391, Molekularbiologie.

Schumacher, Dr. phil. Leonhard, Professor, Institut für Alte Geschichte, Johannes Gutenberg-Universität, 55099 Mainz, Tel. 06131/3922751, Fax 06131/3923823, privat: Rembrandtstr. 15, 55127 Mainz, Tel. 06131/227506, Alte Geschichte.

Schweickard, Dr. phil. Wolfgang, Professor, Universität des Saarlandes, FB 4.2 Romanistik, Postfach 151150, 66041 Saarbrücken (Paketpost: Gebäude 11, Zi. 3.19, Im Stadtwald, 66123 Saarbrücken), Tel. 0681/3026 4050, Fax 0681/3026 4052, e-mail wolfgang.schweikard@mx.uni-saarland.de, privat: Hangweg 8, 66121 Saarbrücken, Tel. 0681/830 5693, Fax 0681/830 5695, Romanistische Sprachwissenschaft.

Schweinfurth, Dr. rer. nat. Ulrich, em. o. Professor, Postfach 103066, 69020 Heidelberg, Geographie.

Sell, Dr. rer. nat. Yves, Professor, Laboratoire de Morphologie Expérimentale, Institut de Botanique, Université Louis Pasteur, 28, Rue Goethe, F-67083 Strasbourg Cedex, Tel. 0033 88/35 8277, Fax 0033 88/35 8484, privat: 6, Rue d'Ankara, F-67000 Strasbourg, Tel. 0033 88/61 2190, Vergleichende und experimentelle Pflanzenmorphologie.

Slaje, Dr. phil. Walter, Professor, FB Kunst-, Orient- und Altertumswissenschaften, Institut für Indologie und Südasienwissenschaften, Martin-Luther-Universität Halle-Wittenberg, 06099 Halle (Saale), Tel. 0345/5523650, Fax 0345/5527139, e-mail slaje@indologie.uni-halle.de, privat: Hermann-Löns-Straße 1, 99425 Weimar, Tel./Fax 03643/501391, e-mail slaje@t-online.de, Indologie.

Stackmann, Dr. phil., Dr. h.c. Karl, em. o. Professor, Nonnenstieg 12, 37073 Göttingen, Tel. 0551/55002, Deutsche Philologie.

Tarot, Dr. phil. Rolf, Professor, Deutsches Seminar der Universität Zürich, Schönberggasse 9, CH-8001 Zürich, Tel. 00411/6342543/82, Fax 00411/6344905, e-mail rtarot@ds.unizh.ch, privat: Hinterer Engelstein 13, CH-8344 Bäretswil, Tel. 00411/9392176, Neuere deutsche Literaturgeschichte.

Tautz, Dr. rer. nat. Jürgen, o. Professor, Theodor-Boveri-Institut (Biozentrum) der Universität, Lehrstuhl für Verhaltensphysiologie und Soziobiologie, Am Hubland, 97074 Würzburg, Tel. 0931/8884319, Fax 0931/8884309, e-mail tautz@biozentrum.uni-wuerzburg.de, privat: Hohe-Baum-Straße 22, 97295 Waldbrunn, Tel. 09306/8174, Verhaltensphysiologie und Soziobiologie.

Weber, Dr. rer. nat. Hans, em. o. Professor, Institut für Spezielle Botanik und Botanischer Garten, Saarstraße 21, 55122 Mainz, Tel. 06131/3922624, privat: Oechsnerstraße 10, 55131 Mainz, Tel. 06131/53848, Botanik.

W i e s e m a n n , Dr. med. Claudia, Professorin, Ethik und Geschichte der Medizin, Georg-August-Universität Göttingen, Humboldtallee 36, 37073 Göttingen, Tel. 0551/399006, Fax 0551/399554, e-mail cwiesem@gwdg.de, Ethik und Geschichte der Medizin.

W i l l r o t h , Dr. phil. Karl-Heinz, Universitätsprofessor, Direktor des Seminars für Ur- und Frühgeschichte der Georg-August-Universität Göttingen, Nikolausberger Weg 15, 37073 Göttingen, Tel. 0551/395081, Fax 0551/396459, e-mail willroth@uni-ufg.gwdg.de, privat: Tilsiter Straße 9, 37120 Bovenden, Tel. 0551/81210, Ur- und Frühgeschichte.

W i n a u , Dr. phil., Dr. med. Rolf, o. Professor, Institut für Geschichte der Medizin der FU Berlin, Klingsorstraße 119, 12203 Berlin, Tel. 030/8300 9230/31, Fax 030/83009237, e-mail winau@medizin.fu-berlin.de, privat: Nicolaistraße 50, 12247 Berlin, Tel./Fax 030/7711765, Geschichte der Medizin.

W i n t e r , Priv.-Doz. Dr. med. Stefan, Dezernent für Wissenschaft und Forschung, Geschäftsführung der Bundesärztekammer, Herbert-Lewin-Str. 1, 50931 Köln, Tel. 0221/4004460, Fax 0221/4004386, e-mail baek.dez-6@dgn.de, privat: Lyngsbergstr. 14, 53177 Bonn, Molekulare Medizin, Gesundheitstechnologiebewertung.

W l o s o k , Dr. phil. Antonie, o. Professor, Seminar für Klassische Philologie der Johannes Gutenberg-Universität Mainz, 55099 Mainz (Paketpost: Saarstraße 21, 55122 Mainz), Tel. 06131/3922335, Fax 06131/3924797, privat: Elsa-Brändström-Straße 19, 55124 Mainz, Tel. 06131/681584, Klassische Philologie.

W o e s l e r , Dr. phil. Winfried, Professor, FB Sprach- und Literaturwissenschaft, Universität Osnabrück, Neuer Graben 40, 49069 Osnabrück, Tel. 0541/9694366, 0541/9694168, Fax 0541/9694256, e-mail wwoesler@uos.de, privat: August-Schlüter-Str. 39, 48249 Dülmen, Tel. 02594/84944, Fax 02594/948752, Neuere deutsche Literatur, Editionswissenschaft.

Zeittafel

EHRENMITGLIEDER

Datum der Wahl	
22. 6.1990	Albrecht Martin
21. 6.1996	Sibylle Kalkhof-Rose
16. 7.1999	Roman Herzog

ORDENTLICHE MITGLIEDER

Datum der Wahl	Mathematisch-naturwissenschaftliche Klasse	Geistes- und sozialwissenschaftliche Klasse	Klasse der Literatur
23.10.1959		Heinrich Otten	
2. 3.1962	Willibald Jentschke		
28. 7.1962	Walter Henn		
30.10.1964			Heinrich Schirmbeck
29. 4.1965			Hans Bender
29. 4.1965			Walter Helmut Fritz
29. 7.1966			Peter Härtling
29. 7.1966		Wolfgang P. Schmid	
28. 7.1967	Hans Ehrenberg		
16. 2.1968			Dieter Wellershoff
11.10.1968	Johannes Rohen		
11. 4.1969	Peter Ax		
11. 7.1969			Dieter Hoffmann
11. 7.1969			Heinrich Vormweg
13. 2.1970	Wilhelm Lauer		
13. 2.1970	Martin Lindauer		
13. 2.1970	Gerhard Thews		
10. 4.1970			Elisabeth Borchers
10. 4.1970	Karl Hans Wedepohl		
16.10.1970			Bernhard Zeller
23. 4.1971	Rudolf Zahn		
16. 7.1971		Hermann Lange	
11. 2.1972			Kurt Leonhard
11. 2.1972	Eugen Seibold		
11. 2.1972		Harald Zimmermann	
12.10.1973			Barbara König
25. 6.1976		Gerhard Funke	
15.10.1976		Erich Loos	
29. 4.1977		Ernst Heitsch	
29. 4.1977		Clemens Zintzen	
17. 2.1978		Reiner Haussherr	
28. 4.1978			Bruno Hillebrand
28. 4.1978		Werner Schröder	
23. 6.1978		Heinz Bellen	
16. 2.1979		Gerhard Müller	
9.11.1979	Wilhelm Klingenberg		
9.11.1979	Hans Kuhn		

Datum der Wahl	Mathematisch-naturwissenschaftliche Klasse	Geistes- und sozialwissenschaftliche Klasse	Klasse der Literatur
9.11.1979	Günter Lautz		
9.11.1979	Helmut Ringsdorf		
9.11.1979			Erwin Wickert
7.11.1980		Bernard Andreae	
7.11.1980	Werner Nachtigall		
23. 4.1982			Ludwig Harig
5.11.1982			Tankred Dorst
17. 2.1984			Jürgen Becker
17. 2.1984			Michael Krüger
17. 2.1984	Ernst Mutschler		
4. 5.1984	Burkhard Frenzel		
6. 7.1984	Hans Bock		
26.10.1984		Hans-Henrik Krummacher	
8.11.1985			Norbert Miller
8.11.1985	Günter Hotz		
8.11.1985		Reinhold Zippelius	
14. 2.1986	Ernst Wilhelm Otten		
20. 6.1986			Uwe Pörksen
10. 4.1987		Wido Hempel	
26. 6.1987	Robert F. Schmidt		
6.11.1987		Walter W. Müller	
19. 2.1988			Herbert Rosendorfer
24. 6.1988		Klaus Ganzer	
4.11.1988	Manfred Pilkuhn		
17. 2.1989			Eva Zeller
3.11.1989			Dieter Kühn
16. 2.1990		Michael Müller-Wille	
16. 2.1990			Guntram Vesper
9.11.1990	Wilhelm Barthlott		
15. 2.1991	Gustav Kollmann		
15. 2.1991		Fred Otten	
19. 4.1991		Otmar Issing	
21. 6.1991			Eckart Kleßmann
21. 6.1991	Friedrich Strauch		
8.11.1991	Elke Lütjen-Drecoll		
8.11.1991		Albrecht Riethmüller	
8.11.1991	Jörn Thiede		
14. 2.1992			Harald Hartung
14. 2.1992		Michael Stolleis	
6.11.1992	Thomas Weiland		
4. 2.1993	Matthias Schaefer		
25. 6.1993		Jost Benedum	
25. 6.1993	Niels-Peter Birbaumer		
25. 6.1993		Hansjoachim Henning	
25. 6.1993		Oskar von Hinüber	
5.11.1993			Hugo Dittberner
22. 4.1994		Helmut Hesse	
22. 4.1994			Rainer Malkowski
24. 6.1994	Michael Grewing		
4.11.1994			Wulf Kirsten
4.11.1994			Helga Schütz

Datum der Wahl	Mathematisch-naturwissenschaftliche Klasse	Geistes- und sozialwissenschaftliche Klasse	Klasse der Literatur
17. 2.1995	Matthias Winiger		
23. 6.1995		Dieter Mehl	
10.11.1995	Bernhard Fleckenstein		
23. 2.1996	Bernt Krebs		
8.11.1996	Gerhard Wegner		
18. 4.1997		Wolfgang Haubrichs	
20. 6.1997	Ekkehard Ramm		
8.11.1997		Johannes Fried	
27. 2.1998	Jürgen Jost		
19. 6.1998		Klaus-Michael Kodalle	
6.11.1998		Heinz Heinen	
6.11.1998			Arnold Stadler
6.11.1998	Peter W. Vaupel		
18. 2.2000	Ulf Rapp		
16. 6.2000		Kurt Sier	
3.11.2000		Irene Dingel	
3.11.2000		Gernot Wilhelm	
16. 2.2001			Albert v. Schirnding
20. 4.2001		Heinz Duchhardt	
22. 6.2001		Jan Schröder	
22. 6.2001		J.-Matthias Graf von der Schulenburg	
9.11.2001			Manfred Osten
22. 2.2002	Johannes Buchmann		
22. 2.2002	Günter Gottstein		
22. 2.2002	Wolfgang Wahlster		
22. 2.2002			Hans Dieter Schäfer

KORRESPONDIERENDE MITGLIEDER

Datum der Wahl	Mathematisch-naturwissenschaftliche Klasse	Geistes- und sozialwissenschaftliche Klasse	Klasse der Literatur
29. 4.1955	Cahit Arf		
28. 7.1961		Louis Bazin	
26. 4.1963	Otto Westphal		
30.10.1964		Pierre Demargne	
30.10.1964		Werner Thomas	
30.10.1964			Werner Weber
19. 4.1968		Erich Lüddeckens	
11.10.1968		Kurt von Fischer	
11. 7.1969			Gerda Zeltner-Neukomm
10.10.1969	Günther Osche		
12. 2.1971			Lars Gustafsson
16. 7.1971		Karlfried Gründer	
16. 7.1971	Olof Erik Hans Rydbeck		
15.10.1971	Charles Grégoire		
15.10.1971		Pierre Hadot	
13.10.1972	Gert Haberland		
14.10.1972	Friedrich Hirzebruch		
16. 2.1973	Paul Schölmerich		
29. 6.1973	Franz Huber		
19. 4.1974		Paolo Enrico Arias	
28. 6.1974		Hermann Lübbe	
11.10.1974		Nikolaus Himmelmann	
14. 2.1975		Kurt Böhner	
14. 2.1975		Wolfgang Kleiber	
11. 4.1975	Paul Stefan Vogel		
27. 6.1975		Stephan Waetzoldt	
27. 6.1975			A. Leslie Willson
17.10.1975	Dietrich W. Lübbers		
25. 6.1976		Vytautas Mažiulis	
15.10.1976	Georg Dhom		
15.10.1976	Hansjörg Sinn		
11. 2.1977		Roger Bauer	
11. 2.1977	Günther Ludwig		
11. 2.1977	Rüdiger Wehner		
29. 4.1977			Volker Braun
14.10.1977	Franz Baumgärtner		
28. 4.1978		Fritz Reichert-Facilides	
28. 4.1978	Focko Weberling		
29. 6.1979		Sedat Alp	
29. 6.1979	Jürgen Ehlers		
9.11.1979			Adolf Muschg
27. 6.1980		Ernst Kitzinger	
27. 6.1980		Carl Werner Müller	
27. 6.1980		Otto Zwierlein	
13. 2.1981	Erhard Scheibe		
24. 4.1981		Ludwig Finscher	
24. 4.1981	Hans Grauert		
24. 4.1981	Reinhard Schlögl		
23. 4.1982	Alfred G. Fischer		

Datum der Wahl	Mathematisch-naturwissenschaftliche Klasse	Geistes- und sozialwissenschaftliche Klasse	Klasse der Literatur
23. 4.1982	Joachim-Hermann Scharf		
24. 6.1983			Saul Bellow
24. 6.1983	Karl Georg Götz		
24. 6.1983	Werner Loher		
17. 2.1984	Fritz Peter Schäfer		
6. 7.1984		Max Pfister	
26.10.1984	Günter Herrmann		
26.10.1984	Dieter Oesterhelt		
26.10.1984		Alfred Söllner	
22. 2.1985	Wolfgang Gerok		
22. 2.1985		Friedhelm Debus	
28. 6.1985	Karl Heinz Büchel		
20. 6.1986	Heinz Harnisch		
7.11.1986	Herbert Oelschläger		
7.11.1986		Maria Radnoti-Alföldi	
13. 2.1987		Karl Lehmann	
26. 6.1987		Peter Brang	
6.11.1987		Werner Welzig	
6.11.1987		Paul Anthony Samuelson	
22. 4.1988		Marc Lienhard	
24. 6.1988		Heinrich Chantraine	
24. 6.1988	Karl-Hermann Meyer zum Büschenfelde		
4.11.1988	Eric Richard Kandel		
17. 2.1989		Heinrich Koller	
14. 4.1989		Hans-Peter Schwarz	
23. 6.1989			Klaus-Dieter Lehmann
23. 6.1989	Herbert Miltenburger		
3.11.1989	Jean-Marie Lehn		
3.11.1989	Günther S. Stent		
16. 2.1990	Christoph Fuchs		
16. 2.1990	Wolfgang A. Herrmann		
27. 4.1990			Györgi Konrád
27. 4.1990	Dieter Seebach		
22. 6.1990	Axel Michelsen		
22. 6.1990		Kurt Gärtner	
19. 4.1991	Jörg Michaelis		
2. 4.1992	Helmut Ehrhardt		
2. 4.1992		Rainer Kahsnitz	
6.11.1992	Gerhard Furrer		
6.11.1992	Bruno Messerli		
5.11.1993	Klaus Kirchgässner		
5.11.1993	David Sandeman		
18. 2.1994		Bernhard Diestelkamp	
18. 2.1994	Christian Rittner		
18. 2.1994		Heinz Josef Thissen	
22. 4.1994		Werner Habicht	
22. 4.1994			Michael Lützeler
22. 4.1994	Randolf Menzel		
22. 4.1994	Arndt Simon		
22. 4.1994		Manfred Streit	
24. 6.1994		Heinrich Oberreuter	
19. 4.1996	Dietrich H. Welte		

Datum der Wahl	Mathematisch-naturwissenschaltliche Klasse	Geistes- und sozialwissenschaftliche Klasse	Klasse der Literatur
18. 4.1997		Michel Parisse	
24. 4.1998	Eric Mikhailovich Galimov		
24. 4.1998	Eckehart Jäger		
19. 6.1998		Adolf Borbein	
19. 6.1998		Brian Charles Gibbons	
6.11.1998		Otto Kresten	
5.11.1999		Hans-Markus von Kaenel	
18. 2.2000		Florian Tennstedt	
18. 2.2000		Thomas Würtenberger	
14. 4.2000	Carlos Belmonte		
14. 4.2000	Ruth Duncan		
14. 4.2000			Anne Duden
14. 4.2000			Tuvia Rübner
20. 4.2001		Hans-Albert Rupprecht	
22. 6.2001		Jürgen Falter	
9.11.2001	Franz Grehn		
9.11.2001			Adam Zagajewski
22. 2.2002		Renate Belentschikow	
22. 2.2002		Márta Font	

LEIBNIZ-MEDAILLE

Im Oktober 1960 hat die Akademie als höchste Auszeichnung, die sie zu vergeben hat, die Leibniz-Medaille gestiftet. Sie wird bestimmungsgemäß an Persönlichkeiten verliehen, die sich um die Akademie besonders verdient gemacht haben.

Die Medaille zeigt auf der Vorderseite das gleiche Bild von Leibniz wie auf dem Medaillon an der Kette des Präsidenten. Die Umschrift lautet: „Academia scientiarum et literarum Moguntina". Auf der Rückseite wird der Name des Ausgezeichneten eingraviert. Er ist mit der Umschrift umgeben: „Fautori gratias agit plurimas". Nach der Verleihung einer Leibniz-Medaille bleiben die Geehrten der Akademie verbunden. Sie können an den wissenschaftlichen Sitzungen teilnehmen.

INHABER DER LEIBNIZ-MEDAILLE

Verleihungsjahr	
1974	Dr. Johannes Baptist Rösler ehem. Bürgerbeauftragter des Landes Rheinland-Pfalz, Mainz
1979	Professor Dr. Herbert Grünewald ehem. Vorsitzender des Aufsichtsrates der Bayer AG, Leverkusen
1979	Professor Dr. Werner Krämer ehem. Präsident des Deutschen Archäologischen Instituts
1981	Dr. Hanna-Renate Laurien Berlin
1982	Kuno Huhn Notar a. D., Mainz
1983	Professor Dr. Hans Rüdiger Vogel Frankfurt a. M.
1984	Professor Dr. Otto Bardong Worms
1985	Albrecht Martin Staatsminister a. D.
1987	Hans Helzer Rektor a. D. Altenkirchen
1987	Professor Dr. Klaus Töpfer Bundesminister a. D.
1988	Professor Dr. Dr. Herbert Franke Gauting

1989	Professor Dr. Rita Süssmuth ehem. Präsidentin des Deutschen Bundestages
1989	Dr. Bernhard Vogel Ministerpräsident des Landes Thüringen
1990	Dr. Marie-Luise Zarnitz Tübingen
1991	Professor Dr. Fritz Preuss Bad Dürkheim
1991	Dr. Heinz Peter Volkert Landtagspräsident a. D. Koblenz
1992	Sibylle Kalkhof-Rose Mainz
1993	Walter P. Becker Direktor a. D. des Landtages Rheinland-Pfalz Mainz
1994	Dr. Wolfgang Paulig Ministerialrat a. D. Bonn
1995	Rolf Möller Staatssekretär a. D. Generalsekretär der Volkswagen-Stiftung a. D. Bonn
1996	August Frölich Ministerialdirigent a. D. Mainz
1997	Dr. h.c. Sylvester Rostosky Bonn
1998	Dr. jur. Hans Franzen Wiesbaden
1999	Professor Dr. Siegfried Grosse Bochum
1999	Professor Dr. Rudolf Meimberg Neu-Isenburg
2000	Professor Dr. Josef Reiter Mainz
2001	Dr. Wilhelm Krull Hannover

VERSTORBENE INHABER DER LEIBNIZ-MEDAILLE

(Todesdaten in Klammern)

Peter Altmeier (28. 8. 1977)
Horst Backsmann (9. 7. 1984)
Siegfried Balke (11. 6. 1984)
Hugo Brandt (12. 9. 1989)
Heinrich Delp (2. 1. 1973)
Klaus-Berto von Doemming (28. 1. 1993)
Hermann Eicher (30. 7. 1984)
Karl-August Forster (11. 9. 1984)
Jockel Fuchs (6. 3. 2002)
Gotthard Gambke (1. 12. 1988)
Mathilde Gantenberg (29. 10. 1975)
Irène Giron (29. 4. 1988)
Walter Kalkhof-Rose (6. 7. 1988)
Adolf Kern (15. 5. 1963)
Ernst Nord (7. 9. 1981)
Eduard Orth (31. 3. 1968)
Konrad Petersen (21. 6. 1990)
Ernst Schäck (14. 2. 1998)
Werner T. Schaurte (25. 7. 1978)
Adolf Steinhofer (20. 8. 1990)
Adolf Süsterhenn (24. 11. 1974)
Wolfgang Treue (10. 9. 1989)
Richard Voigt (10. 3. 1970)
Otto van Volxem (16. 2. 1994)
Otto Wegner (12. 3. 1984)

WILHELM-HEINSE-MEDAILLE

Die Akademie der Wissenschaften und der Literatur hat eine Wilhelm-Heinse-Medaille ins Leben gerufen, die für essayistische Literatur im weitesten Sinne vergeben wird. Die Medaille ist die letzte plastische Arbeit des Münchner Bildhauers Toni Stadler. Um eine Kontinuität und zugleich eine Beschränkung des Preises zu gewährleisten, wurden von der Medaille 20 Abgüsse genommen.

Die Medaille trägt den Namen des Dichters Wilhelm Heinse (1746–1803), der seit 1786 als Vorleser, seit 1787 als Bibliothekar des Kurfürsten Karl Joseph ihn und dessen Hofstaat mit seinem „Ardinghello und die glückseeligen Inseln“ in Mainz ergötzte. Durch neue Impulse hatte Heinse auf die Kunst-Schriftstellerei und Musik-Schriftstellerei seiner Zeit, aber auch auf die der Romantik, nachhaltigen Einfluß.

PREISTRÄGER DER WILHELM-HEINSE-MEDAILLE

Verleihungsjahr

1978 Professor Michael Hamburger, B. A., M.A. (London)

1979 Susan Sontag (New York und Paris)

1980 Giorgio Manganelli (Rom) † 28. 5. 1990

1981 Professor Dr. Dr. h.c. Dolf Sternberger (Darmstadt) † 27. 7. 1989

1982 Dr. h.c. Octavio Paz (Mexiko) † 19. 4. 1998

1983 Professor Dr. h.c. Marcel Reich-Ranicki (Frankfurt a. M.)

1984 Professor Hans Heinz Stuckenschmidt (Berlin) † 15. 8. 1988

1985 Professor Hans Schwab-Felisch (Meerbusch) † 19. 10. 1989

1986 Professor Dr. Werner Haftmann (Waakirchen) † 29. 7. 1999

1987 Dr. Werner Kraft (Jerusalem) † 13. 6. 1991

1988 Carola Stern (Köln)

1989 György Konrád (Budapest)

1990 Dr. Eduard Beaucamp (Frankfurt a. M.)

1991 Albrecht Fabri (Köln) † 11. 2. 1998

1992 Philippe Jaccottet (Grignan)

1994 Professor Dr. Karl Heinz Bohrer (Bielefeld)

1996 Dr. Rüdiger Safranski (Berlin)

1997 Dr. Martin Walser (Nußdorf)

1999 Dr. Günter Metken (Paris) † 29. 3. 2000

2001 Dieter Hoffmann (Markt Geiselwind/Ebersbrunn)

NOSSACK-AKADEMIEPREIS
für Dichter und ihre Übersetzer

Der Preis wird Dichtern und ihren Übersetzern von der Klasse der Literatur unter dem Patronat der Akademie verliehen. Er ist benannt nach dem 1977 verstorbenen Mitglied der Klasse der Literatur Hans Erich Nossack. Ausgezeichnet werden mit diesem Preis richtungsweisende literarische Arbeiten und deren Übertragung, die schöpferische Qualität hat.

Der Preis wird in der Regel im Turnus von zwei Jahren verliehen.

PREISTRÄGER DES NOSSACK-AKADEMIEPREISES

Verleihungsjahr

1993 Michel Butor und Helmut Scheffel

1995 Lars Gustafsson und Verena Reichel

1998 Antonio Tabucchi und Karin Fleischanderl

2000 Adam Zagajewski und Karl Dedecius

JOSEPH-BREITBACH-PREIS

Nach dem Willen des am 9. Mai 1980 in München verstorbenen Literaten Joseph Breitbach, der in Koblenz geboren, in Paris gelebt hat, verleiht die Akademie im Zusammenwirken mit der Stiftung Joseph Breitbach alljährlich einen Literaturpreis. Er trägt den Namen Joseph-Breitbach-Preis der Akademie der Wissenschaften und der Literatur, Mainz. Mit dem Preis sollen deutschsprachige Werke aller Literaturgattungen ausgezeichnet werden. Die Preissumme kann unter verschiedenen Autoren aufgeteilt werden.

Verleihungsjahr
1998: Hans Boesch, Friedhelm Kemp, Brigitte Kronauer
1999: Reinhard Jirgl, Wolf Lepenies, Rainer Malkowski
2000: Ilse Aichinger, W. G. Sebald († 14. 12. 2001), Markus Werner
2001: Thomas Hürlimann, Ingo Schulze, Dieter Wellershoff

AKADEMIEPREIS DES LANDES RHEINLAND-PFALZ

Das Land Rheinland-Pfalz hat im Zusammenwirken mit der Akademie der Wissenschaften und der Literatur, Mainz, einen Preis gestiftet, der im Bereich der Hochschulen des Landes Rheinland-Pfalz herausragende und vorbildhafte Leistungen in Lehre und Forschung auszeichnen soll. Zugleich soll durch diese Ehrung eine Persönlichkeit hervorgehoben werden, die durch ihr engagiertes Wirken maßgebend den wissenschaftlichen Nachwuchs gefördert hat.

Verleihungsjahr:
2001: Professor Dr. Helmut Neunzert, Kaiserslautern

WALTER KALKHOF-ROSE-GEDÄCHTNISPREIS

Der von Sibylle Kalkhof-Rose gestiftete Preis erinnert an das 1988 verstorbene Ehrenmitglied und den Inhaber der Leibniz-Medaille Walter Kalkhof-Rose und hat zum Ziel, den wissenschaftlichen Nachwuchs zu fördern. Der Preis wird jährlich durch die Akademie abwechselnd in den Natur- und in den Geisteswissenschaften vergeben.

Verleihungsjahr
1995: Dr. Ernst Tamm, National Institute of Health, Bethesda/USA
1996: Dr. Laurenz Lütteken, Münster
1997: Dr. Jörg Bendix, Bonn
1998: Dr. Stefan Trappen, Mainz
1999: Dr. Stefanie Reese, Hannover
2000: Dr. Johann Graf Lambsdorff, Göttingen
2001: Dr. Hubertus Fischer, Bremen

RUDOLF-MEIMBERG-PREIS

Der von Professor Dr. Rudolf Meimberg gestiftete Preis wird verliehen für herausragende in- oder ausländische Publikationen, in denen der Verantwortung des Menschen für sich und die Allgemeinheit in besonderer Weise Rechnung getragen wird oder für Forschungen im Bereich der griechisch-orientalischen Altertumskunde in Verbindung zur Kultur der Gegenwart sowie der Tradition des Humanismus und der Humanität.

Verleihungsjahr
1996: Dr. Stephanie-Gerrit Bruer, Stendal
1998: Professor Dr. Kurt Sier, Leipzig
1999: Professorin Dr. Weyma Lübbe, Leipzig
2001: Professor Dr. Dr. h.c.mult. Claudio Leonardi, Florenz

EHRENRING DER AKADEMIE

Im Juni 2000 hat die Akademie die Vergabe eines Ehrenringes an Persönlichkeiten beschlossen, die sich durch mäzenatische Unterstützung von Akademieprojekten ausgezeichnet haben.

Der Ehrenring ist eine Kopie des goldenen Siegelrings Athen, Nationalmuseum, Inv. Nr. 8455 (CMS I Nr. 218), aus Grab XLIV der mykenischen Nekropole von Prosymna in der Argolis. Das Original stammt aus der Zeit um 1500 v. Chr. Die heraldische Szene gibt zwei sitzende Greifen wieder, die eine tordierte Säule flankieren.

Träger des Ehrenrings 2000: Dr. Malcom Wiener, New York

FÖRDERPREIS BIODIVERSITÄT

Der auf eine Stiftung zurückgehende Förderpreis wird an Nachwuchswissenschaftler verliehen, die eine herausragende Arbeit auf dem Gebiet der Biodiversitätsforschung vorgelegt haben. Der Preis versteht sich als Beitrag zur Förderung des akademischen Nachwuchses und als Motivation, eine wissenschaftliche Laufbahn entschlossen zu verfolgen.

Preisträger 1996: Dr. Pierre Leonhard Ibisch, Bonn
Preisträger 1999: Sonja Migge, Calgary
Preisträger 2000: Gerold Kier, Bonn
Preisträger 2001: Dipl.-Biologin Alexandra Klein, Göttingen

WALTER UND SIBYLLE KALKHOF-ROSE-STIFTUNG

Frau Sibylle Kalkhof-Rose hat eine öffentliche Stiftung des Bürgerlichen Rechts errichtet. Zweck der Stiftung ist die Förderung und Weiterbildung des besonders qualifizierten wissenschaftlichen Nachwuchses. Es sollen alle wissenschaftlichen Fachrichtungen ausgewogen berücksichtigt werden. Die Stiftung verwirklicht ihre Ziele insbesondere durch die Vergabe von Habilitationsstipendien und Sachmitteln an förderungswürdige Personen. Die Förderungsmaßnahmen werden über die Akademie der Wissenchaften und der Literatur, Mainz, abgewickelt, deren Präsident Mitglied der Stiftung ist.

KURT-RINGGER-STIFTUNG

Der 1988 verstorbene Mainzer Romanist hatte die Akademie als Alleinerbin eingesetzt. Nach Verwertung des Vermögens ist eine Stiftung zur Förderung der romanistischen Forschung errichtet worden. Die Stiftung verwirklicht ihre Ziele insbesondere durch Vergabe von Stipendien und Sachmitteln.

ERWIN-WICKERT-STIFTUNG

Die Stiftung dient dem literarischen Werk und Nachlaß sowie dem politischen Nachlaß, der Biographie und der Korrespondenz des Stifters Erwin Wickert, langjähriger Diplomat im Fernen Osten und Mitglied der Klasse der Literatur.

COLLOQUIA ACADEMICA

Im Zusammenwirken mit dem Minister für Bildung, Wissenschaft und Weiterbildung des Landes Rheinland-Pfalz und der Johannes Gutenberg-Universität Mainz hat die Akademie 1995 die Veranstaltung „Colloquia Academica – Akademievorträge junger Wissenschaftler“ geschaffen. Junge Geistes- und Naturwissenschaftler sollen sich in Vortrag und anschließender Diskussion einem fachkompetenten Publikum in der Akademie vorstellen. Die jungen Gelehrten sollen in die Forschungsbereiche der Akademie einbezogen werden und auf diese Weise eine Ermutigung in ihren Bestrebungen erfahren; andererseits will die Akademie mit dieser Veranstaltungsreihe dokumentieren, daß sie sich der Förderung des hochqualifizierten wissenschaftlichen Nachwuchses verpflichtet weiß.

Am 20. April 2001 wurden folgende Vorträge gehalten:

Dr. Ursula Gärtner, Universität Leipzig: Das Lob Italiens in der antiken griechischen Literatur

Dr. Carsten H. Greiner, Justus-Liebig-Universität Gießen: Die Suche nach dem Quark-Gluon-Plasma: Der kleine Urknall im Labor

Die gleichnamige Publikationsreihe erscheint im Franz Steiner Verlag, Stuttgart.

POETIKDOZENTUR DER AKADEMIE DER WISSENSCHAFTEN UND DER LITERATUR AN DER UNIVERSITÄT MAINZ

Die Poetikdozentur wurde 1980 begründet. Im Rahmen von Seminaren bietet sie Studenten der Literaturwissenschaft die Möglichkeit, im Gespräch mit Schriftstellern poetologische Fragen zu diskutieren. Mit einem öffentlichen Vortrag in der Universität stellen sich die Autoren abschließend einem größeren Publikum vor.

WS 1980/81: Jürgen Becker
WS 1981/82: Helmut Heißenbüttel
SS 1982: Hans Jürgen Fröhlich
WS 1982/83: Hans Bender
SS 1983: Walter Helmut Fritz
WS 1983/84: Paul Wühr
SS 1984: Herbert Heckmann
WS 1984/85: Klaus Hoffer
SS 1985: Ludwig Harig
WS 1985/86: Ralph Thenior
SS 1986: Guntram Vesper
WS 1986/87: Christoph Meckel
SS 1987: Eva Zeller
WS 1987/88: Franz Mon
SS 1988: Gabriele Wohmann
WS 1988/89: Hans Jürgen Heise
SS 1989: Paul Wühr
WS 1989/90: Hilde Domin
SS 1990: Dieter Hoffmann
WS 1990/91: Heinz Czechowski
SS 1991: Zsuzsanna Gahse
WS 1991/92: Franz Mon;
Walter Helmut Fritz;
Guntram Vesper;
Rainer Malkowski;
Wulf Kirsten;
Uwe Wittstock
SS 1992: Herbert Heckmann;
Harald Hartung
WS 1992/93: Elisabeth Borchers
SS 1993: Ulrich Woelk
WS 1993/94: Michael Zeller
SS 1994: Dagmar Leupold
WS 1994/95: Harald Hartung
SS 1995: Arnold Stadler
WS 1995/96: Durs Grünbein
SS 1996: Hugo Dittberner
WS 1996/97: Thomas Kling
SS 1997: Herbert Rosendorfer
WS 1997/98: Robert Schindel
SS 1998: Brigitte Oleschinski
WS 1998/99: Matthias Politycki
SS 1999: Zoë Jenny
SS 2000: Marlene Streeruwitz
WS 2000/01: Daniel Kehlmann
SS 2001: Rüdiger Safranski
WS 2001/02: Albert von Schirnding

PRÄSIDENTEN

der Akademie der Wissenschaften und der Literatur · Mainz

1949	Professor Dr.-Ing. Dr. e.h. Karl Willy Wagner
31. 10. 1953	Professor Dr. Eduard Justi
28. 2. 1958	Professor Dr. Dr. h.c. Peter Rassow
29. 7. 1961	Professor Dr. Joseph Vogt
1. 3. 1963	Professor Dr. Pascual Jordan
1. 5. 1967	Professor Dr. Hellmut Georg Isele
12. 2. 1971	Professor Dr. Heinrich Bredt
16. 2. 1979	Professor Dr. Heinrich Otten
26. 4. 1985	Professor Dr. Dr. Gerhard Thews
1. 7. 1993	Professor Dr. Clemens Zintzen

VIZEPRÄSIDENTEN

Mathematisch-naturwissenschaftliche Klasse

1949	Professor Dr. Pascual Jordan
1. 3. 1963	Professor Dr. Dr.-Ing. E.h. Richard Vieweg
29. 4. 1966	Professor Dr.-Ing. E.h. Dr.-Ing. E.h. Karl Küpfmüller
11. 4. 1969	Professor Dr. Heinrich Bredt
23. 4. 1971	Professor Dr. Johannes W. Rohen
29. 4. 1977	Professor Dr. Dr. Gerhard Thews
28. 6. 1985	Professor Dr. Wilhelm Lauer
1. 2. 1998	Professorin Dr. Elke Lütjen-Drecoll

VIZEPRÄSIDENTEN

Geistes- und sozialwissenschaftliche Klasse

1949	Professor Dr. Dr. h.c. Christian Eckert
24. 4. 1953	Professor Dr. Dr. Dr. h.c. Dr. E.h. Paul Diepgen
2. 3. 1956	Professor Dr. Hellmut Georg Isele
2. 3. 1962	Professor Dr. Heinrich Otten
11. 2. 1977	Professor Dr. Wolfgang P. Schmid
14. 2. 1986	Professor Dr. Clemens Zintzen
1. 7. 1993	Professor Dr. Wolfgang P. Schmid
1. 3. 2000	Professor Dr. Dr. h.c. Helmut Hesse

VIZEPRÄSIDENTEN

Klasse der Literatur

1949	Dr. Alfred Döblin
31. 7. 1953	Walter von Molo
29. 4. 1955	Dr. Frank Thiess
1. 8. 1964	Hans Erich Nossack
12. 7. 1968	Hans Bender
11. 10. 1974	Dieter Hoffmann
7. 11. 1980	Barbara König
4. 11. 1983	Professor Dr. Dr. h.c. Bernhard Zeller
1. 2. 1990	Walter Helmut Fritz

GENERALSEKRETÄRE

1949	Professor Dr. Dr. h.c. Helmuth Scheel
16. 2. 1968	Dr. Günter Brenner
1. 12. 1993	Dr. Wulf Thommel

VERSTORBENE EHRENMITGLIEDER

(Todesdaten in Klammern)

Emil Abderhalden (5. 8. 1950)
Wolfgang Freihr. von Budden-brock-Hettersdorf (11. 4. 1964)
Alfred Döblin (28. 6. 1957)
Otto Hahn (28. 7. 1968)
Willy Hellpach (6. 7. 1952)
Theodor Heuss (12. 12. 1963)
Walter Kalkhof-Rose (6. 7. 1988)
Luigi Lombardi (7. 2. 1958)
Walter von Molo (27. 10. 1958)
Gaetano de Sanctis (9. 4. 1957)
Arnold Sommerfeld (26. 4. 1951)

VERSTORBENE MITGLIEDER

(Todesdaten in Klammern)

Hans W. Ahlmann (10. 3. 1974)
Andreas Alföldi (12. 2. 1981)
Ernst Alker (5. 8. 1972)
Martin Almagro Basch (28. 8. 1984)
Ludwig Alsdorf (25. 3. 1978)
Clemens-August Andreae (26. 5. 1991)
Sir Edward Victor Appleton (22. 4. 1965)
Walter Artelt (26. 1. 1976)

Walter Baade (25. 6. 1960)
Günter Bandmann (24. 2. 1975)
Ernst H. Bárány (16. 6. 1991)
Wolfgang Bargmann (20. 6. 1978)
Felice Battaglia (28. 3. 1977)
Günter Baumgartner (11. 8. 1991)
Otto Bayer (1. 8. 1982)
Friedrich Becker (25. 12. 1985)
Wilhelm Becker-Obolenskaja (20. 11. 1996)
Henri Graf Bégouën (4. 11. 1956)
Georg von Békésy (13. 6. 1972)
Emil Belzner (8. 8. 1979)
Alfred Benninghoff (18. 2. 1953)
Ernst Benz (29. 12. 1978)
Johannes Benzing (16. 3. 2001)
Werner Bergengruen (4. 9. 1964)
Helmut Berve (6. 4. 1979)
Helmut Beumann (14. 8. 1995)
Jan Białostocki (25. 12. 1988)
Friedrich Bischoff (21. 5. 1976)
Karl Bischoff (25. 11. 1983)
Kurt Bittel (30. 1. 1991)
Wilhelm Blaschke (17. 3. 1962)
Hans Blumenberg (28. 3. 1996)
Heinrich Böll (16. 7. 1985)
Niels Bohr (18. 11. 1962)
Viktor Ivanovič Borkovskij (26. 12. 1982)
Karl Erich Born (23. 3. 2000)
Nicolas Born (7. 12. 1979)
Charles van den Borren (14. 1. 1966)
Herbert Bräuer (20. 12. 1989)
Heinrich Bredt (1. 11. 1989)
Bernard von Brentano (29. 12. 1964)
Henri Breuil (14. 8. 1961)
Louis-César Duc de Broglie (1987)
Hermann Alexander Brück (4. 3. 2000)
Otto Brunner (12. 6. 1982)
Julius Büdel (28. 8. 1983)
Dino Buzzati (28. 1. 1972)

Walter Cady (1974)
Maurice Caullery (13. 7. 1958)
Hans Helmut Christmann (26. 7. 1995)
Jean Cocteau (11. 10. 1963)
Fabio Conforto (24. 2. 1954)

Antonio Augusto Esteves Mendes
Corrêa (7. 1. 1960)
Elena Croce (20. 11. 1994)
Oscar Cullmann (16. 1. 1999)

Adolf Dabelow (27. 7. 1984)
Hellfried Dahlmann (7. 7. 1988)
Albert Defant (24. 12. 1974)
Ludwig Dehio (24. 11. 1963)
Karl Deichgräber (16. 12. 1984)
Honorio Delgado (27. 11. 1969)
Otto Demus (17. 11. 1990)
Tibor Déry (18. 9. 1977)
Max Deuring (20. 12. 1984)
Paul Diepgen (2. 1. 1966)
Hans Diller (15. 12. 1977)
Alfred Döblin (28. 6. 1957)
Gerhard Domagk (24. 4. 1964)
Georges Duhamel (13. 4. 1966)
Ejnar Dyggve (6. 8. 1961)

Wolfram Eberhard (15. 8. 1989)
Christian Eckert (27. 6. 1952)
Johannes Edfelt (27. 8. 1997)
Tilly Edinger (27. 5. 1967)
Kasimir Edschmid (31. 8. 1966)
Hans Heinrich Eggebrecht
(30. 8. 1999)
Karl Egle (26. 10. 1975)
Günter Eich (21. 12. 1972)
Herbert von Einem (5. 8. 1983)
Otto Eißfeld (23. 4. 1973)
Carl August Emge (20. 1. 1970)
Wilhelm Emrich (7. 8. 1998)
Heinrich Karl Erben (15. 7. 1997)
Wolja Erichsen (25. 4. 1966)
Efim Etkind (22. 11. 1999)

Karl-Georg Faber (15. 9. 1982)
Heinrich von Ficker (29. 4. 1957)
Robert Folz (5. 3. 1996)
Hubert Forestier (1975)
Dagobert Frey (13. 5. 1962)
Hans-Albrecht Freye (24. 5. 1994)
Hans Freyer (18.1.1969)
Albert Frey-Wyssling (30. 8. 1988)
Karl von Frisch (12. 6. 1982)
Hans Jürgen Fröhlich (22. 11. 1986)

Jean Gaston Gagé (1986)
Ernst Gamillscheg (18. 3. 1971)
Joseph Gantner (7. 4. 1988)
Lothar Geitler (1. 5. 1990)
Friedrich Gerke (24. 8. 1966)
Willy Giese (4. 4. 1973)
Natalia Ginzburg (8. 10. 1991)
Helmuth von Glasenapp (25. 6. 1963)
Kurt Goldammer (7. 2. 1997)
Gernot Gräff (6. 11. 1982)
Richard Grammel (26. 6. 1964)
Johann Hjalmar Granholm
(4. 2. 1972)
Julien Green (13. 8. 1998)
Henri Grégoire (28. 9. 1964)
Ludwig Greve (12. 7. 1991)
Kaare Grønbech (21. 1. 1957)
Margherita Guarducci (2. 9. 1999)
Wilibald Gurlitt (15. 12. 1963)

Otto Hachenberg (23. 3. 2001)
Georg Hamel (4. 10. 1954)
George M. A. Hanfmann (13. 3. 1986)
Ernst Hanhart (5. 9. 1973)
Björn Helland Hansen (7. 9. 1957)
Kurt Hansen (26. 1. 2002)
Robert Comte d'Harcourt
(18. 6. 1965)
Hermann Hartmann (22. 10. 1984)
Nicolai Hartmann (9. 10. 1950)
Helmut Hasse (26. 12. 1979)
Otto Haupt (10. 11. 1988)
Wilhelm Hausenstein (3. 6. 1957)
Manfred Hausmann (6. 8. 1986)
Herbert Heckmann (18. 10. 1999)
Johan Arvid Hedvall (24. 12. 1974)
Hermann Heimpel (23. 12. 1988)
Heinz Heimsoeth (10. 9. 1975)
Helmut Heißenbüttel (19. 9. 1996)
Walter Heinrich Heitler (15. 11. 1981)
Werner Helwig (4. 2. 1985)
Corneille Heymans (18. 7. 1968)

Rudolf H i r s c h (19. 6. 1996)
Helmut H o f f m a n n (8. 10. 1992)
Herfried H o i n k e s (4. 4. 1975)
Karl August H o r s t (30. 12. 1973)
Edouard H o u d r e m o n t (10. 6. 1958)
Herbert H u n g e r (9. 7. 2000)
Taha H u s e i n (28. 10. 1973)
Aldous H u x l e y (22. 11. 1963)

Hans Herloff I n h o f f e n (31. 12. 1992)
Hans Ulrich I n s t i n s k y (30. 6. 1973)
Hellmut Georg I s e l e (7. 3. 1987)
Erwin I s e r l o h (14. 4. 1996)

Werner J a e g e r (19. 10. 1961)
Hans Henny J a h n n (29. 11. 1959)
Hubert J e d i n (16. 7. 1980)
Pascual J o r d a n (31. 7. 1980)
Richard J u n g (25. 7. 1986)
Christian J u n g e (18. 6. 1996)
Eduard J u s t i (16. 12. 1986)

Tor G. K a r l i n g (23. 9. 1998)
Erich K ä s t n e r (29. 7. 1974)
Hermann K a s a c k (10. 1. 1966)
Marie Luise v o n K a s c h n i t z - W e i n b e r g (10. 10. 1974)
Valentin K a t a j e w (12. 4. 1986)
Bernhard K e l l e r m a n n (17. 10. 1951)
Martin K e s s e l (14. 4. 1990)
Hermann K e s t e n (3. 5. 1996)
Valentin K i p a r s k y (18. 5. 1983)
Wilhelm K i s c h (9. 3. 1952)
Kurt K l ö p p e l (13. 8. 1985)
Ulrich K l u g (7. 5. 1993)
Werner K o c h (30. 3. 1992)
Max K o h l e r (31. 3. 1982)
Annette K o l b (3. 12. 1967)
August K o p f f (24. 4. 1960)
Paul K o s c h a k e r (1. 6. 1951)
Curt K o s s w i g (29. 3. 1982)
Ernest A. K r a f t (19. 6. 1962)
Hans K r a h e (25. 6. 1965)
Ernst K r e u d e r (24. 12. 1972)
Paul Oskar K r i s t e l l e r (7. 6. 1999)
Karl K r o l o w (21. 6. 1999)
Wolfgang K r u l l (12. 4. 1971)
Herbert K ü h n (25. 6. 1980)
Ernst K ü h n e l (5. 8. 1964)
Karl K ü p f m ü l l e r (26. 12. 1977)
Branko K u r e l e c (27. 9. 1999)

Horst L a n g e (6. 7. 1971)
Elisabeth L a n g g ä s s e r (25. 7. 1950)
Raymond L a n t i e r (14. 4. 1980)
Torbern L a u r e n t (22. 9. 1981)
Christine L a v a n t (7. 6. 1973)
Fritz L a v e s (12. 8. 1978)
Halldór L a x n e s s (9. 2. 1998)
Wilhelm L e h m a n n (17. 11. 1968)
Horst L e i t h o f f (25. 12. 1998)
Widukind L e n z (25. 2. 1995)
Hans L e w a l d (10. 11. 1963)
Mechtilde L i c h n o w s k y (4. 6. 1958)
Ragnar L i l j e b l a d (13. 10. 1967)
Bertil L i n d b l a d (25. 6. 1965)
Zofia L i s s a (26. 3. 1980)
Enno L i t t m a n n (4. 5. 1958)
Fritz L o e w e (27. 3. 1974)
Erhard L o m m a t z s c h (20. 1. 1975)
Konrad L o r e n z (27. 2. 1989)
Franz L o t z e (13. 2. 1971)
Alexander L u t h e r (9. 8. 1970)

Anneliese M a i e r (2. 12. 1971)
André M a l r a u x (23. 11. 1976)
Gunter M a n n (16. 1. 1992)
Ernst M a r c u s (30. 6. 1968)
Alfred v o n M a r t i n (11. 6. 1979)
Louis M a s s i g n o n (31. 10. 1962)
Ernest M a t t h e s (10. 9. 1958)
Friedrich M a t z (3. 8. 1974)
Klaus M e h n e r t (2. 1. 1984)
Max M e l l (12. 12. 1971)
Clemente M e r l o (13. 1. 1960)
Werner M i l c h (20. 4. 1950)
Robert M i n d e r (10. 9. 1980)
Guiseppe M o r u z z i (11. 3. 1986)
Jürgen M o s e r (16. 12. 1999)
Kurt M o t h e s (12. 2. 1983)

Heiner Müller (30. 12. 1995)
Hermann Joseph Müller (5. 4. 1967)

Dimitrij Nikolaevič Nasledov (9. 1. 1975)
Erich Neu (31. 12. 1999)
Ernst Harald Norinder (6. 7. 1969)
Hans Erich Nossack (2. 11. 1977)
Aziz Ogan (5. 10. 1956)
Horst Oppel (17. 7. 1982)
Karl Otten (20. 3. 1963)

Max Pagenstecher (12. 7. 1957)
Jean Comte de Pange (20. 7. 1957)
Leo Pardi (27. 12. 1991)
Franz Patat (11. 12. 1982)
Christina Yvon Pauc (8. 1. 1981)
Konstantin Paustovskij (14. 7. 1968)
Johannes Pedersen (22. 12. 1977)
Ernst Penzoldt (27. 1. 1955)
Wilhelm Peters (29. 3. 1963)
Max Pfannenstiel (1. 1. 1976)
André Piganiol (24. 5. 1968)
Robert Pinget (25. 8. 1997)
Rudolf Plank (16. 6. 1973)
Helmuth Plessner (12. 6. 1985)
Nikolaus Poppe (8. 6. 1991)
Walter Porzig (14. 10. 1961)

Gustav Radbruch (23. 11. 1949)
Peter Rassow (19. 5. 1961)
Wilhelm Rau (29. 12. 1999)
Werner Rauh (7. 4. 2000)
Kurt von Raumer (22. 11. 1982)
Horst Claus Recktenwald (28. 4. 1990)
Werner Reichardt (18. 9. 1992)
Adolf Remane (22. 12. 1976)
Herbert Riehl (1. 6. 1997)
Erwin Riezler (14. 1. 1953)
Yannis Ritsos (11. 11. 1990)
Joachim Ritter (3. 8. 1974)
Erich Rothacker (10. 8. 1965)
Bernhard de Rudder (27. 3. 1962)
Max Rychner (10. 4. 1965)

Rolf Sammet (19. 1. 1997)
Mariano San Nicolò (15. 5. 1955)
Albrecht Schaeffer (4. 12. 1950)
Walter Schätzel (9. 4. 1961)
Fritz Schalk (20. 9. 1980)
Helmuth Scheel (6. 6. 1967)
Richard Scherhag (31. 8. 1970)
Theodor Schieder (8. 10. 1984)
Hans Friedrich Wilhelm Erich Schimank (25. 8. 1979)
Otto H. Schindewolf (10. 6. 1971)
Wilhelm Schmidtbonn (3. 7. 1952)
Arnold Schmitz (1. 11. 1980)
Günter Schmölders (7. 11. 1991)
Franz Schnabel (25. 2. 1966)
Friedrich Schnack (6. 3. 1977)
Hermann Schneider (9. 4. 1961)
Reinhold Schneider (6. 4. 1958)
Gerhard Schramm (3. 2. 1969)
Rudolf Alexander Schröder (22. 8. 1962)
Karl Schwedhelm (9. 3. 1988)
Ilse Schwidetzky-Roesing (18. 3. 1997)
Leonardo Sciascia (20. 11. 1989)
Matthias Seefelder (30. 10. 2001)
Friedrich Seewald (4. 2. 1974)
Didrik Arup Seip (3. 5. 1963)
August Seybold (11. 12. 1965)
Karl Manne Georg Siegbahn (24. 9. 1978)
Adolf Smekal (7. 3. 1959)
Wolfram Freiherr von Soden (6. 10. 1996)
Hugo Spatz (27. 1. 1969)
Franz Specht (13. 11. 1949)
Wilhelm Speyer (1. 12. 1952)
Heinrich Ritter von Srbik (16. 2. 1951)
Helmut Stimm (30. 3. 1987)
Bernhard Louis Strehler (13. 5. 2001)
Jules Supervielle (17. 5. 1960)
Tomoji Suzuki (1997)
János Szentágothai (8. 9. 1994)

Franz Tank (22. 4. 1981)
Frank Thiess (22. 12. 1977)

Wolfgang Thoenes (3. 3. 1992)
Carl Troll (21. 7. 1975)
Wilhelm Troll (28. 12. 1978)
Poul Tuxen (29. 5. 1955)

Boris Ottokar Unbegaun (4. 3. 1973)
Fritz Usinger (9. 12. 1982)

Giancarlo Vallauri (7. 5. 1957)
Henri Vallois (26. 8. 1981)
Max Vasmer (30. 11. 1962)
Giorgio del Vecchio (28. 11. 1970)
Otmar Frhr. von Verschuer (8. 8. 1969)
Richard Vieweg (20. 10. 1972)
Joseph Vogt (14. 7. 1986)

Karl Willy Wagner (4. 9. 1953)
Kurt Wagner (17. 9. 1973)
Richard Walzer (16. 4. 1975)
Adolf Weber (5. 1. 1963)
Ludwig Weickmann (29. 11. 1961)
Elias Wessén (30. 1. 1981)
Karl Wezler (17. 7. 1987)
Ernest Wickersheimer (6. 8. 1965)
Theodor Wieland (24. 11. 1995)
Leopold von Wiese und Kaiserswaldau (11. 1. 1969)
Thornton Wilder (7. 12. 1975)
Julius Wilhelm (5. 5. 1983)
Karl Winnacker (5. 6. 1989)
Hermann von Wissmann (5. 9. 1979)
Emil Woermann (15. 9. 1980)
Carl Wurster (14. 12. 1974)

Friedrich E. Zeuner (6. 11. 1963)
Feng Zhi (22. 2. 1993)
Leopold Ziegler (25. 11. 1958)
Karl Günter Zimmer (29. 2. 1988)
Carl Zuckmayer (18. 1. 1977)
Otto von Zwiedineck-Südenhorst (4. 8. 1957)

Kommissionen

(Stand 1. März 2002)

I. MATHEMATISCH-NATURWISSENSCHAFTLICHE KLASSE

Kommission für chronisch degenerative Erkrankungen

Vorsitzende: Lütjen-Drecoll

Mitglieder: Belmonte, Birbaumer, Dhom, Fleckenstein, Grehn, Rohen, Schmidt, Schölmerich, Zahn

Sachverständiger: Buddecke, W. E. G. Müller, Tautz

Mitarbeiter: BTA Susanne Ax, Mainz (bis 31. 12. 2001); Med.-Techn. Ass. Angelika Hauser, Erlangen; Med.-Techn. Ass. Barbara Teschemacher, Erlangen

Kommission für Biologie

Vorsitzender: Barthlott

Arbeitsgruppe Botanik

Leiter: Barthlott

Mitglieder: Jäger, Vogel, Weberling

Sachverständige: Hagemann, Porembski, Rafiqpoor, Sell

Mitarbeiter: Professor Dr. habil. rer. nat. Eberhard Fischer, Koblenz; Professor Dr. rer. nat. Hans A. Froebe, Aachen; Dr. rer. nat. Elvira Groß, Bonn; Professor Dr. rer. nat. Thomas Stützel, Bochum

Arbeitsgruppe Zoologie

Leiter: Schaefer

Mitglieder: Ax, Lindauer, Nachtigall

Sachverständige: Bartolomaeus, Scheu

Mitarbeiter: Dr. rer. nat. Jörn Alphei, Göttingen; Dr. rer. nat. Sonja Migge Göttingen

Arbeitsgruppe Technische Biologie und Bionik (TBB)

Leiter: Nachtigall

Mitglieder: Barthlott, Ramm

Sachverständige: Kesel

Mitarbeiter: Knut Braun, Saarbrücken; Dr. rer. nat. Alfred Wisser, Saarbrücken

Kommission für Humanforschung

Vorsitzender: Vaupel

Mitglieder: Haberland, Lübbers, Rohen, Schmidt, Thews, Zahn

Sachverständige: Grote, Hutten, Müller-Klieser

Mitarbeiter: Dr.-Ing. Jürgen Bergeler, Mainz; Doz. Dr. Oliver Thews, Mainz

Kommission für Erdwissenschaftliche Forschung

Vorsitzender: Thiede

Mitglieder: Frenzel, Furrer, Lauer, Messerli, Seibold, Strauch, Wedepohl, Welte, Winiger

Sachverständige: Bendix, Frankenberg, Höllermann, Holtmeier

Mitarbeiter: Dipl.-Geogr. Astrid Bendix, Bonn; Dipl.-Geogr. Dr. Mohammad Daud Rafiqpoor, Bonn

Kommission für Molekularbiologie

Vorsitzender: Zahn

Mitglieder: Fleckenstein, Lütjen-Drecoll, Mutschler, Rohen

Sachverständige: Bachmann, W. E. G. Müller, Nagel, Ogura, H. C. Schröder

Mitarbeiter: BTA Susanne Ax, Mainz; PD Dr. rer. nat. Renato Batel, Rovinj; PD Dr. rer. nat. Nevenka Bihari, Rovinj; Dr. rer. nat. Vera Gamulin, Zagreb; Dipl.-Chem. Christian Gehrmann, Mainz; Dipl.-Biol. Bojan Hamer, Rovinj; MTA Marita Mauer, Bingen; stud. Biotech. Britta v. Oepen, Bingen; Dr. rer. nat. Georg Reifferscheid, Neuwied; Dipl.-Biol. Claudia Schmid, Mainz; Dr. rer. nat. Petra Waldmann, Mainz

Kommission für medizinische Forschung

Vorsitzender: Mutschler

Mitglieder: Dhom, Fleckenstein, Fuchs, Gerok, Lütjen-Drecoll, Meyer zum Büschenfelde, Michaelis, Oelschläger, Rittner, Rohen, Schmidt, Schölmerich, Thews

Sachverständige: Illhardt, Raspe, Reiter-Theil, Wiesemann, Winter

Kommission für Modellierung, Simulation und Visualisierung

Vorsitzender: Kollmann

Mitglieder: Bock, Buchmann, Ehlers, Ehrenberg, Ehrhardt, Grewing, G. Herrmann, Hotz, Jost, Klingenberg, Krebs, Nachtigall, E. W. Otten, Pilkuhn, Ramm, Ringsdorf, Wegner, Weiland

II. GEISTES- UND SOZIALWISSENSCHAFTLICHE KLASSE

Kommission für Philosophie und Begriffsgeschichte

Vorsitzender: Kodalle

Mitglieder: Funke, Gründer, Hadot, Heitsch, C. W. Müller, Riethmüller, Schmid, Zeller, Zintzen

Sachverständige: Gabriel, Kambartel, Koselleck, Schmidt-Biggemann, Scholtz

Mitarbeiter: Dr. Helmut Hühn, Berlin; Dr. Margarita Kranz, Berlin

Kommission für die Valentin Weigel-Ausgabe

Vorsitzender: Krummacher

Mitglieder: Dingel, Gärtner, Gründer, G. Müller, Schröder

Mitarbeiter: Dr. Horst Pfefferl, Marburg

Kommission für Geschichte des Altertums

Vorsitzender: Heinen

Mitglieder: Andreae, Bellen, Benedum, Chantraine, Heitsch, Himmelmann, von Kaenel, Müller-Wille, H. Otten, Radnoti-Alföldi, Söllner, Wilhelm, Zintzen

Sachverständiger: Schumacher

Mitarbeiter „Antike Sklaverei": Professor Dr. Jürgen Blänsdorf, Mainz; Professor Dr. Johannes Christes, Berlin; Dr. Johannes Deißler, Mainz; Ass.-Prof. Dr. Johanna Filip-Fröschl, Salzburg; Professor Dr. Richard Gamauf, Wien; Markus Gerhold M.A., Wien; Professor Dr. Fritz Gschnitzer, Heidelberg; Professor Dr. Elisabeth Herrmann-Otto, Trier; Dr. Wolfgang Kaiser, München; Professor Dr. Richard Klein, Erlangen-Nürnberg; Professor Dr. Georg Klingenberg, Linz; Professor Dr. Janez Kranjc, Ljubljana; Dr. Inge Kroppenberg, Mainz; Professor Dr. Fridolf Kudlien, Kiel; Dr. Anastassia Maximova, Kazan; Professor Dr. Hermann Nehlsen, München; Professor Dr. Martin Pennitz, Graz; Professor Dr. Günter Prinzing, Mainz; Professor Dr. J. Michael Rainer, Salzburg; Dr. Silvia Riccardi, Pavia; Ulrike Roth, Nottingham; Priv.-Doz. Dr. Christoph Schäfer, Regensburg; Dorothea Schäfer, M. A., Mainz; Professor Dr. Walter Scheidel, Stanford; Professor Dr. Leonhard Schumacher, Mainz; Professor Dr. Heikki Solin, Helsinki; Professor Dr. Hans-Dieter Spengler, München; Priv.-Doz. Dr. Oliver Stoll, Mainz; Professor Dr. Zoltán Végh, Salzburg; Professor Dr. Dr. h.c. Andreas Wacke, Köln; Professor Dr. Dr. h.c. Wolfgang Waldstein, Salzburg; Professor Dr. Ingomar Weiler, Graz; Professor Dr. Karl-Wilhelm Welwei, Bochum; Professor Dr. Thomas Wiedemann († 28.6.2001), Nottingham; Professor Dr. Reinhard Willvonseder, Wien; Dr. Markus Wimmer, Linz

Mitarbeiter: „Fundmünzen der Antike": Professor Dr. Hans-Gerd Bachmann, Hanau; Dr. Dirk Backendorf, Frankfurt/M.; Dr. Bistra K. Boschkowa, Sofia; Robert Fecher

M.A., Kleinostheim; Dr. Joachim Gorecki, Frankfurt/M.; Dr. Peter Hammer, Zschopau; Professor Colin Haselgrove, Durham; Dr. Sabine Klein, Frankfurt/M.; Dr. Holger Komnick, Berlin; Professor Dr. Peter Kos, Ljubljana; Dr. Rudolf Laser, Berlin; Dr. Peter-Hugo Martin, Karlsruhe; Dr. Alenka Miskeć, Ljubljana; Dr. Hans-Christoph Noeske, Frankfurt/M.; Dr. Markus Peter, Basel; Dr. Gerd Rupprecht Mainz; Dr. Helmut Schubert, Frankfurt/M.; Jörg Starck, M.A., Frankfurt/M.; Dr. Karlhorst Stribrny, Frankfurt/M.; Drs. Jos van der Vin, Leiden; Dr. David G. Wigg, Frankfurt/M.

Kommission für Klassische Philologie

Vorsitzender: Heitsch

Mitglieder: Andreae, Bellen, Benedum, Hadot, Heinen, Himmelmann, C. W. Müller, H. Otten, Schmid, Sier, Zintzen, Zwierlein

Sachverständige: Cardauns, Gall, Harth, Riemer, Rupprecht, Wlosok

Mitarbeiter: Andreas Grote, Würzburg; Dr. Andrea Jördens, Marburg; Dr. Ursula Rombach, Köln

Kommission für Archäologie

Vorsitzender: Andreae

Mitglieder: Bellen, Böhner, Borbein, Demargne, Gründer, Haussherr, Heitsch, Himmelmann, Kahsnitz, Krummacher, Miller, C. W. Müller, H. Otten, Radnoti-Alföldi, Schröder, Zintzen

Sachverständige: Deckers, Osterkamp

Mitarbeiter: Dr. Maria Andreadaki-Vlasaki, Chania; Dr. Vassilis Aravantinos, Athen; John H. Betts, Bristol; Professor Sir John Boardman, Oxford; Dr. Helen Brock, Oxford; Dr. Phanouria Dakoronia, Lamia; Professor Dr. Costis Davaras, Athen; Dr. Katie Demakopoulou, Athen; Professor Dr. Christos Drumas, Athen; Angeliki Dousougli-Zachos, Joannina; Dr. Jan Driessen, Liège; Professor Dr. Henri van Effenterre und Micheline van Effenterre, Paris; Professor Dr. K. Gallis, Komotini; Dr. Margaret A. V. Gill, Glasbury/Hereford (England); Dr. Erik Hallager, Århus; Professor Dr. Sigrid Deger-Jalkotzy; Olga Kakavojanni, Athen; Dr. Lazaros Kolonas, Athen; Eleni Konsolaki, Athen; Professor G. St. Korres, Athen; Kalliopi Krystalli-Votsi, Athen; Dr. Olga Krzyszkowska, London; Priv.-Doz. Dr. Max Kunze, Stendal; Angelos Liangouras, Olympia; Professor A. MacGillivray, New York; Zoi Malakassioti, Volos; Dr. Marisa Marthari, Athen; Dimitris Matsas, Komotini; Dr. Walter Müller, Marburg; Professor Dr. Wolf-Dietrich Niemeier, Heidelberg; Dr. Jean Pierre Olivier, Brüssel; Professor Dr. Dr. h.c. Ingo Pini, Marburg; Eleni Palaiologou, Nafplion; Professor Dr. Jean-Claude Poursat, Clermont-Ferrand; Dr. Jannis Sakellarakis, Athen; Professor Jeffrey Soles, Greensboro (USA); Privatdozent Dr. Eberhard Thomas, Köln; Dr. Metaxia Tsipopoulou, Athen; Dr. Jannis Tzedakis, Athen; Professor Dr. Gisela Walberg, Cincinnati; Dr. Judith Weingarten, Amsterdam; Dr. Hans-Joachim Weißhaar, Bonn; Professor Dr. John Younger, Durham (USA)

Kommission für Kunstgeschichte und Christliche Archäologie

Vorsitzender: Haussherr

Mitglieder: Andreae, Himmelmann, Kahsnitz, Kitzinger, Waetzoldt, Zimmermann, Zintzen

Sachverständiger: Deckers

Mitarbeiter: Professor Dr. Rüdiger Becksmann, Freiburg i. Br.; Bettina Elmendorff, Freiburg i. Br.; Dr. Uwe Gast, Freiburg i. Br. (ab 1.10.2001); Andrea Gössel, Ebersbach/Fils (Erziehungsurlaub bis 29.3.2003; vertreten vom 1.6. bis 31.8.2001 durch Jean Jeras, Breisach-Gündlingen, ab 1.10.2001 durch Michaela Sanchez); Fritz Herz, Hüfingen (seit 1.3.2001 im Ruhestand); Dr. Daniel Hess, Hersbruck; Dr. Gabriela Laipple, Oberelchingen; Dr. Daniel Parello, Freiburg i. Br.; Dr. Ivo Rauch, Koblenz; Dr. Dorothee Renner-Volbach, Mainz; Dr. Hartmut Scholz, Freiburg i. Br.; Rainer Wohlrabe, Kappel-Grafenhausen

Kommission für Vor- und Frühgeschichtliche Archäologie

Vorsitzender: Müller-Wille

Mitglieder: Bellen, Böhner, Debus, Frenzel, Himmelmann, Kleiber, F. Otten, Schmid

Sachverständiger: Engels, Jockenhövel, Willroth

Mitarbeiter: Dipl. Biol. Almuth Alsleben, Kiel; Dr. Dietrich Meier, Kiel; Dr. Antje Schmitz, Kiel; Dr. Angelika Sehnert-Seibel, Essen

Historische Kommission

Vorsitzender: Zimmermann

Mitglieder: Bellen, Duchhardt, Fried, Henning, Koller, Kresten, Lange, K.-D. Lehmann, Parisse, Schwarz, Tennstedt

Sachverständige: Mommsen, Oexle

Mitarbeiter: Priv.-Doz. Dr. Wolfgang Ayaß, Kassel; Karin Christl, Kassel; Irene Feldmann, Duisburg; Dr. Ulrike Haerendel, Kassel; Professor Dr. Ernst-Dieter Hehl, Mainz; Margit Peterle, Kassel; Gisela Rust-Schmöle, Kassel; Heidi Winter, Kassel

Inschriften-Kommission

Vorsitzender: Zimmermann

Mitglieder: Bellen, Fried, Haubrichs, Haussherr, Heinen, Kahsnitz, Krummacher, Zwierlein

Mitarbeiter: Dr. Rüdiger Fuchs, Mainz; Dr. Yvonne Monsees, Mainz; Dr. Eberhard J. Nikitsch, Mainz; Brunhilde Rittereiser, Mainz (ab 15.8.2001); Dr. Sebastian Scholz, Mainz; Gepa Spitzner, Mainz; Thomas G. Tempel, Mainz

Kommission für Kirchengeschichte

Vorsitzender: Ganzer

Mitglieder: Dingel, Fried, Henning, Krummacher, Lienhard, G. Müller, Zimmermann

Sachverständiger: zur Mühlen

Mitarbeiter: Dr. Norbert Jäger, Mainz; Heinz Volker Mantey, Bonn; Alexander Ritter, M.A., Mainz; Christoph Stoll, München

Deutsche Kommission für die Bearbeitung der Regesta Imperii e.V. bei der Akademie der Wissenschaften und der Literatur, Mainz

Vorstand

Vorsitzender: Fried

Stellvertretender Vorsitzender: Professor Dr. Rudolf Schieffer, München

Sekretär/Geschäftsführer: Professor Dr. Paul-Joachim Heinig, Mainz/Gießen

Mitglieder: Professor Dr. Peter Acht, München; Professor Dr. Gerhard Baaken, Tübingen; Professor Dr. Dr. h.c. Bernhard Diestelkamp, Frankfurt a. M.; Professor Dr. Dr. h.c. mult. Horst Fuhrmann, München; Professor Dr. Othmar Hageneder, Wien; Professor Dr. Klaus Herbers, Erlangen; Professor Dr. Rudolf Hiestand, Düsseldorf; Dr. Karel Hruza, Wien; Professor Dr. Kurt-Ulrich Jäschke, Saarbrücken; Professor Dr. Theo Kölzer, Bonn; Professor Dr. Heinrich Koller, Salzburg; Professor Dr. Dr. h.c. Peter Moraw, Gießen; Professor Dr. Wolfgang Petke, Göttingen; Professor Dr. Dr. h.c. Roderich Schmidt, Marburg a. d. L.: Professor Dr. Tilman Struve, Köln; Professor Dr. Dr. h.c. Hermann Wiesflecker, Graz; Professor Dr. Dr. Dr. h.c. mult. Harald Zimmermann, Tübingen

Mitarbeiter: Dorothee Arnold M. A., Erlangen; Dr. Katrin Baaken, Tübingen; Priv.-Doz. Dr. Irmgard Fees, Marburg a. d. L.; Dr. Karl Augustin Frech, Tübingen; Professor Dr. Paul-Joachim Heinig, Mainz/Gießen; Stefanie Kaminski, Mainz; Joachim Kemper M.A., Mainz; Dr. Gerhard Lubich, Köln; Priv.-Doz. Dr. Michael Menzel, München; Dr. Monika Minninger, Bielefeld; Dr. Dieter Rübsamen, Mainz; Dr. Ulrich Schmidt, Tübingen; Priv.-Doz. Dr. Peter Thorau, Saarbrücken; Dr. Johannes Wetzel, München; Dr. Thomas Willich, Mainz (ab 1. 5. 2001); Professor Dr. Herbert Zielinski, Gießen

Kommission für Bio-bibliographische Forschungen zum Judentum in Deutschland

Vorsitzender: Stolleis

Mitglieder: Diestelkamp, Duchhardt, Fried, Kodalle, Krummacher

Sachverständige: Frey, Heuer

Kommission für den Alten Orient

Vorsitzender: Wilhelm

Mitglieder: Bellen, W. W. Müller, H. Otten, Schmid, Thomas

Mitarbeiter: Dr. Silvin Košak, Mainz; Christel Rüster, Mainz; Giulia Torri, Mainz

Orientalische Kommission

Vorsitzender: W. W. Müller

Mitglieder: Bazin, Heinen, Lüddeckens, H. Otten, Thissen, Wilhelm

Mitarbeiter: Professor Dr. Günter Vittmann, Würzburg; Professor Dr. Karl-Theodor Zauzich, Würzburg

Kommission für Indologie

Vorsitzender: von Hinüber

Mitglieder: W. W. Müller, Schmid, Thomas

Sachverständige: Buddruss, Slaje

Kommission für Vergleichende Sprachwissenschaft

Vorsitzender: Schmid

Mitglieder: Debus, Kleiber, F. Otten, Pfister, Thomas, Zintzen

Sachverständiger: Greule

Mitarbeiter: Priv.-Doz. Dr. Eckhard Eggers, Göttingen; Professor Dr. Albrecht Greule, Wenzenbach-Grünthal; Professor Dr. Jürgen Udolph, Sieboldshausen

Kommission für Deutsche Philologie

Vorsitzender: Krummacher

Mitglieder: Debus, Gärtner, Habicht, Haubrichs, Kleiber, Mehl, Pfister, Schmid, W. Schröder, Welzig, B. Zeller, Zwierlein

Sachverständige: Eichinger, Müller, Tarot, Woesler

Mitarbeiter: Hans-Werner Bartz, Trier; Dr. Arnd Beise, Marburg (bis 31.12.2001); Dr. Maria Besse, Riegelsberg; Dr. Sigrid Bingenheimer, Kaiserslautern (bis 30.4.2001); Dr. Thomas Braun, Kiel; Ruth Christmann, Trier; Dr. Johannes Fournier, Trier; Dr. Gerald Funk, Marburg (ab 1.1.2002); Klaus Geyer, Kiel (seit 1.8.2001), Dr. Reinhard Goltz, Kiel; Rita Heuser M.A., Mainz; Vera Hildenbrandt M.A., Trier; Stefanie Hose, Kiel; Dr. Elke Krotz, München; Dr. Anett Lütteken, Wolfenbüttel; Dr. Dieter Merzbacher, Braunschweig; Dr. Brigitte Pfeil, Mainz; Dr. Roland Puhl, Saarbrücken (seit 1.7.2001); Dr. Andrea Rapp, Trier; Dr. Rodrigo Readi-Nasser, Trier; Ute Recker M.A., Trier; Dr. Hagen Reinstein, Trier; Thomas Schares M.A., Trier; Dr. Martin Schröder, Kiel; Eva-Maria Vering, Marburg; Sigrid Wack, Kaiserslautern; Dr. Manfred Wenzel, Gießen

Kommission für das Mittelhochdeutsche Wörterbuch

Vorsitzender: Gärtner

Mitglieder: Debus, Haubrichs, Kleiber, Pfister, Schmid, Schröder

Sachverständige: Grubmüller, Klein, Sappler, Stackmann

Mitarbeiter: Dr. Ralf Plate, Trier; Ute Recker M.A., Trier; Dr. Jingning Tao, Trier

Kommission für Namenforschung

Vorsitzender: Kleiber

Mitglieder: Debus, Gärtner, Haubrichs, Pfister, Schmid, W. Schröder

Sachverständige: Greule, Ramge

Mitarbeiter: Dr. Wolf-Dietrich Zernecke, Mainz

Kommission für Englische Philologie

Vorsitzender: Mehl

Mitglieder: Gibbons, Habicht, Haussherr, Hempel, Krummacher, Loos, Miller, W. Schröder

Sachverständiger: Drescher

Kommission für Romanische Philologie

Vorsitzender: Hempel

Mitglieder: Loos, Pfister, Zintzen

Sachverständiger: Baasner, Kramer, Schweickard

Mitarbeiter: Dr. Thomas Hohnerlein-Buchinger, Gries/Pfalz; Dott. Elisabetta Indiano, S. Maria al Bagno; Astrid Rein, Saarbrücken; Dr. Gunnar Tancke, Saarbrücken

Kommission für Slavische Philologie und Kulturgeschichte

Vorsitzender: F. Otten

Mitglieder: Brang, Pfister, Schmid, Thomas

Sachverständige: Gutschmidt, Lehfeldt

Mitarbeiter: Dr. Walentin Belentschikow, Magdeburg; Ella Handke M.A., Magdeburg; Dr. Klaus Piperek M.A., Berlin; Dr. Andrea Scheller, Magdeburg; Dr. Elisabeth Timmler M.A., Berlin

Kommission für Musikwissenschaft

Vorsitzender: Riethmüller

Mitglieder: Finscher, von Fischer, Mehl

Sachverständiger: Croll

Mitarbeiter: Dr. Markus Bandur, Freiburg i. Br.; Dr. Michael Beiche, Freiburg i. Br.; Dr. Gabriele Buschmeier, Mainz; Dr. Sabine Ehrmann-Herfort, Freiburg i. Br.; Isolde von Foerster, Mainz (Vertretung ab 1.5.2001); Tanja Gölz M.A., Mainz (seit 1.7.2001 beurlaubt); Dr. Eva Hanau, Berlin; Christine Heyter-Rauland M.A., Mainz (Vertretung ab 1.9.2001); PD Dr. Daniela Philippi, Mainz; Dr. Martina Weindel, Berlin

Kommission für Geschichte der Medizin und der Naturwissenschaften

Vorsitzender: Benedum

Mitglieder: Ax, Michaelis, C. W. Müller, Scharf, Schölmerich, Sier, Zintzen

Sachverständige: Fabian, Kümmel, Winau

Mitarbeiter: Professor Dr. Dr. Olaf Breidbach, Jena; Dr. Franz Dumont, Mainz; Professor Dr. Reinhard Hildebrand, Münster; Dr. Hans-Peter Rösler, Bingen; PD Dr. Irmtraut Sahmland, Gießen

Kommission für Rechtswissenschaft

Vorsitzender: Stolleis

Mitglieder: Diestelkamp, Lange, Söllner, Zimmermann, Zippelius

Mitarbeiter: Christin Löchel M.A., Bad Homburg (bis 30.6.2001); Dr. Ute Rödel, Mainz; Dr. Ekkehard Rotter, Frankfurt/M.

Kommission für Wirtschafts- und Sozialwissenschaften

Vorsitzender: Hesse

Mitglieder: Falter, Henning, Issing, Oberreuter, Samuelson, Schölmerich, von der Schulenburg, Streit, Zintzen

Kommission für Personalschriften (Leichenpredigten)

Vorsitzender: G. Müller

Mitglieder: Dingel, Ganzer, Haussherr, Henning, Kleiber, Krummacher, W. Schröder, Zimmermann

Sachverständiger: Lenz

Mitarbeiter: Dr. Gabriele Bosch, Dresden; Ellinor Brandtner, Marburg a.d.L. (seit 1.4.2001); Dr. Eva-Maria Dickhaut, Marburg a. d. L.; Dr. Sven Externbrink, Marburg a.d.L. (bis 14.5.2001); Horst Hecker M.A., Marburg a. d. L. (seit 1.8.2001); Lic. theol. Werner Hupe, Dresden; Robin Pack, Marburg a. d. L. (seit 1.4.2001); Dr. Hartmut Peter, Marburg a. d. L.; Dr. Helga Petzoldt, Dresden; Dr. Jörg Witzel, Marburg a. d. L.

III. KLASSE DER LITERATUR

Kommission für „Die Mainzer Reihe“

Vorsitzender: Hoffmann

Mitglieder: Bender, Fritz, Kleßmann, König, B. Zeller

Sachverständiger: Goldmann

Mitarbeiterin: Dr. Gabriele Söhling, Mainz

Kommission für Exilliteratur

Vorsitzender: Bender

Mitglieder: Fritz, Hoffmann, B. Zeller

Sachverständige: Huder, Keim

Mitarbeiterin: Dr. Gabriele Söhling, Mainz

Kommission für die Poetik-Dozentur

Vorsitzender: Hillebrand

Mitglieder: Fritz, Hartung, Leonhard, B. Zeller

Arbeitsstellen

(Stand 1. März 2002)

I. Mathematisch-Naturwissenschaftliche Klasse

Biodiversität und Pflanzensystematik
Leitung: Hr. Barthlott
Botanisches Institut und Botanischer Garten der Universität Bonn
Meckenheimer Allee 170, 53115 Bonn
Tel. 0228/732526, Fax 0228/733120
e-mail barthlott@uni-bonn.de

Makromolekulare Chemie
Leitung: Hr. Ringsdorf
Institut für Organische Chemie
Johannes Gutenberg-Universität
J. J.-Becher-Weg 18–20, 55099 Mainz
Tel. 06131/3922402, Fax 06131/3923145
e-mail ringsdorf@mzdmza.zdv.uni-mainz.de

Molekularbiologie
Leitung: Hr. Zahn
1.) Arbeitsgruppe Molekulare Mechanismen
umweltbedingter Gentoxizität (AMMUG)
Obere Zahlbacher Straße 63, 55101 Mainz
Tel. 06131/3933315, Fax 06131/3933364
e-mail rzahn@mail.uni-mainz.de
2.) Laboratory for Marine Toxicology
Center for Marine Research
Paliaga 5, HR 52210, Kroatien
Tel. 0038/552-815-44, Fax 0038/552-813-3496

Neue persistierende Viren bei Immunopathien und Tumorkrankheiten des hämatopoetischen Systems
Leitung: Hr. Fleckenstein
Institut für Klinische und Molekulare Virologie der Friedrich-Alexander-Universität Erlangen-Nürnberg
Schloßgarten 4, 91054 Erlangen
Tel. 09131/8523563, Fax 09131/8522101
e-mail fleckenstein@viro.med.uni-erlangen.de

Pflanzenmorphologie
Leitung: Hr. Weberling
Arbeitsgruppe Biosystematik, Universität Ulm
Schloßbau Wiblingen 38, 89079 Ulm
Tel. 0731/5025838, Fax 07305/21801 (Hr. Weberling priv.)
e-mail focko.weberling@extern.uni-ulm.de

Pleistozänforschung und Chronologie des Holozäns
Leitung: Hr. Frenzel
Institut für Botanik 210,
Universität Hohenheim, 70593 Stuttgart
Tel. 07 11/4 59-35 94, Fax 07 11/4 59-33 55
e-mail bfrenzel@uni-hohenheim.de

II. Geistes- und Sozialwissenschaftliche Klasse

Altägyptisches Wörterbuch, Würzburg
Datenbank demotischer Texte
Leitung: Hr. Thissen
Altägyptisches Wörterbuch, Universitätsbibliothek
Julius-Maximilians-Universität
Am Hubland, 97074 Würzburg
Tel. 09 31/8 88-59 80

Archiv für Begriffsgeschichte, Bochum
Leitung: Professor Dr. Gunter Scholtz und Akad. ORat Dr. Ulrich Dierse
Institut für Philosophie, Ruhr-Universität Bochum
Universitätsstr. 150, 44780 Bochum
Tel. 02 34/3 22 21 39, Fax 02 34/3 21 42 88
e-mail gunter.scholtz@ruhr-uni-bochum.de

Archiv für Gewässernamen
(Hydronymia Germaniae und Hydronymia Europaea)
Leitung: Hr. Schmid
Sprachwissenschaftliches Seminar, Universität Göttingen
Humboldtallee 13, 37073 Göttingen
Tel. 05 51/39-54 80, 39-54 82, Fax 05 51/39-58 03

Augustinus-Lexikon
Leitung: Professor Dr. Cornelius Mayer
Dominikanerplatz 4, 97070 Würzburg
Tel. 09 31/30 97-3 00, Fax 09 31/30 97-3 01
e-mail cmayer@augustinus.de

Büchner-Ausgabe
Herausgeber: Professor Dr. Burghard Dedner und Dr. Thomas Michael Mayer
Forschungsstelle Georg Büchner · Literatur und Geschichte des Vormärz
Institut für Neuere Deutsche Literatur und Medien
der Philipps-Universität Marburg, 35032 Marburg
Tel. 0 64 21/2 82 41 77, Fax 0 64 21/2 82 43 00
e-mail dednerb@mailer.uni-marburg.de

Busoni-Editionen
Leitung: Hr. Riethmüller
Arbeitsstelle Busoni-Editionen, Musikwissenschaftliches Seminar der Freien Universität Berlin
Grunewaldstraße 35, 12165 Berlin
Tel. 030/83856610, Fax 030/83853006
e-mail writer@zedat.fu-berlin.de

Concilia der Willigis-Ära (Arbeitsstelle der Akademie in Verbindung mit den Monumenta Germaniae Historica)
Leitung: Hr. Zimmermann
Concilia der Willigis-Ära, Akademie der Wissenschaften und der Literatur
Geschwister-Scholl-Straße 2, 55131 Mainz
Tel. 06131/577-107, Fax 06131/577-111
e-mail ernst-dieter.hehl@adwmainz.de

Corpus der Minoischen und Mykenischen Siegel
Leitung: Hr. Andreae und Dr. Walter Müller
CMS
Schwanallee 19, 35037 Marburg
Tel. 06421/25817, Fax 06421/210798
e-mail wmueller@mailer.uni-marburg.de

Corpus der prähistorischen Bronzefunde
Leitung: Professor Dr. Albrecht Jockenhövel
Seminar für Ur- und Frühgeschichte
Domplatz 20–22, 48143 Münster
Tel. 0251/83-24541, Fax 0251/83-24545
e-mail jockenh@uni-muenster.de

Corpus Vitrearum Deutschland
Leitung: Hr. Haussherr und Professor Dr. Rüdiger Becksmann
Forschungszentrum für mittelalterliche Glasmalerei
Lugostraße 13, 79100 Freiburg i. Br.
Tel. 0761/75502, Fax 0761/709319
e-mail becksmann@cvma-freiburg.de

Erforschung der antiken Sklaverei
Leitung: Hr. Heinen
Kommission für Geschichte des Altertums
Akademie der Wissenschaften und der Literatur
Geschwister-Scholl-Straße 2, 55131 Mainz
Tel. 06131/577-250/-251
e-mail antike.sklaverei@adwmainz.de

Forschungsstelle für Personalschriften (Leichenpredigten)
Leitung: Hr. Müller und Akad. Direktor Professor Dr. dr hab. Rudolf Lenz
Forschungsstelle für Personalschriften an der Philipps Universität Marburg
Biegenstraße 36, 35037 Marburg
Tel. 06421/28-23800, Fax 06421/28-24501
e-mail lenzs@mailer.uni-marburg.de

Forschungsstelle für Personalschriften an der Technischen Universität Dresden
01062 Dresden
Tel. 0351/463-2816, Fax 0351/463-7139

Fundmünzen der Antike
Leitung: Frau Radnoti-Alföldi und Hr. von Kaenel
Seminar für Griechische und Römische Geschichte, Abt. II
Johann Wolfgang Goethe-Universität, 60629 Frankfurt/M. – Fach 136
Tel. 069/79832297, Fax 069/79832268
e-mail fda@em.uni-frankfurt.de

Griechische Papyrusurkunden
Leitung: Hr. Rupprecht
Institut für Rechtsgeschichte und Papyrusforschung
Philipps-Universität
Universitätsstraße 7, 35032 Marburg
Tel. 06421/2823140, -41, Fax 06421/2823181
e-mail hansalbertrupprecht@t-online.de

Handwörterbuch der musikalischen Terminologie
Leitung: Hr. Riethmüller
Schriftleitung: Dr. Markus Bandur
Albert-Ludwigs-Universität
Belfortstraße 20, 79085 Freiburg
Tel. 0761/2033095, Fax 0761/2033098
e-mail bandur@ruf.uni-freiburg.de

Herzog-Anton-Ulrich-Ausgabe
Leitung: Hr. Krummacher und Professor Dr. Rolf Tarot
Anton Ulrich-Ausgabe, Herzog August Bibliothek
Lessingplatz 1, 38304 Wolfenbüttel
Tel. 05331/808-232, 808-276

Hethitische Forschungen
Leitung: Hr. Wilhelm und Hr. H. Otten
Akademie der Wissenschaften und der Literatur
Geschwister-Scholl-Straße 2, 55131 Mainz
Tel. 06131/577-230, Fax 06131/577-111
e-mail gernot.wilhelm@mail.uni-wuerzburg.de, christel.ruester@adwmainz.de

Historisches Wörterbuch der Philosophie
Leitung: Prof. Dr. Gottfried Gabriel (Jena)
Historisches Wörterbuch der Philosophie
Königin-Luise-Str. 34, 14195 Berlin
Tel. 030/84 10 84-55/66/88, Fax 030/84 10 84-99

Die Deutschen Inschriften
Leitung: Hr. Zimmermann und Dr. Rüdiger Fuchs
Akademie der Wissenschaften und der Literatur
Geschwister-Scholl-Straße 2, 55131 Mainz
Tel. 061 31/577-220, Fax 061 31/577-225
e-mail ruediger.fuchs@adwmainz.de

Kompetenzzentrum für elektronische Erschließungs- und Publikationsverfahren in den Geisteswissenschaften
Leitung: Hr. Gärtner, Dr. Thomas Burch und Dr. Johannes Fournier
Fachbereich II Sprach- und Literaturwissenschaften der Universität Trier
Postfach 3825, 54286 Trier
Tel. 0651/201 23 23, 201 33 64, Fax 0651/201 39 09
e-mail burch@cs.uni-sb.de

Koptische Textilien
Leitung: Hr. Hausherr
Akademie der Wissenschaften und der Literatur
Geschwister-Scholl-Straße 2, 55131 Mainz
Tel. 061 31/577-0, Fax 061 31/577-111

Lateinische Literatur der Renaissance
Leitung: Hr. Zintzen (Köln/Mainz), Prof. Dr. Dorothee Gall (Köln/Hamburg), Professor Dr. Peter Riemer (Saarbrücken)
Arbeitsstelle Mainz, Akademie der Wissenschaften und der Literatur
Geschwister-Scholl-Straße 2, 55131 Mainz
Tel. 061 31/577-201, Fax 061 31/577-206
e-mail juliane.klein@adwmainz.de

Arbeitsstelle Köln, Institut für Altertumskunde
Universität zu Köln, 50923 Köln
Tel. 0221/470-24 14, Fax 0221/470-59 31

Arbeitsstelle Hamburg, Institut für Griechische und Lateinische Philologie
Von-Melle-Park 6, 20146 Hamburg
Tel. 040/428 38 47 65, Fax 040/428 38 47 64

Arbeitsstelle Saarbrücken, Institut für Klassische Philologie der Universität des Saarlandes, 66041 Saarbrücken
Tel. 0681/302 23 05, Fax 0681/302 37 11
e-mail p.riemer@mx.uni-saarland.de

Lessico Etimologico Italiano
Leitung: Hr. P f i s t e r
Lessico etimologico italiano, Universität des Saarlandes
Philosophische Fakultät II, FR. 4.2 Romanistik
Postfach 15 11 50, 66041 Saarbrücken
Tel. 06 81/3 02 36 71, Fax 06 81/3 02 45 88
e-mail m.pfister@rz.uni-saarland.de

Lexikon deutsch-jüdicher Autoren
Arbeitsstellenleitung: Dr. Renate H e u e r
Archiv Bibliographia Judaica e.V.
Georg-Voigt-Straße 10, 60325 Frankfurt a. M.
Tel. 0 69/7 98-2 85 73, Fax 0 69/7 98-2 29 71
e-mail heuer@lingua.uni-frankfurt.de

Medizinhistorisches Journal
Leitung: Professor Dr. Werner K ü m m e l
Medizinhistorisches Institut, Johannes Gutenberg-Universität
Am Pulverturm 13, 55131 Mainz
Tel. 0 61 31/3 93 73 55, 3 93 73 56, Fax 0 61 31/3 93 66 82
e-mail wekuemme@mail.uni-mainz.de

Mittelhochdeutsches Wörterbuch
Leitung: Hr. G ä r t n e r
Fachbereich II Sprach- und Literaturwissenschaften der Universität Trier
54286 Trier
Tel. 06 51/2 01 23 23, Fax 06 51/2 01 39 09
e-mail gaertner@uni-trier.de

Otfrid-Ausgabe
Leitung: Hr. K l e i b e r und Professor Dr. Ernst H e l l g a r d t
Arbeitsstelle Mainz: Institut für geschichtliche Landeskunde, Abt. II
Johannes Gutenberg-Universität Mainz
Friedrich von Pfeiffer-Weg 3, 55099 Mainz
Tel. 0 61 31/3 92 48 28, Fax 0 61 31/3 92 33 66

Arbeitsstelle München: Institut für deutsche Philologie
der Ludwig-Maximilians-Universität München
Schellingstraße 3, 80799 München
Tel. 0 89/21 80 28 28, Fax 0 89/21 80 38 71

Pfälzisches Wörterbuch Archiv
Ansprechpartnerin: Dr. Maria B e s s e
Benzinoring 6, 67657 Kaiserslautern
Tel. 06 31/3 60 16 79, Fax 06 31/3 60 19 74
e-mail wdw@winzersprache.de

Preußisches Wörterbuch
Leitung: Hr. Debus, Prof. Dr. L. M. Eichinger und Akad. Rat Dr. Reinhard Goltz
Christian Albrechts-Universität
Olshausenstraße 40, 24098 Kiel
Tel./Fax 0431/880-3423
e-mail rgoltz@germsem.uni-kiel.de

Quellensammlung zur Geschichte der deutschen Sozialpolitik 1867–1914
Leitung: Hr. Henning (Duisburg) und Hr. Tennstedt (Kassel)
Arbeitsstelle Universität Duisburg, Fachbereich Philosophie,
Religions- und Gesellschaftswissenschaften
47048 Duisburg
Tel. 0203/379-3083, 379-1385, Fax 0203/379-3084
e-mail h.henning@uni-duisburg.de

Arbeitsstelle Universität Kassel, FB 4/Sozialwesen
Arnold-Bode-Str. 10, 34127 Kassel
Tel. 0561/8042945, 8042903, Fax 0561/8042903
e-mail ayass@hrz.uni-kassel.de

Religionsgespräche des 16. Jahrhunderts
Leitung: Hr. Ganzer und Professor Dr. Karl-Heinz zur Mühlen
Arbeitsstelle Mainz: Akademie der Wissenschaften und der Literatur
Geschwister-Scholl-Straße 2, 55131 Mainz
Tel. 06131/577-260, Fax 06131/577-111
e-mail norbert.jaeger@adwmainz.de

Arbeitsstelle Bonn: Oekumenisches Institut der evang.-theol. Fakultät
an der Rheinischen Friedrich-Wilhelms-Universität Bonn
An der Schloßkirche 1, 53113 Bonn
Tel. 0228/737670, Fax 0228/737649
e-mail h.mantey@uni-bonn.de

Deutsche Kommission für die Bearbeitung der Regesta Imperii e.V
bei der Akademie der Wissenschaften und der Literatur Mainz
Leitung: Hr. Fried, Professor Dr. Rudolf Schieffer und Professor Dr. Paul-Joachim Heinig
Akademie der Wissenschaften und der Literatur
Geschwister-Scholl-Straße 2, 55131 Mainz
Tel. 06131/577-210, Fax 06131/577-214
e-mail paul-joachim.heinig@adwmainz.de
Arbeitsstellen in Erlangen, Gießen-Marburg, Köln, Mainz, München,
Saarbrücken und Tübingen

Rheinhessisch-Pfälzisches Flurnamenarchiv
Leitung: Hr. Kleiber
Akademie der Wissenschaften und der Literatur
Geschwister-Scholl-Straße 2, 55131 Mainz

Tel. 06131/577-108, Fax 06131/577-111
e-mail wolf-dietrich.zernecke@adwmainz.de

Shakespeare-Bildarchiv, Mainz
Leitung: Hr. Habicht
Shakespeare-Bildarchiv, Akademie der Wissenschaften und der Literatur
Geschwister-Scholl-Straße 2, 55131 Mainz

Samuel Thomas Soemmerring, Edition der Tagebücher
Leitung: Hr. Schölmerich und Professor Dr. Werner Kümmel
Arbeitsstelle: Medizinhistorisches Institut
der Johannes Gutenberg-Universität Mainz
Am Pulverturm 13, 55131 Mainz
Tel. 06131/3933258, Fax 06131/3936682
e-mail wekuemme@mail.uni-mz.de

Staatsrecht und Staatstheorie
Leitung: Hr. Zippelius
Arbeitsstelle für Staatsrecht und Staatstheorie
Schillerstraße 1, 91054 Erlangen
Tel. 09131/85-6966, 85-6420

Starigard/Oldenburg–Wolin–Novgorod
Leitung: Hr. Müller-Wille
Institut für Ur- und Frühgeschichte der Christian-Albrechts-Universität Kiel, 24098 Kiel
Tel. 0431/8802334, Fax 0431/8807300
e-mail mmuellerwille@ufg.uni-kiel.de

Urkundenregesten zur Tätigkeit des Deutschen König- und Hofgerichts bis 1451
Leitung: Hr. Diestelkamp
Arbeitsstelle Frankfurt: J. W. Goethe Universität Frankfurt
Sophienstraße 1–3, 60487 Frankfurt/a.M.
(Postanschrift: Haus-Fach 23, 60054 Frankfurt)
Tel. 069/7982-3897, -8799, Fax 069/7982-8798
e-mail e.rotter@em.uni-frankfurt.de

Arbeitsstelle Mainz: Akademie der Wissenschaften und der Literatur
Geschwister-Scholl-Straße 2, 55131 Mainz
Tel. 06131/577-202, Fax 06131/477-837
e-mail ute.roedel@adwmainz.de

Valentin Weigel-Ausgabe
Leitung: Hr. Krummacher und Hr. G. Müller
Alter Kirchhainer Weg 21, 35039 Marburg
Tel. 06421/22696
e-mail pfefferl.horst@gmx.de

Winckelmann-Ausgabe
Leitung: Hr. Borbein und PD Dr. Max Kunze
c/o Winckelmann-Museum

Winckelmannstraße 36/37, 39576 Stendal
Tel. 03931/215226, Fax 03931/215227
e-mail max.kunze@t-online.de

WDW · Wörterbuch der deutschen Winzersprache
Leitung: Hr. Haubrichs und Dr. Maria Besse
Benzinoring 6, 67657 Kaiserslautern
Tel. 0631/92896, Fax 0631/3601974
e-mail wdw@winzersprache.de

Wörterbuch der russischen Sprache der Gegenwart
Leitung: Frau Renate Belentschikow (Magdeburg)
Arbeitsstelle Magdeburg: Otto-von-Guericke-Universität
Institut für fremdsprachliche Philologien, Slavistische Linguistik
Virchowstraße 24, 39104 Magdeburg
Tel. 0391/6716513, Fax 0391/6716553
e-mail renate.belentschikow@gse-w.uni-magdeburg.de

Arbeitsstelle Berlin: FU Berlin
Fachbereich Philosophie und Geisteswissenschaften
Institut für Slavische Philologie und Balkanologie (WE 3)
Garystraße 55, 14195 Berlin-Dahlem
Tel. 030/83854033, Fax 030/83853788
e-mail slavott@zedat.fu-berlin.de

III. Klasse der Literatur

Exilliteratur
Leitung: Hr. Bender
Akademie der Wissenschaften und der Literatur
Geschwister-Scholl-Straße 2, 55131 Mainz
Tel. 06131/577-102, Fax 06131/577-103
e-mail gabriele.soehling@adwmainz.de

Mainzer Reihe
Leitung: Hr. Hoffmann
Akademie der Wissenschaften und der Literatur
Geschwister-Scholl-Straße 2, 55131 Mainz
Tel. 06131/577-102, Fax 06131/577-103
e-mail gabriele.soehling@adwmainz.de

Arbeitsstelle Hans Erich Nossack
Leitung: Hr. Miller
Akademie der Wissenschaften und der Literatur
Geschwister-Scholl-Straße 2, 55131 Mainz
Tel. 06131/577-102, Fax 06131/577-103
e-mail gabriele.soehling@adwmainz.de

Neuwahlen

Die Akademie wählte im Berichtsjahr

zum ordentlichen Mitglied

Albert von Schirnding, Schriftsteller (16. Februar 2001, Klasse der Literatur)

Heinz Duchhardt, Professor für Neuere Geschichte, Direktor am Institut für Europäische Geschichte (20. April 2001, Geistes- und sozialwissenschaftliche Klasse)

Jan Schröder, Professor für Rechtsgeschichte, Bürgerliches Recht an der Universität Tübingen (22. Juni 2001, Geistes- und sozialwissenschaftliche Klasse)

Johann-Matthias Graf von der Schulenburg, Professor für Wirtschaftswissenschaften an der Universität Hannover (22. Juni 2001, Geistes- und sozialwissenschaftliche Klasse)

Manfred Osten, Generalsekretär der Alexander von Humboldt-Stiftung in Bonn (9. November 2001, Klasse der Literatur)

zum korrespondierenden Mitglied

Hans-Albert Rupprecht, Professor für Papyrusforschung an der Universität Marburg (20. April 2001, Geistes- und sozialwissenschaftliche Klasse)

Jürgen Falter, Professor für Politikwissenschaft an der Universität Mainz (22. Juni 2001, Geistes- und sozialwissenschaftliche Klasse)

Franz Grehn, Professor für Augenheilkunde, Direktor der Universitäts-Augenklinik Würzburg (9. November 2001, Mathematisch-naturwissenschaftliche Klasse)

Adam Zagajewski, Schriftsteller (9. November 2001, Klasse der Literatur)

Todesfälle

Es verstarben die Mitglieder

Johannes Benzing
Islamische Philologie und Islamkunde, Turkologie
am 16. März 2001

Otto Hachenberg
Radioastronomie
am 23. März 2001

Bernhard Louis Strehler
Mikrobiologie und Alternsforschung
am 13. Mai 2001

Matthias Seefelder
Organische Chemie
am 30. Oktober 2001

Satzung

Vom 9. Juli 1949, geändert durch Beschlüsse des Plenums vom 1. März 1957, 16. Februar 1991, 21. Februar 1997 und 23. Februar 2002

§ 1

I. Die Akademie der Wissenschaften und der Literatur ist eine Vereinigung von Gelehrten und Schriftstellern. Sie dient der Pflege der Wissenschaften und der Literatur und wirkt auf diese Weise für die Bewahrung und Förderung der Kultur.

II. Die Akademie erfüllt ihre Aufgabe insbesondere

a) durch Gemeinschaftsarbeiten und Einzelarbeiten ihrer Mitglieder,

b) durch Förderung der ihr angeschlossenen Unternehmungen,

c) durch Zusammenarbeit mit anderen Institutionen, die gleiche oder ähnliche Ziele verfolgen,

d) durch Pflege der Beziehungen zu den wissenschaftlichen und literarischen Körperschaften des Auslands,

e) durch Stellungnahme zu Fragen des geistigen Lebens,

f) durch Ausschreibung von Preisaufgaben und Vergebung von Auszeichnungen.

§ 2

I. Die Akademie ist Körperschaft des öffentlichen Rechts mit dem Sitz in Mainz. Sie hat eigenes Vermögen. Sie führt ein Dienstsiegel und für besondere Zwecke ein Schmucksiegel.

II. Die Akademie besitzt die Dienstherrnfähigkeit im Sinne des Landesbeamtengesetzes. Dienstherr der Beamten ist die Akademie.

§ 3

Die Akademie besteht aus drei Klassen von gleichem Rang: einer mathematisch-naturwissenschaftlichen Klasse, einer geistes- und sozialwissenschaftlichen Klasse und einer Klasse der Literatur. Die drei Klassen bilden vereinigt das Plenum der Akademie.

§ 4

I. Die Akademie hat ordentliche und korrespondierende Mitglieder sowie Ehrenmitglieder. Ordentliche und korrespondierende Mitglieder können Persönlichkeiten werden, die in einem in der Akademie vertretenen Fach schöpferisch tätig sind.

a) Ordentliche Mitglieder können Persönlichkeiten werden, die ihren Wohnsitz in Deutschland haben und nicht bereits einer anderen wissenschaftlichen Akademie des Inlands als ordentliche Mitglieder angehören. Die Höchstzahl der ordentlichen Mitglieder beträgt in jeder Klasse 30. Jedes Mitglied hat das Recht und die Pflicht, an den Arbeiten der Akademie teilzunehmen.
Wenn ein ordentliches Mitglied das 70. Lebensjahr vollendet hat, behält es die Rechte eines ordentlichen Mitglieds, ist aber von dessen Pflichten entbunden. An seiner Stelle

kann ein neues ordentliches Mitglied gewählt werden. Das Plenum kann die gleiche Regelung treffen, wenn ein ordentliches Mitglied aus gesundheitlichen oder anderen Gründen verhindert ist, an den Arbeiten der Akademie regelmäßig teilzunehmen.

b) Die korrespondierenden Mitglieder können an Unternehmungen der Akademie mitwirken. An dem nichtgeschäftlichen Teil der Sitzung können sie teilnehmen, haben aber kein Stimmrecht. Die Höchstzahl der korrespondierenden Mitglieder, die das 70. Lebensjahr noch nicht vollendet haben, beträgt 50 für jede Klasse.

c) Ehrenmitglieder können Persönlichkeiten werden, die sich um die Wissenschaft oder die Literatur hervorragende Verdienste erworben haben und geeignet erscheinen, die Bestrebungen der Akademie besonders zu fördern. Die Ehrenmitglieder sind berechtigt, an allen Veranstaltungen der Akademie teilzunehmen und in den Sitzungen Mitteilungen zu machen. Sie haben kein Stimmrecht.

II. Ordentliche Mitglieder, die ohne gerechtfertigten Grund vier aufeinanderfolgenden Tagungen der Akademie ferngeblieben sind, können durch Mitteilung des Präsidenten zu korrespondierenden Mitgliedern erklärt werden.

§ 5

Die Akademie wählt ihre Mitglieder im Plenum auf Vorschlag der zuständigen Klasse und schriftlich begründetem Antrag von mindestens drei ordentlichen Mitgliedern in geheimer Abstimmung. Das Plenum ist beschlußfähig bei Anwesenheit von mindestens der Hälfte der ordentlichen Mitglieder. Der Wahlvorschlag ist abgelehnt, wenn weniger als die Hälfte der anwesenden Mitglieder dafür oder fünf oder mehr Mitglieder dagegen stimmen. Das Wahlverfahren regelt die Geschäftsordnung.

§ 6

I. Die Akademie wird von einem Präsidenten, jede Klasse von einem Vizepräsidenten geleitet. Der Präsident, die drei Vizepräsidenten und der Generalsekretär, sofern er Mitglied der Akademie ist, bilden das Präsidium.

II. Der Präsident wird von dem durch ihn bestimmten Vizepräsidenten vertreten.

III. Jeder Vizepräsident bestimmt das Mitglied, das ihn vertreten soll.

§ 7

I. Der Präsident wird aus den ordentlichen Mitgliedern vom Plenum der Akademie gewählt. Jeder Vizepräsident wird von seiner Klasse aus den ordentlichen Mitgliedern dieser Klasse gewählt. Die Wahl bedarf der Bestätigung durch das Plenum. Das Wahlverfahren regelt die Geschäftsordnung.

II. Die Amtszeit des Präsidenten beträgt vier Jahre, die der Vizepräsidenten drei Jahre. Wiederwahl ist zulässig.

§ 8

I. Der Präsident oder sein Vertreter vertritt die Akademie gerichtlich und außergerichtlich.

II. Der Präsident ist Dienstvorgesetzter. Er ernennt und entläßt die Beamten mit Ausnahme des Generalsekretärs. Der Präsident ist ferner für Einstellung und Kündigung der Angestellten und Arbeiter zuständig.

III. Der Präsident führt den Vorsitz im Plenum, jeder Vizepräsident den Vorsitz in seiner Klasse. Der Präsident sorgt mit den Vizepräsidenten für den geregelten Gang der Arbeiten der Akademie und wacht über die Wahrung der Satzung. Er legt dem Plenum die in der Regel im Präsidium vorzubereitenden Vorlagen zur Beschlußfassung vor und überwacht die Ausführung der Beschlüsse.

IV. Die Vizepräsidenten sorgen für den geregelten Gang der Arbeiten in ihrer Klasse.

§ 9

I. Ein vom Plenum gewählter Generalsekretär bearbeitet die geschäftlichen Angelegenheiten der Akademie. Er ist für die geordnete Verwaltung verantwortlich. Er führt auch die Aufsicht über den Dienstbetrieb.

II. Der Generalsekretär wird auf Vorschlag des Plenums und des Präsidenten vom Ministerpräsidenten ernannt.

III. Für die Unternehmungen und Kommissionen der Akademie werden nach Maßgabe des Haushaltsplanes wissenschaftliche Mitarbeiter berufen. Die für die wissenschaftliche Arbeit und für Verwaltungszwecke erforderlichen Angestellten und Hilfskräfte werden von der Akademie nach Maßgabe des Haushaltsplanes angestellt.

§ 10

Die ordentlichen Mitglieder erhalten für die Teilnahme an den Sitzungen ihrer Klasse und des Plenums Tage- und Übernachtungsgelder nach den geltenden Bestimmungen.

§ 11

I. Die Akademie veranstaltet in der Regel alljährlich vier ordentliche Tagungen mit Sitzungen des Präsidiums, des Gesamtgeldverwendungsausschusses, des Plenums und der Klassen; außerdem kann hiermit eine öffentliche Sitzung mit Vorträgen verbunden werden. Der Präsident kann bei Bedarf außerordentliche Tagungen einberufen.

II. Wichtige geschäftliche Vorlagen und Wahlanträge (ohne Namensnennung) müssen den Mitgliedern rechtzeitig durch die Tagesordnung angekündigt werden. Im wissenschaftlichen und literarischen Teil der Sitzungen kann der Präsident, bei Klassensitzungen der zuständige Vizepräsident, Gästen, die von einem Mitglied der Akademie eingeführt sind, die Anwesenheit gestatten.

§ 12

Die Akademie veröffentlicht – nach Klassen getrennt – Abhandlungen mit wissenschaftlichen oder literarischen Mitteilungen. Sie kann auch andere Veröffentlichungen anordnen. In die Abhandlungen und in das Jahrbuch der Akademie können wissenschaftliche und literarische Mitteilungen von Nichtmitgliedern aufgenommen werden, wenn ein ordentliches Mitglied sie vorlegt und die Aufnahme von dem Plenum beschlossen wird.

§ 13

Zur Durchführung von größeren Aufgaben und von Gemeinschaftsarbeiten und zur Förderung von angeschlossenen Unternehmungen bildet die Akademie Kommissionen, in die neben Mitgliedern der Akademie auch andere Sachverständige (außerakademische Mitglieder der Kommissionen) berufen werden können.

§ 14

I. Die Mittel der Akademie werden nach einem Haushaltsplan bewirtschaftet. Dieser wird auf Vorschlag des Generalsekretärs vom Geldverwendungsausschuß genehmigt.

II. Im übrigen beschließt über wirtschaftliche Fragen der Gesamtgeldverwendungsausschuß. Dieser kann die Beschlußfassung dem Plenum oder auch der zuständigen Klasse überlassen. Der Gesamtgeldverwendungsausschuß besteht aus den Mitgliedern des Präsidiums und je einem von jeder Klasse zu wählenden Mitglied.

III. Für die Verwendung der Mittel der Akademie gelten die allgemeinen Bestimmungen über die Verwaltung und Bewirtschaftung öffentlicher Mittel. Die Mitglieder sind verpflichtet, über die ihnen als Vorsitzenden von Kommissionen oder persönlich zugewiesenen Mittel nach diesen Bestimmungen Rechnung zu legen. Verstößt ein Mitglied gröblich gegen die Pflicht der Rechnungslegung, so kann es auf Antrag des Präsidenten durch Beschluß des Plenums aus der Akademie ausgeschlossen werden. Für die Beschlußfassung gelten die Bestimmungen des § 5 Satz 2 und 3 entsprechend.

§ 15

Die Akademie beschließt auf Grund dieser Satzung die Geschäftsordnung.

§ 16

Änderungen dieser Satzung können vom Plenum bei Anwesenheit von zwei Dritteln der ordentlichen Mitglieder und nur mit Zustimmung von zwei Dritteln der Anwesenden beschlossen werden. Sind die Mitglieder nicht in der erforderlichen Mindestzahl anwesend, so entscheidet in der folgenden ordentlichen Plenarsitzung die Zweidrittelmehrheit der Anwesenden. Erworbene Rechte der Mitglieder der Akademie können durch Satzungsänderung nicht beeinträchtigt werden.

§ 17

Der Präsident kann die in dieser Satzung vorgesehenen Abstimmungen auf schriftlichem Wege vornehmen lassen, wenn die Dringlichkeit oder andere besondere Umstände es erfordern. Satzungsänderungen sind hiervon ausgenommen.

Geschäftsordnung

Auf Grund des § 15 ihrer Satzung vom 9. Juli 1949 in der Fassung der Änderungen vom 1. März 1957, 16. Februar 1991 und 21. Februar 1997 hat die Akademie in der Plenarsitzung am 1. März 1957, folgende Geschäftsordnung mit den Änderungen vom 6. Juli 1989, 3. November 1989 und 21. Februar 1997 beschlossen:

§ 1 Zuwahl von Mitgliedern

Für die Zuwahl von Mitgliedern ist in erster Linie das fachliche Bedürfnis der Arbeiten der Akademie maßgebend.

§ 2 Durchführung der Mitgliederwahlen

I. Wer eine Zuwahl anregen will, macht dem Vizepräsidenten der Klasse von seinem Vorschlag Mitteilung. Der Vizepräsident befragt, wenn nötig schriftlich, die Mitglieder seiner Klasse nach ihrer Meinung über die Besetzung der freien Stellen im allgemeinen und über die Eignung der für die Zuwahl in Betracht kommenden Persönlichkeiten. Von dem Ergebnis macht er dem Generalsekretär Mitteilung. Dieser leitet dann die Wahl in der Klasse ein.

II. In der Klassensitzung wird der Wahlantrag nebst Begründung verlesen. Die Klasse beschließt dann, ob die Wahl in der Klasse in einer Sitzung der folgenden Tagung oder später vorgenommen werden soll. Abgestimmt wird geheim durch Zettel. § 5 Satz 2 und 3 der Satzung gelten entsprechend.

III. Das Ergebnis der Abstimmung ist in der nächstfolgenden Plenarsitzung bekanntzugeben. Im Anschluß daran ist der Wahlantrag nebst Begründung zu verlesen. Die Wahl im Plenum findet in einer Plenarsitzung der folgenden Tagung statt. Zu dieser Wahl lädt der Generalsekretär schriftlich ein. Ist das Plenum nicht beschlußfähig, muß die Wahl auf die nächste Sitzung verschoben werden.

IV. Der Präsident (in der Klasse der Vizepräsident) kann eine bereits angeordnete Wahl ohne Rücksicht auf die Zahl der anwesenden Mitglieder durch mündliche Mitteilung in der Sitzung ein Mal auf eine später anzuberaumende Sitzung verschieben.

§ 3 Wahl des Präsidenten

I. Vorschläge für die Wahl des Präsidenten sind in einer ordentlichen oder außerordentlichen Sitzung des Plenums zu erörtern. Zu dieser sind die ordentlichen Mitglieder schriftlich einzuladen. Abgestimmt wird in der darauffolgenden ordentlichen oder in einer für diesen Zweck anzuberaumenden außerordentlichen Plenarsitzung.

II. Die Wahlhandlung leitet der bisher amtierende Präsident, bei dessen Verhinderung der zum ständigen Vertreter bestimmte Vizepräsident, bei dessen Verhinderung der rangälteste Vizepräsident, sonst das rangälteste ordentliche Mitglied. Der Rang richtet sich nach dem Zeitpunkt der Zugehörigkeit zur Akademie.

III. Die Wahl kann von dem Leiter der Wahlhandlung ein einziges Mal auf die nächste Sitzung verschoben werden.

IV. Für die Wahl ist erforderlich, daß wenigstens zwei Drittel der ordentlichen Mitglieder zugegen sind und daß mindestens zwei Drittel der abgegebenen Stimmen dem Vorschlag zustimmen. Bleibt die Wahl ergebnislos, so genügt es in der darauffolgenden für die Wahl anberaumten Sitzung, wenn die Hälfte der ordentlichen Mitglieder anwesend ist und die Mehrheit der abgegebenen Stimmen dem Vorschlag zustimmt. Auf diese Bestimmung ist bei der Einladung zu dieser Sitzung hinzuweisen.

V. Bis zu einer gültigen Wahl bleibt der bisher amtierende Präsident im Amt.

§ 4 Vertretung der Akademie in besonderen Fällen

Gehört der Präsident der Klasse der Literatur an, so wird die Akademie bei Vereinigungen und Veranstaltungen wissenschaftlicher Art durch den nach § 6 Absatz II der Satzung mit der ständigen Vertretung des Präsidenten beauftragten Vizepräsidenten einer der beiden wissenschaftlichen Klassen vertreten.

§ 5 Wahl der Vizepräsidenten

I. Vorschläge für die Wahl eines Vizepräsidenten sind zunächst in einer ordentlichen oder außerordentlichen Sitzung der Klasse zu erörtern. Hierzu sind die ordentlichen Mitglieder der Klasse schriftlich einzuladen. Gewählt wird entweder in dieser oder spätestens in der darauffolgenden Klassensitzung.

II. Die Wahlhandlung leitet der bisher amtierende Vizepräsident, bei dessen Verhinderung sein ständiger Vertreter und bei dessen Verhinderung das rangälteste ordentliche Mitglied. § 3 Abs. IV und V gelten entsprechend.

III. Von dem Ergebnis ist dem Plenum Mitteilung zu machen. Die Wahl bedarf der Bestätigung durch das Plenum.

§ 6 Wahl des Generalsekretärs

Vorschläge für die Wahl des Generalsekretärs werden in einer Plenarsitzung erörtert. Im übrigen gilt für die Wahl § 3 entsprechend.

§ 7 Gesamtgeldverwendungsausschuß

Die von den Klassen zu wählenden Mitglieder des Gesamtgeldverwendungsausschusses werden mit einfacher Mehrheit der abgegebenen Stimmen gewählt.

§ 8 Kommissionen

I. Neue Kommissionen werden durch Beschluß der zuständigen Klasse gebildet, Kommissionen auf dem Fachgebiet mehrerer Klassen durch Beschluß des Plenums.

II. Außerakademische Mitglieder der Kommissionen werden von der Klasse gewählt. Diese Wahl bedarf keiner besonderen Form. Sie muß von dem Plenum durch einfachen Mehrheitsbeschluß bestätigt werden.

§ 9 Aufträge

I. Das Plenum kann einer Klasse oder einer Kommission einen Gegenstand zur selbständigen Erledigung oder zur Berichterstattung überweisen.

II. Das Plenum und die Klassen können eine bestimmte Angelegenheit sowie eine bestimmte Berichterstattung einem ordentlichen oder korrespondierenden Mitglied zur Ausführung übertragen.

§ 10 Mitarbeiter

I. Die Wissenschaftlichen Mitarbeiter und die anderen Mitarbeiter eines Forschungsprojektes werden auf Vorschlag des von der jeweiligen Klasse bestellten Leiters des Projektes vom Präsidenten bestellt und abberufen. Werden Mitarbeiter angestellt, deren Dienstverhältnis nach dem Bundesangestelltentarifvertrag geregelt ist, erfolgt der Vorschlag durch den Leiter des Projektes im Einvernehmen mit dem Kommissionsvorsitzenden.

II. Die Rechtsaufsicht wird durch den Generalsekretär ausgeübt.

§ 11 Einladungen zu Sitzungen

I. Zu den ordentlichen und außerordentlichen Sitzungen des Plenums und der Klassen lädt der Generalsekretär schriftlich ein.

II. Zu Verhandlungen über Satzungsänderungen sowie zur Wahl des Präsidenten, von Vizepräsidenten und des Generalsekretärs muß die Einladung so erfolgen, daß die Aushändigung des Einladungsschreibens festgestellt werden kann.

§ 12 Tagesordnungen

I. Für die Sitzungen des Präsidiums, des Plenums und des Gesamtgeldverwendungsausschusses bestimmt der Präsident, in seiner Vertretung der Generalsekretär, die Tagesordnung. Die Tagesordnung der Klassensitzungen bestimmt der Vizepräsident oder sein ständiger Vertreter.

II. Die Sitzungen des Plenums beginnen in der Regel mit dem wissenschaftlichen oder literarischen Vortrag. Dieser soll die Dauer von 45 Minuten nicht überschreiten. In der Regel schließt sich an den Vortrag eine Aussprache an. Danach kann jedes Mitglied wissenschaftliche oder literarische Mitteilungen machen und diese, auch falls sie nicht zum Druck angenommen werden, schriftlich einreichen. Nichtmitglieder können solche Mitteilungen nur durch Vermittlung eines ordentlichen Mitgliedes machen.

III. Im geschäftlichen Teil der Plenar- und Klassensitzungen kann jedes ordentliche Mitglied Anträge stellen. Es muß sie auf Verlangen des Präsidenten (Vizepräsidenten) schriftlich vorlegen. Diese Anträge sind auf Beschluß des Plenums (der Klasse) in der Sitzung, in der sie vorgelegt werden oder in der darauffolgenden Sitzung zu erörtern. Jedes stimmberechtigte Mitglied kann gegenüber Beschlüssen ein abweichendes Sondervotum einreichen.

§ 13 Öffentliche Sitzungen

I. Die Tagesordnung für die öffentlichen Sitzungen beschließt das Plenum auf Vorschlag der Klassen und des Generalsekretärs.

II. Nach Möglichkeit ist folgende Reihenfolge einzuhalten:

Ansprache des Präsidenten,
Nachrufe auf verstorbene Mitglieder,
Antrittsreden neuer ordentlicher Mitglieder,
Antwort des zuständigen Vizepräsidenten,
Arbeitsberichte der Kommissionen,
Festvortrag,
Verkündung von Preisträgern und Bekanntgabe neuer Preisaufgaben.

§ 14 Leseliste

I. In der letzten Plenarsitzung eines jeden Jahres werden die ordentlichen Sitzungstage für das folgende Jahr und das erste Vierteljahr des übernächsten Jahres festgelegt.

II. In derselben Plenarsitzung legt der Generalsekretär die im Einvernehmen mit den Vizepräsidenten aufgestellte Leseliste zur Beschlußfassung vor.

III. Wünscht ein Mitglied an einem anderen als dem in der Leseliste festgesetzten Tage zu sprechen, so hat es rechtzeitig selbst durch Tausch für Ersatz zu sorgen und hat dies dem Generalsekretär mitzuteilen.

§ 15 Sitzungen des Präsidiums und des Gesamtgeldverwendungsausschusses

I. Zu den Sitzungen des Präsidiums und des Gesamtgeldverwendungsausschusses lädt der Generalsekretär schriftlich ein.

II. Das Präsidium und der Generalsekretär können zu diesen Sitzungen auch andere Mitglieder und Mitarbeiter der Akademie heranziehen. Diese haben jedoch kein Stimmrecht.

§ 16 Sitzungsprotokolle

I. Von jeder Sitzung des Plenums, der Klassen, des Präsidiums und des Gesamtgeldverwendungsausschusses ist ein Protokoll anzufertigen.

II. Das Protokoll im Plenum, im Präsidium und im Gesamtverwendungsausschuß führt der Generalsekretär. Das Protokoll in den Klassensitzungen führt der Generalsekretär oder ein vom Vizepräsidenten bestimmtes Mitglied der Klasse. Die Protokolle sind von dem Leiter der Verhandlungen und von dem Protokollführer zu unterzeichnen.

III. Das Protokoll ist in der Regel zu Beginn der nächstfolgenden Sitzung vorzulesen und zu genehmigen.

IV. Für die ordnungsgemäße Durchführung der in den Protokollen enthaltenen Entschließungen ist der Generalsekretär verantwortlich.

§ 17 Abhandlungen, Jahrbuch

I. Für die Annahme einer wissenschaftlichen Abhandlung oder Mitteilung zum Druck in den Abhandlungen oder im Jahrbuch ist die Zustimmung des Plenums erforderlich.

II. Für die Aufnahme in die Abhandlungen der wissenschaftlichen Klassen kommen nur Arbeiten in Betracht, die neue eigene Forschungsergebnisse des Verfassers enthalten. Für die Aufnahme in die Abhandlungen der Klasse der Literatur gilt dies sinngemäß. Bereits an anderer Stelle veröffentlichte Arbeiten dürfen in die Akademieschriften nicht aufgenommen werden.

III. Die Aufnahme von Arbeiten in die Abhandlungen und in das Jahrbuch kann nur nach Maßgabe der für den Druck verfügbaren Mittel erfolgen.

IV. Arbeiten von Nichtmitgliedern können in die Abhandlungen nur aufgenommen werden, wenn sie von Mitgliedern zum Druck empfohlen werden.

V. Die ordentlichen und die korrespondierenden Mitglieder sowie die Ehrenmitglieder erhalten die Abhandlungen ihrer Klasse und das Jahrbuch, auf Wunsch außerdem die sie interessierenden Abhandlungen der anderen Klassen.

§ 18 Haushalt

I. Der Haushaltsplan ist stets für ein Rechnungsjahr (1. Januar bis 31. Dezember) aufzustellen und spätestens einen Monat vor Beginn des Rechnungsjahres vom Geldverwendungsausschuß zu verabschieden.

II. Für die Bewirtschaftung der Haushaltsmittel gelten die jeweiligen Bestimmungen des Landes Rheinland-Pfalz über die Verwaltung und Bewirtschaftung öffentlicher Mittel.

III. Die den Klassen für ihre wissenschaftlichen und literarischen Aufgaben zugeteilten Haushaltsmittel sind nach den Beschlüssen der Klasse zu verwenden.

IV. Nach Schluß des Rechnungsjahres hat der Generalsekretär dem Gesamtgeldverwendungsausschuß eine Jahresabrechnung zum Zwecke seiner Entlastung vorzulegen.

V. Nicht verwendete Mittel sind in das folgende Rechnungsjahr zu übernehmen und bleiben zur Verfügung der zuständigen Klasse oder der bedachten Fonds. In besonderen Fällen kann das Plenum nach Anhören der Klasse auf Vorschlag des Gesamtgeldverwendungsausschusses eine andere Regelung beschließen.

§ 19 Bestimmungen über Preisausschreiben und für den Druck der Veröffentlichungen

Für die Ausschreibung und Zuerkennung von Preisen sowie für den Druck der Akademieveröffentlichungen kann das Plenum Richtlinien aufstellen.

Das Berichtsjahr

JAHRESFEIER
DER AKADEMIE DER WISSENSCHAFTEN UND DER LITERATUR

am Freitag, dem 9. November 2001, im Plenarsaal der Akademie

ANSPRACHE DES PRAESIDENTEN
CLEMENS ZINTZEN

Sehr verehrte Damen und Herren.

Der 7. November, also ein Termin, der in der Nähe unserer Jahresfeier liegt, war für die antiken Akademien in der Nachfolge der Akademiegründung Platons im Jahre 385 v. Chr. ein feierlicher Gedenktag. Dieser Termin galt sowohl als Geburtstag wie als Todestag Platons und wurde in der späteren Antike bis ins 3. Jh. nach Christus gefeiert. 1200 Jahre später hat in Florenz Lorenzo de' Medici diese Sitte wiederbelebt, und der Philosoph Marsilio Ficino lud zu diesem Festtag die Gelehrten von Florenz in seine Academia Platonica ein. Wir sind zwar in der Tradition nur dem Namen nach mit der platonischen Akademie verbunden, aber Tradition und Fortschritt treffen sich auf so engem Raum, daß die Einladung des Ficino in die Akademie des 15. Jahrhunderts auch heute für Sie gelten könnte. Sie lautete: „Alle, die Wissen erwerben wollen und die ein rechtschaffenes Leben führen wollen, alle, die den Künsten aufgeschlossen sind, sollen hierherkommen: Tretet alle näher, die ihr von immerwährendem Eifer entflammt seid, die Wahrheit zu erreichen".

Nun will ich Sie als Publikum nicht gleich zum Platonismus bekehren, und wir wollen Ihnen auch nicht in Schnellkursen spezielles Wissen beibringen, aber man kann doch voraussetzen, daß Sie dem Wissen, der Wissenschaft, zugetan sind, daß Sie die Künste nicht zurückweisen und schließlich auch hier in diesen Räumen die Wahrheit hören wollen. Um die will ich mich bemühen, und so heiße ich Sie alle, meine Damen und Herren, heute hier willkommen in einer Akademie, die als einzige in Deutschland Wissenschaft und auch Kunst, das heißt Literatur, unter ihrem Dach vereinigt. Der nachfolgende Vortrag von Hrn. ANDREAE wird Ihnen zeigen, wie Kunst und Wissenschaft verflochten sind: Seien Sie alle herzlich willkommen und nehmen Sie in dieser Stunde Teil am Leben unserer Institution.

Die Einladung des Ficino in die Florentiner Akademie heute hier zu zitieren, dazu besteht für mich auch zusätzlich noch ein besonderer Anlaß: Wir haben unter den Preisträgern dieses Jahres Herrn Professor Dr. Claudio LEONARDI, der in Florenz wirkt und heute den Meimberg-Preis dieser Akademie in Empfang nehmen wird. Sie, meine Damen und Herren, sind zahlreich heute hierhergekommen; das zeigt Ihre Verbundenheit, wir freuen uns darüber.

Als ersten hätte ich den Ministerpräsidenten des Landes Rheinland-Pfalz, Herrn Kurt BECK, begrüßt, wenn er nicht kurzfristig verhindert wäre, hier anwesend zu sein. Er ist ein treuer Gast dieser unserer Jahresfeier.

In Vertretung des Herrn Ministerpräsidenten und in eigener Person begrüße ich den Minister für Wissenschaft, Weiterbildung, Forschung und Kultur des Landes Rheinland-

Pfalz, Herrn Professor ZÖLLNER. Ich kann auch in diesem Jahr nur wiederholen, was ich in schon vielen Jahresfeierreden herausgestellt habe: Ihre Verbindung, verehrter Herr ZÖLLNER, zu dieser Akademie ist sehr eng; das wird gerade in diesem Jahr sichtbar in der Verleihung des neugegründeten Akademiepreises. Sie haben aber im abgelaufenen Jahr auch für die gesamte Akademienlandschaft Entscheidendes geleistet, indem Sie an alle am Akademienprogramm beteiligten Bundesländer appellierten, die Finanzierung des Programms auf eine bessere Basis zu stellen. Ihr Appell hatte Erfolg! Er ist an der Steigerung des Akademienprogramms für 2002 um 4 % abzulesen. Wir alle danken Ihnen für Ihre Initiative, die allen Akademien maßgeblich helfen wird.

Aus Ihrem Ministerium begrüße ich ferner namentlich Herrn Ministerialdirigenten MENTGES und Herrn Ministerialrat Dr. GAUCH. Herrn Staatsekretär Dr. AUERNHEIMER aus dem Ministerium für Arbeit, Soziales, Familie und Gesundheit heiße ich willkommen.

Aus dem Bundesministerium für Bildung und Forschung in Bonn begrüße ich Herrn Ministerialrat SCHULTE. Er betreut das Akademienprogramm kritisch und wachsam, verantwortungsbewußt und sehr förderlich. Von der Bund-Länder-Kommission freue ich mich Herrn Regierungsdirektor WAGNER hier zu sehen, der die Arbeit der Geschäftsstelle der Union wohlwollend unterstützt. Ebenso herzlich heiße ich willkommen die beiden Berichterstatter der Länder im Ausschuß Forschungsförderung, Frau Ministerialrätin KARWATZKI vom hiesigen Finanzministerium und Herrn Ministerialrat MANGEL vom hessischen Wissenschaftsministerium. Beide haben als Berichterstatter mit Augenmaß und immer förderlich die Tätigkeit der Akademien begleitet, und ich hoffe sehr, daß dies so bleiben darf. Ich begrüße Herrn Dr. BENZ, den Generalsekretär des Wissenschaftsrates, und Herrn DETTE, den Generalsekretär der Akademie für Sprache und Dichtung in Darmstadt.

Wir freuen uns über die Anwesenheit der Vertreter der Kirchen:
Herrn Generalvikar GUBALLA als Vertreter unseres Mitgliedes Karl Kardinal LEHMANN, Herrn Kirchenrat Dr. BUCHTER für die Evangelische Kirche Rheinland-Pfalz, den Militärdekan Herrn SCHEFFLER heiße ich willkommen, und als guten Freund dieser Akademie grüße ich Herrn Prälat SEIDEL.

Willkommen sind uns der Vizepräsident des Landtages, Herr SCHMIDT, die hochschulpolitische Sprecherin der CDU-Fraktion, Frau KOHNLE-GROS, und die stellvertretende Vorsitzende der FDP-Fraktion, Frau MORSBLECH.

Als Vertreter von Herrn Oberbürgermeister BEUTEL, der bedauert, heute verhindert zu sein, begrüße ich Herrn Ltd. Archivdirektor SCHÜTZ; von den Stadtratsfraktionen begrüße ich für die SPD Herrn Prof. GEBERT, und von der CDU heiße ich willkommen einen treuen Besucher und Freund dieser Akademie, Herrn DREIBUS.

Erfreut sind wir über den Besuch der Gäste aus dem Bereich der Industrie, der öffentlichen Institutionen, der Museen, der Gerichte, des Landesamtes für Umweltschutz, dessen Präsidenten Herrn ROTHER ich begrüße; auch die Finanzämter sind besonders deutlich hier vertreten; über deren Anwesenheit sind wir aber nicht erschrocken, sondern freuen uns, da wir ein gutes Gewissen haben. Schließlich sind uns willkommen die Vertreter der Banken, wobei ich besonders begrüße das Mitglied des Direktoriums der Europäischen Zentralbank, Herrn ISSING, der auch unser Mitglied ist, den Präsidenten der Landeszentralbank, Herrn KOEBNIK, und den Vorsitzenden des Vorstandes der Landesbank Rheinland-Pfalz, Herrn Dr. ADAM, auf den ich noch zurückkommen werde. Ebenso willkommen sind uns die hier anwesenden Herren Verleger und die Vertreter der Presse und des Rundfunks.

Aus dem Bereich der Universitäten heiße ich willkommen einen guten Freund dieser Akademie, den Präsidenten der Johannes Gutenberg-Universität, Herrn REITER. Auch bei dieser Gelegenheit und am Ende Ihrer Amtszeit danke ich Ihnen, verehrter Herr REITER, für die langjährige reibungslose und gewissermaßen von einer prästabilierten Harmonie getragenen Zusammenarbeit mit Ihnen. Ich grüße Ihren Nachfolger, unser Mitglied Hrn. MICHAELIS, und bin sicher, daß wir auch mit Ihnen diese enge Zusammenarbeit in gleichem Sinne fortsetzen werden.

Eine besondere Freude ist es mir, den Rektor der Universität Erlangen-Nürnberg, Herrn JASPER, hier begrüßen zu dürfen; ebenso wie Herrn SCHWEIKARD von der Universität des Saarlandes als Vertreter von Frau Präsidentin WINTERMANTEL.

Ich heiße alle Dekane und Prodekane der einzelnen Fakultäten hier willkommen und erwähne eigens Herrn Kanzler Dr. BUSCH von der Universität Frankfurt, mit der wir auf vielen Feldern gut zusammenarbeiten.

Ein wenig Heimatgefühl kommt mich an, wenn ich Frau Prorektorin FROST und Herrn Dekan PAPE meiner Heimatuniversität Köln hier herzlich begrüße; ich heiße sie willkommen zusammen mit einer ganzen Schar meiner ehemaligen Schüler, die nun größtenteils auch schon arriviert sind.

Schließlich nähere ich mich wieder dem engeren Bereich der Akademie und heiße willkommen die Träger unserer Leibnizmedaille sowie die hier anwesenden Freunde und Förderer unserer Akademie; an deren Spitze begrüße ich den Vorsitzenden des Vereins, Herrn Dr. Klaus ADAM; gerne komme ich auf Ihre findungsreichen Aktivitäten zu sprechen, die Sie vielfältig auch im abgelaufenen Jahr zu unserem Nutzen unternommen haben.

Mit Freude begrüße ich die Preisträger dieses Jahres: den Generalsekretär der Volkswagenstiftung, Herrn Dr. Wilhelm KRULL, der mit der Leibnizmedaille ausgezeichnet wird, und unser Mitglied Dieter HOFFMANN, dem die Heinse-Medaille verliehen wird. Neben Herrn Professor Claudio LEONARDI, den ich schon erwähnte, heiße ich willkommen Herrn Dr. Hubertus FISCHER, der den Walter-Kalkhof-Rose-Gedächtnispreis erhält, und Frau Alexandra KLEIN, deren Arbeit wir mit dem Biodiversitätspreis würdigen. Ich begrüße dankbar die hier anwesenden Stifter der Preise, Frau Sibylle KALKHOF-ROSE, Herrn Professor MEIMBERG und Herrn Dr. SIMON.

Aus dem Umfeld unserer Akademie begrüße ich den Präsidenten der Schweizerischen Akademie der Geisteswissenschaften, Hrn. RIS, und den Präsidenten der Akademie gemeinnütziger Wissenschaften zu Erfurt, Herrn KÖHLER, sowie Herrn KRAUS, den Altpräsidenten der Joachim Jungius-Gesellschaft.

Von den mit uns in der Union verbundenen Schwesterakademien heiße ich herzlich willkommen Herrn SIMON, den Präsidenten der BBAW, der zum erstenmal bei uns weilt, Herrn GOTTSCHALK, den Vizepräsidenten der Göttinger Akademie, Herrn ZU PUTLITZ, den Präsidenten der Heidelberger Akademie, und den Altpräsidenten der Nordrhein-Westfälischen Akademie, Herrn WILKE.

Noch viele Namen wären zu nennen; ich bitte Sie um Verständnis, wenn ich aus Gründen der Zeitökonomie hier die Begrüßung beende: Sie alle sind uns herzlich willkommen. Nur noch zwei Namen erlaube ich mir herauszuheben: die beiden Künstler, die im Foyer eine Kunstausstellung ihrer Werke zum Thema Genomforschung veranstalten. Es sind dies Dr. Willi SIEMONS aus Aachen und Frau Gabiele RIEDESSER aus Bonn. Sie alle sind nachher eingeladen, die Ausstellung zu betrachten.

I

Meine Damen und Herren. Der Tod hat auch im abgelaufenen Jahr Mitglieder und uns Nahestehende aus unseren Reihen genommen. Wir wollen unserer Toten gedenken: Es verstarben:

am 16. März 2001 im Alter von 86 Jahren Johannes BENZING, Professor der Islamischen Philologie und Islamkunde, ord. Mitglied der Geistes- und sozialwissenschaftlichen Klasse seit 1966;

am 23. März 2001 im Alter von 89 Jahren Otto HACHENBERG, Professor der Radioastronomie, ord. Mitglied der Mathematisch-naturwissenschaftlichen Klasse seit 1965;

am 13. Mai 2001 im Alter von 76 Jahren Bernhard Louis STREHLER, Professor der Mikrobiologie, korr. Mitglied der Mathematisch-naturwissenschaftlichen Klasse seit 1979;

am 30. Oktober 2001 im Alter von 81 Jahren Matthias SEEFELDER, Professor der organischen Chemie, ehemaliger Vorsitzender des Vorstandes der BASF, korr. Mitglied der Mathematisch-naturwissenschaftlichen Klasse seit 1976.

Am 27. Februar 2001 verstarb im Alter von 50 Jahren Karola KAMMERDIENER. Sie war unsere langjährige und sehr engagierte Mitarbeiterin und hat sich um die Akademie verdient gemacht.

Die Toten haben alle, jeder auf seine Art, die Arbeit unserer Akademie unterstützt und gefördert; dafür bewahren wir ihnen ein dankbares Gedenken.

Ich danke Ihnen.

Leben ist ein ständiger Wechsel. Dem Vergehen folgt ein Kommen und neues Wachsen. So hat sich auch im vergangenen Jahr die Akademie durch die Zuwahl neuer Mitglieder ergänzt:

Die Mathematisch-naturwissenschaftliche Klasse wählte:

als korrespondierendes Mitglied Franz GREHN, Universität Würzburg, für das Fach Augenheilkunde).

Die Geistes- und sozialwissenschaftliche Klasse wählte

als ordentliche Mitglieder die Herren:

Professor Heinz DUCHARDT, Universität Mainz, für das Fach Neuere Geschichte;

Professor Dr. Jan SCHRÖDER, Universität Tübingen, für das Fach Rechtswissenschaft;

Professor Dr. Johann-Matthias Graf von der SCHULENBURG, Universität Hannover, für das Fach Wirtschaftswissenschaften (Gesundheitsökonomie);

als korrespondierende Mitglieder:

Professor Dr. Jürgen FALTER, Universität Mainz, für das Fach Politikwissenschaft;

Professor Dr. Hans-Albert RUPPRECHT, Universität Marburg, für die Fächer Rechtsgeschichte und Papyrusforschung.

Die Klasse der Literatur wählte als ordentliche Mitglieder die Herren:

Manfred OSTEN, Bonn;

Albert von SCHIRNDING, Harmating;

als korrespondierendes Mitglied:

Adam ZAGAJEWSKI, Courbevoie.

Allen Mitgliedern, die neu in diese Akademien eintreten, wünsche ich, daß sie für sich selbst in der Mitarbeit einen Gewinn finden und daß sie für unsere Institution eine förderliche Tätigkeit entfalten.

In diesem Zusammenhang will ich auch berichten, daß das Plenum der Akademie es für richtig gehalten hat, den amtierenden Präsidenten noch einmal auf vier Jahre zu wählen. Ich danke für das Vertrauen und werde versuchen, dieser Verpflichtung gerecht zu werden. Dies erwähne ich nur für den Fall, daß der eine oder andere von Ihnen sich wundert, mich immer noch hier an dieser Stelle zu sehen!

II

Meine Damen und Herren. Die Jahresfeierrede soll traditionsgemäß ein Rechenschaftsbericht über die Aktivitäten des abgelaufenen Jahres sein. Wie Sie wissen, werden die Unternehmungen der Akademie im Jahrbuch sorgsam verzeichnet. So sehen Sie es mir nach, wenn ich nicht im einzelnen hier auf alle Vorkommnisse eingehen kann und nur weniges *exempli gratia* nenne. Diejenigen, die nun ein Recht hätten, hier genannt zu werden, bitte ich ausdrücklich um Verständnis und um Langmut, die möglicher Langeweile entgegentreten kann; denn „Langeweile ist ein böses Kraut", wie es heißt. Statt dessen möchte ich auf einige grundsätzliche Perspektiven eingehen, auch dies nur kurz und in gedrängten Worten: zunächst zu der speziellen Situation, mit der im letzten Jahr unsere wie auch die anderen Akademien konfrontiert waren und es heute sind; dann zu einigen perspektivischen Gedanken der Akademienarbeit. Dies gerade scheint mir notwendig zu sein angesichts der manchmal einseitigen Berichterstattung über die Wirksamkeit der Akademien, wie sie sich gelegentlich in der Presse findet.

(A) Seit dem 1. Januar dieses Jahres (2001) ist die Union der deutschen Akademien mit der Durchführung des Akademienprogramms betraut. Das bedeutet, daß die Union Zuwendungsempfängerin der von Bund und Ländern für das jeweilige Haushaltsjahr bewilligten Mittel ist und ihrerseits diese Mittel an die einzelnen Akademien weiterleitet. Ich möchte hier auch von Seiten der Akademie in Mainz der Geschäftsstelle der Union, speziell Herrn Dr. HERRMAN und Herrn FISCHER (der die Finanzen regelt) und allen Mitarbeiterinnen, die beteiligt sind, meinen angelegentlichen Dank aussprechen für die reibungslose Abwicklung des Akademienprogramms.

Im vorigen Jahr habe ich klargestellt, daß das Akademienprogramm von Seiten des Staates, d.h. von Bund und Ländern, eine angemessene Förderung erwartet und benötigt. In diesem Jahr kann ich zunächst einmal mit Dank und Anerkennung feststellen, daß der Bund und die Länder sich für das Jahr 2002 zu einer solchen angemessenen Förderung bereit gefunden haben: Das Programm ist um 4 Millionen aufgestockt worden, und die Förderung wächst für 2002 um 4,05 %. Das ist eine befreiende, uns wirklich hilfreiche Verstärkung des Programms, und ich spreche hier den Vertretern des Bundes wie auch denen der Länder meinen Dank für diese Maßnahme aus. Sie ist besonders ermutigend, weil sie zeigt, daß die Zuwendungsgeber mit Verantwortung den Akademien begegnen. Wir haben diese zusätzlichen Mittel zunächst für die Sanierung von Altvorhaben, dann aber auch für neue Vorhaben verwandt, und wir hoffen, daß sich dieser Sanierungsprozeß für einige Jahre noch fortsetzen wird.

Im vorigen Jahr habe ich darauf hingewiesen, daß auch die Zuwendungsempfänger, die Akademien, sich der Verantwortung bewußt sein müssen, die ihnen durch diese staatliche Zuwendung zukommt. Es ist schon jetzt erkennbar, daß die Evaluierungen unter den vorgegebenen Aspekten bewußter durchgeführt werden. Verlängerungen sind nicht mehr einfach unter der Begründung zu erreichen: „die Arbeiten wurden planmäßig durchgeführt“. Die Union hat sich darauf verständigt, daß bei mittel- und langfristigen Vorhaben auch Teilziele deutlicher markiert werden müssen, so daß an den jeweiligen Schnittstellen eine Abwägung möglich wird, wie und ob weiter zu verfahren ist.

Freilich zeigt sich schon jetzt, daß große Schwierigkeiten entstehen: Man kann einerseits bei den Altvorhaben nicht einfach die Guillotine aufstellen, um die Versäumnisse der Vergangenheit zu korrigieren und dann einen bestimmten Teil der Altvorhaben enthaupten; andererseits müssen die Vorhaben in ihren Programmen deutliche Zielpunkte fixieren. Das Akademienprogramm stellt auch bei Langfristvorhaben keine institutionelle Förderung dar, es ist jeweils eine Förderung einzelner Vorhaben. Dies müssen Projektleiter – und auf die Aufmerksamkeit der Projektleiter kommt es besonders an – wie Mitarbeiter sich vergegenwärtigen. Es wird in naher und weiterer Zukunft nicht mehr jedes Akademievorhaben nach Erreichen des Laufzeitendes mit einer Verlängerung rechnen können. Es muß eine regelmäßige Erneuerung und Fortschreibung des Akademienprogramms stattfinden, und vor allem müssen auch die nachrückenden jüngeren Mitglieder die Chance erhalten, ihre Forschungen im Rahmen von Akademieprojekten anzusiedeln. Von Seiten der Union werden daher für die Evaluatoren der Vorhaben auch klare Richtlinien entwickelt. Qualitätsbewußtsein, aber auch Selbstdisziplin und kritische Reflexion sind die notwendigen Gesichtspunkte beim Umgang mit dem Akademienprogramm.

Wir sind freilich mit vielen Vorhaben im Akademienprogramm immer noch in der Situation eines Gefährtes, das auf schlammiger Straße nicht recht vorankam, zurückbleiben mußte und nicht rechtzeitig sein Ziel erreicht. Behindert hat uns die jahrelange Unterfinanzierung, auch oft eine Fehleinschätzung der Laufzeiten bei Einrichtung eines Vorhabens; ich sage dies nicht, um Klagen oder Apologien vorzubringen. Auch dann, wenn jetzt der Boden fester wird, wird man jedoch nicht das Versäumte mit einem Schlag nachholen können. Ich denke, der Blick muß nach zwei Seiten hin gehen: Einerseits dürfen aus Verantwortung vor der Wissenschaft nicht erreichbare Ergebnisse verspielt werden durch unangemessene Maßnahmen des Abbruchs, andererseits müssen die Vorhaben mit einem zunehmenden kritischen Bewußtsein hinsichtlich realisierbarer Zielsetzungen begleitet werden. Bei der Lösung dieser Probleme hoffen wir, Hand in Hand mit den Zuwendungsgebern einen Weg und Fortschritte zu finden. Bei den Akademien sind, wie mir scheint, Erkenntnis und Bewußtsein dieser Situation in jüngster Zeit deutlich gewachsen.

Ganz klar ist auch, daß dem Akademienprogramm auch neue und aus der aktuellen Forschung sich ergebende Vorhaben zugeführt werden müssen. Das Programm hat seine eigenen besonders auf die Geisteswissenschaften abzielenden Strukturen. Eine sehr notwendige Überlegung hinsichtlich neuer Vorhaben besteht darin, besonders grundlagenorientierte Projekte in den Geisteswissenschaften neu zu eruieren. Im gegebenen und finanziell möglichen Rahmen müssen auch die Naturwissenschaften berücksichtigt werden. Insofern sind wir in unserer Akademie froh, wenn ab 2002 die Biodiversitätsforschung in das Akademienprogramm neu aufgenommen wird.

(B) In fast jeder Jahresfeierrede habe ich auf die Notwendigkeit hingewiesen, daß die Akademien sich auf Ihre Aufgaben besinnen müssen und zu bedenken haben, welche Forderungen an sie gestellt werden können und was sie selbst in der deutschen Wissenschaftslandschaft darstellen. Zu diesem Zweck hatte die Union zusammen mit der Bayerischen Akademie im Frühjahr dieses Jahres in München ein Symposion veranstaltet, bei dem Aufgaben, Herausforderungen, und Perspektiven der Akademien bedacht werden sollten. Aus verschiedenen Richtungen ist das Thema damals teilweise sehr kritisch diskutiert worden, und eines ist ganz klar hervorgetreten: Die Rolle der Akademien in der deutschen Wissenschaftslandschaft ist nicht hinreichend deutlich konturiert. Auch herausragende Exponenten der deutschen Wissenschaft können irren, wenn sie die Lösung dieses Problems darin sehen, den Akademien nun ein völlig neues Gewand überstülpen zu wollen. Eines wird dabei sichtbar: Die Akademien müssen sich engagiert ihren Aufgaben widmen; sie müssen sich darüber klarwerden, was sie können und was außerhalb ihrer Möglichkeiten liegt und auch liegen sollte, weil sie ihren Charakter damit zerstören würden. Dieses mangelnde Wissen in der Öffentlichkeit um die wirklichen Aufgaben, aber auch die Leistungen der Akademien hat in der Presse besonders hohe Wellen geschlagen. Die meisten von Ihnen werden dies zur Kenntnis genommen haben, je nach Standort vielleicht ironisch lachend, schmunzelnd, stirnrunzelnd oder verärgert. Die Anwürfe richten sich gegen die zwei Charakteristika der Akademien, dies sind deren Befassung mit wissenschaftlichen Langzeitvorhaben und ihr Charakter als „Gelehrte Gesellschaften". Die akuten Defizite werden gesehen in der fehlenden Politikberatung und einer mangelnden Darstellung nach außen. Es geht mir heute hier weniger um eine hinterherhinkende ergänzende Rechtfertigung; wohl aber um die deutliche Klarstellung, was Akademien sind und was sie tun. Dabei sollte uns keine mentale Depression befallen, weil wir in der Öffentlichkeit weniger bekannt sind als andere große wissenschaftliche Institutionen. Wir sollten nachdenken, offen und kritisch, aber auch da, wo es berechtigt ist, uns von natürlichem Selbstbewußtsein getragen auf unsere Ziele konzentrieren.

Der Klarheit wegen will ich Ihnen meine Erwägungen einfach thesenartig vortragen; man könnte über jeden Punkt einzeln lange reden, nur fehlt hier die Zeit; daher belasse ich es bei einfachen Sätzen:

(1.) Akademien sind durch zwei Wirkungskreise bestimmt, die beide ihnen historisch zugewachsen sind: Sie sind seit ihrer Gründung durch Leibniz vor 300 Jahren und darüber hinaus nach den Vorbildern in Italien, England und Frankreich zu allererst sog. „Gelehrte Gesellschaften"; d.h., sie sind Orte der kompetenten, gelehrten Diskussion. Dabei ist diese Diskussion in Akademien besonders dadurch gekennzeichnet, daß von den verschiedensten Aspekten aus „interdisziplinär" ein Thema angegangen werden kann. Naturwissenschaft und Geisteswissenschaft treffen sich bei solchen Gesprächen. In unserer Akademie sind es darüber hinaus die Literaten, die ihre Lebenserfahrung einbringen können. Aus der Möglichkeit erwächst die Verpflichtung: Akademien haben heute auch die Aufgabe, moderne Themen, die unserer Gesellschaft auf den Nägeln brennen, zum Gegenstand ihrer Beratung zu machen. Die Akademie in Mainz hat im letzten Jahr zwei Symposien durchgeführt, bei denen solche Fragen behandelt wurden. Auf Anregung von Hrn. Vizepräsidenten HESSE fand im Februar ein interdisziplinäres Symposion unter dem Titel „Zukunftsfragen der Gesellschaft" statt. Das Ergebnis dieses Symposions liegt gedruckt vor.

Unter der Leitung von Frau Vizepräsidentin LÜTJEN-DRECOLL haben Experten aus den verschiedenen Akademien und von außerhalb die ebenso aktuelle wie brisante Fragestellung nach der „Zukunft der molekularen Medizin" erörtert. Wir haben damit neue Wege betreten, die nun von allen Akademien verstärkt begangen werden: Aktuelle Fragen sollen in Zukunft in interakademischen Symposien behandelt werden; dabei können auch Mitglieder anderer wissenschaftlicher Gesellschaften außerhalb des Umkreises der Akademien einbezogen werden. Es geht darum, in einer wichtigen Frage die insgesamt kompetentesten Diskutanten der *scientific community* beizuziehen. Mainz ist nur ein Beispiel, das ich in dieser Jahresfeier unserer Akademie nenne; auch die übrigen Akademien planen solche interakademische Veranstaltungen. Auf diese Weise kann die in den Reihen der Akademien versammelte Kompetenz fruchtbar gemacht und den politisch Handelnden gegenüber dargestellt werden. Der Dialog zwischen Politik, Gesellschaft und Wissenschaft sollte auf diese Weise intensivierbar werden. Sie merken, meine Damen und Herren, Akademien sind tatsächlich keine Traditionsvereine, in denen „staatlich alimentierte Treffs von verdienten Professoren stattfinden" (wie es in einem bösartigen Artikel in der ZEIT zu lesen war; – meine Erwiderung hat die ZEIT übrigens nicht abgedruckt –). Akademien sind gelehrte Gesellschaften, bei denen die Sachkompetenz bewußt fruchtbar gemacht wird, um Probleme unserer Zeit, unserer Gesellschaft, anzugehen. Interdisziplinarität ist hier kein „Etikettenschwindel", sondern in den Geistes- wie den Naturwissenschaften eine Methode, angemessene Ergebnisse zutage zu fördern.

(2.) Die Akademien sind durch einen zweiten Wirkungskreis gekennzeichnet: Sie organisieren langfristige wissenschaftliche Arbeit, die schwerpunktmäßig in der geisteswissenschaftlichen Grundlagenforschung anzusiedeln ist. Kristallisiert ist dieser Aufgabenbereich, wie wir alle wissen, besonders im Akademienprogramm. Auch hier könnte man sagen, daß solche Langzeitforschungen aktualisiert immer den wissenschaftlichen Bedürfnissen der Zeit gerecht werden müssen; dabei ist aber zu bedenken, daß es sich bei den Gegenständen solcher Projekte vor allem in den Geisteswissenschaften durchweg um Zeugnisse vergangener Epochen handelt und daß hier historisch orientierte Wissenschaft es mit unserer eigenen Vergangenheit zu tun hat. Wer diese Gegenstände der Forschung als alte Zöpfe abschneiden will, würde uns von dieser unserer eigenen Vergangenheit trennen.

Die Zeugnisse und Monumente solcher früher Epochen lassen sich nicht recyclen, Kulturrelikte sind nicht modern umzugestalten. Die angemessene Form des Umgangs mit ihnen ist die wissenschaftliche Aufarbeitung, um sie in ihrer Werthaltigkeit für Gegenwart und Zukunft verläßlich zur Verfügung zu stellen (als Beispiel nenne ich die Inschriftensammlungen und etwa das Corpus mittelalterlicher Glasmalereien [CVMA]). Solche Zeugnisse unserer Kultur aus vergangener Zeit nicht zu verfälschen, sondern in ihrer historischen Wahrheit darzustellen, ist Aufgabe der Wissenschaft, die damit umgeht: Darin bestehen ganz wesentlich die Ziele der geisteswissenschaftlichen Langzeitprojekte. Zugegebenermaßen werden durch solche Orientierung die Akademien für Modernisten und diejenigen, die nur der Tagesaktualität nachjagen, ein leicht angreifbares Ziel. Aber wer hier lediglich die Forderung nach bloßer Aktualität erhebt, verkennt die historische Aufgabe der Akademien, die sie im Dienste der Kultur, und damit unserer Gesellschaft zu verrichten haben. Die Akademien müssen diese Aufgabe offenen Blickes und mit Überzeugung annehmen.

(3) Die Akademien könnten durch solche Orientierung und Fixierung auf das historische Gut für den Blick der Öffentlichkeit leicht in einen Konflikt zwischen Tradition und Fortschritt geraten. Die Dynamik der zivilisatorischen und kulturellen Entwicklungen scheint den Berg dessen, was nicht mehr aktuell ist, immer höher anzuhäufen. Dies gilt in immer rascheren Intervallen vor allem in den Naturwissenschaften, hat aber auch seine Bedeutung in den Geisteswissenschaften: In der Molekularbiologie betrug, wenn ich recht unterrichtet bin, die Halbwertzeit von neuen Erkenntnissen vor 20 Jahren noch ca. 8 Jahre, heute ist dieser Wert auf etwa 2 Jahre gesunken. In den Geisteswissenschaften ist das Fortschreiten der Aktualität nicht gerade so rapide, dennoch würden sich nach einer Prog-nose alle 20 Jahre die Buchbestände unserer Bibliotheken verdoppeln, wenn denn das Geld da wäre, die Bücher zu kaufen! In diesem fortreißenden Strom steht nun wie ein Felsblock die Forschungsarbeit von Akademien, die sich meist mit Zeugnissen der Vergangenheit zu beschäftigen haben. Das stellt die Akademien zwischen Traditionshinwendung und Fortschritt; sie können diesen Spagat bewältigen, wenn sie eine rechte und bewußte Stellung zur Tradition einnehmen.

(a) Zwar bewegen sich auch in den Geisteswissenschaften Themenstellungen und Methoden in vielen Hinsichten heute rascher voran; die Gegenstände, soweit sie Zeugnisse unserer Vergangenheit angehen, sind allerdings besonders alterungsresistent; und man soll nicht verkennen, daß die Wertschätzung solcher Zeugen unserer Vergangenheit laufend zugenommen hat. Das bezeugen z.B. die hohen Besucherzahlen in Museen; das beweist die zunehmende Rolle des Denkmalschutzes. Es bedarf zuallererst der Qualität der in den Akademien geleisteten Forschung, und sie muß dann zwischen den in der Tradition vorgegebenen Werten und den Postulaten unserer Zeit den richtigen Weg finden. Aus der Tradition ist auch thematisch das zu übernehmen und mit modernen Methoden zu vermitteln, was für unsere Gegenwart historisch gewachsen bestimmend und für die Zukunft sich als notwendig im Sinne der Erhaltung unserer Kultur erweist. Hat man einen solchen Forschungsgegenstand gefunden, dann muß er auch in voller Breite behandelt werden. Akademien können und dürfen nicht nur der Tradition und der Vergangenheit zugewandt sein; aber ihre Arbeit ist dennoch noch nicht darum obsolet oder einfach nicht mehr aktuell, w e i l sie sich unserer Vergangenheit widmet. Traditionsbewußtsein darf auch in den Akademien nicht blinde Rückbindung an die Vergangenheit sein, und Fortschritt andererseits bedeutet nicht Angleichung an jede Mode. Mit Verstand und Einsicht in die Sache und im Bewußtsein der Gegenwart zugewandt, dasjenige zu bewahren, was bewahrenswert ist, darin besteht eine wesentliche Aufgabe unserer Akademien. Ein schönes Wort des 1859 in Brandenburg geborenen Klassischen Philologen und Epigraphikers Bruno Keil, also ein Gelehrter, der sich mit Schriftzeugnissen, die Jahrtausende alt sind, befaßte, lautete: *Die wahren Konservativen* (er meinte dies nicht politisch, sondern im Sinne grundsätzlicher Einstellung und Mentalität) *sind diejenigen, die die Tradition zur rechten Zeit erneuern.* Diesen rechten Zeitpunkt, den *Kairós,* zu erkennen und die Vergangenheit dennoch nicht zu verfälschen, ist eine stete Aufgabe der Gelehrten in unseren Akademien. Dies gilt im Umgang mit den Themen und Gegenständen, die sie behandeln, es gilt aber auch generationsübergreifend für die Begegnung zwischen den Generationen von Wissenschaftlern in einer Akademie; also im Umgang der Personen miteinander.

(b) Traditionen sind nicht unveränderbar. Sie wandeln sich, weil sie durch Menschen verschiedener Generationen jeweils aufgenommen und gestaltet werden. Die Menschen aber sind der Zeit unterworfen. Alle Zeit führt Wandel herbei, und so muß jede neue Generation mit dem, was sie übernimmt, auf eigene Weise fertig werden; sie muß die Werte, die erhalten werden sollen, sich jeweils selbst und auf die ihr angemessene Weise aneignen. Daher kommt es, und muß es auch kommen, zu immer neuen angemessenen Veränderungen. Dies gilt auch im Rahmen unserer Akademie. Und wenn Sie nachher die Vorstellung der neuen Mitglieder erleben, so werden sicher wir Älteren Beispiele für die schmale Linie entdecken, auf der sich Tradition und Herkommen mit Neuorientierung und Innovation treffen: So muß es in jeder Institution sein, die sich lebendig erhalten will. Die jungen Mitglieder (wobei jung im Bereich der Akademien ein sehr relativer Begriff ist!) sollen den Mut haben, ihre Möglichkeiten auf eigene Weise zu ergreifen; und wir Alten sollten uns wie an den eigenen Vorstellungen, so auch an den Gedanken unserer Nachfolger erfreuen.

Tradition und Fortschritt dürfen sich auch im Denken und Handeln einer Akademie nicht nur auf die Wahrung der Stabilität einer Institution beschränken; sie müssen die überkommenen Werte zeitgemäß verwirklichen. Die Akademie hat sich in jeder Generation von Gelehrten neu zu bewähren. Dies zu bewirken, ist eine Aufgabe, die sich ebenso den alten wie den jungen Mitglieder stellt: Es ist eine Pflicht für uns alle; und dazu möchte ich hier ermutigen.

(4) Diese Haltung gilt nun ganz ausgesprochen auch für alle Beziehungen und das Verhältnis, welches die Akademien zu unserer Gesellschaft entwickeln müssen. In der Presse und der Öffentlichkeit wird oft das Stichwort „Politikberatung" als eine Aufgabe von Akademien genannt. Ich will dazu nur wiederholen, was ich schon oft gesagt habe: Eine Politikberatung von der Hand in den Mund ist nicht die Sache von Akademien; aber langfristige Probleme zu erkennen, sie rechtzeitig zu erkennen, dann grundlegend zu beraten und die Ergebnisse zu publizieren, paßt in den Arbeitsstil von Akademien und entspricht der Kompetenz der in ihnen vereinten Mitglieder.

Meine Damen und Herren. Ich wollte mit diesen allgemeineren Ausführungen einige Konturen zeichnen, die mir für das Bild wesentlich erscheinen, welches die Akademien – also auch unsere Akademie hier in Mainz – anstreben sollten. Es liegt mir fern, unsere Schwesterakademien zu bevormunden, aber als Vorsitzender der Union darf und sollte ich mir Gedanken machen, die, wie ich glaube, uns alle angehen.

III

Ich komme zum Schluß noch einmal kurz auf unsere Akademie zu sprechen. Das Jahrbuch wird Ihnen im einzelnen über die Aktivitäten des letzten Jahres Auskunft geben. Es seien daher an dieser Stelle nur ganz wenige Beispiele unserer Arbeit genannt. In der Geistes- und sozialwissenschaftlichen Klasse ist gerade der erste Band über „Novgorod. Das mittelalterliche Zentrum und sein Umland im Norden Rußlands" erschienen. Er entstammt dem im Akademienprogramm geförderten Vorhaben von Herrn MÜLLER-WILLE, das die Besiedlung im Umland Slawischer Herrschaftszentren zum Thema hat. Die Arbeitsgruppe setzt sich zusammen aus Wissenschaftlern aus Kiel und St. Petersburg. Diese Zusammenarbeit ist als ein positives Zeichen der politischen Öffnung Rußlands zu werten.

Im Rahmen der Unternehmungen der Mathematisch-naturwissenschaftlichen Klasse erschienen die Publikationen des von Hrn. MUTSCHLER initiierten Symposions über Epidemiologie und der von Hrn. MICHAELIS geleiten Veranstaltung über „Evidenz-basierte Medizin".

Schließlich ist im Rahmen der Arbeit der Klasse der Literatur die von Gabriele SÖHLING nach den 1997 publizierten (und schon vergriffenen) Tagebüchern nun edierte Auswahl aus dem Briefwechsel Hans Erich NOSSACKS gerade erschienen. Wir haben gestern abend daraus eine Lesung gehört. Damit ist für die Sicherung des Werkes unseres 1977 verstorbenen Mitgliedes Entscheidendes geleistet worden.

Ein wichtiger Bereich unserer Akademiearbeit besteht nach wie vor in der Förderung des wissenschaftlichen Nachwuchses. Die Kalkhof-Rose-Stiftung hat auch im jetzt ablaufenden Jahr wieder drei Habilitationsstipendien ausgesprochen oder laufende Stipendien verlängert, und es sind in zwei Fällen im naturwissenschaftlichen Bereich beträchtliche Sachmittelzuschüsse erfolgt.

Der große Dank der Akademie geht an die Stifterin Frau Sibylle KALKHOF-ROSE, welche die Akademie großzügig in den Stand versetzt, effektiv und sichtbar Nachwuchsförderung zu betreiben. Es spricht für die Qualität der Auswahl in der Stiftung, wenn auch in diesem Jahr ebenso wie im vorangegangenen Jahr ein durch die Stiftung geförderter junger Gelehrter kurz nach der Habilitation von einem ersten Listenplatz auf ein Ordinariat berufen worden ist. Die *Colloquia Academica* wurden auch in diesem Jahr in Zusammenarbeit mit der Johannes Gutenberg-Universität erfolgreich abgehalten.

Meine Damen und Herren. Wenn die Akademie auch keine Ausbildungsstätte für junge Gelehrte ist, wenn sie sich ebenso aus den Personalia des Universitätsbetriebes heraushalten muß, so ist sie doch kompetent, da wo es angebracht ist, Anerkennung und Ermutigungen auszusprechen und auf diese Weise indirekt die Wissenschaft zu fördern. Solcher Ermutigung dienen unsere Preise, die heute hier an junge Wissenschaftler vergeben werden. An der herausragenden Qualität der Hochschullehrer – der jungen wie der älteren – ist die Akademie besonders interessiert, denn sie stellen ja die Zukunft unserer Wissenschaft dar und sind zugleich das Reservoir, aus dem wir unsere Mitglieder wählen.

Im vorigen Jahr hatte ich angedeutet, daß wir in Zusammenarbeit mit Ihrem Ministerium, Herr ZÖLLNER, ein deutliches Zeichen hinsichtlich der Förderung der Qualität von Hochschullehrern setzen wollten. Heute kann ich mitteilen, daß das Ministerium und die

Akademie einen Preis begründet haben, der die besondere Exzellenz eines Hochschullehrers/einer Hochschullehrerin aus dem Lande Rheinland-Pfalz in Lehre und Forschung auszeichnen soll; mit dem Preis soll zudem eine Persönlichkeit hervorgehoben werden, die auch für die Akzeptanz ihres Faches vor allem beim Nachwuchs etwas Besonderes geleistet hat. Der Preis trägt den Namen „Akademiepreis des Landes Rheinland-Pfalz" und ist von der Landesregierung mit 50.000 DM ausgestattet worden. Ich möchte Herrn Ministerpräsidenten BECK und Ihnen, Herr Minister ZÖLLNER, ausdrücklich für diese ebenso konzeptionell klare wie großzügige Ermutigung danken. Der Dank gilt auch den Damen und Herren Ihres Ministeriums, die bei der Gestaltung des Preises mitgewirkt haben. Durch diese Großzügigkeit wird der Akademie der freie Raum gewährt, über solche Aktivitäten nachzudenken und sie umzusetzen. Dafür sind wir in besonderer Weise dankbar. Der Preis wird zum erstenmal in diesem Jahr verliehen an Herrn Professor Helmut NEUNZERT von der Universität Kaiserslautern, den heute unter den anwesenden Gästen begrüßen zu dürfen, ich mich besonders freue. Die Verleihung findet am 21. November in der Staatskanzlei in Mainz statt.

IV

Die Geduld dieses Auditoriums ist nun hinreichend strapaziert, und ich bin nahezu am Ende meiner Rede. Es bleibt der Dank. Er geht an das Sitzland dieser überregionalen Akademie, an Rheinland-Pfalz, für alle materielle Förderung und alle ideelle Unterstützung; er gilt den Sitzländern unserer Arbeitsstellen und er gilt dem Bund, der nicht nur diese Akademie, sondern die Union insgesamt auch in diesem Jahr gestützt hat und für das kommende Jahr eine entscheidende Wendung in seiner Förderpolitik vollzogen hat. Ich hoffe sehr, daß solche Aufgeschlossenheit keine Eintagsfliege bleiben muß, sondern zu einer dauerhaften Konsolidierung des Programms führen wird.

Mein Dank (auch als Vorsitzender der Union) gegenüber den Ministerien im Bund, aber auch in einzelnen Ländern, ist groß. Wir haben viele, auch kontroverse, Gespräche geführt, aber es waren gute Gespräche, weil wir auf Verständnis für die Situation der Akademien stießen und weil schließlich doch auch Ermutigung aus solchen Diskussionen erwachsen konnte. In Mainz wie in Bonn und in Berlin war der Dialog sachangemessen und eben nicht vorweg belastet durch eine falsche Einstellung oder Einschätzung. Für diese Offenheit möchte ich ausdrücklich danken.

Der Dank geht an Herrn Dr. ADAM als dem Vorsitzenden des Vereins der Freunde und Förderer der Akademie. Der Verein hat unter seiner Führung auch in diesem Jahr da geholfen, wo es nötig und sinnvoll war. Sie, meine Damen und Herren, können z.T. ja an der neuen Bestuhlung die Lebendigkeit unseres Fördervereins feststellen; aber es wurden auch wesentliche Hilfen gegeben außerhalb des Vereins, und Herr ADAM hat solche Hilfen mit Diplomatie und hohem Geschick eingeworben. In Wilhelm Meisters Lehrjahren steht der Satz: *Wer sich Gäste einlädt, muß auch die Schuldigkeit empfinden, für ihre Bedürfnisse und Bequemlichkeiten auf alle Weise zu sorgen.* Es ist durch solche Aktivitäten der Akademie leicht gemacht worden, dieser Forderung nachzukommen. Dafür sind wir dankbar.

Mein herzlicher Dank geht an die Mitglieder, die Mitarbeiter im Hause wie in den Arbeitsstellen und an die Mitarbeiter unserer Verwaltung. Gerade die Verwaltung im Hause in allen Etagen ist ein unabdingbarer Bestandteil für das reibungslose Gedeihen einer solchen Institution; Sie sind Ihren Verpflichtungen mit Engagement nachgekommen. Schließlich spare ich auch die Mitarbeiter in der Geschäftsstelle der Union, an ihrer Spitze den Geschäftsführer Herrn Dr. HERRMANN, nicht aus; auch hier war die Zusammenarbeit zwischen Akademie und Union im letzten Jahr hilfreich und reibungslos. Ich habe auch das Bedürfnis, Ihnen allen Dank zu sagen für vielfache Unterstützung, die mir persönlich gewährt wurde, so daß ich immer gerne von den Etagen dieses Hauses über das Parterre bis ins Souterrain gewechselt bin.

Meine Damen und Herren. Max WEBER, der große Soziologe und Nationalökonom, hat kurz vor seinem Tod in einem Vortrag, den er 1919 mit dem Titel „Wissenschaft als Beruf" gehalten hat, und auf den mich übrigens Herr NEUNZERT, der erste Träger des Akademiepreises, hingewiesen hat, formuliert: *Persönlichkeit auf wissenschaftlichem Gebiet hat nur der, der rein der Sache dient.* Dieser Satz ist anwendbar auf alle Facetten des Umgangs in und mit einer Akademie: auf die Mitglieder, die Mitarbeiter in Wissenschaft und Verwaltung, auf unsere Partner in Politik und Gesellschaft. Wenn wir alle der Sache dienen, dann werden die Akademien auch in Zukunft leisten können, was sie leisten müssen: die Förderung von wissenschaftlich fundierten Erkenntnissen über den Menschen wie auch über die ihn umgebende Welt und die Vermittlung und Umsetzung solcher Erkenntnisse zum Wohl für uns alle.

Ich danke Ihnen für ihre Aufmerksamkeit.

Herr Staatsminister, Herr Präsident, hoch geschätzte Mitglieder der Akademie, meine sehr verehrten Damen und Herren!

Wenn wir Land und Leute kennenlernen wollen, dann gehen wir meist selbstverständlich davon aus, daß Menschen durch die Landschaften, in denen sie aufgewachsen sind, mit geprägt werden. Wenn das wirklich so ist, dann träfe auf mich die fast schon sprichwörtlich gewordene Dickköpfigkeit und zurückhaltende Verschlossenheit zu, die man den Sauerländern nachsagt. Denn geboren und aufgewachsen bin ich in Werdohl in Süd-Westfalen, ins Gymnasium gegangen im benachbarten Altena, das unterhalb jener Burg liegt, auf der im 12. Jahrhundert die Grafen von der Mark hoch über der Lenne ihren Wohnsitz genommen hatten. Und ein wenig von jenen Charakterzügen ist mir wohl tatsächlich mit in die Wiege gelegt, aber eher in der Neigung, einmal gesetzte Ziele nicht leichtfertig aufgeben zu können und in einem Hang zu ernster Besonnenheit. Es war eine behütete, glückliche und unbeschwerte Kindheit und Jugend in jenem von Tannenwäldern umstandenen Lennetal, so daß es zu Anfang ein wenig schwer fiel, direkt nach dem Abitur, das ich knapp 18-jährig absolviert hatte, zum Studium in südlichere Gegenden, nämlich nach Heidelberg zu gehen. Der Realitätssinn meiner Mutter bestärkte mich darin, meinen Wunsch nach Studium und Beruf nicht dem damals noch vorherrschenden Bild von weiblichen Pflichten anzupassen und die Sehnsucht meines Vaters, sich westeuropäische Kultur nicht nur über gelegentliche Reisen, sondern auch durch das Eintauchen in die Welt der Sprachen zu erschließen, motivierte zum Teil die Wahl meiner Studienfächer: Evangelische Theologie und Romanistik. Hier ging es beide Male – allerdings in verschiedenen Ausrichtungen – um Sprache, um Anrede und Antwort, um die Kraft des Wortes. Der Wechsel nach Heidelberg – die damit verbundene erste Erfahrung des Abschiednehmens wurde bald verstärkt durch den unerwarteten und frühen Tod meines Vaters, was mich plötzlich jenes bekannte Lied Martin Luthers „Mitten wir im Leben sind mit dem Tod umfangen“ verstehen ließ und den Prozeß des Erwachsenwerdens und des Hineinwachsens in Verantwortlichkeiten beschleunigte. Die Empfindsamkeit für die kleinen und großen Abschiede, die man im Laufe des Lebens und auch des beruflichen Werdegangs immer wieder zu bewältigen hat, begleitet mich bis heute.

Der neue Lebensabschnitt aber, der nun in der Ruperto-Carola in Heidelberg begann, war in erster Linie und in jeder Hinsicht von Entdeckerfreude geprägt. Denn unbekanntes Terrain war beides: das Neckartal, das mir damals zu einer zweiten Heimat wurde und die beiden Studienfächer. Zweimal hat mich der, von meinen damaligen Universitätslehrern Bodo Müller und Klaus Heitmann geförderte Enthusiasmus für die französische Sprache, die Literatur und Kultur Frankreichs für jeweils ein Jahr zum Studieren, Unterrichten und Leben nach Paris und in die région parisienne geführt. Höhepunkt dessen war meine Mitgliedschaft in der École Normale Supérieure de Fontenay-aux-Roses als Lektorin und – was für mich noch mehr zählte – als élève. Damals, in einer kleinen Wohnung im Süden der französischen Hauptstadt, entstanden auch die ersten Seiten meiner sprachwissenschaftlichen Dissertation, die ich später erfolgreich abschließen konnte, auch wenn ich bereits nach Ablauf des Frankreichjahres als Assistentin im Fach Historische Theologie/Kirchengeschichte an die Theologische Fakultät der Universität Heidelberg zurückkehrte. Die Begeisterung für dieses Fach, das – wie ich meine – ganz zu Unrecht zu den sprödesten Disziplinen der Theologie gerechnet wird, hatte in meisterhafter Weise mein Lehrer Gottfried Seebaß zu vermitteln verstanden. Wie sehr unsere Geschichte und die Werte europäischer Kultur bis heute mit der Geschichte des Christentums und seiner kirchen- und theologiegeschichtlichen Entwicklung verwoben sind, daß der Blick in die Vergangenheit auch darauf zielt, das Erbe christlicher und überhaupt kultureller Identität und Humanität zu sichern und anzueignen, und schließlich daß auf diese Weise einem verantwortungslosen Vergessen entgegengewirkt und Verantwortungsbewußtsein für die Zukunft geschärft werden sollte – das waren die Grundanliegen, die hinter aller Einzelforschung und Vermittlung von Kenntnissen zu stehen kamen. In diese Tradition ordnen sich auch meine eigenen Arbeiten ein, deren Hauptschwerpunkt seit meiner theologischen Habilitation auf dem Gebiet der vielfältig sich vollziehenden und mit politischen und gesellschaftlichen Strukturen eng verbundenen Bekenntnisbildung in der Frühen Neuzeit liegt. Hier scheint etwas von dem durch, was ich, ohne pathetisch zu werden und um noch einmal zu einem früheren Gedanken zurückzukehren, die Kraft des Wortes und die wirklichkeitsbestimmende Effizienz der Sprache nennen möchte, welche – freilich jeweils zeitgebundene – Identitäten schafft und Raum für die leibliche und geistliche Existenz des Menschen eröffnet. Weitere Forschungsinteressen und -aktivitäten richten sich auf die von Glaubensverfolgung geprägte französische Reformationsgeschichte und das spannungsvolle Miteinander von christlich-theologischer Sozialisation und beginnender Skepsis an der Schwelle zur Frühaufklärung und in den ersten Jahrzehnten jenes „Siècle des Lumières“.

Meine zügig nach der theologischen Habilitation in Heidelberg erfolgte Berufung auf eine Professur für Historische Theologie an den Evangelisch-Theologischen Fachbereich der Johann Wolfgang Goethe-Universität in Frankfurt/M., die Übernahme der Herausgabe der großen und traditionsreichen Monographienreihe „Quellen und Forschungen zur Reformationsgeschichte“ und ein sich etablierender und intensivierender wissenschaftlicher Austausch mit französischen, niederländischen und amerikanischen Kollegen eröffneten noch einmal neue Perspektiven und Wirkungsfelder. Als ich schließlich im Jahre 1998 auf eine ordentliche Professur für Kirchen- und Dogmengeschichte an die Johannes Gutenberg-Universität nach Mainz wechselte, fiel der Abschied kaum schwer, waren doch hier endlich die Bedingungen gegeben, die eine konsequente Forschung und effiziente Lehre zu ermöglichen versprachen. Meine Wahl in die Mainzer Akademie der Wissenschaften und der Literatur erfahre ich nicht nur als große Ehre, sondern auch als Ermutigung und Verpflichtung zum Fortschreiten in der begonnenen Forschung.

ANTRITTSREDE HR. ALBERT VON SCHIRNDING

Ich bin nicht stolz auf Deutschland, nationale Identitätsprobleme sind nicht die meinen. Aber ich bin glücklich darüber, daß Deutsch meine Muttersprache ist und daß ich in Regensburg an der Donau geboren bin. Eine Römerstadt wie Mainz. In Rom würde ich mich wahrscheinlich nicht so sehr zu Hause fühlen, wenn ich das Licht einer Welt nördlich des Limes erblickt hätte.

Neben der seinerzeit noch sehr verschlafenen, anheimelnd unsanierten, im Schatten eines Fürstenhauses dahindämmernden Schein-Residenz, in der das Spanische Hofzeremoniell gepflegt wurde, weil der Fürst Taxis als Vertreter des Kaisers beim untergangsreifen Immerwährenden Reichstag nach Regensburg gekommen war, aber auch weil die Mutter des Fürsten Albert mit dem österreichischen Kaiser verlobt war, ehe dieser ihre jüngere Schwester Elisabeth heiratete, gab es eine zweite Kindheitsheimat: die mittelalterliche Turmburg südlich von München, die meine Mutter geerbt hatte und wo wir die letzten drei Kriegsjahre recht glimpflich überstanden. Da lebe ich heute noch unter wenig komfortablen Umständen mit Frau und achtjährigem Kind.

Sein Name Askan verweist nicht auf das norddeutsche Fürstengeschlecht der Askanier, die ihren Namen, wie mir Herbert Rosendorfer verriet, von der latinisierten Form des Namens ihres Stammsitzes Aschersleben (oder Burg Ascharia) herleiteten, sondern verdankt sich der italienischen Herkunft meiner Mutter. Ihr Ururgroßvater, der vor gut zweihundert Jahren eine Erbschaft in Bayern antrat, nannte sich in betont deutscher Version Joseph Askan. Weil die Familie aus dem piemontesischen Alba stammte, sollte, so vermute ich, die Dominanz des Namens Ascanio eine Brücke zum antiken Alba longa schlagen, das seine Gründung auf Ascanius, den Sohn des Aeneas, zurückführt. *Ascanio in Alba* heißt eine Oper des fünfzehnjährigen Mozart mit der entgegenkommenden KV-Zahl 111. Wir sind wieder in der Nähe von Rom.

Die *Aeneis* las ich im Original, weil Vergil einer der Autoren meines altphilologischen Staatsexamens war. In den sich unmittelbar anschließenden vierzig Jahren meines Berufslebens habe ich dann aber mit den Schülern lieber Homer als Vergil, lieber Platon als Cicero gelesen. Meine Eltern waren von meiner Berufswahl nicht begeistert, sie hatten Höheres im Sinn. Ich wollte aber unbedingt Lehrer werden, und ich mußte es nicht bereuen. Zwei Sorten von Menschen haben mich nie enttäuscht: die alten Griechen und die jungen Schüler. Sie paßten so gut zusammen! Schon Platon läßt einen alten Ägypter zu Solon sagen: „Ihr Griechen seid doch ewige Kinder!"

Soviel zum *furor paedagogicus.* Außerdem aber plagte mich schon in frühen Jahren die μανια ποιητικη. Als ein erster Gedichtband 1956 im Carl Hanser Verlag erschienen war, glaubte ich mich mit 21 Jahren bereits am Ziel, nämlich auf dem Gipfel des Parnass. Man kann auch von Gipfeln abstürzen, die man in Wirklichkeit gar nicht erklommen hat. Ich bin dann weitgehend in der Schule untergetaucht. Zum regelmäßigen Schreiben, und Schriftsteller darf sich, finde ich, nur nennen, wer täglich wenigstens ein paar Stunden den Stein des Sisyphus wälzt, bin ich erst gekommen, als sich mir der Ausweg des Rezensierens bot. Für das Feuilleton der *Süddeutschen Zeitung,* einige Jahre auch für die Monatszeitschrift *Merkur,* habe ich in den vergangenen drei Jahrzehnten mehrere hundert Artikel, meistens Buchbesprechungen, geschrieben, wobei sich mein Interesse nicht nur auf Literarisches im engeren Sinn, sondern auch auf Philosophie und Psychologie erstreckte. Über den sekundären und ephemeren Charakter dieser Arbeiten mache ich mir keine Illusionen. Daneben entstand das eine und andere Buch: Essays, Gedichte und Erzählungen, zuletzt eine nach alphabetisch geordneten Stichwörtern angelegte Autobiographie. Wenn ich mich für eine bestimmte Textsorte entscheiden müßte, würde ich das kurze Prosastück wählen, eine Form, die Marie Luise Kaschnitz in ihrem letzten Buch *Orte* zu einer freilich unerreichbaren Meisterschaft entwickelt hat. Daß ich Mitglied von zwei Akademien sein darf, denen auch jene große Dichterin angehörte, der Bayerischen Akademie der Schönen Künste und eben dieser mir tief sympathischen Mainzer Akademie, erfüllt mich mit Stolz und Freude.

ANTRITTSREDE HR. KURT SIER

In einem Abschnitt der *Sudelbücher* erzählt Georg Christoph Lichtenberg, seinerzeit Professor der Physik in Göttingen, von seiner, wie er sagt, „sehr traurige(n) Betrachtung (...), daß in den meisten Wissenschaften auf Universitäten so vieles vorgetragen wird, das zu nichts dient, als junge Leute dahin zu bringen, daß sie es wieder lehren können. Griechisch wird gelehrt, auf daß man es wieder lehren könne; und so geht es vom Lehrer zum Schüler, der, wenn er gut einschlägt, höchstens wieder Lehrer wird und wieder Lehrer zieht".

Da ich Lichtenbergs Klage kürzlich in einer Publikation unserer Akademie als Beleg dafür zitiert fand, daß das derzeit diagnostizierte Grundübel der deutschen Universität vielmehr bereits vor 200 Jahren diagnostiziert worden sei – nämlich der mangelnde Wille zur Innovation –, will ich lieber gleich damit herausrücken: Ich bin Gräzist an der Universität Leipzig, bin von meinem Lehrer Carl Werner Müller zum Lehren gebracht worden und sehe eine meiner Aufgaben in der Tat in der Perpetuierung des Lichtenbergschen Skandalons – Griechisch zu lehren, um Lehrer des Griechischen auszubilden. Gegenüber meinen Kollegen des 18. Jahrhunderts bin ich nun allerdings insofern in einem gewissen Vorteil, als der Bedarf an Griechischlehrern auf dem heutigen Arbeitsmarkt noch sehr viel begrenzter ist als damals, so daß die Bereitschaft zur Innovation und ein Selbstverständnis der Fachvertreter, das die Reflexivität der Wissenschaft um die Reflexion ergänzt, unumgänglich geworden sind. Ich möchte versuchen, die angenehme Pflicht, mich Ihnen vorzustellen, in der Weise zu erfüllen, daß nebenbei auch erkennbar wird, wie ich die Rolle der Gräzistik in unserer Zeit auffasse.

Zur Klassischen Philologie bin ich, wenn ich's recht bedenke, eher durch Zufall gekommen – oder etwas würdiger und griechisch formuliert: durch die Fügung der Tyche. 1955 in der Nähe von Saarbrücken geboren, besuchte ich zwar das dortige humanistische Ludwigsgymnasium, aber als dann nach der 8. Klasse die Frage ‚Griechisch oder Englisch?' auftauchte, vertraten meine Eltern den Standpunkt des common sense, und ich sah meinesteils auch nichts, was gegen das Englische gesprochen hätte. Irgendwie aber haben meine Leidenschaft für's Latein und das Interesse an der Philosophie es dann doch geschafft, daß ich Griechisch lernte, im Selbststudium und ohne einen Gedanken daran, daraus irgendetwas von praktischem Nutzen – und geschweige einen Beruf – zu machen. Bis zum Abitur hatte ich vielmehr die Absicht, Psychologie zu studieren, und es war wirklich Zufall, daß einerseits die lateinische Abituraufgabe in jenem Jahr so leicht war, daß ich sehr schnell damit fertig war, und andererseits im selben Raum und zur selben Zeit auch die schriftliche Graecumprüfung stattfand, die ich mich in jugendlichem Leichtsinn entschloß gleich mit abzulegen. Ich bin heute noch erstaunt, daß das ging und der verantwortliche Lehrer, wenn auch mit hochgezogener Augenbraue, mein Ansinnen akzeptiert hat. Jedenfalls stand ich nach dem Abitur unverhofft mit dem Graecum da und fühlte mich, wie ich im Rückblick vermute, wohl irgendwie verpflichtet, von dem geplanten Lebensweg abzubiegen und (in Saarbrücken und Zürich) Klassische Philologie zu studieren, zu der ich noch Germanistik, Philosophie und Indogermanistik hinzunahm. – Die Tyche hat auch später in verschiedener Weise in mein Leben eingegriffen, doch will ich das jetzt überspringen und vielmehr hoffen, daß die Zufälligkeiten mit meiner Wahl in die Akademie zu Mainz – für die ich mich ganz herzlich bedanke – ein Ende haben. Ob dem so ist, werden Sie am besten einschätzen, wenn ich in aller Kürze die Schwerpunkte meines Forschungsinteresses skizziere.

Ich glaube, daß die Klassische Philologie und zumal die Gräzistik heute mehr denn je eine orientierende Funktion und die Rolle eines Korrektivs wahrnehmen können und sollten, in dem Sinn, daß sie den modernen Menschen zum einen auf den Ursprung der europäischen Kultur verweisen, auf eine Zeit, in der zum Beispiel die Natur- und die Geisteswissenschaften in einer reflektierten und keineswegs ‚naiven' Weise im Austausch standen und aufeinander bezogen waren; und daß zum anderen in der Beschäftigung mit der Antike auch deutlich wird, wie sehr die Grundlagen unserer Kultur von Anfang an durch die Begegnung mit fremden und andersartigen Kulturen geprägt worden sind. Das ist indes ein weites Feld, und es hängt natürlich auch von den Präferenzen des einzelnen ab, wie er das Erkenntnispotential des antiken Schrifttums für seinen Teil aktualisiert. Ich selbst interessiere mich seit meiner Jugend für die Philosophie (insbesondere für Sprachphilosophie, Wissenschaftstheorie, Ethik und Ästhetik) und versuche immerhin, die Kontinuität der Fragestellungen vom Altertum bis heute im Blick zu behalten. Mein Interesse als Philologe und Literaturwissenschaftler gilt des weiteren einem Archetyp der europäischen Literatur: dem attischen Drama und hier vornehmlich der Tragödie – Aischylos, Sophokles, Euripides –, sowie einem Paradigma der Rezeptionsgeschichte: der Frage, wie die nachklassische Dichtung des Hellenismus sich im Medium der Intertextualität und in der Auseinandersetzung mit den Klassikern als eigene Literaturform konstituiert. – Doch will ich nicht zu speziell werden. Denn was mir besonders am Herzen liegt, trifft sich mit dem Programm der Akademie, in die Sie mich gewählt haben: es ist die Interdisziplinarität und das *symphilosophein*, die gemeinsame Suche nach Antworten, von der Platon so beredt im 7. Brief spricht.

ANTRITTSREDE HR. GERNOT WILHELM

Mit der Biographie verhält es sich wie mit der Geschichte: Erst in der Rückschau zeichnen sich die Hauptentwicklungslinien ab, wird aus dem offenen Prozeß des Lebens ein Lebenslauf. Auf die Geschichte bezogen spricht man von Komplexitätsreduktion; nicht anders verhält es sich mit der Biographie.

Komplexitätsreduziert also: Ich bin in Wilhelmshaven aufgewachsen, einer damals kaum hundert Jahre alten, nüchtern-pragmatischen Hafenstadt. Vielleicht war es gerade dieser Hintergrund, der schon in dem Kind und Jugendlichen eine Faszination von allem Fernen, Fremden weckte, das zu entdecken war und verstanden werden wollte. Zunächst Astronomie und Biologie, dann zunehmend und bis heute andauernd fremde und alte Kulturen. Der geistigen Enge der Heimatstadt zu entfliehen, war die größte Stadt gerade groß genug, und so ging ich 1964 nach Berlin. Dort habe ich im ersten Semester wohl kaum weniger Zeit in Museen, Theatern, Opernhäusern und Konzertsälen verbracht wie im Seminar. Die einzige Kritik, die ich von dem Generalsekretär der Studienstiftung des deutschen Volkes einige Zeit später erfuhr, war, daß ich nicht auch segelte und ein Instrument spielte – goldene, ferne Zeiten der öffentlich geförderten Persönlichkeitsbildung.

Allerdings hatte ich mich schon als Gymnasiast zum Studium der altorientalischen Kulturen entschlossen, die mir im Vergleich zu anderen, auch der Kultur Ägyptens, die mich lange fasziniert hatte, als besonders undurchschaubar erschienen. In dieser Hinsicht hatte Berlin damals ein breiteres Fächerspektrum aufzuweisen als alle anderen Universitäten in Deutschland. Nach zwei Semestern in Münster, wo der berühmte Assyriologe Wolfram von Soden lehrte – ein korrespondierendes Mitglied unserer Akademie – wurde ich, nach Berlin zurückgekehrt, 1969, trotz mancher politischen Ablenkungen, mit 24 Jahren im 12. Semester promoviert – etwas zu früh, wie ich aus heutiger Perspektive sagen würde; Philologie – Geistes- und Kulturwissenschaften wohl überhaupt – lebt nicht von dem Geistesblitz, dem systematischen Zugang, der großen Entdeckung allein, sie bedarf der Erfahrung, großer Belesenheit, umfassender Sprachkenntnisse, und dies alles ist nicht im Schnelldurchlauf zu erreichen.

Nach einer kurzen Zeit als Assistent am Institut für Geschichte der Medizin in Berlin (wo auch „Keilschriftmedizin“ betrieben wurde), ging ich nach Saarbrücken, wo man einen Assistenten brauchte, der im Rahmen der Neueren Orientalistik eine Abteilung für den Alten Orient aufbauen sollte.

Hier formte sich im Laufe der Jahre das aus, was ich als mein Forschungsprogramm bezeichnen würde: Die Untersuchung politischer, ökonomischer und kultureller Querverbindungen und Austauschprozesse in einer vielsprachigen Welt mit zahlreichen lokalen Traditionen, doch auch starken, vor allem auch schriftkulturell geprägten Gemeinsamkeiten, und dies am Beispiel der späten Bronzezeit Vorderasiens. Ein solcher kulturwissenschaftlicher Ansatz muß sich vieler Methoden bedienen, in meinen Arbeiten finden sich daher sprachwissenschaftliche Untersuchungen, insbesondere auch zu Phänomenen sprachlicher Interferenz, aber auch Arbeiten zur Wirtschafts- und Sozialgeschichte, zur politischen, zur Religions- und Literaturgeschichte. Daß dabei disziplinäre Grenzen zu überschreiten waren, wird vor allem an der „Grenzüberschreitung“ zur Vorderasiatischen Archäologie deutlich, die längst als eigenes Universitätsfach etabliert ist und nicht selten den Kontakt zu der philologisch-historischen Paralleldisziplin verloren hat. So habe ich, nachdem ich mich 1975 in Saarbrücken habilitiert hatte und 1981 nach Hamburg an das Archäologische Institut der Universität berufen wurde, eine Ausgrabung im nördlichen Irak initiiert und drei Jahre lang geleitet.

Im Mittelpunkt meiner Arbeiten steht die „Hurriterforschung“, d.h. die Erschließung der Sprache, Geschichte und Kultur der Hurriter, die seit etwa 2200 v.Chr. ein Jahrtausend lang große Teile des „Fruchtbaren Halbmonds“, also des vorderasiatischen Kulturlandes, dominierten. Dieser Forschungsschwerpunkt verlangt im Sinne des skizzierten Programms Interdisziplinarität und Methodenvielfalt: Die hurritische Kultur ist nicht zu verstehen ohne die gründliche Berücksichtigung aller anderen altorientalischen Kulturen, die Rekonstruktion der hurritischen Sprache setzt linguistische Kenntnisse ergativischer und, allgemeiner, agglutinierender Sprachen voraus, die Erschließung von Geschichte und Religion der Hurriter bedarf historischer, religionswissenschaftlicher und philologisch-literaturwissenschaftlicher Methoden.

Altorientalistik ist ein junges Fach, zahllose Quellen sind schlecht oder gar nicht veröffentlicht, und jedes Jahr kommen neue hinzu. Der Stand der Forschung verlangt daher, daß der Editionstätigkeit zentrale Bedeutung eingeräumt wird, und dies ist in meiner Arbeit entschieden der Fall. Schon in meiner Saarbrücker Zeit hatte ich mit einer vielbändigen Edition eines wirtschaftshistorisch einzigartigen Archivs des 14. Jhs. v.Chr. aus der Gegend des heutigen Kirkuk, Irak, begonnen. Nach meinem Ruf auf den Lehrstuhl für Orientalische Philologie der Universität Würzburg 1988 kam das Projekt einer Edition der Staatsverträge der Hethiter hinzu, gleichzeitig edierte ich im Auftrag unserer Akademie sumerische und akkadische literarische Texte aus Boğazköy, und später übernahm ich die Edition der hethitischen Texte, die in einer deutschen Grabung in der östlichen Zentraltürkei (Kuşaklı bei Sivas) gefunden wurden.

An diese letzteren Arbeiten schließt sich meine jetzige Tätigkeit für die Mainzer Akademie bruchlos an, nämlich die Fortführung des großen Projekts der Edition der Schriftfunde in der Hethiterhauptstadt Hattusa, das jahrzehntelang Herr Otten betrieben hatte und dessen Leitung zuletzt durch den allzu frühen Tod von Herrn Neu vakant geworden war.

Meine Aufnahme in die Akademie betrachte ich als eine große Ehrung und als die Chance, sowohl meine eben skizzierten Forschungsfelder weiter zu bestellen als auch ein wichtiges Langzeitprojekt der Akademie fort- und hoffentlich auch zum Abschluß zu führen.

VERLEIHUNG DER LEIBNIZ-MEDAILLE

an Herrn Dr. Wilhelm Krull

Herr Dr. Wilhelm Krull hat als Generalsekretär der Volkswagenstiftung auch im Bereich der Akademien die Wissenschaft maßgebend und vorbildhaft gefördert. Die Forschungstätigkeit in unserer Akademie ist unter seiner Ägide durch die Volkswagenstiftung entscheidend unterstützt worden. So wurden die durch die Akademie in Mainz betreuten Musikwissenschaftlichen Editionen bis zur Übernahme in das Akademienprogramm durch die Volkswagenstiftung gefördert, ebenso das Corpus Vitrearum Medii Aevi. Das von der Akademie in Mainz durchgeführte erste Stipendienprogramm für jüngere polnische Geisteswissenschaftler hat ebenso wie das später der Union übertragene Stipendienprogramm für Mittel- und Osteuropa zu einem bedeutenden Erfolg beim Ausbau der dortigen Geistes- und Gesellschaftswissenschaften beigetragen. Schließlich wurde die Akademie durch die Volkswagenstiftung in den Stand gesetzt, eine maßgebliche Förderung der rumänisch-deutschen Zusammenarbeit beim Aufbau eines Germanistischen Instituts an der Universität Hermannstadt/Sibiu zu leisten.

Die Akademie dankt Herrn Krull für seinen verantwortungsvollen Einsatz und ehrt ihn durch die höchste Auszeichnung, die sie zu vergeben hat, für sein Engagement im Dienste der Wissenschaft.

Academia fautori gratias agit plurimas.

Mainz, den 9. November 2001

VERLEIHUNG DER WILHELM-HEINSE-MEDAILLE AN HERRN DIETER HOFFMANN

durch Hrn. Miller

DIE AKADEMIE
DER WISSENSCHAFTEN UND DER LITERATUR

zeichnet

Herrn Dieter Hoffmann

mit der Wilhelm-Heinse-Medaille aus.

Nicht den Lyriker Dieter Hoffmann gilt es zu ehren, sondern den Kunstkritiker, Maler- und Dichterfreund, den Verfasser von Essays, von Interpretationen, Vor- und Nachworten, von denen der eben erschienene Sammelband „Streublumenmuster – ein Florilegium" eine subjektiv bestimmte Auswahl enthält. Er wollte jenen Dichtern gleichen, die sich den Malern und Bildhauern zur Seite stellen, und gleichfalls, nach Rilkes Vorbild, „rühmen, was zu rühmen war“.

Als Dresdner bezeugte Dieter Hoffmann seine Verbundenheit mit der Stadt und Region, mit Malern, denen er anhänglich blieb nach seiner Ausreise in die Bundesrepublik 1957, mit Ernst Hassebrauk, Josef Hegenbarth, Helmut Schmidt-Kirstein, mit Hans Körnig, Hans Jüchser, Ferdinand Dorsch zum Beispiel. Im Westen begegnete er den Malern Max Ackermann, Karl Hofer, Max Peiffer Watenphul, Eugen Batz, Horst Antes, Heinrich Steiner, und bekundete in seinen Darstellungen sowohl seine Kenntnis als auch seine Bewunderung. Er porträtierte in Aufsätzen Schriftsteller, Lyriker an erster Stelle, denen er sich nahe fühlte, darunter Wilhelm Klemm, Wilhelm Lehmann, Günter Eich, Karl Krolow, Marie Luise Kaschnitz.

Zusätzlich verdient Dieter Hoffmann die Ehrung: Als Mitglied der Klasse der Literatur initiierte er die Heinse-Medaille, die im Jahr 2001 zum zwanzigsten und letzten Mal verliehen wird. Er hat den Bildhauer Toni Stadler zu ihrer kostbaren Gestaltung angeregt.

Mainz, den 9. November 2001

VERLEIHUNG DES WALTER KALKHOF-ROSE-GEDÄCHTNISPREISES ZUR FÖRDERUNG DES WISSENSCHAFTLICHEN NACHWUCHSES

an Herrn Dr. Hubertus Fischer

Herr Dr. Fischer hat schon in seinen ersten Arbeiten neue Ansätze in der Erforschung von Prozessen im Klimasystem über die Analyse von Klimazeugen in Eisbohrkernen erbracht. Dabei hat er insbesondere vergangene atmosphärische Zustände und ihre Veränderungen im Blick. Er begeht neue Wege, um aus der Analyse der in den Eiskernen eingeschlossenen alten Luft belastbare Parameter abzuleiten, die klimatische Wechselwirkungsgrößen zwischen Biosphäre, Atmosphäre und Hydrosphäre beschreiben können. Seine Arbeiten zeigen einen jungen Forscher, der durch die Entwicklung eigener empirisch-analytischer Verfahren in Verbindung mit theoretischer Modellbildung bereits bahnbrechende neue Wege in der Klimaforschung eröffnet hat, und von dem wir künftig noch viel zu hören hoffen.

Mainz, den 9. November 2001

VERLEIHUNG DES RUDOLF-MEIMBERG-PREISES

an Herrn Professor Dr. Claudio Leonardi

Claudio Leonardi ist in unserer Zeit einer der herausragendsten Erforscher des Mittelalters, der Renaissance und des Humanismus. Insbesondere hat er sich der Theologiegeschichte, der Geschichte des Mönchtums und historisch-hagiographischen Themen gewidmet. Sein staunenswertes Werk umfasst schwerpunktmäßig Arbeiten vom frühen Mittelalter bis zum Cinquecento.

Neben den im engeren Sinn philologischen Arbeiten zur Textgeschichte und Editionen ist das nahezu 500 Titel umfassende Oeuvre Leonardis besonders durch kultur- und geistesgeschichtliche Arbeiten gekennzeichnet. In seinen Forschungen hat er maßgeblich auch auf die deutsche Humanismusforschung eingewirkt und eine sehr förderliche Wirkung ausgestrahlt.

Die Akademie der Wissenschaften und der Literatur, Mainz, würdigt mit diesem Preis Claudio Leonardis Lebenswerk.

Mainz, den 9. November 2001

VERLEIHUNG DES FÖRDERPREISES BIODIVERSITÄT

an Frau Dipl.-Biol. Alexandra Klein

Mit einer für Diplomarbeiten außergewöhnlichen Selbständigkeit hat Alexandra Klein die *Folgen der Landnutzung im Randbereich tropischer Regenwälder Indonesiens für Pflanzen-Insekten-Gemeinschaften* mit beeindruckendem Einsatz vor Ort erforscht. Unter Berücksichtigung statistischer Methoden und in kritischer Diskussion der Literatur hat sie Ergebnisse von hohem Erklärungswert und überraschend gutem Signifikanzniveau vorgelegt. Daraus erwachsene Publikationen in hochrangigen internationalen Zeitschriften belegen die frühe Akzeptanz einer Nachwuchswissenschaftlerin in der Agrarökologie.

Mainz, den 9. November 2001

FESTVORTRAG ANLÄSSLICH DER JAHRESFEIER 2001

von
Bernard Andreae

Der große Altar von Pergamon
Kunst und Anspruch

Kurzfassung*

Der bekannte Archäologe der Universität von California, Andrew Stewart in Berkeley, beginnt die jüngste, erst vor einem Jahr erschienene Behandlung des Pergamonaltars (in: From Pergamon to Sperlonga 2000, 32–57) mit drei lapidaren Feststellungen:
Wir wissen nicht, wann der Pergamonaltar geweiht wurde.
Wir wissen nicht, wem der Pergamonaltar geweiht wurde.
Wir wissen nicht, zu welchem Zweck der Pergamonaltar errichtet wurde.

Die Fragen, wann, für wen und mit welcher Aussage ein Kunstwerk geschaffen wurde, sind aber die grundlegenden kunsthistorischen Fragen, die beantwortet werden müssen, wenn man bei der Betrachtung eines Kunstwerks historische Anschauung gewinnen will. Neue Beobachtungen ermöglichen eine Antwort. Durch eine Untersuchung der in den Fundamenten des Altares gefundenen Keramik wurde erst jetzt Folgendes eindeutig klar: Die geltende Ansicht, der Auftrag für das große Werk sei schon 184 v. Chr., unmittelbar nach einem Krieg gegen Bithynien ergangen, trifft nicht zu. Anlaß des Baus muß die Vernichtung der kleinasiatischen Gallier in einem von 168–166 v. Chr. geführten, wechselhaften Krieg sein. Für ein tieferes Verständis des komplexen Monumentes ist die richtige historische Einordnung ebenso unerläßlich wie die Interpretation bestimmter Mythenszenen im eindrucksvollen, großen Gigantenfries am Sockel der Säulenhalle außen und im erzählenden Telephosfries an den Wänden des Altarhofes innen.

An den drei besonders betonten Stellen des großen Gigantenfriese, nämlich in der Mitte des Ostfrieses, den man beim Betreten der Altarterrasse vor sich sah, und an den beiden Risaliten zur Rechten und zur Linken, wenn man vor der Front des Altares steht, sind drei deutlich bestimmbare Kampfgruppen dargestellt, die eine interessante historische Aussage machen:

Der Gigant, der genau in der Mitte des Ostfrieses vom Gespann der Hera überrollt wird, trägt einen Schild mit dem makedonischen Hoheitszeichen, dem zwölfstrahligen Stern. Das muß darauf anspielen, daß Pergamon von Anfang an in die welthistorischen Auseinandersetzungen der Römer mit den Makedonen in den drei makedonischen Kriegen 215–205, 200–197 und 172–168 v. Chr. verwickelt und in dieser Auseinandersetzung letztlich siegreich geblieben war. Pergamon konnte sich in dem Kräfteparallelogramm der großen Herrschaftsbereiche der Makedonen im Norden, der Seleukiden im Osten, der Ptolemäer im Süden und den Stadtstaaten im griechischen Mutterland nur halten, indem es sich an die noch weiter im Westen aufstrebende Großmacht Rom anlehnte. So zog

* Der Festvortrag erscheint in den Abhandlungen der Geistes- und sozialwissenschaftlichen Klasse.

Pergamon die Römer in die Kriege mit den Makedonen hinein. Vor Beginn des letzten makedonischen Krieges, der mit dem Untergang des Diadochenstaates endete, hatte der Makedonenkönig Perseus im Jahr 172v. Chr. versucht, den König Eumenes II. von Pergamon durch ein Attentat in Delphi zu beseitigen, der König konnte aber schwer verletzt gerettet werden. Man teilte dem Volk von Pergamon die glückliche Rückkehr des Königs durch die Prägung einer Münze mit, die auf dem Avers sein Bild und auf dem Revers – als Anspielung auf das in Pergamon gemeinsam regierende Brüderpaar Eumenes und Attalos – die Dioskuren umgeben vom Lorbeerkranz des Heilgottes Asklepios von Pergamon zeigt. Asklepios hatte dem König das Leben gerettet. Die Statue des Asklepios von Pergamon, der den Lorbeerkranz in einer bestimmten, dreiblättrigen Form trug, hatte der berühmte Hofkünstler Phyromachos geschaffen. In diesem Bildhauer den die antike Kunstkritik als siebten neben die bedeutendsten klassischen Meister Myron, Phidias, Polyklet, Skopas Praxiteles und Lysipp stellte, kann man auch den leitenden Meister des Pergamonaltares erkennen.

Am Nordrisalit ist der Sieg der Meeresgötter über Giganten dargestellt, deren Anführer sich wie Herakles mit einem Löwenfell deckt. Da die Pergamener in den Seeschlachten von Chios 201 v. Chr. und von Side/Myonnesos 190 v. Chr. gemeinsam mit Rhodos gegen die verbündeten Makedonen und Seleukiden siegreich geblieben und dadurch im Frieden von Apameia zur Großmacht geworden waren, könnte darauf angespielt sein, daß die Makedonen sich auf Herakles zurückführten, jetzt aber von den auf Seiten Pergamons stehenden Göttern des Meeres vernichtet wurden. Diese Annahme wird durch die Hervorhebung des Dionysos als Sieger über die Giganten am Südrisalit bestätigt, denn Dionysos hatte, wie die Pergamener behaupteten, durch sein persönliches Eingreifen die Schlacht gegen die Gallier am Berge Tmolos bei Sardes im Jahr 166 v. Chr. entschieden, was, wie Pausanias sich ausdrückt, einer *phtora*, das heißt einer Vernichtung der Gallier gleichkam.

Das überraschende Ergebnis dieser Beobachtungen ist, daß am Pergamonaltar die Giganten nicht nur mit den Galliern gleichgesetzt werden, sondern auch mit den anderen Feinden Pergamons, den Makedonen und den Seleukiden. Der Pergamonaltar wurde mit Hilfe der von den Galliern bei ihren Raubzügen durch Kleinasien in Pessinous und Ankara zusammengetragenen Schätzen erbaut, die nach dem Gallierkrieg 168–166 v. Chr. in die Hände der Pergamener fielen. Der Sieg war allerdings gegen den Willen der Römer errungen worden, welche die Gallier gegen Pergamon aufgehetzt hatten. So bezeugt der Pergamonaltar, wie andere Siegesdenkmäler für diesen Krieg, zum Beispiel das Attalische Weihgeschenk auf der Südmauer der Akropolis von Athen, in Bildern ohne Worte den Anspruch Pergamons auf den Status einer von Rom unabhängigen Großmacht. Wir glauben jetzt die drei in der Wissenschaft umstrittenen Fragen, die Andrew Stewart in seinem jüngsten Beitrag als noch offen erklärt hat, beantworten zu können.

Der Pergamonaltar wurde nach dem Sieg über die Makedonen in den Schlachten von Chios 201 v. Chr., Kynoskephalai 197 v. Chr. und Pydna 168 v. Chr., über die Seleukiden bei Magnesia und Side 190/189 v. Chr. und über die Gallier am Berge Tmolos 166 v. Chr. von Eumenes II. zum Dank für die ihm erwiesenen Wohltaten der Götter, vor allem für die Errettung aus dem Attentat von Delphi und aus den Händen der Gallier gestiftet und in den zehn Jahren bis zum Einfall Prusias II. in Pergamon 156 v. Chr. geschaffen, aber unvollendet abgebrochen, als die Römer in diesem Jahr die Feindseligkeiten Bithyniens gegen Pergamon mit einem Machtwort beendeten. Es war nicht mehr oportun, ein Werk zu Ende zu führen, das eine Spitze gegen Rom enthielt.

Kunstgeschichtlich besonders interessant ist eine Stilanalyse der Reliefs des Großen Altares, welche die Handschrift des Schöpfers des antiken Barocks, Phyromachos von Athen, zeigen. Diesem Künstler geht es um eine kunstvolle Überhöhung und Akzentuierung des bis dahin geltenden realistischen Bildhauerstils. Er macht mit der Forderung des führenden Kunsttheoretikers hellenistischer Zeit, Xenokrates von Athen, aus dem 3. Jahrhundert v. Chr. ernst, der von der Kunst verlangt, daß sie nicht nur wahr, das heißt realistisch, sondern auch groß und schön sein müsse.

JOHANNES BENZING
1913–2001

NACHRUF AUF JOHANNES BENZING

von
Hrn. W. W. Müller

Johannes Benzing wurde am 19. Januar 1913 in Schwenningen an der Quelle des Neckars geboren. Nach der Reifeprüfung an der Oberrealschule seiner Heimatstadt begann er zunächst auf Wunsch des Vaters eine kaufmännische Lehre und fand anschließend eine Beschäftigung in der Wirtschaft. 1936 folgte er jedoch seinen Neigungen und schrieb sich an der Friedrich-Wilhelm-Universität in Berlin zum Studium der orientalischen Philologie ein. Gleichzeitig erwarb er sich an der dortigen Auslandswissenschaftlichen Fakultät praktische Kenntnisse in den Sprachen des Orients und legte 1936 die Diplomprüfung für Türkisch und 1938 diejenige für Persisch ab. Johannes Benzing erkannte bald, daß es innerhalb der islamischen Philologie Gebiete gab, die noch wenig oder gar nicht bearbeitet worden waren, wie etwa der innerasiatische Raum oder die Sprachen und Kulturen der Türkvölker östlich des Kaspischen Meeres und an der mittleren Wolga. Seine von Richard Hartmann betreute und 1939 eingereichte Dissertation „Über die Verbformen im Türkmenischen" betrachtete er wie alle seine späteren sprachwissenschaftlichen Arbeiten als unabdingbares Rüstzeug für darauf aufbauende kulturgeschichtliche Untersuchungen. Seit 1940 beschäftigte er sich eingehend mit dem Tschuwaschischen, dessen Zugehörigkeit zu den Türksprachen man wegen seiner lautlichen, grammatischen und lexikalischen Besonderheiten lange bezweifelt hatte. Nachdem er in „Tschuwaschische Forschungen", Teil I–III, das Possessivsuffix, etymologische Entsprechungen zum Alttürkischen und das Nomen futuri behandelt hatte, legte er Teil IV, „Die Kasus", 1942 als Habilitationsschrift vor. Sein Wunsch, eine Universitätslaufbahn einzuschlagen, ließ sich freilich mitten im Zweiten Weltkrieg nicht verwirklichen. Seit 1939 war er Anwärter für den höheren Dienst im Auswärtigen Amt, und 1942 wurde er zum Regierungsrat ernannt.

Nach Übergangstätigkeiten in den Nachkriegsjahren erhielt er 1948 einen Lehrauftrag für Turkologie an der Universität Tübingen. Im Hinblick auf die ungünstigen Aussichten, eine feste Anstellung an einer deutschen Universität zu finden, nahm er 1950 eine in Paris angebotene Stelle als wissenschaftlicher Mitarbeiter an, die ihm gleichzeitig die Weiterführung seiner Forschungen ermöglichte. 1955 kehrte er als Regierungsrat in das Auswärtige Amt nach Bonn zurück und war von 1957 bis 1963 als Konsul des Kulturreferats am Deutschen Generalkonsulat in Istanbul tätig. 1955 erfolgte seine Umhabilitation an die Johannes Gutenberg-Universität als Privatdozent für zentralasiatische Sprachen. Seiner Lehrverpflichtung kam er in der Weise nach, daß er jeweils in den beiden letzten Semesterwochen nach Mainz kam und seine im Vorlesungsverzeichnis angekündigten Übungen in Blockveranstaltungen abhielt. Um die Verlängerung der venia legendi nicht durch zu geringe Hörerzahlen zu gefährden, bat der Direktor des Seminars für Orientkunde, Helmuth Scheel, der gleichzeitig Generalsekretär unserer Akademie war, alle Hauptfachstudenten der Orientalistik, auch die Übungen von Johannes Benzing zu belegen, und um seiner Bitte Nachdruck zu verleihen, legte er jedem fünf Mark hin, was damals dem Unterrichtsgeld für zwei Semesterwochenstunden entsprach. Trotz seiner Inanspruchnahme durch den diplomatischen Dienst nahm er an der Universität Istanbul noch einen Lehrauftrag für moderne Türksprachen wahr. Nachdem er bereits 1958 zum außerplanmäßigen Professor für zentralasiatische Sprachen ernannt worden war, wurde er 1963 auf das durch die Emeritierung von Helmuth Scheel freigewordene Ordinariat für Islamische Philologie und Islamkunde an der Johannes Gutenberg-Universität berufen, was ihm endlich die Möglichkeit bot, sich ganz der wissenschaftlichen Forschung und Lehre zu widmen.

Mit seiner 1953 erschienenen „Einführung in das Studium der altaischen Philologie und der Turkologie" hat Johannes Benzing dem Anfänger ein Buch in die Hand gegeben, das von der Vertrautheit des Verfassers mit den vielfältigen Problemen dieser Fächer Zeugnis ablegt und eine umfassende Bibliographie mit mustergültig genauen Angaben bietet. Als Band 6 der Veröffentlichungen der Orientalischen Kommission unserer Akademie wurde 1955 seine „Lamutische Grammatik" publiziert, in welcher er zum ersten Mal eine Beschreibung der Struktur jener am Ochotskischen Meer gesprochenen Sprache mit Bibliographie, Textproben und Glossar vorgelegt hat. Im selben Jahr veröffentlichte er in den Abhandlungen der Geistes- und Sozialwissenschaftlichen Klasse eine umfangreiche Arbeit über „Die tungusischen Sprachen. Versuch einer vergleichenden Grammatik", worin besonders die Morphologie eingehend behandelt wird. In dem monumentalen Werk „Philologiae Turcicae Fundamenta" verfaßte er im 1959 erschienenen ersten Band im allgemeinen Teil die Darstellung der Klassifikation der Türksprachen und unter den einzelnen Sprachen die Artikel über das Kumükische, Baschkirische, Hunnische, Donaubolgarische, Wolgabolgarische und Tschuwaschische, im 1964 erschienenen zweiten Band die Artikel über die usbekische, neu-uigurische, türkmenische und tschuwaschische Literatur, jeweils mit ausführlicher Bibliographie. Auf Grund seiner Mitarbeit an den von unserer Akademie mit herausgegebenen „Philologiae Turcicae Fundamenta" gehörte er seit 1953 als außerakademisches Mitglied der Orientalischen Kommission an, und 1966 wurde er zum ordentlichen Mitglied der Akademie der Wissenschaften und der Literatur gewählt; er übernahm den Vorsitz der Orientalischen Kommission und betreute deren Veröffentlichungen, in denen auch einige Dissertationen erschienen, die auf seine Anregung hin verfaßt worden waren.

Eine außergewöhnliche wissenschaftliche Leistung ist die sorgfältige und meisterhafte Bearbeitung eines Textes, den Johannes Benzing 1968 unter dem Titel „Das chwaresmische Sprachmaterial einer Handschrift der Muqaddimat al-adab von Zamaxšarī" veröffentlicht hat. Es handelt sich dabei um ein etwa im Jahre 1135 entstandenes, Einführung in die literarische Bildung benanntes arabisches Wörterbuch, dessen Verfasser, ein aus Chwaresm stammender Philologe, dem arabischen Text eine chwaresmische Interlinearübersetzung beigefügt hat. Das Werk war als Hilfsmittel zum Erlernen des Arabischen gedacht und behandelt in einzelnen Abschnitten die nach Sachgruppen geordneten Nomina und die nach ihrer Flexion gruppierten Verba mit konjugierten Beispielen. Chwaresmisch ist eine einstmals am Unterlauf des Oxus, des heutigen Amu-Darja, gesprochene nordostiranische Sprache, die nach der Islamisierung nur noch bis in das 14. Jahrhundert weiterlebte, so daß die wichtigste Quelle für diese ausgestorbene Sprache jenes Werk darstellt, welches Johannes Benzing in einer keineswegs immer eindeutig und gesichert zu erstellenden transliterierten Ausgabe vorlegte, die vor den chwaresmischen Glossen den arabischen Text mit einer lateinischen Bedeutungsangabe sowie die persische Glossierung mit deutscher Übersetzung enthält. Dem Textband folgte 1983 ein „Chwaresmischer Wortindex“, durch welchen die systematische Erforschung des chwaresmischen Sprachmaterials und seine Bearbeitung in sprach- und kulturgeschichtlicher Hinsicht erst ermöglicht wurde.

Johannes Benzing war ein bescheidener und freundlicher Mensch, der sich bei seinen Kollegen und Studenten großer Beliebtheit erfreute. Eitelkeit und Lobreden verabscheute er, und persönlichen Ehrungen stand er mit Reserviertheit gegenüber. In der Reihe Turcologica, die er 1985 mit Band 1, „Kalmückische Grammatik zum Nachschlagen“ eröffnet hatte, wurde ihm 1988 zu seinem 75. Geburtstag Band 3 gewidmet, „Kritische Beiträge zur Altaistik und Turkologie. Festschrift für Johannes Benzing. Herausgegeben von Lars Johanson und Claus Schönig“. Der Band enthält eine Auswahl von 52 Beiträgen des Geehrten, vorwiegend Rezensionen, und soll, wie im Geleitwort gesagt wird, seine scharfsinnigen Studien zur Geschichte und Gegenwart der Türksprachen und seine kritische Beschäftigung mit der Frage nach der genetischen Verwandtschaft der altaischen Sprachen widerspiegeln. Das beigegebene Werkverzeichnis des Jubilars umfaßt 144 Nummern, darunter acht Monographien. Von seiner weitgespannten Lehrtätigkeit legen die Arbeitsmaterialien und Übungstexte aus dem Seminar für Orientkunde der Johannes Gutenberg-Universität Zeugnis ab, die allein für die Jahre zwischen 1972 und 1981 insgesamt 59 Lektüretexte in nicht weniger als 32 verschiedenen Sprachen umfassen. Für seine herausragenden wissenschaftlichen Leistungen war ihm die Goldmedaille der Permanent International Altaistic Conference verliehen worden.

Als Johannes Benzing 1981 emeritiert wurde, zogen er und seine Frau nach Königsfeld-Erdmannsweiler im südlichen Schwarzwald. In einem Brief vom 25. März 1988 schrieb er: „Meine Augen sind sehr schlecht, und Lesen und Schreiben macht mir Mühe. Reisen und Akademiesitzungen strengen mich zu sehr an, und so ist nicht damit zu rechnen, daß wir uns in Mainz treffen“. Obwohl er aus gesundheitlichen Gründen nicht mehr wissenschaftlich aktiv sein konnte, blieb er durch Korrespondenz weltweit mit Kollegen und Kolleginnen in Kontakt und erhielt auch öfters Besuch. Im Frühjahr 1998 nahm die in Bovenden bei Göttingen lebende Tochter ihre Eltern zu sich, da sie sich nicht mehr alleine versorgen konnten. Nach einem längeren Krankenhausaufenthalt im Frühjahr 2000 verschlechterte sich der Gesundheitszustand von Johannes Benzing zusehends, und nach einem Schlaganfall verschied er am 16. März 2001 sanft und ohne Schmerzen zu Hause im Kreis seiner Familie.

Die Ansprache beim Trauergottesdienst für Johannes Benzing am 23. März 2001 auf dem Friedhof in Bovenden-Eddigehausen stand unter einem Spruch aus der Weisheitsliteratur des Alten Testaments, nämlich aus dem Buch Prediger oder Kohelet 1,14, „Alles ist eitel“, ein Satz, den der Verstorbene in seiner nüchternen Betrachtungsweise des irdischen Lebens oft und gern zitiert hat. Der im Kohelet als Leitwort dienende Begriff, der auf der vanitas der Vulgata beruhend sich von der Bibelübersetzung Luthers her als „eitel“ eingebürgert hat, ist die Wiedergabe von hebräisch hăbăl, das eigentlich "Windhauch" bedeutet mit dem Nebensinn von Nichtigkeit. Die wissenschaftlichen Leistungen von Johannes Benzing auf den Gebieten der Altaistik, Turkologie und Iranistik sind jedenfalls kein Windhauch, sie sind vielmehr, um noch einmal ein biblisches Windgleichnis zu zitieren (1 Könige 19,11), das Werk eines spiritus grandis et fortis.

NACHRUF AUF OTTO HACHENBERG

von
Hrn. Grewing

Am 24. März 2001 verstarb im Alter von fast 90 Jahren Otto Hachenberg. Er wurde am 25.6.1911 in Annhausen geboren. Sein beruflicher Lebensweg führte ihn über Berlin nach Bonn, wo er auch nach seiner Emeritierung im Jahre 1979 wohnhaft blieb. Er gehörte seit 1965 der Mainzer Akademie der Wissenschaften und der Literatur als ordentliches Mitglied an.

Trotz wechselvoller, über Jahrzehnte hinweg schwieriger äußerer Umstände erscheint Otto Hachenbergs beruflicher Lebensweg im Rückblick als eine Kette glücklicher Fügungen. Dieser Lebensweg erreichte seinen Gipfelpunkt, als er das erste vollbewegliche 100m-Radioteleskop der Welt realisieren konnte, das im Mai 1971 offiziell seiner Bestimmung übergebene Radioteleskop bei Effelsberg in der Eifel.

Otto Hachenberg war für die Realisierung dieses Projekts prädestiniert wie kein anderer. Dabei begann seine wissenschaftliche Karriere als Astronom eher klassisch. Seit 1934 arbeitete er an der Universitäts-Sternwarte Berlin-Babelsberg. In diese Zeit fallen eine Reihe spektroskopischer und photometrischer optischer Untersuchungen an veränderlichen Einzelsternen und an Novae, die von P. Guthnick und W. Grotrian angeregt worden waren. Gegenstand seiner 1938 erfolgreich abgeschlossenen Dissertation war dann die Untersuchung des Farbenhelligkeitsdiagramms des Sternhaufens M92, damals eine klassisch astronomische Thematik, durch die man Einsichten in die Sternentwicklung erhoffte.

In dieser Zeit wurde bereits deutlich, daß Otto Hachenberg ein besonderes Gespür für die Bedeutung neuer technischer Entwicklungen für die Astronomie hatte. Er bemühte sich um die Verbesserung der lichtelektrischen Photometrie durch die Einführung von Elektrometerröhren-Verstärkern und schließlich der Photomultiplier. Er interessierte sich ebenfalls für die elektronische Bildverstärkung und kam über diese Thematik mit führenden Mitarbeitern des Entwicklungslabors der Firma Telefunken in Kontakt. Durch einen Wechsel zur Firma Telefunken im Jahre 1939, der zunächst nur für ein Jahr geplant war, der sich dann aber infolge der Kriegssituation deutlich verlängerte, vertiefte Otto Hachenberg sich immer mehr in die Elektronik und schließlich in die Hochfrequenztechnik. So wie er zuvor in astrophysikalischen Zeitschriften publiziert hatte, erschienen in diesen Jahren eine Reihe von Arbeiten in physikalischen und technischen Journalen.

Im Jahre 1951 gab Otto Hachenberg schließlich seine erfolgreiche Industrietätigkeit zugunsten der Leitungsfunktion am Heinrich Hertz Institut (HHI) für Schwingungsforschung in Berlin-Adlershof auf. Die damals wie heute seltene Verbindung von profundem Grundlagenwissen in einem Fachgebiet wie der Astronomie und dem tiefgehenden Interesse an neuen Techniken und deren Anwendung in der Forschung ermöglichte es Otto Hachenberg, sich in der neuen Umgebung in kürzester Zeit der Radioastronomie zuzuwenden, die sich damals gerade als neuer Zweig astronomischer Forschung entwickelte.

[Foto: Archiv zur Geschichte der Max-Planck-Gesellschaft, Berlin-Dahlen]

OTTO HACHENBERG
1911–2001

Er nutzte das technische Entwicklungspotential des HHIs, um Radioteleskope und empfindliche Empfänger zu entwickeln. Zuerst waren es Probleme der Hochatmosphäre und dann Strahlungsmessungen an der Sonne im Dezimeter- und Zentimeter-Bereich, die sein wissenschaftliches Interesse fesselten. Die während der Sonnenfinsternisexpedition 1954 erzielten Erfolge ließen die Bedeutung der radioastronomischen Sonnenforschung sichtbar werden. Zwischen 1955 und 1957 gelang es, mit Unterstützung durch die Deutsche Akademie der Wissenschaften in Berlin eine um eine horizontale Kippachse schwenkbare Parabolantenne mit 36m Durchmesser zu errichten, die durch ihre große Sammelfläche neben den solaren Messungen auch Messungen der galaktischen Kontinuumsstrahlung erlaubte.

Durch den Bau der Mauer im August des Jahres 1961 ergab sich eine neue Situation. Otto Hachenberg verließ das Heinrich-Hertz-Institut und übernahm 1962 einen neu eingerichteten Lehrstuhl für Radioastronomie an der Universität Bonn. Dort hatte Friedrich Becker früh die Bedeutung dieses neuen Zweigs astronomischer Forschung erkannt und schon 1952 in der Arbeitsgemeinschaft für Forschung des Landes Nordrhein-Westfalen, aus der später die Nordrhein-Westfälische Akademie der Wissenschaften hervorging, auf die neuen radioastronomischen Methoden und Möglichkeiten hingewiesen. Mit aktiver Unterstützung des damaligen Staatssekretärs Prof. Leo Brandt, in den Kriegsjahren Organisationsleiter der Abteilung für Funkmeßtechnik der Firma Telefunken, bei der die deutsche Radarentwicklung konzentriert war, gelang es, in kürzester Zeit ein 25m-Radioteleskop auf dem Stockert in der Eifel zu errichten, mit dem vor allem die 21cm-Linienstrahlung des neutralen Wasserstoffs untersucht werden sollte, um so etwas über die Verteilung der interstellaren Materie in der Milchstraße zu lernen.

Mit dem Wechsel Otto Hachenbergs nach Bonn erlebten nicht nur die technischen Entwicklungen um das 25m-Stockert-Teleskop herum eine fundamentale Verstärkung, sondern es entstanden auch sehr rasch Pläne, ein erheblich größeres Radioteleskop zu bauen. Otto Hachenberg (zusammen mit W. Priester) informierte sich in einer mehrwöchigen Reise nach Australien und in die USA über den Stand der dortigen Entwicklungen und die weiteren Pläne und legte schließlich konkrete Pläne für ein 100m-Radioteleskop vor, bei dem erstmals das von Otto Hachenberg empirisch und parallel dazu von S. von Hoerner analytisch abgeleitete Prinzip der „homologen Verformung" einer Stahlkonstruktion zur Anwendung kam. Das Zulassen von Deformationen in der Stützstruktur von Teleskopen mit der einzigen Bedingung, daß aus einer parabolischen Form immer wieder eine parabolische Form werden muß, war revolutionär und eine Grundvoraussetzung dafür, daß der 100m-Spiegel überhaupt gebaut werden konnte.

Die Realisierung eines so großen Vorhabens und seine anschließende wissenschaftliche Nutzung erforderten eine neue Trägerstruktur: es kam zur Gründung des Max-Planck-Instituts für Radioastronomie in Bonn, und Otto Hachenberg wurde zu dessen Gründungsdirektor berufen.

Seit der Einweihung des 100m-Teleskops bei Effelsberg in der Eifel im Mai 1971 wurden mit diesem Großforschungsgerät tausende von Forschungsprojekten von Wissenschaftlern aus aller Welt durchgeführt, und ein Ende dieser ertragreichen Zeit ist nicht abzusehen.

Otto Hachenberg hat in den Jahren bis zu seiner Emeritierung 1979 aber schon über diesen Gipfelpunkt seiner beruflichen Laufbahn hinausgeschaut. Im Rahmen eines von der Deutschen Forschungsgemeinschaft geförderten Sonderforschungsbereichs „Radioastronomie“ hat er durch Entwicklungsarbeiten für den Millimeterwellen- und Submillimeterwellen-Bereich mit dazu beigetragen, daß sich die Radioastronomie zu immer kürzeren Wellenlängen hin weiterentwickeln konnte. Heute zählen spektroskopische Messungen der Rotationsübergänge von Molekülen neben den Messungen der Hyperfeinstrukturlinie des neutralen Wasserstoffs, mit der die Radiospektroskopie begonnen hat, zu den Standardwerkzeugen, die eingesetzt werden, um die physikalisch-chemische Natur von Objekten unseres Sonnensystems wie auch der entferntesten uns bekannten Objekte im Weltall, der Radiogalaxien und Quasare, aufzuklären. Otto Hachenberg hat durch sein Lebenswerk wesentlich dazu beigetragen, dieses Fenster zum Weltall aufzustoßen.

NACHRUF AUF MATTHIAS SEEFELDER

von
Hrn. Zintzen

„Den Zielen der Akademie, der Pflege der Wissenschaften und der Literatur für die Bewahrung und Förderung der Kultur fühle ich mich verpflichtet“, und: „Ich habe den Vorsatz, den Verpflichtungen, die sich aus dieser Mitgliedschaft ergeben, so weit wie möglich nachzukommen“. Diese Sätze schrieb Matthias Seefelder, als er im Jahre 1976 zum korrespondierenden Mitglied der Akademie gewählt worden war. Mit solcher nüchternen unspektakulären Aussage bekannte er sich zu den in der Satzung der Akademie niedergelegten Leitlinien. Er ist in der Zeit seiner Mitgliedschaft seinem hier geäußerten Vorsatz in weit höherem Maße treu geblieben, als es die Frequenz der Teilnahme an den Plenarsitzungen ahnen läßt. Sein Kontakt zur Akademie war bedingt durch die Aufgaben, die er als Unternehmer hatte, nicht regelmäßig und häufig, aber er war eng und sehr effektiv. Am 30. Oktober 2001 ist Matthias Seefelder im 82. Lebensjahr verstorben. Diese Worte des Gedenkens an unser Mitglied können nicht den Wissenschaftler oder den Industriemanager würdigen, sie sollen aber an ein Mitglied erinnern, das dieser Akademie eng verbunden war und als Begründer und erster Vorsitzender des Vereins der Freunde und Förderer die Unternehmungen und Vorhaben der Akademie mit hohem Engagement immer nach Kräften unterstützt hat. Auf diese Weise hat er dieser Institution viele Möglichkeiten eröffnet.

Matthias Seefelder stammte aus dem Allgäu und hat zeitlebens eine ihm mitgegebene bodenständige Lebhaftigkeit, die alles Outrierte ablehnte, bewahrt. Sein gesamtes aktives Berufsleben hat er seit dem Eintritt im Jahre 1951 in der BASF, einem der weltweit größten Chemieunternehmen, verbracht. Nach z.T. sehr schwierigen Jahren, in denen er als Vorsitzender des Vorstandes (1974–1983) u.a. Ölkrise und Rezession bewältigen mußte, wurde er Vorsitzender des Aufsichtsrates (1983–1990) und blieb bis zum Tode dessen Ehrenvorsitzender. Die Wahl zum korrespondierenden Mitglied unserer Akade-

[Foto: BASF AG, Ludwigshafen]

MATTHIAS SEEFELDER
1920–2001

BERNHARD LOUIS STREHLER
1925–2001

mie hat er als eine besondere Ehre empfunden. Seine Pflichten als Industriemanager ließen ihm nicht die Zeit, regelmäßig an den Sitzungen teilzunehmen; aber charakteristisch für ihn war, daß meist am Samstagmorgen ein Raunen durch die Reihen der Mitglieder ging, wenn es hieß: „Herr Seefelder ist da!“ Wann immer er sich freimachen konnte, erschien er zu den Sitzungen am Samstagmorgen.

1987 hielt er einen vielbeachteten Plenarvortrag über die Farbe Indigo, der auch wegen der blauen Farbe der Jeans gerade von hoher Aktualität war. Kurz vorher war sein Buch mit dem Titel „Opium“ erschienen, in dem der Chemiker Seefelder sich im wesentlichen mit dem Schlafmohn und seiner Alkaloide befaßte, aber zudem eine Kulturgeschichte dieses Rauschmittels vermittelte. Anläßlich seines 60. Geburtstages hatte er geäußert: „In der reinen Forschung – da schlägt noch immer mein Herz“. Dieser Koordinate ist er treu geblieben, auch wenn er über 133 Patente verfügte und zudem gelegentlich den Drang verspürte, die Ergebnisse seiner Forschung auch in einer Form darzustellen, die Wissenschaft der Allgemeinheit zugänglich machte.

1987 half er in der Akademie den Verein der Freunde und Förderer zu gründen. Er wurde der erste Vorsitzende dieses Vereins und hat auch mit den meist nicht überreich fließenden Einnahmen bei vielen Vorhaben gezielt und mit Bedacht geholfen. Als ich 1994 mit ihm zusammen auf eine, wie wir es nannten, „Missionsreise“ ging, um weitere potente Mitglieder aus der Industrie für den Verein zu gewinnen, war es ein ganz starkes Erlebnis zu sehen, mit welcher Hochachtung ihm die Spitzen der hiesigen Industrie entgegenkamen. Er versuchte diese seiner Persönlichkeit geltende Aufgeschlossenheit immer im Sinne der Sache, die er vertrat, umzulenken und zu verwenden. Mit Dank erinnere ich mich an viele Gespräche, die wir bei solchen Zusammentreffen führten, und die nicht nur den Alltag, sondern die hinter den Phänomenen liegenden Verhalte angingen. Sein Interesse für Kultur, Malerei und Theater waren kennzeichnend, und vielleicht wiesen die Konturen seines Gesichtes eben nicht zufällig eine Ähnlichkeit mit Carl Zuckmayer auf.

Die Akademie dankt ihrem Mitglied für alle Impulse, die er ihr gegeben hat, und für die Förderung, die sie durch seine Anregungen erfahren hat. Wer Matthias Seefelder kennengelernt hat und ihm wirklich begegnet ist, wird sich dankbar an diesen klugen, aber auch humanen Menschen erinnern.

NACHRUF AUF BERNHARD L. STREHLER

von
Hrn. Zahn

„The mental processes involved in the creation of some kindes of literature, particularly poetry, and in the creation of imaginative science are extremely analogous“ (Strehler, 1968).

Bernhard Louis Strehler – Bernie – wurde am 21. Februar 1925 in Johnstown, PA, geboren. Die erste Sprache seiner Kindheit war deutsch, was ihm nicht nur seine Wurzeln zum Teil aus dem Stamme der Zipser Sachsen und der Württembergisch-Posener Hälfte, die „Strähler“, für immer bewußt machte, sondern auch die Freude an passivem und aktivem Genuß an Poesie und Musik. Sein Vater, eine gütige Persönlichkeit, ein erfolgreicher Pianist und Organist, erweckte in Bernie eine tiefe Liebe zu klassischer Musik von Bach, Chopin und Mozart. Bei all seiner Verehrung und Liebe zu seinen großen Vorfahren bedauerte Bernie voller Schmerz, daß trotz der großen deutschen Wissenschaftler, Philosophen, Dichter und Mathematiker ein so trauriges Kapitel in der neueren Geschichte Deutschlands möglich war. Für ihn blieb es „absolut unverständlich, wie solch gute Menschen, einschließlich einiger aus der eigenen, weiteren Verwandtschaft, so viele hilflose Menschen ermorden konnten“, so Bernie bei einem Besuch von Buchenwald angesichts des grauenhaften Geländes, wobei ihm die ganze Zeit unkontrollierte Tränen flossen: „Wie kann das sein? Meine Verwandten?!“

1943, im Alter von 17 Jahren besuchte er das Jefferson College, wurde Nr. 1 von 40 Landessiegern beim Westinghouse Science Talent Search, erhielt dann an der John Hopkins Universität als „undergraduate“ eine volle Scholarship und wurde schließlich an der John Hopkins Medical School angenommen. Da er aber in der Anatomie-Prüfung durchfiel, ging er zur U.S. Navy, wo er zum Elektroniker ausgebildet wurde. Sein Dienst begann gerade, als die Japaner kapitulierten. Neun Monate später war er entlassen und ging wieder an die John Hopkins Universität, um nun seine „undergraduate requirements“ zu erfüllen. Er hatte das Glück, daß William D. McElroy, der kurz vorher entdeckt hatte, daß Extrakte aus dem Leuchtapparat der Leuchtkäfer durch ATP zum Leuchten gebracht werden können, sein Mentor wurde. So wurde schon bald sein Interesse an Luminiszenz-Phänomenen geweckt, was zur Isolierung des Enzyms der Leuchtkäfer und darüber hinaus zur Aufklärung des Luminiszenz-Mechanismus mit der Entdeckung des Luciferins führte. Die Flut an Gedichten, die sich für ihn daraus ergab, zeigt sehr deutlich und für ihn so charakteristisch, wie diese Tat in ihm Hirn und Herz zu hohem emotionalen Niveau auflaufen ließ.

1950 erwarb er den Ph. D. für Zellbiologie. Von 1950 bis 1953 arbeitete er mit Waldo Cohn am Oak Ridge National Laboratory. Dort benutzte er dessen Kinder, um unter den dortigen Jugendlichen für die weitere Forschung eine Leuchtkäfer-Fang-Organisation zu etablieren. Zusammen mit John Trotter entwickelte er später den wichtigen, sehr empfindlichen Nachweis für ATP, das sich als die Universal-Konvertierungsgröße für Energieumsätze im Intermediärstoffwechsel erwies. Er trieb die Nachweisempfindlichkeit so weit, daß schließlich einzelne Quanten bei der Lichtproduktion gemessen werden konnten. Bei der Untersuchung der ATP-Produktion von Algen unter Lichteinwirkung entdeckte er zusammen mit W. Arnold die dabei erzeugte Biolumiszenz grüner Pflanzen. Mit dem „Quanten-Zähler“ wurden die Lichtausbeuten von Leuchtbakterien vermessen und der Einfluß verschiedener Hilfsstoffe, u.a. langkettiger Aldehyde, erforscht. Die oxidative Phorphorylierung wurde bald ein weiterer Gegenstand des Interesses, was zu wichtigen, unvergessenen Beiträgen führte.

Weitere drei Jahre verbrachte er auf Einladung als Assistenz-Professor für Biochemie bei James Frank und Hans Gaffron.

Als Strehler 1954 ein „Committee for Basic Biological Research“ organisierte, wurde Leo Szilard auf ihn aufmerksam, dessen philosophische Ideen über die Natur des Alterns ihn dazu verführt hatten, sich auf diesem Gebiet zu betätigen. Szilard förderte besonders

Strehlers Gedankenaustausch mit anderen Gruppen und sein Engagement in der Alternsforschung.

Dies brachte Bernie schließlich dazu, von 1956 bis 1967 die Position eines Sektions-Chefs für Zell- und Entwicklungs-Physiologie am National Institute of Health zu erwerben. Danach erhielt er den Ruf als Professor für Biologie und Direktor des biologischen Programms am gerontologischen Zentrum der University of Southern California, Los Angeles. In seiner Tätigkeit im Bereich der Alternsforschung isolierte und charakterisierte er verschiedene Alterspigmente, u.a. das Lipofuscin, und deren Korrelation zum Alter. Mit A. Mildvan schuf er ein wichtiges mathematisches Modell der Todesraten unter der Einwirkung intrinsischer und externer Faktoren. Er arbeitete an Argumenten gegen die einfachen Mutationstheorien des Alterns, er untersuchte den Einfluß von Hitzeschocks auf die Lebenserwartung und verwendete künstliche Infarkterzeugung bei Hunden für histologische Untersuchungen über den Zelltod. Einfache, koloniebildende Coelentraten dienten ihm als ein mögliches Alterns-Modell.

1962 erschien die Erstausgabe von Strehlers vielzitiertem, grundlegendem Werk: „Time, Cells and Aging". 1997 erschien die Zweitausgabe und 1999 die dritte als jeweilige, erweiterte Ausgabe.

Seit 1969 richtete sich sein Interesse stark auf Veränderungen der an der Proteinsynthese beteiligten Codonen terminal differenzierter, alternder Zellen. 1971 gelang ihm und seiner Gruppe die bemerkenswerte Entdeckung, daß bis zu 70% der für die ribosomale RNA-Synthese mustergebenden DNA beim Altern verlorengehen. Zusammen mit einem Physiker galt seit 1986 sein Hauptinteresse dem Wesen der Gedächtnis-Engramm-Bildung, der Engramm-Speicherung und der -Wieder-Aufrufung im Säuger-ZNS. Das daraus resultierende Modell wurde in einer elektronischen Version verfeinert und zusammen mit weiteren, neuralen Funktionen imitierenden, anderen Computer-Modellen auch patentiert.

Seit seiner Emeritierung befaßte er sich erneut mit der Weiterentwicklung und detaillierten Ausarbeitung des Teils seiner Theorie über den Ursprung des Lebens, der die Reaktionen zweier Aminosäurepaare und der sie symbolisierenden Codenen beinhaltet.

50 Jahre lang war er mit der 1998 plötzlich verstorbenen Theodora (Theedy) verheiratet und redaktionell eng verbunden. Sie hat ihn immer aufs engste unterstützt und alle Manuskripte, auch die der von ihm edierten Zeitschriften, korrigiert. Er hinterläßt zwei Töchter und einen Sohn.

Bernie hat immer, nicht unkritisch, aber mit Stolz, auf sein breites und erfolgreiches Leben zuruckgeblickt, das ihm so zahlreiche Anerkennungen, Preise und Ehrungen eingebracht hat. So erhielt er u.a. acht Wissenschaftspreise und zahlreiche Grants, er übte sechs wichtige, leitende und weitere beratende Funktionen aus, er war an der Reformierung der Demokratischen Partei beteiligt, wofür er Präsidentschafts-Wahlreden und die spezielle Konstitution für das Anderson County schrieb. Er war jahrelang führender Baß in vielen Opern in Baltimore, er dirigierte verschiedene Chöre und komponierte einige gefällige Musikstücke. Er schrieb etwa 200 Gedichte, z.T. in Form von Limericks, Haikus und Kaddishs, wovon verschiedene publiziert wurden. Über 250 wissenschaftliche Publikationen und eine Fülle anderer Artikel zeugen von seiner Schaffenskraft. Seine Interessen umfaßten unser Universum als Wissenschaftler, Künstler, Politiker und Menschenfreund.

Sein Leben glich einer Kerze, die an beiden Enden mit großer Flamme brannte. So war er immer voller Leben, brilliant, sprühend und enthusiastisch, aber auch gelegentlich erfüllt von Lebensangst, über erste und letzte Ursachen philosophierend. Bernhard Louis Strehler war eine einmalig farbige Persönlichkeit. Sein Tod ist ein großer Verlust.

Plenar- und Klassensitzungen

Februarsitzung

15. Februar abends:	Klasse der Literatur Lesung zum Gedenken an Frau Marie Luise Kaschnitz
16. Februar vorm.:	Hr. Nachtigall spricht über das Thema: „Technische Biologie von Strömungsvorgängen und Aspekte ihrer bionischen Übertragbarkeit“. Mathematisch-naturwissenschaftliche Klasse: Vortrag in der Klasse
16. Februar nachm.:	Symposion der Geistes- und sozialwissenschaftlichen Klasse: „Zukunftsfragen der Gesellschaft“
17. Februar vorm.:	Hr. Kresten spricht über das Thema: „Des Kaisers neue Titel.“ Indologische Aspekte des Wandels der kaiserlichen Intitulatio in Byzanz.

Aprilsitzung

20. April vorm.:	Hr. Hartung spricht über das Thema: „Machen oder Entstehenlassen. *Erfahrungen beim Schreiben von Lyrik*“.
20. April nachm.:	Colloquia Academica: PD Dr. Carsten H. Greiner spricht über das Thema: „Die Suche nach dem Quark-Gluon-Plasma: Der kleine Urknall im Labor“. PD Dr. Ursula Gärtner spricht über das Thema: „Das Lob Italiens in der antiken griechischen Literatur“.
21. April vorm.:	Hr. Borbein spricht über das Thema: „Die Skulpturen des Parthenon: Wie vollzieht sich Stilentwicklung?“

Junisitzung

21. Juni abends:	Klasse der Literatur Autorenlesung: Erwin Wickert
22. Juni vorm.:	Hr. Haussherr spricht über das Thema: „Die Bible moralisée. *Eine Gruppe französischer Bilderhandschriften des 13. Jahrhunderts*“.

22. Juni nachm.:	Hr. Weber spricht über das Thema: „Das Recht der Augen – die Lust der Augen. *Theodor Fontanes Urteile über Gottfried Keller*“.
23. Juni vorm.:	Hr. Birbaumer spricht über das Thema: „Zur Neurobiologie von Angst und Mut: *Überlegungen zur Biologie des Bösen*“.

Novembersitzung

8. November abends:	Klasse der Literatur: Präsentation der Briefausgabe von Hans Erich Nossack Norbert Miller und Gabriele Söhling
9. November vorm.:	Hr. Belmonte spricht über das Thema: „Sensing the world: From stimulus reception to sensation“.
9. November abends:	Jahresfeier der Akademie Ansprache und Bericht des Präsidenten (S. 95) Festvortrag des Mitgliedes Bernard Andreae: „Der Große Altar von Pergamon. Kunst und Anspruch“ (S. 118) Verleihung der Leibniz-Medaille (S. 115) Verleihung der Heinse-Medaille (S. 115) Antrittsreden der ordentlichen Mitglieder (S. 108) Verleihung des Walter Kalkhof-Rose-Gedächtnispreises (S. 116) Verleihung des Rudolf-Meimberg-Preises (S. 116) Verleihung des Biodiversitätspreises (S. 117)
10. November vorm.:	Hr. Miller spricht über das Thema: „Aus uralten Wurzeln...“ Von den Schwierigkeiten des Eklektizismus. Zur Entstehungsgeschichte der „Frau ohne Schatten“ von Hofmannsthal und Strauss.

Colloquia und Symposien

16. Februar 2001	Symposion der Geistes- und sozialwissenschaftlichen Klasse „Zukunftsfragen der Gesellschaft“ (Vizepräsident Prof. Hesse)
1. bis 3. März 2001	Herausgebertagung „Historisches Wörterbuch der Philosophie“
23./24. März 2001	Interakademisches Symposium „Die Zukunft der molekularen Medizin“ (Vizepräsidentin Prof. Lütjen-Drecoll)
20. April 2001	„Colloquia Academica“ Akademievorträge junger Wissenschaftler (Präsident Prof. Zintzen)
26. Juni 2001	Musik im Landtag (Weber-Abend)
28. September 2001	Verleihung des Joseph-Breitbach-Preises
26./27. Oktober 2001	Symposion der Paul-Martini-Stiftung
30. Oktober 2001	Literatur im Landtag (Shakespeare-Lieder)
21. November 2001	Verleihung des Akademiepreises
23./24. November 2001	Symposion „Herz 2001“ der GCP (Prof. Mutschler)
5. Dezember 2001	50-jähriges Jubiläum der Medizinischen Gesellschaft e.V., Mainz

Werner Nachtigall: Technische Biologie von Strömungsvorgängen und Aspekte ihrer bionischen Übertragbarkeit (16. Februar 2001 vorm.)

Umströmungsvorgänge treten sowohl bei Organismen als auch bei technischen Geräten auf, die sich in Wasser oder Luft bewegen. Die Technik hat hierüber ein großes Wissen angehäuft. Dieses läßt sich mit Vorteil zum Verständnis der Vorgänge an biologischen Objekten und Oberflächen übertragen (TECHNISCHE BIOLOGIE). Was man daran lernt kann aber auch als Anregung für die technische Weiterentwicklungen dienen (BIONIK). Aus dem Bereich der Hydro- und Aerodynamik werden Beispiele gebracht über das Schwimmen von Fischen, wirbeldämpfende Effekte an Oberflächen, den Insekten- und Vogelflug, das Fächeln der Honigbienen und ähnliche Phänomene der biologischen Fluiddynamik. Kooperative Effekte werden herausgearbeitet, zum Beispiel Strömungsbeeinflussung und Selbstreinigung durch haischuppen-analoge Oberflächenriefung. Die genannten Phänomene werden sowohl unter dem Gesichtspunkt der technischen Biologie als auch der Bionik vergleichend betrachtet.

Otto Kresten: Des Kaisers neue Titel. Ideologische Aspekte des Wandels der kaiserlichen Intitulatio in Byzanz (17. Februar 2001 vorm.)

Ein heute glücklicherweise im Abnehmen begriffener Gemeinplatz besagt, daß die byzantinische Gesellschaft, in hieratischer Erstarrung verharrend, kaum zu einer Entwicklung fähig und daher dem Untergang geweiht gewesen sei – es ist dies das alte Gibbon'sche Schlagwort vom „Decline and Fall of the Roman Empire“, das Byzanz gleichsam als Ikone mit streng blickenden, zeitlos-unbewegten Gestalten vor einem prächtigen, aber irgendwie doch nach Moder riechenden Goldhintergrund sieht. Sollte diese Annahme zutreffen, so müßte sie sich einsichtigerweise in erster Linie am kaiserlichen Titel in Byzanz verifizieren lassen, da für das Selbstverständnis einer Person oder einer Einrichtung kaum etwas so aussagekräftig ist wie die Form, in der sie von sich selbst spricht – „Was sagst Du von Dir selbst?“ lautet schon am Beginn des Johannes-Evangeliums die irritierte Frage, welche die Priester und Leviten aus Jerusalem an Johannes den Täufer in Bethanien richteten. Nun zeigt sich aber gerade am byzantinisch-kaiserlichen Urkundentitel (die Fachsprache der Diplomatik verwendet dafür den Ausdruck „Intitulatio“) in so gut wie allen Jahrhunderten eine bemerkenswerte Entwicklung, die den eingangs zitierten Gemeinplatz Lügen straft und in aller Klarheit erkennen läßt, daß die byzantinische Gesellschaft sehr wohl und andauernd, teils agierend, teils reagierend, einem Wandel unterworfen war, wobei es gilt, den historischen und ideologischen Gründen nachzugehen, die diese Veränderungen im kaiserlich-byzantinischen Urkundentitel bedingten. Einige Aspekte, die bei einer derartigen Untersuchung in den Vordergrund treten, sind folgende: – die relativ spät, erst in der zweiten Hälfte des 6. Jahrhunderts erfolgte Berücksichtigung christlichen Gedankenguts im Kaisertitel, der bis dahin seine spätantik-römische Grundlage nicht verlassen hatte; – die „Gräzisierung“ der kaiserlichen Intitulatio in Byzanz in der ersten Hälfte des 7. Jahrhunderts, die freilich in erster Linie darauf zurückzuführen ist, daß sich der byzantinische Kaiser Herakleios in seinem siegreichen Kampf gegen das übermächtig erscheinende Perserreich als „neuer David" fühlte und daher den in der Septuaginta belegten Titel Davids („basileus") ins Zentrum seiner kaiserlichen Intitulatio rückte; – die radikale Vereinfachung des kaiserlich-byzantinischen Urkundentitels in Byzanz im 8. Jahrhundert, die unter dem Einfluß des Gedankenguts der Bilderstürmer („Ikonoklasten") jeden Christus-Bezug vermied, der zu der bekämpften Vorstellung einer bildlichen Wiedergabe Christi hätte führen können – eine radikale Vereinfachung, die im übrigen besonders dann zu bedenken ist, wenn man nach möglichen byzantinischen Vorbildern für den Kaisertitel Karls des Großen sucht; – eine in ihrem Umfang relativ geringe Reaktion auf die Ereignisse des 25. Dezembers 800, d. h. auf die Kaiserkrönung Karls des Großen in Rom; – verstärkter Rückgriff auf die spätantiken kaiserlichen Intitulationes im Laufe des 9. Jahrhunderts im Zuge einer Entwicklung, die man in der Kunstgeschichte als „makedonische Renaissance" zu bezeichnen pflegt; – Übergang von einer „agierenden" Neugestaltung des kaiserlichen Urkundentitels zu „reagierenden" neuen Titelformen im 12. Jahrhundert in der Auseinandersetzung mit dem staufischen Kaisertum („rex"-„imperator"-Problematik), wobei sich in Einzelfällen ein „Dialogverhältnis" zur konstantinischen Fälschung („Constitutum Constantini") nachweisen läßt, mit dem Kaiser Manuel I. Komnenos durch Papst Alexander III. konfrontiert worden war; – beginnender Verfall der früheren kaiserlichen Intitulationsgewohnheiten ab dem ausgehenden 12. Jahrhundert mit dem Ergebnis, daß in der spätbyzantinischen Periode der immer seltener werdende kaiserliche Urkundentitel so gut wie ausschließlich „westlichen" (abendländisch-lateinischen) Usancen folgt.

Harald Hartung: Machen oder Entstehenlassen. Erfahrungen beim Schreiben von Lyrik (20. April 2001 vorm.)

Im April 1999 hielt Dieter Wellershoff vor dem Plenum der Akademie seinen Vortrag *Die Entstehung eines Romans.* Im Anschluß daran kam der Vorschlag auf, einmal analog über die Entstehung von Lyrik zu referieren. Seit Edgar Allan Poes *Philosophy of Composition* (1846) hat es immer wieder Berichte über die Entstehung einzelner Gedichte gegeben und auch Versuche von Autoren, ihre Gedichte zu interpretieren. Viel seltener unternimmt ein Lyriker den Versuch, den Horizont, in dem er arbeitet, ins Auge zu fassen und die Probleme, die ihm beim Schreiben von Gedichten entgegentreten, zum Gegenstand seiner Reflexion zu machen.

Dazu gehören ganz elementare Fragen wie die folgenden: Woher kommen Gedichte und kann man Gedichte planen? Was ist ihr Stoff? Kommen sie aus der Sprache oder aus der Welt? „Macht" man Gedichte oder entstehen sie? Geht die Form dem Gehalt voraus oder umgekehrt? Kann man heute noch reimen? Wann arbeitet man mit freien und wann mit vorgegebenen Formen? Wie steht das einzelne Gedicht zum Zyklus und wie der Zyklus zum Buch?

Der Vortrag operiert mit Fragen und Gedicht-Beispielen. Er zielt nicht auf Thesen, sondern handelt von Erfahrungen.

Adolf Borbein: Die Skulpturen des Parthenon: Wie vollzieht sich Stilentwicklung? (21. April 2001 vorm.)

Die Skulpturen des Parthenon sind das umfangreichste Skulpturenprogramm eines Tempels, das uns aus der griechisch-römischen Antike erhalten ist. Obwohl sie in der erstaunlich kurzen Zeit von nur 15 Jahren geschaffen wurden, lassen sie eine Vielzahl unterschiedlicher Stiltendenzen erkennen: „Altertümliche“ und „fortschrittliche“ Stilelemente stehen nebeneinander und durchdringen sich, wobei deutlich wird, daß im Verlauf der Arbeiten die fortschrittlichen Elemente sich durchsetzten. Wie unter einem Mikroskop kann man so den Prozeß der Stilentwicklung, sogar den Übergang vom hochklassischen zum nachklassischen Zeitstil beobachten – eine der wichtigsten Zäsuren innerhalb der Geschichte der griechischen Kunst. Da uns zum Parthenon wie überhaupt zum Bauprogramm des Perikles auf der Athener Akropolis und zu dem politischen und kulturellen Umfeld relativ viele schriftliche Zeugnisse erhalten sind, kann es gelingen, den größeren Kontext zu rekonstruieren, in dem Stilentwicklung sich vollzieht und die äußeren Faktoren zu benennen, die diese Entwicklung vorantreiben.

Reiner Haussherr: Die Bible moralisée. Eine Gruppe französischer Bilderhandschriften des 13. Jahrhunderts (22. Juni 2001 vorm.)

Die Bible moralisée ist der vielleicht umfangreichste, zugleich auch seltsamste Bilderzyklus, der uns aus dem Mittelalter überliefert ist. In den Jahren um 1220 bis 1240 wurden in Paris für sehr hochstehende, finanziell außerordentlich leistungsfähige Auftraggeber, wahrscheinlich für Mitglieder des französischen Königshauses, mehrere Exemplare der Bible moralisée geschaffen. Es handelt sich um Bilderbücher, in denen der Text die Bilder erläutert, die in vielen Fällen ohne den begleitenden Text kaum verständlich wären. Auf jeder Seite wurden acht kreisförmige Miniaturen angeordnet, wobei jeweils zwei übereinander befindliche Medaillons als ein Bildpaar zusammengehören. In den oberen sind Texte der Bibel illustriert, in den unteren diese erläuternde Kommentartexte. Die ausführlichere der Redaktionen des 13. Jahrhunderts enthielt, wenn sie vollständig sein sollte, außer einem Titel- und einem Widmungsbild nicht weniger als 5424 Miniaturen, also 2712 Bilderpaare. Wahrscheinlich bereits um 1220 entstanden zwei einbändige Exemplare, die der Zufall der Überlieferung auf nicht mehr rekonstruierbaren Wegen in der Wiener Handschriftensammlung zusammenführte. Sie enthalten nicht alle Bücher des Alten Testaments, die eine fügt dem die Apokalypse hinzu. Etwas später als die beiden Wiener Handschriften, nämlich um 1230–1240, wurden zwei erheblich umfangreichere Exemplare der Bible moralisée geschaffen, die jeweils in mehreren Bänden gebunden wurden. Die ältere der beiden dreibändigen Handschriften, um 1230 entstanden, ist zugleich die sorgfältigere und schönere. Sie befindet sich seit Jahrhunderten im Schatz der Kathedrale von Toledo. Die jüngere Handschrift, um 1240 anzusetzen, ist seit langem auf die Bibliotheken von Oxford, Paris und London verteilt.

Der Vortrag versucht, einige wesentliche Probleme, die sich bei einer Untersuchung stellten, zu skizzieren und mögliche Lösungen vorzuschlagen.

Werner Weber: Das Recht der Augen – die Lust der Augen. Theodor Fontanes Urteile über Gottfried Keller (22. Juni 2001 nachm.)

Fontane kennt den Rang Kellers; und Fontane mäkelt an diesem Rang herum. Wie ist das zu verstehen? Im Verhältnis zwischen dem Recht der Augen und der Lust der Augen, im Verhältnis also zwischen dem Sehen von übergänglich Individuellem einerseits und dem Schauen des ruhig dauernden Allgemeinen andererseits hat bei Fontane das Recht der Augen, die Sicht auf das Hier, das Jetzt größeren Anteil als bei Keller. Nicht, daß Keller seinen ästhetischen Anspruch unbehelligt und bis zuletzt hätte durchhalten können. Das Opfer an „Schau", das Opfer an Lust der Augen zugunsten des Rechts der Augen im Roman „Martin Salander" zeigt es. Als Keller den Roman plante, schrieb er an Storm (der Brief steht unter dem Datum 12./16. August 1881): „Ich gehe jetzt mit einem einbändigen Roman um, welcher sich ganz logisch und modern aufführen wird." Und als der Roman vollendet war, begründete er sein Mißbehagen, wie Adolf Frey in seinen „Erinnerungen an Gottfried Keller" überliefert, mit den Worten: „Was ich habe? Es ist nicht schön! Es ist zu wenig Poesie darin!" Diese beiden Stellen und vollends der Roman, auf den sie sich beziehen, verdeutlichen die tragische Dimension, die zu Kellers Schwebe des Ideal-Realen, des Real-Idealen gehört. – Mit dieser Not ist Fontane leichter fertig geworden; denn sein Vermögen bestimmte ihn zum Mann der Bilder. Keller dagegen trug schwer an ihr; denn sein Vermögen machte ihn zum Mann der Mythen. Und das hat Fontane erkannt; er hat den Affekt, den dieses Erkennen auslöste, im irritierenden Wechselspiel seiner Urteile verborgen. Dieser Affekt heißt: Resignation. Es ist die Resignation dessen, der von sich selber sagte: „Ich bin gewiß eine dichterische Natur (...) aber ich bin keine große und keine reiche Dichternatur. Es drippelt nur so. Der einzelne Tropfen mag ganz gut und klar sein; aber es ist und bleibt nur ein Tropfen, kein Strom, auf dem die Nationen fahren und hineinsehen in die Tiefe und in das himmlische Sonnenlicht, das sich drin spiegelt."

Niels Birbaumer: Zur Neurobiologie von Angst und Mut: Überlegungen zur Biologie des Bösen (23. Juni 2001 vorm.)

Die Grundlage jeder sozialen Anpassung ist das Erlernen und Behalten antizipatorischer Angst: „Tu das nicht, sonst ...". Der Lernprozeß beruht auf assoziativen Vorgängen, bei denen der Hinweisreiz auf die negativen Konsequenzen von Handlungen mit den negativen emotionalen Folgen zeitlich gepaart wird („klassisches Konditionieren"). Die beteiligten Nervenzellen und Hirnareale bilden danach eine dauerhafte Gedächtnisspur der gelernten Vermeidung. Heute sind die wichtigsten Hirnregionen, die diesen Lernprozessen zugrunde liegen, durch Neuroimaging-Methoden (MEG, PET, fMRI) bekannt: Teile des sogenannten limbischen Systems („emotionales System") und des Frontalhirns (Aufschieben von Handlungskonsequenzen) müssen in solchen Situationen aktiviert werden, damit wir soziale Anpassung und Vermeidung erlernen. Drei Störungen dieses delikaten Anpassungssystems im menschlichen Gehirn können aus Unterfunktion oder Übererregung dieser Hirnareale resultieren:

1. Angststörungen mit sozialer Vermeidung, Rückzug und Isolation
2. Post-traumatische Belastungsstörungen nach extremen Stressereignissen (PTSD)
3. Soziopathie und kriminell-antisoziales Verhalten (angstfreies Verhalten).

Obwohl an all diesen sowohl sozial wie auch biologisch und genetisch bedingten Störungen viele Faktoren beteiligt sind, können sie vor allem durch Lernmaßnahmen spezifisch und durch Psychopharmaka unspezifisch beeinflußt werden. Die sozialen und psychologischen Maßnahmen zur Therapie dieser Störungen wirken aber nur dauerhaft, wenn gleichzeitig die beteiligten Hirnvorgänge modifiziert werden. Antisoziale Aggressivität, wie sie besonders dramatisch bei jungen „mutigen" Männern mit geringer antizipatorischer Angst und hoher sozialer Distanz auftritt, kann nur verhindert oder beseitigt werden, wenn die dabei ablaufenden neuronalen Prozesse beachtet werden.

Carlos Belmonte: Sensing the world: From stimulus reception to sensation (9. November 2001 vorm.)

Über die unablässigen Veränderungen unserer Umwelt und in uns selbst wird unser Gehirn nur bruchstückhaft informiert. Die Informationsauswahl hängt in erster Linie davon ab, daß unsere Sinnesorgane nur auf begrenzte Ausschnitte des gesamten Energiespektrums unserer physikalisch-chemischen und biologischen Umwelt ansprechen. Der Mensch erschafft sich daraus ein unvollständiges und in vieler Hinsicht voreingenommenes Abbild seiner Umwelt und von sich selbst. Mensch und Tier haben während der Evolution ihre Sinnesorgane so an ihre Umweltbedingungen angepaßt, daß sie ihnen möglichst optimale Bedingungen zum Überleben und zur Vermehrung gewährleisten. Schon früh in der Evolution wurden spezielle Organe z.B. für die Aufnahme von mechanischen Reizen, von Licht, einer großen Anzahl chemischer Substanzen, Temperatur und elektrischen und magnetischen Feldern entwickelt. Von den meisten Sinneszellen wird jeweils eine spezielle Energieform bevorzugt aufgenommen, zunächst in einem Transduktion genannten Prozeß in ein lokales und anschließend in fortgeleitete elektrische Signale, die Nervenaktionspotentiale umgewandelt, wobei die Frequenz dieser Aktionspotentiale die Reizeigenschaften bereits in einer Sprache kodiert, die das Gehirn verstehen kann. Die in der Evolution entstandenen Typen von Sinnes-rezeptoren und ihre Arbeitsbereiche bestimmen also in erster Linie die unterschiedlichen Sinneswelten aller Tierarten, einschließlich des Menschen. Dazu kommt, daß bei den hochentwickelten Arten zentralnervöse Hemm- und Anpassungsprozesse eine weitere Auswahl und Einengung der zur Großhirnrinde weitergeleiteten und damit zur Wahrnehmung kommenden Information vornehmen.

Der Schmerz ist ein gutes Beispiel für das Vorkommen unterschiedlichster Transduktionsmechanismen zum Entdecken einer großen Zahl potentiell gewebeschädigender (noxischer) Reize, die jeden Organismus unablässig bedrohen. Praktisch alle Tiere besitzen Nozizeptoren („Schmerzrezeptoren"), die bedrohliche mechanische und chemische Reize ebenso entdecken können wie gefährlich heiße oder kalte Temperaturen. Wie bei den anderen Sinnesmodalitäten auch, ist die resultierende Schmerzwahrnehmung das Ergebnis des Vergleichs des aktuellen Schmerzreizes mit dem ererbten und durch Erfahrung geformten „Schmerzgedächtnis“. Entwicklungsge-schichtlich gesehen, dient der Schmerz der Optimierung des Überlebens. In unseren heutigen komplexen Gesellschaften hat er allerdings viel von dieser Schutzfunktion verloren, so daß die Erforschung der zellulären und molekularen Schmerzmechanismen darauf zielt, möglichst kausale angreifende Schmerztherapien zu entwickeln.

BERICHTE DER KOMMISSIONEN

1. Mathematisch-naturwissenschaftliche Klasse

KOMMISSION FÜR CHRONISCH-DEGENERATIVE ERKRANKUNGEN

Bericht Lütjen-Drecoll

I. Biochemische Untersuchungen
unter Leitung von Hrn. Zahn (Arbeitsstelle Mainz)

Abschluß der Untersuchungen über Primäre DNA-Veränderungen unter dem Einfluß des Alterns

Diese Untersuchungen liefen hauptsächlich unterstützt durch das Akademie-Projekt III.C.2-2 mit dem Thema: „Vergleich alternskorrelierter Desoxyribonucleinsäureschäden verschiedener Organe desselben Organismus am Beispiel der Maus" in der Zeit von 1990 – 2001.

Mit einer modifizierten Methode der Alkalischen Filter-Elution (AFE) wurden die Veränderungen des Primären Biologischen Informationsträgers, der DNA, untersucht. Dabei wurden Veränderungen, wie Einzel- und Doppelstrangbrüche, DN-DNA- und DNA-Protein-Vernetzungen und deren Reparatur im Verlaufe des Alterns gemessen und bewertet.

Als Untersuchungsorganismen wurden, wegen der Möglichkeit zur Beobachtung der Gesamtlebensspanne, Mäuse gewählt.

Die erarbeitete Modifikation der AFE erlaubt die Durchführung eines Protokolls mit der zuverlässigen Einstellung empfindlicher Meßfenster. Dadurch werden die, z.T. nur durch gering veränderten DNA-Moleküle verursachten, unterschiedlichen Meßwerte gut erfaßbar. Somit ließen sich eindeutige, auf hochsignifikant unterschiedlichen Werten beruhende, Ergebnisse erzielen.

Bei 56 000 Einzelmessungen die 9 400 Auswertungen zugrunde liegen, ergab sich bereits ohne Einwirkung möglicherweise schädigender Agentien, eine starke Korrelation der DNA-Veränderung und dem kalendarischen Alter der Mäuse.

Die untersuchten Organe zeigten im selben Organismus charakteristische, unterschiedliche Suszeptibilitäten für DNA-Veränderungen, die ihrerseits eine starke Abhängigkeit vom Alter aufwiesen.

Unter den untersuchten Organen: Hirn, Herz, Niere, Muskel, Lunge und Dünndarm, zeigten die beiden ersten die am frühesten einsetzenden Veränderungen und stärksten Schäden, so daß hier die Frage auftaucht, ob es sich möglicherweise um so etwas wie Schrittmacher-Gewebe handeln könnte.

Über die alternskorrelierten DNA-Veränderungen hinaus wurde noch die DNA-Reparatur an überlebenden Geweben der vorher genannten Organe untersucht. Dazu war es notwendig, einen gezielten, dosierten DNA-Schaden zu setzen und zu messen, und nach Inkubation unter Optimalbedingungen das Ausmaß der Minderung der DNA-

Schädigung zu bestimmen. DNA-Schädigungen wurden sowohl durch physikalische Einwirkung als auch durch chemische Agentien herbeigeführt.

Unter den DNA-schädigenden Agentien finden sich solche, die durch physikalische Einwirkungen im wesentlichen DNA-Strangspaltungen erzeugen. Davon wurden eingesetzt: Röntgenstrahlung: 0.22 bis 3 Gy; gamma-Strahlung 0.17 bis 1.2 Gy. Temperaturen: 0°, 42° und 45° C. Dabei stellte sich sehr deutlich heraus, daß die Schadensempfindlichkeit deutlich alternskorreliert und in den einzelnen Organen unterschiedlich war. Auch verhielten sich die Schadenssuszeptibilitäten gleichlaufend zu den Schädigungen beim normalen Alter.

Signifikante und schnelle Reparatur wurde bei Bestrahlung erst bei deutlicher Schädigung, also oberhalb von 0.5 Gy, gefunden. Bei 0° C konnte bei keinem Organ unter den gewählten Bedingungen eine signifikante Schädigung oder eine temperaturbedingte, eingeschränkte Reparatur beobachtet werden. Interessanterweise wurde bei der zur Reparatur angesetzten Inkubation mit Vollmedium ein Teil der normalen, alternskorrelierten DNA-Schädingung bei manchen Organen repariert.

An chemischen Agentien wurden solche eingesetzt, die vorwiegend bei der gegebenen Dosierung strang-spaltend wirken, wie: Nitrochinolin-N-Oxid (NQO), Wasserstoffsuperoxid und Bleomycin. Als vernetzendes Agens wurde Mitomycin verwendet. Bei allen Verbindungen wurden nach Einwirkung hinreichend hoher Konzentrationen signifikante Reparaturen beobachtet. Das Ausmaß dieser Reparaturen war klar alternskorreliert, stoffcharakteristisch und in vielen Fällen auch abhängig vom Ausmaß des gesetzten Schadens.

Formaldehyd blockierte in dem vorliegenden System in allen Fällen, in denen eine DNA-verändernde Wirkung beobachtbar war, die Reparatur völlig. Daher war eine Aussage über die DNA-Schädigung und ihre Reparatur bei Formaldehyd nicht möglich.

Im Zusammenhang mit der Tatsache, daß es Mäusestämme mit sehr unterschiedlichen Lebensspannen (Takeda et al., 1944) gibt, ergab sich die interessante Frage, wie sich dabei die DNA-Schäden in Korrelation zum Altern verhalten. Dazu wurden zwei genetisch verwandte Mäusestämme mit stark unterschiedlicher Lebensspanne aus dem Institut for Frontier Medical Sciences, Kyoto, eingesetzt. Dabei ergab sich der klare Befund, daß bei den kurzlebigen Tieren die bisher bei allen Mäusen gefundene alternskorrelierte DNA-Schädigung in allen Organen hochsignifikant schneller verlief. Bei der Bestimmung der Schadensempfindlichkeit trat bei hinreichend hohen Dosen eine stark alternsabhängige deutliche DNA-Schädigung auf. Bei den kurzlebigen Tieren war diese Alternsabhängigkeit sehr viel stärker ausgeprägt als bei den langlebigen. Bei der Bestimmung der DNA-Reparatur-Fähigkeit zeigte sich, daß diese durchweg mit zunehmendem Alter abfällt, wobei auch in diesem Falle die kurzlebigen Mäuse eine insgesamt signifikant niedrigere Reparatur aufweisen.

Gegen die Deutung der DNA-Schädigung und -Reparatur als alternskorrelierter Vorgang, wurde der Einwand erhoben, daß in unserem Ansatz aus einer Population nur die überlebenden Tiere in die Untersuchung einbezogen wurden, aber nie an einem und demselben Tier wirklich der DNA-Schaden in seiner individuellen Alternsabhängigkeit demonstriert werden konnte. Daher wurden in einer Versuchsreihe an Einzelindividuen entsprechende Untersuchungen vorgenommen. Als Organ wurde der Schwanz ausgewählt, nachdem vorher nachgewiesen war, daß Schwanzquerschnittsstücke an verschiedenen

Individuen unterschiedlichen kalendarischen Alters deutliche alternsabhängige DNA-Schädigungen aufwiesen. Nach Absprache mit dem Tierschutzbeauftragten und der Ethikkommission wurde folgendes Versuchschema entwickelt: Einem Individuum wurde ein ca 3 mm langes Schwanzstück unter Narkose entnommen, mit Tanninpuder die Blutung schnell zum Stehen gebracht und mit Wundfilm übersprüht. Es war bekannt, daß Tanninbehandlung als lokales Anästhetikum wirkt. Die Tiere wurden zunächst einzeln gehalten. Sie begannen noch am selben Tage sich völlig normal zu verhalten, sie tranken und fraßen normal. Drei Tage später wurden sie mit anderen zusammengebracht. Es wurde keine wesentliche Bearbeitung der rasch heilenden Wunde beobachtet. Nach Ablauf von ein bis zwei Monaten waren die Wunden völlig verheilt, und es erfolgte eine neue Entnahme, die diesmal etwa ein 6 mm großes Stück betraf. Dies war notwendig, um das vernarbte Stück abzutrennen und von der Untersuchung auszuschließen.

Diese Untersuchungen ergaben eine klare Alternsabhängigkeit der DNA-Schädigung, die den vorher an Populationen gewonnenen Resultaten voll entsprach.

Damit ist ein weiteres Beispiel für die enge Korrelation zwischen Alternsprozeß und DNA-Veränderung gegeben, was darauf hindeutet, daß es das Eine ohne das Andere nicht gibt. Die nachgewiesenen, strengen Kopplungen der DNA-Schädigungen und der -Reparatur, und damit des jeweiligen DNA-Status mit dem Alter und der Lebensspanne weisen sehr deutlich auf engere, ursächliche Zusammenhänge hin.

Das Akademie-Projekt: III.C.2-2. „Alternsforschung", das mit dem 31.12.2001 zu Ende ging, hat damit die vorgesehenen Ziele erreicht und darüber hinaus einige, nicht vorhergesehene Erkenntnisse geliefert.

Eine Reihe noch nicht publizierter Untersuchungen sowie eine Gesamtübersicht werden veröffentlicht.

Der Akademie fühle ich mich als Leiter und Mitarbeiter des Vorhabens zutiefst zu Dank verpflichtet.

Literatur

Zahn, R. K.; Reinmüller, Johannes; Beyer, Rudolf; Pondeljak,V.; Pondeljak, Vesna. Age-correlated DNA damage in human muscle tissue. Mech. Age. Dev. 41, 73–114, (1987). In honour of Karl Wezler.

Zahn, R. K.; Jaud, S.; Schröder, H.-C.; Zahn-Daimler, G.; Zahn-Daimler, G.: DNA Status in Brain and Heart as Prominent Co-Determinant for Life-Span ? Assessing the different degrees of DNA damage,damage susceptibility, and repair capability in different organs of young and old mice. Mech Age Devel.89, 7994 (1996).

Zahn, R. K.; Zahn-Daimler, G.; Ax, S.; Hosokawa, M.; Takeda, T.: Assessment of DNA-Protein Crosslinks in the course of Aging in Two Mouse Strains by Use of a Modified Alkaline Filter Elution Applied to Whole Tissue Samples. MAD 108, 99112 (1999).

Hosokawa, M.; Fujisawa, H.; Ax, S.; Zahn-Daimler, G.; Zahn, R. K.: Age-associated DNA Damage Is Accelerated in the Senenscenceaccelerated Mice. Mech. Age Dev. 118, 6170 (2000).

Zahn, R.K.; Zahn-Daimler, G.; Ax, S.; Reifferscheid, G.; Waldmann, P.; Fujisawa, H.; Hosokawa, M.: DNA damage, susceptibility and repair in correlation to calendric age and longevity. Mech. Age Devel. 119, 101112 (2000).

II. Morphologische Untersuchungen
unter der Leitung von Frau Lütjen-Drecoll

Fragen zur Pathogenese des Altersprozesses lassen sich an okulären Geweben besonders gut untersuchen, da in diesem relativ kleinen Organ sehr viele verschiedenartige Gewebsformationen zusammenliegen. So ist die Retina ein Teil des Zentralnervensystems, die Linse ein rein zelluläres, ektodermales Organ und die Kornea ein elastikafreies, spezialisiertes Bindegewebe. Im Gegensatz dazu enthält die gefäßreiche Uvea und die Sklera, ähnlich anderen Bindegewebsformationen, sowohl elastische als auch kollagene Fasern sowie verschiedene andere Komponenten der extrazellulären Matrix. Während Augenlinse und Kornea als optische Medien zeitlebens durchsichtig bleiben und somit besondere Mechanismen erforderlich sind, um den „normalen" Alterungsprozeß zu verhindern, laufen in der Uvea deutliche Altersveränderungen ab, die frühzeitig bei vorher Normalsichtigen zur Alterssichtigkeit (Presbyopie) und zu einer Verdichtung des Kammerwasserabflußgewebes mit Erhöhung des Abflußwiderstandes führen.

Wir haben die Altersveränderungen in den verschiedenen Augengeweben eingehend mit verschiedenen morphologischen Methoden wie Licht- und Elektronenmikroskopie, Enzym-Immunohisto- und zytochemie sowie Rasterelektronenmikroskopie untersucht. Diese Untersuchungen wurden dadurch ergänzt, daß uns aus den USA Augen von Spendern mit verschiedenen chronisch degenerativen Alterserkrankungen des Auges wie Glaukomen, Retina- und Makuladegenerationen für entsprechende morphologische Untersuchungen zur Verfügung gestellt worden sind. Dabei zeigte sich, daß nicht nur zwischen den spezialisierten Linsensystemen und der Uvea Unterschiede in der Art des Alterns der Gewebe auftreten, sondern daß sich diese Prozesse sogar innerhalb der Uvea weiter differenzieren lassen. So weist z.B. die Elastika der hinteren Sehnen des Ziliarmuskels mit dem Alter strukturelle Veränderungen auf, die zu einer verminderten Rückstellkraft und Erschlaffung des Gewebes führen, wie sie z.B. auch in der Haut auftreten. Im Gegensatz dazu werden die vorderen Sehnen des gleichen Muskels von einer dicken Hülle vernetzter kollagener Fasern umgeben, die zu einer Verfestigung und Versteifung im Kammerwasserabflußgewebe führen, das den vorderen Sehnen als Ansatz dient. Diese unterschiedlichen Formen des Alterns der Elastika ist funktionell von großer Bedeutung, da ein Erschlaffen des vorderen Sehnenansatzes zum Kollaps des Gewebes führen, und damit den Kammerwasserabfluß aus dem Auge behindern würde. Die Konsequenz wäre, daß jeder Mensch im höheren Alter einen erhöhten intraokulären Druck und damit ein Glaukom entwickeln würde. Die Versteifung des Gewebes verhindert jedoch diesen Kollaps. Auf der anderen Seite werden aber die Kammerwasserabflußwege eingeengt und der Abflußwiderstand steigt an. Der Druck bleibt zwar noch normal, aber jede zusätzliche Vermehrung von extrazellulärem Material kann dann im Alter nicht mehr toleriert werden und führt dann häufig zur Ausbildung einer Glaukomerkrankung. Im Alter wird also einerseits durch die besondere Form der Elastikaveränderungen im vorderen Augenabschnitt die regelmäßige Ausbildung der Glaukomerkrankung verhindert, aber andererseits die Disposition für die Entstehung der Erkrankung geschaffen.

Im Bereich der Lamina cribrosa des Auges, in der die Sehnervenfasern das Auge nahezu rechtwinklig abbiegend die Sklera verlassen, zeigen die elastischen Fasern im Alter die gleiche Struktur wie die der hinteren Ziliarmuskelsehnen, d.h. sie werden im Alter wahrscheinlich schlaff und nachgiebig. Eine Versteifung und Hüllenbildung in diesem Bereich würde die Porengröße der Lamina einengen und die Nervenfasern komprimieren. Eine Erblindung durch diese Art der Sehnervendegeneration wird also normalerweise im Alter verhindert. Andererseits kann durch die Veränderung der Rückstellkraft der Elastika in diesem Bereich bei Druckerhöhung die Lamina cribrosa leichter zurückverlagert und bei chronisch erhöhtem Augendruck eine Kompression der Sehnervenfasern und eine Optikusneuropathie induziert werden.

Untersuchungen zur Pathogenese der verschiedenen Veränderungen der extrazellulären Matrix (EZM) bei alten und glaukomatös veränderten Augen wurden in vitro an Zell- und Organkulturen vorgenommen sowie in vivo auch an genetisch veränderten (transgenen) Mäusen.

Vermehrte Bildung von EZM, Quervernetzung des Materials zu unlöslichen Komplexen und Hemmung der Auflösung neugebildeter EZM-Komponenten durch Metalloproteinasen werden z.B. durch Wachstumsfaktoren wie TGFβ induziert. Die Ergebnisse unserer Untersuchungen weisen darauf hin, daß im Kammerwinkelbereich solche Faktoren an der Verdichtung der Abflußgewebe beteiligt sind. Bei etwa der Hälfte der Glaukompatienten ist TGFβ im Kammerwasser vermehrt und die Wirkung des Wachstumsfaktors auf die Zellen der Abflußgewebe erhöht. Umgekehrt ist im Bereich der Lamina cribrosa die lytische Wirkung von Metalloproteinasen nicht nur nicht gehemmt, sondern verstärkt. Diese Befunde zeigen auch, daß therapeutische Maßnahmen schon innerhalb eines Organs nicht aus der Kenntnis lokalisierter Veränderungen heraus, sondern immer nur unter Kenntnis des Gesamtsystems eingeleitet werden sollten.

Auch Radikale, die im Auge durch den Phototransduktionsprozeß in noch größeren Mengen entstehen als in den übrigen Organen, können auf die Quervernetzung von Strukturproteinen wirken. Da ein Großteil der kollagenen und elastischen Fasern nur wenig „turn over“ aufweist, kommt es zwangsläufig zu Veränderungen der EZM im Alter. Da durch Radikalwirkungen schließlich auch das genetische Material selbst verändert werden kann, ist allein schon durch die Sauerstoffatmung ein Alterungsprozeß vorgegeben. Wir haben uns daher die Frage gestellt: Wie kann dieses „natürliche“ Altern der EZM z.B. in der Kornea und Linse verhindert werden?

In der Kornea fehlen elastische Fasern. Quervernetzungen der kollagenen Fasern werden durch einen komplexen Aufbau der einzelnen Fasern verhindert, die jeweils von Mikrofibrillen und einer speziellen Form von Proteoglykanen, die einer Vernetzung, z.B. durch Radikaleinwirkung entgegenwirken, umgeben sind. Außerdem ist das Korneagewebe außen und innen von einer Zellschicht bedeckt, die durch energieverbrauchende Pumpensysteme den Flüssigkeitsspiegel im Stroma der Hornhaut konstant halten. Auch die zelluläre Linse enthält solche Pumpsysteme zur Regulation der Brechkraft dieses Systems. Eine Veränderung der Konfiguration der Eiweiße in den Linsenzellen und damit die Aufrechterhaltung ihrer Funktion in diesem stoffwechselarmen Gewebe wird u.a. dadurch erreicht, daß jede der Linsenzellen vollgestopft ist mit den kleinen Linseneiweißen, den Crystallinen. Wir wissen heute, daß ein Teil dieser Crystalline, nämlich die α-Crystalline, zu den kleinen Hitzeschockproteinen gehören, die als Chaperone die Konfiguration der Eiweiße unterhalten. Von den γ- und λ-Crystallinen konnte kürzlich gezeigt werden, daß sie auf eine noch nicht genau bekannte Art und Weise die Regeneration von neuroektodermalen Zellen beeinflussen. Inzwischen konnten Crystalline auch in zahlreichen anderen Organen nachgewiesen werden, wo sie an Stellen eingesetzt werden, an denen Eiweißmoleküle Streßsituationen ausgesetzt sind, aber als Strukturproteine nicht ständig ausgewechselt werden dürfen (z.B. in Herz- und Skelettmuskelzellen am Ansatz der Myofibrillen). Warum der Körper solche Schutzmechanismen nur gezielt zur Erhaltung der funktionell wichtigsten Strukturen eines Organsystems einsetzt, ist nicht bekannt. Wir wissen aber heute, daß fehlerhafter Einsatz von Eiweißmolekülen mit Chaperon-artiger Funktion zu Fehlern in der Konformation von Eiweißmolekülen und damit zu Fehlfunktionen führen können, die, wie von den Prionen des Rinderwahnsinns bekannt ist, delitäre Auswirkungen haben können.

Insgesamt zeigen unsere Forschungsergebnisse, daß es zwar generelle Prinzipien der Alterungsprozesse gibt, aber auch Prinzipien, die diese Prozesse verhindern. Im Organismus existieren diese beiden Prinzipien aber immer so nebeneinander, daß die wesentlichen Funktionen eines Organs über einen sehr langen Zeitraum aufrecht erhalten werden können. Diese Mechanismen erfolgen jedoch immer auf Kosten anderer Systeme, die dafür sogar verstärkte Altersveränderungen zeigen. Dieses Gleichgewicht zwischen Altern und „Nicht-Altern" wird mit den Jahren durch die zwangsläufigen strukturellen Umwandlungen der Gewebe immer störanfälliger, so daß zusätzliche Faktoren auf der Basis der Alterungsvorgänge dann leichter – wie am Beispiel der Glaukomveränderungen dargestellt – zu chronisch degenerativen Erkrankungen entarten. Unsere Ergebnisse zeigen auch, daß Prävention, durch Aufrechterhaltung der Balance der Veränderungen in den Systemen, die Ausbildung chronisch degenerativer Erkrankungen verhindern kann, daß es aber sehr schwierig ist, die Entartung des komplexen Systems wieder in den Normalzustand zurückzuführen.

Die Ergebnisse der Arbeiten wurden in zahlreichen Aufsätzen in internationalen Journals publiziert und mit insgesamt sechs hochdotierten Preisen ausgezeichnet. In Erlangen fanden in regelmäßigen Abständen internationale Kongresse zum Thema „Altern und degenerative Erkrankungen" statt. Die Kommission bedankt sich abschließend auch an dieser Stelle ganz herzlich für die langjährige, effektive Unterstützung unserer Forschungsarbeiten.

KOMMISSION FÜR BIOLOGIE

Arbeitsgruppe Botanik

Bericht Barthlott

I. Biodiversitätsforschung

In der 2. Auflage erschien der Band „Biodiversity. A challange for development research and policy", der von Hrn. Barthlott und Prof. Dr. Matthias Winiger (Bonn) herausgegeben wurde. Die geographische Verteilung der Biodiversität ist sehr ungleich: Ihre höchsten Konzentrationen liegen in den tropischen Wäldern und bestimmten subtropischen Regionen. Damit besitzen die Entwicklungsländer den größten Reichtum an genetischen Ressourcen. Die Industrieländer dagegen verfügen über die nötigen Kapazitäten für die Biodiversitätsforschung. – Basierend auf einem Workshop, der in Georgien stattfand, wurde von Hrn. Barthlott und Mitarbeitern (Bonn) ein Beitrag über die Botanischen Gärten und Biodiversität vorgelegt. Es wird auf die Pflanzenvielfalt eingegangen, die in den Botanischen Gärten vorhanden ist. Ein Vergleich verschiedener Pflanzenfamilien oder bestimmter Pflanzengruppen zeigt deutlich eine sehr unausgewogene Repräsentation. Überraschend ist auch das sogenannte „Beta-Diversität-Dilemma", das bedeutet, daß ein Großteil des Inventars der Botanischen Gärten übereinstimmt und somit die Beta-Diversität extrem niedrig ist. Auch eine Betrachtung auf genetischer Ebene zeigt eine Gleichförmigkeit der Bestände. Ein Informationsaustausch ist also dringend erforderlich. Die Leistungen Botanischer Gärten sind aber nicht nur auf die Ex-situ-Erhaltung beschränkt. Auch der Schutz der Arten an ihrem natürlichen Standort ist eine Aufgabe, die vermehrt von Botanischen Gärten wahrgenommen wird. Nicht zuletzt spielen die Botanischen Gärten eine bedeutende Rolle für die Bewußtseinsbildung der Bevölkerung für ein vertieftes Naturverständnis.

Publikationen

Barthlott, W. & M. Winiger (eds.) (2001): Biodiversity. A challange for development research and policy. Springer, Berlin Heidelberg New York Tokyo, pp. 429.

Lobin, W., Driesch, M. von den & W. Barthlott (2001): Botanische Gärten und Biodiversität. In: Bundesamt für Naturschutz, Bonn (Hrsg.) Botanische Gärten und Erhaltung Biolgischer Vielfalt. Ein Erfahrungsaustausch. Landwirtschaftsverlag, Münster, S. 27–39 (deutsch/russisch).

Die Arbeiten im Rahmen des interdisziplinären Forschungsvorhabens IMPETUS (Integratives Management-Projekt für einen Effizienten und Tragfähigen Umgang mit Süßwasser in Westafrika, gefördert durch das BMBF) wurden durch die Arbeitsgruppen von Hrn. Barthlott (Bonn) und Prof. Dr. Stefan Porembski (Rostock) fortgeführt. Schwerpunktmäßig beschäftigte sich Dipl. Biol. Bettina Orthmann mit der stark ausgeprägten Dynamik des raumzeitlichen Wandels der Landschaftsdiversität im Einzugsbereich des Ouémé-Flusses in Benin. Mittels vegetationsökologischer Analysen konnte unter Verwendung von Fernerkundungsdaten und GIS der Einfluß anthropogener Eingriffe dokumentiert werden. – Mit der Aktualität des Forschungsfeldes Biodiversität und den Konsequenzen des globalen Wandels für den Artenreichtum und die Stabilität pflanzlicher Lebensgemeinschaften beschäftigen sich verschiedene von Prof. Dr. Stefan Porembski vorgelegte Arbeiten.

Publikationen

Orthmann, B., Porembski, S., Thamm, H.-P., Menz, G. & B. Sinsin (2001): Assessment and modelling of vegetation dynamics in the Upper Ouémé catchment (Benin, West Africa) in the framework of IMPETUS – an interdisciplinary approach. IVAS, Munich.

Porembski, S. (im Druck): Räumliche und zeitliche Muster der Diversität von Pflanzen. Wissenschaftliche Beiträge 5. Franz-Ruttner-Symposion.

Porembski, S. (in press): Trends in global change related plant diversity resarch. Progress in Botany.

Im Berichtsjahr 2001 wurde von Hrn. Barthlott und Mitarbeitern (Bonn) im BIOMAPS-Biodiversitätskartierungsprojekt neben weiteren Analysen auf globalem Maßstab ein Schwerpunkt auf die afrikanische Flora gelegt. Nach langjährigen Vorarbeiten wird das Projekt seit Januar 2001 im Rahmen des Projektverbundes Biota Africa (www.biota-africa.de) vom BMBF gefördert, zunächst für drei Jahre. Es wurde damit begonnen, umfangreiche Datenbanken und geographische Informationssysteme zur Diversität und Verbreitung afrikanischer (bisher v.a. afrotropischer) Gefäßpflanzen aufzubauen. Erste Analysen auf der Basis von Verbreitungsdaten 717 afrotropischer Arten, die auf der Jahrestagung der Gesellschaft für Ökologie präsentiert wurden, zeigen dabei deutliche Unterschiede der Diversitätsmuster unterschiedlicher funktionaler Typen von Pflanzen. Daneben wurde Anfang 2001 ein vorläufig bis Januar 2002 terminiertes Kooperationsprojekt mit dem World Wildlife Fund (WWF-US) gestartet. Ziel des Projektes ist es, für jede der 867 terrestrischen WWF-Ökoregionen die Anzahl der dort vorkommenden höheren Pflanzenarten abzuschätzen und damit eine wichtige wissenschaftliche Grundlage für die weltweite Naturschutzplanung zu schaffen.

Publikationen

Kier, G. & W. Barthlott (2001): Measuring and mapping endemism and species richness: a new methodological approach and its application on the flora of Africa. Biodiversity and Conservation *10*: 1513–1529.

Mutke, J., Küper, W., Braun, G. & W. Barthlott (2001): Analysing diversity patterns of different plant functional types in Tropical Africa. Verhandlungen der Gesellschaft für Ökologie *31*: 63.

Die Bearbeitung der bolivianischen Valerianaceae für den „Catalogue of the Vascular Plants of Bolivia" wird von Hrn. Weberling und Mitarbeitern (Ulm) weitergeführt. – Für die „Flora von Istrien" wurde die Bearbeitung der Caprifoliaceae und Valerianaceae übernommen.

In der Arbeitsgruppe von Hrn. Jäger (Halle) wurden die Arbeiten am Projekt „Prognosen zur Ausbreitung von Neophyten" (Förderung durch die DFG) begonnen. Ziel ist die Analyse des Ausfüllungsgrades ökogegraphisch potentieller Areale verschiedener Gruppen von Adventivarten (nordamerikanische und europäische Neophyten, gegliedert nach Lebens- und Wuchsformen, Ausbreitungsbiologie und Ökologie). Das Projekt soll zeigen, welche Unterschiede in der klimageographischen Vorhersagbarkeit der Ausbreitung verschiedener Gruppen eingeschleppter Pflanzen bestehen. Solche Prognosen werden für invasive europäische Arten in Nordamerika und für bisher nur lokal etablierte Neophyten in Deutschland angestellt. Erste Fallstudien sind bereits veröffentlicht. – In einem „Handbuch der Segetalpflanzen Mitteleuropas" wird für eine große Zahl von Ackerunkräutern aus dem Herkunftsgebiet, der Ausbreitungsgeschichte, dem rezenten Areal und seinen Klimabedingungen eine Prognose für die künftige Arealentwicklung abgeleitet; auch hierbei wurden Beziehungen zu Wuchsformenmerkmalen, besonders zum Laubrhythmus untersucht. – In der völlig neu bearbeiteten 9. Auflage des Bandes 4 von „Rothmaler, Exkursionsflora von Deutschland" wurden erstmals für alle Arten der deutschen Flora biologische Daten (Wuchsform, Laubrhythmus, Rosettenbildung, Lebensform, Lebensdauer, klonales Wachstum; Blüten-, Ausbreitungs- und Keimungsökologie) und neu formulierte chorologische Diagnosen erarbeitet. Diese durchgängige Charakterisierung führte einerseits zur Klärung begrifflicher Schwierigkeiten, andererseits bietet sie eine Grundlage für die Untersuchung von Korrelationen, z. B. zwischen Laubrhythmus und Arealcharakter oder zwischen Ausbreitungsbiologie und Arealweite. – Die von Dr. E. Welk im Rahmen einer Dissertation entwickelten Methoden der quantitativen Analyse von Metadaten der Arealeigenschaften gefährdeter Gefäßpflanzen wurden für die durchgängige Bewertung aller Rote-Liste-Arten der deutschen Flora und für regionale Artenschutzprogramme verwendet. Die gesamte Arbeit mit den biogeographisch-methodischen Grundlagen und den Basisdaten ist im Internet veröffentlicht, Teilabschnitte sind im Webauftritt des BfN Bonn (FloraWeb.de) integriert. – Fortgesetzt wurden die Arbeiten an Sippenmonographien zur Chorologie und Biologie zentraleuropäischer Gefäßpflanzen. Abgeschlossen sind die Bearbeitungen von *Corydalis*-Arten, von *Myosotis sparsiflora* und dem *Ornithogalum-angustifolium*-Komplex. Sie sollen als Beiträge zur „Biological Flora of Central Europe" in der Zeitschrift „Flora" publiziert werden.

Publikationen

Hoffmann, M. H. (2001): The distribution of *Senecio vulgaris*: capacity of climatic range models for predicting adventitious ranges. Flora *196*: 395–403.

Jäger, E. J. (2001): Kommentare zur Neubearbeitung der Exkursionsflora von Deutschland, Band 4. 1. Zur Verbreitung und Biologie der Arten. Schlechtendalia *7*: 17–28.

Jäger, E. J. & K. Werner (2001): Rothmaler, Exkursionsflora von Deutschland. Bd. 4. 9., völlig neu bearbeitete Auflage. Berlin, Heidelberg.

Kästner, A., Jäger, E. J. & R. Schubert (2001): Handbuch der Segetalpflanzen Mitteleuropas. Springer-Verlag, Wien, New York.

Welk, E. (2001): Arealkundliche Analyse und Bewertung der Schutzrelevanz seltener und gefährdeter Gefäßpflanzen Deutschlands. Online Publikation, 324 pp. http://sundoc.bibliothek.uni-halle.de/diss-online/ 01/01H044/index.htm.

Die tropenökologischen Arbeiten wurden von Prof. Dr. Eberhard Fischer (Koblenz) mit Reisen nach Kenya fortgesetzt. Dabei stand die Erfassung der Flora im stark fragmentierten Kakamega-Forest, einem guineo-kongolischen Regenwald mit afromontanen Elementen in West-Kenya im Mittelpunkt. Neben der Untersuchung der Farn- und Blütenpflanzen und ihrer Gesellschaften wurden auch epiphytische Moose und Flechten als wichtige Bioindikatoren von unterschiedlich gestörten Waldhabitaten kartiert. Das Projekt wird seit März 2001 im Rahmen von BIOTA Africa (www.biota-africa.de) vom BMBF gefördert.

Publikation

Althof, A., Killmann, D., Solga, A. & E. Fischer (2001): Influence of natural and anthropogenic fragmentation on the vegetation in montane rainforests of Kakamega and Mt. Kenya. Abstract BIOTA Statusseminar.

Inselberge und fragmentierte Lebensräume

In verschiedenen Tropenregionen konnten die Arbeiten zur Diversität pflanzlicher Lebensgemeinschaften auf Inselbergen sowie an Waldfragmenten von Prof. Dr. Stefan Porembski und Mitarbeitern (Rostock) fortgesetzt werden. Im Rahmen eines Promotionsvorhabens beschäftigt sich Dipl. Biol. Leonhard Krause mit den phytogeographischen Differenzierungsmustern der Inselbergvegetation im Nordosten Brasiliens. Das Arbeitsgebiet erstreckt sich vom atlantischen Küstenregenwald bis zu den trockenen Caatinga-Formationen und folgt somit einem steilen klimatischen Gradienten. In der Côte d'Ivoire konnte Dipl. Biol. Axel Krieger Analysen zum Artenturnover in saisonalen Felsgewässern abschließen. Die Ergebnisse zeigen eindeutig, daß in diesem Habitat stochastische Einflüsse (vor allem Zufälligkeiten der Besiedlung) von erheblicher Bedeutung für die Strukturierung der pflanzlichen Lebensgemeinschaften sind. Insbesondere inmitten anthropogen überformter Landschaften bilden aus Graniten und Gneisen bestehende Inselberge Refugialstandorte für Pflanzen und Tiere. Menschliche Eingriffe (u. a. Steinbrüche, Tourismus) führen jedoch in vielen Regionen zu einer zunehmenden Gefährdung dieses einzigartigen Ökosystems, das in jüngster Zeit verstärkt dem Einwanderungsdruck von Neophyten ausgesetzt ist. Gemeinsam mit Prof. Dr. Burkhard Büdel (Kaiserslautern) und Mitarbeitern konnte eine neue Flechten-Art aus Südamerika beschrieben werden. – Basierend auf einer geographisch breit angelegten Studie zeigte sich, daß Inselberge ein Diversitätszentrum austrocknungstoleranter Gefäßpflanzen darstellen. Von den insgesamt bekannten ca. 330 poikilohydrischen Gefäßpflanzen kommen nahezu 90% auf Inselbergen vor. Im Rahmen eines DAAD-finanzierten Projektes (gemeinsam mit Prof. Dr. Zoltan Tuba, Universität Gödöllö, Ungarn) wird die morphologische und ökophysiologische Plastizität der poikilohydrischen Cyperaceae *Afrotrilepis pilosa* untersucht. – Im Bereich der indischen Western Ghats konnten erste Studien zur dort nahezu unbekannten Vegetation auf Felsstandorten durchgeführt werden (in Kooperation mit Dr. Aparna Vatwe, Botanical Survey of India, Pune). – Im Mittelpunkt von Arbeiten in Westafrika steht die Bearbeitung von Waldfragmenten in einem Wald-Savanne-Mosaik unter Mitarbeit von Dr. Detharst Götze und Dipl. Biol. Klaus-Josef Hennenberg. Die durch das BMBF finanzierten Studien werden im Rahmen des BIOTA AFRICA-Projektes in der Côte d'Ivoire durchgeführt. Unter Verwendung von Fernerkundungsdaten und GIS sollen modellhafte Einblicke in die Zusammenhänge von Vegetationsdynamik, klimatischem Wandel und anthropogenen Einflüssen gewonnen werden. Zum Thema Waldfragmentierung wurde eine Vorstudie in der brasilianischen Mata Atlântica im Bereich der Serra dos Orgãos gemacht.

Publikationen

Krieger, A., Porembski, S. & W. Barthlott (in press): Temporal dynamics of an ephemeral plant community: species turnover in seasonal rock pools on Ivorian inselbergs. Plant Ecology.

Porembski, S. (2000): The invasibility of tropical granite outcrops (‚inselbergs') by exotic weeds. J. of the Royal Soc. of Western Australia *83*: 131–134.

Porembski, S. (2001): Grundzüge der Vegetation von Inselbergen: Artenreichtum, Anpassungsstrategien und phytogeographische Differenzierung. Sitzungsber. Ges. Naturforsch. Freunde zu Berlin (N.F.) *40*: 45–57.

Porembski, S. (in press): Phytodiversity and structure of the Comoé river gallery forest (NE Ivory Coast). In: Gottsberger, G. & S. Liede (eds.) Life forms and dynamics in tropical forests. J. Cramer in der Gebr. Borntraeger Verlagsbuchhandlung, Berlin, Stuttgart.

Porembski, S. & W. Barthlott (2000): Granitic and gneissic outcrops (inselbergs) as centers of diversity for desiccation-tolerant vascular plants. Plant Ecology *151*: 19–28.

Schultz, M., Büdel, B. & S. Porembski (2001): *Thyrea porphyrella*, a new species of the Lichinaceae from the inselbergs in tropical South America. Lichenologist *33*: 211–214

Epiphyten

Weitere Untersuchungen zur Biodiversität von Gefäßpflanzen-Epiphyten in Ekuador und Venezuela wurden von Hrn. Barthlott und Mitarbeitern (Bonn) durchgeführt. Nach dem Abschluß des Surumoni-Projekts („Kranprojekt" in Venezuela, oberer Orinoco, gefördert von der Deutschen Forschungsgemeinschaft) werden zur Zeit weitere Ergebnisse, insbesondere zur mittelfristigen Dynamik der Epiphytenvegetation (d.h. Veränderungen über fünf Jahre) ausgewertet. Es zeigten sich bereits auffallende Veränderungen im Kran-Untersuchungsgebiet (starke Zunahme an Individuen und Arten). – Die Experimente und Beobachtungen an sogenannten „Ameisengärten" (Epiphyten-Gemeinschaften auf Ameisennestern in Baumkronen) wurden weitgehend publiziert. Es wurde deutlich, daß extraflorale Nektarien der Trägerbäume die Ansiedlung von Ameisen begünstigen. – In Ekuador wurde das von der Volkswagen-Stiftung geförderte Gemeinschaftsprojekt mit der Pontificia Universidad Católica del Ecuador abgeschlossen. Die zoologischen und botanischen Ergebnisse sind zum größten Teil in zwei Sammelbänden veröffentlicht worden. Damit liegen Waldstrukturdaten, Pflanzeninventare und ökologische Analysen für zwei Bergregenwälder in Westekuador vor. – Einige Daten aus Venezuela und Ekuador sind in die „Encyclopedia of Biodiversity" aufgenommen worden.

Publikationen

Barthlott, W., Schmit-Neuerburg, V., Nieder, J. & S. Engwald (2001): Diversity and abundance of vascular epiphytes: a comparison of secondary vegetation and primary montane rain forest in the Venezuelan Andes. Plant Ecology *152*: 145–156.

Engwald, S., Szarzynski, J. & O. Panfyorov (1999): Biodiversity of epiphytes, forest structure and light regime of an equatorial rain forest in Gabon, Central Africa. pp. 74–83. In: Hallé, F. & Pro-Natura International (Eds.) Biologie d'une canopée de forêt équatoriale – IV. Rapport de la mission d´exploration scientifique de la canopée de la forêt des Abeilles, Gabon, Janvier – Mars 1999. – Pro-Natura International & Opération Canopée, Paris.

Nadkarni, N. M., Merwin, M. C. & J. Nieder (2001): Forest canopies, plant diversity. In: Levin, S. (ed.) Encyclopedia of Biodiversity. Academic Press, San Diego, pp. 27–40.

Nieder, J. & W. Barthlott (eds.) (2001): The flora of the Río Guajalito mountain rain forest (Ecuador). Results of the Bonn – Quito epiphyte project, funded by the Volkswagen Foundation (Vol. 1 of 2), Bonn. 500 pp.

Nieder, J. & W. Barthlott (eds.) (2001): Epiphytes and canopy fauna of the Otonga rain forest (Ecuador). Results of the Bonn – Quito epiphyte project, funded by the Volkswagen Foundation (Vol. 2 of 2), Bonn. 389 pp.

Nieder, J. & G. Michaloud (2001): Epiphytes and their contribution to canopy diversity. In: Linsenmair, K. E., Davis, A. J., Fiala, B. & M. R. Speight (eds.) Tropical forest canopies: ecology and management. Kluwer, Dordrecht.

Nieder, J. & G. Michaloud (2001): Epiphytes and their contribution to canopy diversity. Plant Ecology (Special Issue) *153*: 51–63.

Im Rahmen der tropenökologischen Arbeiten wurde zum zweiten Mal überhaupt auf einem lebenden Wirbeltier, einem Chamäleon aus Kamerun (*Rhampholeon spectrum*), lebende Moose nachgewiesen. Das Tier wurde von Prof. Dr. Wolfgang Böhme (Museum

Alexander Koenig, Bonn) gesammelt. Bei den gefundenen Arten handelt es sich um epiphylle Lebermoose aus der Familie der Lejeuniaceae, die sich über Brutkörper vegetativ vermehren und daher Oberflächen sehr schnell besiedeln können.

Publikation

Böhme, W. & E. Fischer (2000): Ein Bodenchamäleon (*Rhampholeon spectrum*) mit Pflanzenbewuchs: zweiter Nachweis von Moosen auf einem lebenden Wirbeltier. Herpetofauna *22*: 5–10.

Blütenökologie

Im Berichtsjahr erschienen sind die von Hrn. Vogel (Wien) mit Koautoren verfaßten Abhandlungen über die ornithophilen, ein zuckerhaltiges Gelee darbietenden Blüten von *Combretum lanceolatum* und über die Bestäubung von *Sisyrinchium*-Arten durch ölsammelnde Bienen (s. Jahrbuch 1998 bzw. 2000). Beiträge zur Kenntnis der ebenfalls ölbietenden Scrophulariacee *Angelonia cornigera* und über die sogenannten Ersatznektarien in den Blüten der Bignoniaceen-Gattung *Lundia* wurden gemeinsam mit C. Machado und A. Lopes (Recife, Brasilien) abgeschlossen und befinden sich im Druck. Zum Druck eingereicht ist eine detaillierte Untersuchung der sogenannten Flimmerkörper; es handelt sich um Blütenanhänge, die durch mimimale Luftströmung passiv in Schwingung geraten und deren Mobilität auf hochdifferenzierten Gelenkstrukturen beruht. Sie repräsentieren eine bisher kaum beachtete Form der visuellen Anlockung, die bei meist nektarlosen Fliegenblumen der Orchideen, Asclepiadaceen, Aristolochiaceen und Sterculiaceen vorkommt. Mutmaßlich imitieren die Flimmerkörper Bewegungssignale, die im Leben der Bestäuber eine Rolle spielen. Visuelle Signalisation mit den Flügeln, Extremitäten und anderen Körperteilen ist von Vertretern zahlreicher Dipterenfamilien bekannt und steht in Zusammenhang mit Aggregation, Partnerwahl und Eiablage sowie (bei Fremdbewegungen) mit Nahrungssuche und Kommensalismus. Schwerpunkte der vergleichenden Studie sind die Anatomie, Morphologie und Biotechnik der beweglichen Anhänge. Wahlversuche mit Modellen zur direkten Prüfung des angenommenen Lockeffekts sind geplant. – Unter Anleitung von Hrn. Vogel wird die Blütenbiologie von *Vigna caracalla*, einer Leguminose mit extrem asymmetrischen Blütenkronen, im Rahmen einer Dissertation von Frau A. Etcheverry (Universidad Nacional de Salte, Argentinien) untersucht.

Publikationen

Cocucci, A. A. & S. Vogel (2001): Oil-producing flowers of *Sisyrinchium* species (Iridaceae) and their pollinators in southern South America. Flora *196*: 26–46.

Sazima, M., Vogel, S. Prado, A. L., Oliveira, D. M., Franz, G. & I. Sazima (2001): Thew sweet jelly of *Combretum lanceolatum* (Combretaceae): a cornucopia resource for bird pollinators in the Pantanal, western Brazil. Plant Syst. Evol. *227*: 195–208.

Carnivore Pflanzen

Im Rahmen des gemeinsam mit Prof. Dr. Stefan Porembski (Rostock) beantragten DFG-Projektes „Diversität und Ökologie der karnivoren Pflanzenfamilie Lentibulariaceae: Nischendifferenzierung, Evolution der Fangorgane und Beutespektren" werden durch Hrn. Barthlott und Mitarbeiter (Bonn) Untersuchungen zur evolutiven Entwicklung der Lentibulariaceae und die Entstehung ihrer komplizierten Fangorgane aus nicht karnivoren Vorläufern durchgeführt. Anhand molekularer Daten (Chloroplastengenom: *trnK*-Intron, *matK*-Gen) konnte Dipl. Biol. Kai Müller eine Phylogenie der Lentibulariaceae erstellen, womit erstmalig Aussagen über Verwandtschaftsbeziehungen innerhalb der Familie und Gattungen möglich wurden. Hier erfolgte eine Kooperation mit Prof. Dr. L. Legendre (Center for Horticulture and Plant Science, University of Western Sydney, Australien). Ebenso neu war die äußerst überraschende Entdeckung der höchsten, bislang bei den Angiospermen nachgewiesenen Mutationsraten (Relative Rate Tests) im *matK*-Gen von *Genlisea* und *Utricularia*. Zur Klärung der Funktionsweise der Fallen terrestrischer, epiphytischer und aquatischer *Utricularia*-Arten wurden von Dipl. Biol. Kerstin Reifenrath detaillierte morphologisch-anatomische Untersuchungen durchgeführt. Es konnte bestätigt werden, daß alle untersuchten Utricularien (aquatische, terrestrische, epiphytische) Fallen besitzen, die nach dem Saugprinzip arbeiten. Die einzige bemerkenswerte Ausnahme stellt *Utricularia multifida* (Sektion *Polypompholyx*) dar, deren Blasenfalle kein Velum zur hermetischen Abdichtung der Fallenöffnungen besitzt. Bei ihr ist zu vermuten, daß ihre Fallen – ähnlich den Reusenfallen bei der Schwestergattung *Genlisea* – permanent offen sind. In Laborversuchen wurde die Anlockung von Protozoen (Ciliaten) durch *Genlisea* und *Utricularia* nachgewiesen und auf ihre chemischen Lockstoffe hin getestet. Die Analyse der Attraktantien erfolgt in Zusammenarbeit mit Prof. Dr. W. Boland (Max-Planck-Institut für Chemische Ökologie, Jena). In Kooperation mit Prof. N. Wilbert und Dipl. Biol. N. Mette (Bonn) wird die Identifikation der gefangenen Beute, welche vor allem im Hinblick auf die Nischendifferenzierung zwischen syntopen Arten eine bedeutende Rolle spielt, durchgeführt. Zwischen aquatischen und terrestrischen *Utricularia*-Arten bestehen stark ausgeprägte Unterschiede hinsichtlich ihrer Biomasseallokation und Anlockstrategie. Während aquatische Utricularien mehrheitlich Biomasse in vegetative Organe investieren und keine Anlockwirkung auf Protozoen (Ciliaten) (nicht nachgewiesene Lockstoffe) ausüben, weisen terrestrische Arten eine deutliche Protozoen-Anlockstrategie durch vorhandene Lockstoffe und extrem erhöhte Biomasseverteilung auf reproduktive Strukturen auf. – Exemplarisch konnte für terrestrische *Utricularia*-Arten auf westafrikanischen Inselbergen gezeigt werden, daß signifikante Unterschiede im Hinblick auf die Substratmächtigkeit des Standortes bestehen.

Publikation

Porembski, S., Seine, R. & W. Barthlott (in press): Spatial separation between terrestrial species of *Utricularia* (Lentibulariaceae) on rock outcrops in West Africa. Biotropica.

II. Systematik, Morphologie und Taxonomie

Die Samenmerkmale der Cactaceae (Unterfamilie Cactoideae) werden von Hrn. Barthlott (Bonn) und David Hunt (Sherborne, England) in einer umfassenden Arbeit dargestellt. Die taxonomische Bedeutung der Samenmerkmale von Kakteen war seit langem bekannt, und bereits in den 70er Jahren wurden von Hrn. Barthlott und Gisela Voit in Heidelberg mehr als 900 Taxa untersucht. Von Vertretern fast aller akzeptierter Gattungen der Cactoideen werden Beschreibungen der Samen gegeben und durch REM-Aufnahmen von über 350 Taxa illustriert.

Publikation

Barthlott, W. & D. Hunt (2000): Seed-diversity in Cactaceae subfam. Cactoideae. David Hunt, Sherborne (England).

Die seit längerer Zeit an der Lotosblume (*Nelumbo nucifera*) betriebenen blütenbiologischen Studien hat Hr. Vogel (Wien) auf das hocheffiziente Durchlüftungssystem ausgedehnt. Hierzu bietet eine Freilandkultur dieser Wasserpflanze im Wiener Botanischen Garten Gelegenheit. Seit langem ist bekannt, daß aus dem Nabel ihrer schildförmigen Blätter zeitweilig Luft ausströmt. Im Unterschied zum Nabel anderer peltater Blätter enthält dieser ovale Fleck Spaltöffnungen; diese sind mehr als doppelt so groß wie die Stomata der übrigen Blattspreite. Sie kommunizieren direkt mit einem internen Luftkanalsystem. Unter bestimmten externen Bedingungen wird Luft von der mit Luftkapillaren durchsetzten Blattfläche durch einen physikalischen Effekt – Thermo-Osmose – aufgenommen und unter Druck gesetzt. Wie durch Arbeiten von Mevi-Schutz und Grosse (1988) erwiesen ist, wird das Gas in definierten Kanälen des Blattstiels hinab in das Rhizom getrieben. Von dort steigt es durch bestimmte andere Kanäle des Stiels wieder auf und entweicht über den Blattnabel nach außen. Dieses Zweistrom-System dient der Versorgung des im Schlamm wachsenden Rhizoms mit Sauerstoff. Durch Herstellung von Silikon-Abgüssen des Cavernensystems sowie durch pneumatische Versuche wurden die Luftwege im Blatt und in den Stolonen der Pflanze genauer ermittelt. Danach verlaufen die Luftröhren der beiden Blatthälften und auch die der distalen und adaxialen Spreitenflächen voneinander getrennt; ist die aktive Zirkulation im Gange, kommen nur die adaxialen Blattsektoren für den absteigenden Luftstrom auf. Die Trennung des Röhrensystems bleibt auch im Sproßbereich bewahrt, wobei die aus den Blattstielen einlaufenden Luftröhren mit ab- bzw. aufsteigender Luft entlang der Sprosse „in Serie geschaltet" sind. Der „Wendepunkt" in der Zirkulation des Luftstroms im Rhizom konnte noch nicht mit Sicherheit lokalisiert werden. Die Öffnungs- und Schließbewegungen der Nabel-Stomata erwies sich als ein maßgeblicher, vitaler Regulationsfaktor des Gasaustritts.

Die morphologisch-systematischen Untersuchungen an Valerianaceen-Gattungen werden von Hrn. Weberling und Mitarbeitern (Ulm) fortgesetzt. Die Ergebnisse zur Systematik der hochandinen Gattung *Stangea* Graebner wurden in den Abhandlungen der Akademie veröffentlicht. – Auch palynologische Untersuchungen an Valerianaceen wurden publiziert. – Die Beschreibung einer neuen *Valeriana*-Art aus Peru wird in Kürze erscheinen (Feddes Repertorium). – In Zusammenarbeit mit Frau Prof. Dr. Sigrid Liede, Bayreuth, werden weiterhin Sequenzanalysen an Vertretern morphologisch stark divergierender Valerianaceen-Sippen ausgeführt, um Hinweise zu erhalten, ob und in welchem Grade sich solche morphologischen Unterschiede in den für die Aufklärung von Verwandtschaftsverhältnissen als signifikant angesehenen DNA- bzw. RNA-Sequenzen widerspiegeln. – Die blattmorphologischen Untersuchungen, die bereits im letzten Jahrbuch eingehend erörtert wurden, sind nunmehr publiziert worden.

Publikationen

Reese-Krug, H., Meyer, E., Hildenbrand, M. & F. Weberling (2001): Palynological investigations in Valerianaceae – some elementary aspects and problems. Wulfenia *8*: 61–80.

Weberling, F. (2000): *Tepualia stipularis* (Hook. & Arn.) Griseb., una planta con apéndices stipuliformes y estípulas rudimentarias. Kurtziana *28*: 313–315.

Weberling, F. (2001): Reappraisal of our current knowledge of the genus *Stangea* Graebn. (Valerianaceae). Abhandlungen der Akad. Wiss. Lit. Mainz, Math.-naturw. Klasse, No. *2*. F. Steiner Verlag, Stuttgart.

Die Genese der wichtigsten Pflanzenbaupläne ist weiterhin die zentrale Frage, der Prof. Dr. Wolfgang Hagemann (Heidelberg) nachgeht. Die Entstehung eines neuen Typus in der Evolution ist ein Ereignis der Makroevolution, welche die sogenannte synthetische Evolutionslehre heute ausschließt, zu Unrecht, wie z. B. die Entstehung der polytelen aus der monotelen Synfloreszenz zeigt. Bei derartigen Typogenesen sind komplexe ontogenetische Veränderungen im Spiel, die gleichzeitig verschiedene Wachstumsproszesse tangieren. Um die phylogenetischen Zusammenhänge zu erkennen, müssen typologische Vergleiche auf verschiedenen Ebenen mit ontogenetischen Untersuchungen kombiniert werden. – Der für die primäre Morphogenese der Sproßgestalt wichtigste Vorgang ist die Blastonfraktionierung, der schon die dichotome Verzweigung von Lebermoos- und Farngametophyten bewirkt. Sie resultiert aus dem Zusammenspiel zwischen Blastozon- und dem darunterliegenden Grundgewebewachstum, das im Gegensatz zum Blastozonwachstum mit anfänglicher Zellverkleinerung und nachfolgend starkem Streckungswachstum verbunden ist. Dieser Vorgang spielt sich ebenso bei der Fiederbildung im Blattrandblastozon der Farnblätter ab, wobei sich auch zeigt, daß die Prokambiumbildung nach Einsetzen der Fraktionierung mit der Gabelung unter den Blastozonfraktionen antwortet. Bei *Dryopteris filix-mas* wölbt sich das Sproßblastozon am radiären Sproßscheitel auf und hat in Aufsicht eine gelappte Form, die Resultat seiner Fraktionierungen ist. Die sogenannte Transitionszone, in der die Grundgewebedifferenzierung mit anfänglicher Zellverkleinerung einsetzt, folgt dem Blastozonwachstum und schiebt sich dabei unter die älteren Blastozonlappen, die sodann durch aufsteigende Grundgewebedifferenzierung vom Scheitelblastozon als ein halbmondförmiges, transversal angeordnetes Blattrandblastozon abgetrennt werden. Die Entwicklung spricht gegen die auf Wardlaw und seine Schüler zurückgehenden Vorstellungen, nach der die Blattanlagen anfangs radiärsymmetrisch seien. Explantierte, sehr junge Blattanlagen regenerieren in der Tat einen radiären Sproß, wofür aber die Ursache die Entnahme des Gewebes aus dem Formzusammenhang der wachsenden Sproßspitze sein dürfte. Die Bifazialität einer Blattanlage bedarf deshalb keiner Induktion. Die Blastonfraktionierung dürfte der einfachste und älteste primär morphogenetische Vorgang zur Gliederung des Pflanzenkörpers sein.

Publikationen

Hagemann, W. (2000): Der Organismus als Subjekt in der Evolution: Die Wiederkehr des offenen Typus in der Pflanzenevolution. In: Heusser, P. Goethes Beitrag zur Erneuerung der Naturwissenschaften. Verlag P. Haupt, Bern, Stuttgart, Wien, S. 63–106.

Hagemann, W. (2000): The organism as subject in evolution: The recurrence of the open repenstype in plant evolution. Indian Fern J. *17*: 1–35.

Hagemann, W. (2001): Shoot development in ferns: The example of *Dyopteris filix mas*, a new holistic approach. In: Trivedi, P. C. Advances in Pteridology. New Delhi.

Die systematischen Arbeiten an Scrophulariaceen und verwandten Familien wurden von Prof. Dr. Eberhard Fischer (Koblenz) fortgesetzt. Neben der Darstellung der Scrophulariaceae und Lentibulariaceae für die „Families and Genera of Vascular Plants“ konnten auch die Bignoniaceae (zusammen mit Dr. I. Theisen/Bonn und Dr. Lohmann/Missouri) abgeschlossen werden. – Auf drei Reisen nach Madagaskar und Kenya konnte wieder zahlreiches Material gesammelt werden, darunter *Harveya alba*, die jetzt als eigene Gattung *Paraharveya* abgetrennt werden wird. Außerdem konnte gezeigt werden, daß die als weitverbreitetes ostafrikanisches Element angesehene *Harveya obtusifolia* Benth. in Wirklichkeit auf Madagaskar beschränkt ist. Die ostafrikanischen Vorkommen gehören zu einem eigenen Taxon, *Harveya helenae* Muschler. Zusammen mit Dipl. Biol. Hans-Peter Hofmann wurden die asiatischen *Sopubia*-Arten revidiert. – Die Bearbeitung der tropischen *Impatiens*-Arten konnte durch Aufsammlungen aus Kenya und Madagaskar fortgesetzt werden. Dabei konnten aus Madagaskar in Zusammenarbeit mit Elisette Rahelivololona/Antananarivo 48 neue Arten entdeckt werden. Außerdem wurde die Bearbeitung der Familie für „Families and Genera of Vascular Plants“ abgeschlossen.

Publikationen

Fischer, E. & F. Siedentop (in press): Revision of *Harveya* in Central Africa with decription of the new genus *Paraharveya*. Systematics and Geography of plants.

Fischer, E. & E. Rahelivololona (in press): New species of *Impatiens* (Balsaminaceae) in Madagascar and the Comoros. Adansonia.

Im Berichtszeitraum wurden die Studien an Gymnospermen von Prof. Dr. Thomas Stützel und Mitarbeitern (Bochum) fortgesetzt. Dipl. Biol. Christian Schulz hat seine Untersuchungen an *Juniperus* abgeschlossen. Die mit den letzten Zapfenschuppen alternierende Position der Samenanlagen kommt zustande, indem hier ausnahmsweise ein Samenanlagenstand, wie er sonst in der Achsel einer Zapfenschuppe auftritt, die Zapfenachse abschließt. Die Samenanlagen setzen damit das Muster der Blattfolge fort. Entsprechend dieser Interpretation konnten auch Zwischenformen zwischen Nadelblättern und Samenanlagen gefunden werden. Dipl. Biol. Armin Jagel konnte diese Interpretation durch Untersuchungen an zahlreichen südhemisphärischen Cupressaceen bestätigen. Die Ergebnisse dieser Studien wurden inzwischen als Dissertationsschrift vorgelegt. Aus ihnen kann gefolgert werden, daß das Integument der Gymnospermen in der Evolution nicht aus der Fusion von Hülltelomen, sondern aus einem apikalen, lysigenen Öffnungsapparat des Makrosporangiums hervorgegangen ist. Diese Hypothese wird in künftigen Studien weiteren kritischen Analysen unterworfen werden. – Im Rahmen der bisherigen Untersuchungen wurde gezeigt, daß detaillierte morphogenetische Studien, wie sie bei Angiospermen längst Standard sind, auch bei den Gymnospermen zur Lösung zahlreicher offener Fragen eingesetzt werden können. So konnte gezeigt werden, daß *Cupressus nootkatensis* wirklich zu *Cupressus* und nicht zu *Chamaecyparis* gehört, und des weiteren wurde die enge morphologische Beziehung zwischen *Platycladus* und *Microbiota* nachgewiesen. In beiden Fällen wird evident, daß eine morphologische Analyse bei gleicher Auflösung keine tiefergehenden Widersprüche zu Stammbaumkonstruktionen auf molekularbiologischer Basis ergibt und darüber hinaus wichtige Ansätze für ein Verständnis der Evolution von funktionell wichtigen Merkmalen ermöglicht. – Die Arbeiten an Gymnospermen wurden von Dr. Iris Mundry und Marcus Mundry auf vergleichende palynologische Untersuchungen ausgeweitet, die in Zusammenarbeit mit Prof. Dr. M. Hesse (Wien) durchgeführt werden. – Alle genannten Untersuchungen waren nur möglich, weil uns aus zahlreichen deutschen Botanischen Gärten (in universitärer und kommunaler Trägerschaft) kontinuierlich lebendes Pflanzenmaterial zur Verfügung gestellt wurde. Wegen der langen Zeit bis zur ersten Zapfenbildung (teilweise bis 20 Jahre) hängen derartige Studien von der Existenz breit angelegter und nicht auf kurzfristige Zwecke ausgerichteten Sammlungen ab.

Publikationen

Jagel, A. & Th. Stützel (2001): Zur Abgrenzung von *Chamaecyparis* Spach und *Cupressus* L. (Cupressaceae) und die systematische Stellung von *Cupressus nootkatensis* D. Don [= *Chamaecyparis nootkatensis* (D. Don) Spach]. Feddes Repertorium *112* (3–4): 179–229.

Mundry, I. (2000): Morphologische und morphogenetische Untersuchungen zur Evolution der Gymnospermen. Bibliotheka Botanica *152*, 90 S. u. 72 Abb. im Text.

Mundry, I. & M. Mundry (2001): Male cones in Taxaceae s. l. – an example of Wettstein's Pseudanthium Concept. Plant Biology *3*: 405–416.

Phylogenetische Analysen von Angiospermen mit schnell evoluierenden protein-codierenden (*matK*-Gen) und nicht-codierenden (Spacer und Intron der *trnT-trnF*-Region) Abschnitten des Chloroplastengenoms bildeten den Schwerpunkt der Arbeiten von Dr. Thomas Borsch (Bonn). Im Rahmen eines breit angelegten Kooperationsprojektes von sieben Instituten in vier Ländern, das zusammen mit Herrn Prof. Dr. K.W. Hilu (Virginia Polytechnic Institute and State University, Blacksburg, USA) organisiert wird, wurde ein Stammbaum der Angiospermen anhand von Sequenzen des *matK*-Gens vorgestellt. Er enthält derzeit etwa 400 Gattungen aus 350 Familien und bringt vor allem innerhalb der Eudikotylen eine Reihe neuer Erkenntnisse. So manifestieren sich zum Beispiel die Berberidopsidales (Berberidopsidaceae, Aextoxicaceae) als eigenständige Entwicklungslinie basal zu einem Clade aus Santalales sowie den Asteriden und Caryophyllales s.l. als Schwestergruppen. Innerhalb der Asteriden wurden mit hoher statistischer Unterstützung die Plocospermataceae als Schwestergruppe zu den Lamiales identifiziert. Dennoch bleiben bei den Eudikotylen, die 75 % der Artendiversität der Blütenpflanzen ausmachen, die Verwandtschaftsverhältnisse zahlreicher Taxa ungeklärt. Die nicht-codierenden Teile der *trnT-trnF*-Region erwiesen sich bei phylogenetischen Analysen basaler Angiospermen überraschend informativ. Es wurde daher begonnen, Muster und Mechanismen der molekularen Evolution dieser Region (Substitutionsraten, Auftreten von Längenmutationen, RNA-Sekundärstrukturen der Intronsequenzen) intensiv zu untersuchen. – Seerosen (*Nymphaea*) sind die zuerst abzweigende Gruppe basaler Angiospermen, die eine weltweite Verbreitung mit Radiationen in unterschiedlichen Kontinenten erreichen. Die Erforschung ihrer Evolution und Diversifizierung wurde schwer-punktmäßig bei den nördlich temperaten Arten vorangetrieben. Hierzu fanden ausgedehnte Feldarbeiten in Nordamerika in Kooperation mit Dr. J. Wiersema (USDA, Beltsville) und Dr. C. Barre Hellquist (Massachusetts College, North Adams) und molekularsystematische Untersuchungen auf Art- und Populationsebene statt. – Die pollenmor-phologische Bearbeitung rezenter alt- und neuweltlicher Populationen von *Nelumbo nucifera* ergab eine extreme infraspezifische Variabilität von Aperturen und Skulpturierung der Exine. Dadurch angeregt, wurden Daten einer größeren Zahl von Angiospermen überprüft, um so die Bedeutung infraspezifischer Pollenvariabilität abschätzen zu können. Zusammen mit Dr. V. Wilde (Forschungsinstitut Senckenberg, Frankfurt) konnten unterschiedliche biologische Phänomene beschrieben werden, die mit infraspezifischer Variabilität in Verbindung stehen. Am weitesten verbreitet scheint die Variabilität bestimmter Typen von Exineskulpturierungen, bei deren Bildung wahrscheinlich Selbstorganisationsprozesse eine große Rolle spielen. Diese Ergebnisse stellen den Wert von Pollenmerkmalen keineswegs in Frage, vielmehr werden die Aussagemöglichkeiten (z.B. taxonomische Auflösung) bestimmter Pollendaten etwa in Pollenanalyse und Paläopalynologie besser abschätzbar.

Publikation

Borsch Th. & V. Wilde (2000): Pollen variability within species, populations, and individuals, with particular reference to *Nelumbo nucifera*. In: Harley, M., Blackmore, S. & C. Morton (eds.) Pollen and Spores: Morphology and Biology. Royal Botanic Gardens, Kew, pp 285–299.

In einer molekularsystematischen Analyse hat PD Dr. Christoph Neinhuis (Bonn) die Phylogenie der Aristolochiaceen bearbeitet. Die Analyse der nichtkodierenden *trn*T-*trn*F Region des Chloroplastengenoms ergab, daß die von Heribert Huber vorgeschlagenen Gattungen weitgehend monophyletische Gruppen darstellen. Die Arbeiten werden in Kooperation mit Prof. Favio González (Bogota) mittels weiterer molekularer Marker (*mat*K, *rbc*L) weitergeführt und mit morphologischen Merkmalen verglichen. Eine biomechanische Analyse der selbsttragenden *Aristolochia*-Arten (*Isotrema* sensu Huber) ergab, gestützt durch die molekulare Phylogenie, daß diese Wuchsform wahrscheinlich sekundär aus Lianenvorläufern hervorgegangen ist. Diese Untersuchungen erfolgen in Kooperation mit Dr. Thomas Speck (Freiburg).

Die systematischen Arbeiten an Bromelien wurden von Dr. Elvira Groß (Bonn) fortgesetzt. Zusammen mit Thorsten Krömer (Göttingen) konnte nun die zehnte *Billbergia*-Art für Bolivien beschrieben werden. Insgesamt sind über 60 Arten dieser Gattung bekannt, mit einem deutlichen Verbreitungsschwerpunkt in Brasilien. Die neu beschriebene Art, *Billbergia issingiana*, ist blühend sehr attraktiv, mit einer bis zu 25 cm langen, hängenden Infloreszenz, an der die 10 cm langen Blüten spiralig angeordnet sind und sich die gelbgrünen Blütenblätter uhrfederartig einrollen. Verwandtschaftliche Beziehungen bestehen zu *B. decora* und *B. cardenasii*, beide ebenfalls in Bolivien heimisch.

Publikation

Krömer, T. & E. Gross (2001): Neubeschreibung von *Billbergia issingiana*: die zehnte *Billbergia*-Art aus Bolivien! Die Bromelie *1*: 4–7.

III. Untersuchungen an biologischen und technischen Grenzflächen

Die Arbeiten über die cuticularen Wachse von Pflanzenoberflächen werden von Hrn. Barthlott und Mitarbeitern (Bonn) fortgesetzt. Nach dem erfolgreichen Nachweis der Rekristallisierbarkeit verschiedener Wachstypen konnte durch Untersuchungen mittels

Röntgenbeugung die weitgehend kristalline Struktur epicuticularer Wachse nachgewiesen werden. Die Untersuchungen zum Transport cuticularer Wachse wurden fortgeführt, wobei die große Bedeutung von Wasser für den Transport durch weitere Experimente belegt werden konnte (Einfluß der Luftfeuchtigkeit, Löslichkeit von Wachskomponenten). Bei der Untersuchung der Regeneration epicuticularer Wachse auf Blattoberflächen konnten erstmals die Frühstadien der Wachskristallisation mittels Raster-Kraftmikroskopie in situ beobachtet werden. – Die Arbeiten zur Umsetzung des Lotus-Effektes in technische Anwendungen sowie die weitere Erarbeitung der Grundlagen zum Verständnis antiadhäsiver Eigenschaften von Oberfächen werden fortgesetzt. Für die sich auf dem Markt befindliche Fassadenfarbe liegen nun Erfahrungen für die ersten drei Jahre vor, die durchweg positiv ausgefallen sind. Für das Projekt konnten weitere Kooperationspartner aus der Industrie gewonnen werden. Der Schwerpunkt der zukünftigen Arbeiten liegt in der Untersuchung der Interaktion zwischen Mikroorganismen und hydrophoben Oberflächen und der langfristigen Stabilisierung des Effektes. – Die Arbeiten zur Biomechnik der pflanzlichen Cuticula durch PD Dr. Christoph Neinhuis ergaben, daß die Cuticula als periphäre Struktur wahrscheinlich in ihrer Rolle als Festigungselement unterschätzt wurde. Exemplarische Untersuchungen an Beerenfrüchten (Tomate, Paprika) belegen, daß die Mechanik der reifen Früchte im wesentlichen durch die Cuticula bestimmt wird, daß letztere diese Rolle aber erst im Laufe der Fruchtreife übertragen bekommt.

Publikationen
Barthlott, W. & C. Neinhuis (2001): Der Lotus-Effekt: Selbstreinigende Oberflächen nach dem Vorbild der Natur. International Textile Bulletin *1*: 8–12.
Meusel I., Barthlott, W., Kutzke, H. & B. Barbier (2000): Crystallographic studies of plant waxes. Powder Diffraction *15*: 123–129.
Neinhuis, C., Koch, K. & W. Barthlott (2001): Movement and regeneration of epicuticular waxes through plant cuticles. Planta *213*: 427–434.

Arbeitsgruppe Zoologie

Bericht Schaefer

Stammesgeschichte und Systematik

Der dritte Band des Lehrbuches „Das System der Metazoa“ von Hrn. Ax wurde bei Spektrum, Akademischer Verlag publiziert. Damit wird erstmalig eine umfassende Darstellung der stammesgeschichtlichen Verwandtschaftsbeziehungen aller vielzelligen Tiere auf strikter Grundlage der Theorie und Methodologie der phylogenetischen Systematik vorgelegt. Unter dem Titel „Multicellular Animals III“ ist die englische Übersetzung des letzten Bandes bereits weit vorangekommen; das Buch wird im nächsten Jahr bei Springer erscheinen.

Herr Ax hat mit der Niederschrift einer Monographie über Plathelminthen aus Brackgewässern der Nordhalbkugel begonnen. Brackwasser ist ein eigenständiger Lebensraum zwischen Meer und Süßwasser mit bestimmten Faunenelementen, die ganz überwiegend oder ausschließlich hier existieren. Das Spektrum der Brackgewässer reicht von winzigen Arealen im Bereich von Flußmündungen bis zu großen Randmeeren wie dem Finnischen Meerbusen oder dem Schwarzen Meer. Die Befunde vieljähriger Untersuchungen im Nordatlantik mit besonderem Augenmerk auf isolierte Inseln (Island, Färöer) stehen zur Auswertung an. Für die Abklärung komplexer systematischer Probleme wurden neue Freilandarbeiten im schwachsalzigen Wasser des Greifswalder Boddens ausgeführt.

Ökologie

Diversität der Fauna in terrestrischen Ökosystemen: Lebensgemeinschaften, funktionelle Gruppen, Nahrungsnetze und Ökosysteme

Es laufen Untersuchungen über die Struktur und Funktion von Lebensgemeinschaften in Mischwäldern, auf Trockenrasen, auf Äckern, in Ackerbrachen und in Straßenrand-Biotopen (Schaefer und Mitarbeiter). Hier sei als Schwerpunkt über neuere Ergebnisse aus der Agrarforschung berichtet.

Die Bodenfauna in Agrarökosystemen: von der Diversität zum Nahrungsnetz

Typische Tiergruppen auf Kulturfeldern gehören zur Mikrofauna (Nematoden, Protozoen), Mesofauna (Collembolen) und Makrofauna (Regenwürmer und saprophage und zoophage Makroarthropoden). Die Diversität der Taxa kann hoch sein; eine Faustregel ist, daß aus dem regionalen Artenpool in Mitteleuropa um 10% der Spezies in der Agrarlandschaft vertreten sind. Die mit dem landwirtschaftlichen Management verbundenen Störfaktoren führen zu einer Auslese der Arten. Ein wichtiger Streßfaktor für die Tierwelt ist der Bodenumbruch. Im Zuge von Extensivierung (integrierte Landwirtschaft) kann die Artendiversität der Tierwelt zunehmen. Die Populationen der Bodenfauna sind über Nahrungsbeziehungen verknüpft. Es gibt Versuche, für Kulturfelder Nahrungsnetze („food webs") zu konstruieren. Schwierigkeiten bei der Erstellung von Nahrungsnetzen sind die willkürliche Vorauswahl funktioneller Gruppen, die Anbindung an die Mikroflora, die Verzahnung oberirdischer und unterirdischer Teilnahrungsnetze und die Aussonderung möglicher Schlüsselgruppen. Diversität und Funktion werden verknüpft in einem Kompartimentmodell, in dem Gilden, biotische Interaktionen und „Ingenieurswirkungen" inkorporiert sind. Ein in seiner Bedeutung zunehmendes Werkzeug, um Nahrungsnetze realitätsnäher abzubilden, ist der Einsatz stabiler Isotope. Mit der Diversität der Interaktionen im Nahrungsnetz sind Funktionen und stoffliche Prozesse verknüpft.

Vier Funktionskreise in der Stoffdynamik sind mit *funktioneller Diversität* der Bodenfauna verknüpft; diese betreffen (1) die Makrofauna mit Einfluß auf die Bodenphysik (Ingenieurswirkung), (2) die Zersetzer-Makrofauna mit Beteiligung an dem Abbau toter organischer Substanz, (3) die pilz- und bakterienfressende Mesofauna mit direkten und indirekten Einflüssen auf die mineralisierende Mikroflora und (4) Räuber, Parasitoide wie auch Parasiten im ober- und unterirdischen System, die sich auf Pflanzenfresser, aber auch auf die am Streuabbau beteiligten Gilden auswirken. In der Summe gibt es häufiger einen positiven Effekt auf das Pflanzenwachstum, und in einer längerfristigen Perspektive könnte eine teilweise Autarkie weniger menschliche Eingriffe erfordern.

Dies wird im folgenden auf der Grundlage von Detailstudien im Göttinger INTEX-Projekt (Steinmann u. Gerowitt 2000, Schaefer 2002) kurz dargestellt: Regenwürmer als Bodeningenieure, Makrofauna (Diplopoden und Regenwürmer) als Zersetzer von Pflanzenstreu, Collembolen und Interaktion mit der Mikroflora und Feinddruck durch Staphyliniden. Dabei steht im Themenkomplex „Diversität" die Frage im Vordergrund, wie die Wirkungen bei unterschiedlicher Mannigfaltigkeit der Fauna sind (vor allem beim Vergleich zwischen „ordnungsgemäß" (*ord*) und integriert-pfluglos (*int-b*), wobei allerdings als Beeinflusser von Diversität auch andere Faktoren (als Streßfaktor besonders wichtig Bodenumbruch) wichtig sind.

Mikrophytophage Mesofauna

Christiansen (2000) untersuchte die Zersetzung von Rapsstreu. Die Netzbeutel wurden in *ord* in Pflugsohlenhöhe, in *int-a* oberflächennah exponiert. Die Studien wurden vor allem auf Winterweizen- und Winterrapsflächen durchgeführt. In Netzbeutelversuchen zeigte sich, daß Rapsstroh nach 19 Monaten zu 75 % (Schotenmaterial) und zu 50 % (Stengelmaterial) zersetzt war. In einem zweiten Versuchsansatz erfolgte der Abbau rascher. Entgegen der Erwartung war die Zersetzungsrate in *ord* höher als in den extensiveren Varianten; Grund hierfür war die höhere mikrobielle Biomasse in *ord*. Hinzu kamen das günstigere und ausgeglichenere Mikroklima, höhere Feuchtigkeit, stärkere Durchmischung mit Bodenpartikeln, der enge Kontakt der Mikroräume. Die Mesofauna hatte auf den Abbau der Streu keinen Einfluß; wichtige Einflußfaktoren waren neben der Bodenbearbeitung die Stickstoffversorgung und physikalische Eigenschaften der Streu. Ein wichtiges Ergebnis ist: Einerseits führt Extensivierung zu höherer Diversität, andererseits ist es doch nicht so, daß Systemprozesse durch intensive Bewirtschaftung von vornherein und stets behindert werden. Geringere Störung des Bodens hat nicht in jedem Fall zur Folge, daß durch stärkere Einflüsse der Fauna systeminterne Prozesse in höheren Raten ablaufen.

Saprophage Makrofauna

Unter der streufressenden Makrofauna wurden Diplopoden (Martens et al. 2000, 2001) und Regenwürmer (Potthoff u. Beese 2000) näher untersucht.

In Fraßversuchen mit Diplopoden wurden Pilze als Nahrung angeboten (sterile Dunkle, *Cladosporium*, *Morteriella*, sterile Helle, *Trichoderma*, *Penicillium*) und angenommen (Martens et al. 2000). Es zeigte sich, daß die häufigsten Pilze, die sterilen Dunklen, auch im Nahrungswahlexperiment am stärksten befressen wurden. Doppelfüßer sind also nicht nur direkte Primärzersetzer, sondern können den Prozeß der Dekomposition auch über Fraß an mineralisierender Mikroflora steuern oder mindestens beeinflussen. Mikrokosmos-Versuche im Freiland belegten die Erhöhung der Zersetzungsrate durch Diplopoden und ihre direkte Wirkung auf die Nährstoffdynamik. In Kunststoffgefäßen mit Gazefenster, defaunierter Erde, ober- oder unterirdischem Rapsstroh und Individuen von *Blaniulus guttulatus* und/oder *Aporrectodea caliginosa* waren die Nitratgehalte im Bodenwasser erhöht, besonders im Zusammenwirken mit Regenwürmern.

Stärkere Präsenz von Regenwürmern in *int-b* führte zu einer Veränderung der Bodenstruktur und einer Erhöhung des Porenvolumens (Potthoff u. Beese 2000). Der Abbau von Ernteresten (Reststroh von Weizen, Raps) war ins Frühjahr verschoben; damit ergab sich eine Synchronisierung des Nährstoffkreislaufs mit dem Pflanzenwachstum. Die Freisetzung von N führte, wie eine Analyse mit ^{15}N zeigte, zu einem im Vergleich zu *ord* höheren Anteil strohbürtigen Stickstoffs im Boden und im Pflanzenbestand.

Zoophage Makrofauna

Der Feinddruck durch räuberische Arthropoden in Winterweizen (untersucht an Staphyliniden) war teilweise hoch (Krooss u. Schaefer 1998). Der Staphylinide *Ocypus similis* machte auf dem Winterweizenfeld etwa die Hälfte der gesamten Kurzflügler-Biomasse aus. Nach Versuchen im Labor mit der Elektrophorese-Methode sind die Käfer Generalisten, die viele verschiedene Arthropoden, auch Aas verzehren. Besonders bevorzugt wurden Tausendfüßer (Diplopoda). Im Freiland ergab sich das Phänomen des „predator switching“; bei hoher Diplopodendichte wandten sich die *Ocypus*-Tiere bevorzugt dieser Beutegruppe zu. Dabei lag der Verlust der Diplopodenpopulation in der Zeit von März bis Juni zwischen 7% und 35%. Da Diplopoden als Primärzersetzer wesentliche Bedeutung für Zersetzung und Remineralisation des abgestorbenen Pflanzenmaterials vor allem auf den stärker extensiviert behandelten Flächen haben, wirkt sich *Ocypus similis* möglicherweise verzögernd auf diesen Ökosystemprozeß aus.

Gesamtes Nahrungsnetz

Komplette funktionelle Nahrungsnetzanalysen sind aufwendig, aber notwendig für das Verständnis von Agrarökosystemen, vor allem bei Extensivierung mit einer höheren internen Stoffdynamik. Allerdings sind Nahrungsnetze in einem ersten Schritt nur konzeptionelle Modelle. Sie können im Freiland nur in kleinen Schritten über das Studium von Teilsystemen überprüft werden. Eine Methode, sich einem Gesamtbild zu nähern, ist der Einsatz der stabilen Isotope ^{15}N und ^{13}C, die als delta-Werte angegeben werden (Ponsard u. Arditi 2000, Scheu u. Falca 2000, McNabb et al. 2001). Der Anteil des Isotops ^{15}N in Relation zu ^{14}N steigt von trophischer Ebene zu trophischer Ebene im Schnitt um etwa 3,4‰, delta-^{13}C-Werte korrelieren dagegen nicht mit der trophischen Ebene, können aber eine Signatur für die Nahrungsressource sein.

McNabb et al. (2001) fanden für ein Agrarsystem über die Analyse der delta-^{13}C-Werte, daß Collembolen eine Schlüsselressource für kleine Spinnen waren und daß Carabiden ein breites Nahrungsspektrum hatten. Diese „Pantophagie“ zeigte sich auch über die delta-^{15}N-Werte für Carabiden. Diese Werte lagen bei Spinnen weit über denen der Collembolen, was auf einen hohen Grad an „intraguild predation“ (Fraß innerhalb der trophischen Ebene der Prädatoren) schließen läßt. Auch Albers et al. (2001) fanden über ^{15}N-Signaturen für ein Rapsfeld einen höheren Grad von Pantophagie für manche Collembolen und Diplopoden und einen höheren Grad an intraguild predation bei Carabiden und Spinnen. Mais als Komponente der toten organischen Substanz konnte sich rasch im Zersetzernetz ausbreiten und bis zu 50% des körpereigenen ^{13}C-Pools erreichen (Albers u. Schaefer 2002). Alle Studien demonstrierten, daß Nahrungsnetze drei bis vier trophische Ebenen haben.

Publikationen
Albers, D., Alphei, J., Scheu, S., Schaefer, M. (2001): The incorporation of a new food resource in an agricultural food web – a ^{13}C and ^{15}N analysis. In: Zotz , G., and Körner, Ch. (Eds.): Funktionelle Bedeutung von Biodiversität. Verhandlungen der Gesellschaft für Ökologie, Basel, p 255. Berlin: Parey.
Albers, D., Schaefer M. (2002): Der Kohlenstofffluß durch das Nahrungsnetz einer Ackerfläche: eine ^{13}C-Analyse. Nova Acta Leopoldina (im Druck)
Christiansen, K. (2000): Extensivierung in der Landwirtschaft: Auswirkung auf Collembolen, mikrobielle Biomasse und Zersetzung von Rapsstreu. Göttingen: Dissertation.
Krooss, S., and Schaefer, M. (1998): How predacious are predators? A study on *Ocypus similis*, a rove beetle of cereal fields. Annals of Applied Biology *133*, 1–16.
Martens, H., Alphei, J., Schaefer, M., Scheu, S. (2001): Millipedes and earthworms increase the decomposition rate of 15N-labelled winter rape litter in an arable field. Isotopes in Environmental and Health Studies 37:43–51.
Martens, H., Christiansen, K., and Schaefer, M. (2000): Tausendfüßer und Springschwänze: Abundanz und Einfluß auf den Streuabbau in Ackerbausystem. In: Steinmann, H.H. und Gerowitt, B. (Eds.): Ackerbau in der Kulturlandschaft Funktionen und Leistungen. Ergebnisse des Göttinger INTEX-Projektes, pp 109–134 . Duderstadt: Mecke Druck und Verlag.
McNabb, D.M., Halaj, J., and Wise, D.H. (2001): Inferring trophic positions of generalist predators and their linkage to the detrital food web in agroecosystems: a stable isotope analysis. Pedobiologia *45*, 289–297.
Ponsard, S., and Arditi, R.(2000): What can stable isotopes ($\delta^{15}N$ and $\delta^{13}C$) tell about the food web of soil macro-invertebrates? Ecology *81*, 852–864.
Potthoff, M., and Beese, F. (2000): Bodenbiologische Regelungsfunktionen in Ackerbausystemen. In: Steinmann, H.H. und Gerowitt, B. (Eds.): Ackerbau in der Kulturlandschaft Funktionen und Leistungen. Ergebnisse des Göttinger INTEX-Projektes, pp 81–108. Duderstadt: Mecke Druck und Verlag.
Schaefer, M. (2002) Die Bodenfauna in Agrarökosystemen: von der Diversität zum Nahrungsnetz. Nova Acta Leopoldina (im Druck)
Scheu, S., and Falca, M. (2000): The soil food web of two beech forests (*Fagus sylvatica*) of contrasting humus form: stable isotope analysis of a macro- and mesofauna dominated community. Oecologia *123*, 285–296.
Steinmann, H.H., und Gerowitt, B. (Eds.) (2000): Ackerbau in der Kulturlandschaft: Funktionen und Leistungen – Ergebnisse des Göttinger INTEX-Projektes. Göttingen: Forschungs- und Studienzentrum Landwirtschaft und Umwelt.

Arbeitsgruppe Technische Biologie und Bionik (TBB)

Bericht Nachtigall

Der Arbeitsgruppe wurden aus den Reihen der Akademiemitglieder Hr. Barthlott und Hr. Ramm zugewählt, des weiteren als Mitarbeiter Knut Braun (Saarbrücken) und Dr. Alfred Wisser (Saarbrücken) sowie als Sachverständige Dr. A. Kesel (Saarbrücken). Die Außenstelle „Technische Biologie und Bionik“ (TBB) der Akademie an der Universität des Saarlandes (UdS) befindet sich im Aufbau; sie wird von der UdS nach einem Umbau ausreichende Souterrain-Räumlichkeiten erhalten und nach der Emeritierung von Hrn. Nachtigall im Herbst 2002 Organisations- und Forschungsarbeiten im Bereich der TBB weiterführen. Dies wird geschehen in Kooperation mit dem von Hrn. Nachtigall mitinitiierten Bionik-Netzwerk des BMBF, der Gesellschaft für TBB und einem vorgesehenen

Nachfolger für einen Lehrstuhl TBB. Eine gegen 2001 geplante TBB-Tagung mußte umständehalber auf das Jahr 2002 verlegt werden. Im Sommer 2002 werden Kommission und Außenstelle den 6. internationalen Kongress für TBB mitveranstalten.

KOMMISSION FÜR HUMANFORSCHUNG

Bericht Vaupel

1. Pathophysiologie maligner Tumoren

Hr. Vaupel hat im Rahmen von Forschungsprojekten, die von der Deutschen Krebshilfe/Mildred-Scheel-Stiftung (erfolgreicher Abschluß des Projektes im Berichtsjahr), der Robert-Müller-Stiftung, der Dr. med. h.c. Erwin-Braun-Stiftung (Basel), der European Commission, des Deutschen Akademischen Austauschdienstes (DAAD) und der Dr. Wulf-Vater-Stiftung finanziell gefördert wurden, die experimentellen Grundlagenuntersuchungen und klinischen Studien zur Charakterisierung und Therapie-relevanten Modifikation der Durchblutung, der Sauerstoffversorgung, des pH-Werts und des bioenergetischen Status maligner Tumoren fortgesetzt.

Die im Berichtsjahr weitergeführten Arbeiten lassen sich in folgende Teilprojekte gliedern: (1) Untersuchungen zur pathophysiologischen Rolle des Sauerstoffstatus bei der malignen Progression und Metastasierung von Tumoren. (2) Modulation der Tumordurchblutung zur Verbesserung der O_2-Versorgung maligner Tumoren. (3) Einfluß einer Korrektur bzw. Prävention einer Therapie-induzierten Anämie bei Tumorträgern (Gabe von rHuErythropoietin) auf die Effektivität der Tumortherapie (Zusammenarbeit mit PD Dr. Oliver Thews, Mainz). (4) Durchblutung, O_2-Versorgung und bioenergetischer Status von Experimentaltumoren der Ratte bei kombinierter photodynamischer Therapie mit 5-Aminolävulinsäure (ALA) und lokaler Hyperthermie mittels wassergefilterter Infrarot-A-Strahlung (Zusammenarbeit mit Frau Dr. Debra K. Kelleher, Mainz). (5) Prätherapeutische Charakterisierung der Sauerstoffdruckverteilung in lokal fortgeschrittenen Karzinomen des Gebärmutterhalses sowie in bösartigen Tumoren der Brustdrüse (kooperative Studie mit Prof. Dr. Dr. Michael Höckel, Universitätsfrauenklinik Leipzig). (6) Methodische Untersuchungen zur Rolle der Tumorvaskularisation als Prognosefaktor bei Zervixkarzinomen (Kooperation mit Prof. Dr. Dr. Michael Höckel, Universitätsfrauenklinik Leipzig). (7) Rolle von reaktiven O_2-Spezies in der Tumortherapie (Zusammenarbeit mit PD Dr. J. Frank, Universität Stuttgart-Hohenheim). (8) Hypoxie-modulierter Glukosemetabolismus experimenteller Tumoren (PD Dr. Oliver Thews in Zusammenarbeit mit der Klinik für Nuklearmedizin, Mainz). (9) Hypoxie-modifizierte Expression des Urokinase-Plasminogen-Aktivator-Systems bei experimentellen Tumoren (Zusammenarbeit mit Dr. Martin Weinmann, Mainz). (10) Vaskuläre Effekte und Hitzeschockproteine bei photodynamischer Therapie (DAAD-Projekt in Kooperation mit Frau Dr. Nicola Brown, Sheffield, U.K).

Publikationen

1. Vaupel, P., M. Höckel: Hypoxie beim Zervixkarzinom: Pathogenese, Charakterisierung und biologische/klinische Konsequenzen. Zentralbl. Gynäkol. 123, 192–197 (2001).
2. Vaupel, P.: Optimierung der Tumortherapie durch Erythropoietin. Arzneim.-Forsch./Drug Res. 51, 364–365 (2001).
3. Vaupel, P., D.K. Kelleher, M. Höckel: Oxygenation status of malignant tumors: Pathogenesis of hypoxia and significance for tumor therapy. Semin. Oncol., 28 (Suppl.8), 29–35 (2001).
4. Vaupel, P.: Oxygenation of tumors. In: Encyclopedic Reference of Cancer Research (M. Schwab, ed.) p. 658–661, Berlin, Heidelberg, New York, Springer 2001.
5. Vaupel, P., M. Höckel: Tumor hypoxia: Known facts, new insights and the influence of anemia. Onkologie 24 (Suppl. 2), 15–16 (2001).
6. Vaupel, P.: Durchblutung und Oxygenierungsstatus von Kopf-Hals-Tumoren. In: Klinik des Rezidivtumors im Kopf-Hals-Bereich. Grundlagen – Diagnostik – Therapie (H. D. Böttcher, T. G. Wendt, M. Henke, Hrsg.) pp. 7–23, München, Bern, Wien, New York, Zuckschwerdt 2001.
7. Vaupel, P., O. Thews, D.K. Kelleher: Pancreatic tumors show high levels of hypoxia (letter to the Editor). Int. J. Radiat. Oncol. Biol. Phys. 50, 1099–1100 (2001).
8. Höckel, M., P. Vaupel: Tumor hypoxia: Definitions and current clinical, biologic and molecular aspects. J. Natl. Cancer Inst. 93, 266–276 (2001).
9. Höckel, M., P. Vaupel: Biological consequences of tumor hypoxia. Semin. Oncol. 28 (Suppl.8), 36–41 (2001).
10. Höckel, M., P. Vaupel: Prognostic significance of tissue hypoxia in cervical cancer. CME J. Gynecol. Oncol. 6, 216–225 (2001).
11. Höckel, S., K. Schlenger, P. Vaupel, M. Höckel: Association between host tissue vascularity and the prognostically relevant tumor vascularity in human cervical cancer. Int. J. Oncol. 19, 827–832 (2001).
12. Pilch, H., K. Schlenger, E. Steiner, P. Brockerhoff, P. Knapstein, P. Vaupel: Hypoxia-stimulated expression of angiogenic growth factors in cervical cancer cells and cervical cancer-derived fibroblasts. Int. J. Gynecol. Cancer 11, 137–142 (2001).
13. Thews, O., D.K. Kelleher, P. Vaupel: Erythropoietin restores the anemia-induced reduction in cyclophosphamide cytotoxicity in rat tumors. Cancer Res. 61, 1358–1361 (2001).
14. Thews, O., P. Vaupel: Tumour hypoxia and anaemia: Implications for the outcome of radio- or chemotherapy. Focus on Anaemia in Cancer 2, 59–65 (2001).
15. Thews, O., D.K. Kelleher, P. Vaupel: No improvement in perfusion and oxygenation of experimental tumors upon application of vasodilator drugs. Int. J. Oncol. 19, 1243–1247 (2001).
16. Stüben, G., O. Thews, C. Pöttgen, K. Knühmann, P. Vaupel, M. Stuschke: Recombinant human erythropoietin increases the radiosensitivity of xenografted human tumours in anaemic nude mice. J. Cancer Res. Clin. Oncol. 127, 346–350 (2001).
17. Stofft, Ch., O. Thews, P. Vaupel: Beeinflussung kardiovaskulärer und respiratorischer Parameter durch verschiedene physikalisch-therapeutische Maßnahmen. Phys. Med. 11, 9–15 (2001).
18. Bässler, K.H., P.J. Boekma, H. Brunner, B.A. Goodman, H.W. Meyer, H. Steinhart, P. Vaupel, G. Viell, W.G. Zoller, H.K. Biesalski: Hohenheim Consensus Talk: Coffee. Aktuel. Ernaehr. Med. 26, 202–212 (2001).

2. Stoffwechsel, Prognose und Therapieverhalten maligner Tumoren

Prof. Dr. W. Müller-Klieser hat die kooperative Studie mit der Kieferchirurgischen Klinik der Universität Mainz, der Hals-Nasen-Ohren-Klinik der Universität München sowie der Strahlentherapeutischen Abteilung der Duke University (USA) um eine Zusammenarbeit mit der Universität Regensburg ergänzt. Die neue Kooperation mit der Chirurgischen und der Pathologischen Abteilung der Universitätskliniken Regensburg ermöglicht es erstmalig, eine metabolische Kartierung in malignen Kolorektaltumoren durchzuführen. Eine erste Serie von Daten zeigt, daß hohe Laktatkonzentrationen im Gewebe der Primärtumoren statistisch hochsignifikant mit einer erhöhten Inzidenz an Fernmetastasen korreliert sind. Dies bestätigt entsprechende Ergebnisse an Plattenepithelkarzinomen der Cervix uteri und der Kopf-Hals-Region in vollem Umfang. Die Studie wurde seit Mitte 1997 von der Deutschen Krebshilfe gefördert; die Förderung erstreckte sich bis Mitte 2001. Das Vorhaben wurde inzwischen mit Erfolg abgeschlossen.

In einem BMBF-finanzierten Gemeinschaftsprojekt mit der GSI Darmstadt wurden Untersuchungen zur Strahlenwirkung, insbesondere von Schwerionen, auf komplexe Zellsysteme fortgesetzt. Durch Bestrahlung neu entwickelter, planarer Multilayerkulturen aus menschlichen Tumorzellen oder aus Zellen der Mundschleimhaut konnte eine multizelluläre Resistenz für die Wirkung von Schwerionen nachgewiesen und inzwischen mehrfach bestätigt werden. Die Förderung läuft noch über weitere zwei Jahre.

Publikationen

1. von Bülow, C., W. Hayen, A. Hartmann, W. Mueller-Klieser, B. Allolio, V. Nehls: Endothelial capillaries chemotactically attract tumour cells. J. Pathol. 193, 367–376 (2001).
2. Walenta, S., S. Snyder, Z. A. Haroon, R. D. Braun, K. Amin, D. Brizel, W. Mueller-Klieser, B. Chance, M.W. Dewhirst: Tissue gradients of energy metabolites mirror oxygen tension gradients in a rat mammary carcinoma model. Int. J. Radiat. Oncol. Biol. Phys. 51, 840–848 (2001).
3. Brizel, D. M., T. Schroeder, R. L. Scher, S. Walenta, M. W. Dewhirst, W. Mueller-Klieser: Elevated tumor lactate concentrations predict for an increased risk of metastases in head and neck cancer. Int. J. Radiat. Oncol. Biol. Phys. 51, 349–353 (2001).
4. Walenta, S., T. Schroeder, W. Mueller-Klieser: Metabolic mapping with bioluminescence: basic and clinical relevance. Biomol. Engin. 18, 249–262 (2001).
5. Schrezenmeir, J., A. Hyder, M. Vreden, C. Laue, W. Mueller-Klieser: Oxygen profiles of microencapsulated islets: effect of immobilised hemoglobin in the alginate matrix. Transpl. Proc. 33, im Druck (2001).
6. Winhart, S., W. Mueller-Klieser, M. Scholz. G. Kraft: Heavy ion irradiation of human colon adenocarcinoma cells in multilayer cultures. In: GSI Scientific Report 2000, Darmstadt, p. 152, 2001.

KOMMISSION FÜR ERDWISSENSCHAFTLICHE FORSCHUNG

Bericht Thiede

I. Buchreihe Erdwissenschaftliche Forschung

Im Berichtsjahr erschienen Band XXXVII: Thomas Schmitt: Ökologische Landschaftsanalyse und -bewertung in ausgewählten Raumeinheiten Mallorcas als Grundlage einer umweltverträglichen Tourismusentwicklung. 338 S., 65 Abb., 21 Photos, 13 Farbbeilagen. Franz Steiner Verlag. Stuttgart 1999.

Band XXXVIII: Elisabeth Schmitt: Untersuchungen zur Regenerationsfähigkeit arktischer und subarktischer Ökosysteme nach natürlichen und anthropogenen Störeinflüssen. 236 S., 59 Abb., 18 Photos, 19 Tabellen, 5 Kartenbeilagen. Franz Steiner Verlag. Stuttgart 2001.

Band XXXIX: Wilhelm Lauer, M. Daud Rafiqpoor, Ingeborg Theisen: Physiogeographie, Vegetation und Syntaxonomie der Flora des Páramo de Papallacta (Ostkordillere Ecuador). 141 S., 41 Abb., 31 Photos, 8 Texttabellen, 2 Kartenbeilagen, Fotoinventar, Tabellenanhang. Franz Steiner Verlag. Stuttgart 2001.

II. Forschungen zur vergleichenden Landschaftsökologie der Erde

1. Geoökologische Studien in Südamerika

Hr. Lauer berichtet:

a) Arbeitsgebiet Ecuador: Vom 09. bis 22. Juli 2001 unternahmen der Sachverständige der Kommission Prof. Dr. Jörg Bendix (Marburg) und der Mitarbeiter Dr. M. Daud Rafiqpoor eine Feldkampagne im ecuadorianischen Arbeitsgebiet. Der Feldaufenthalt hatte zum Ziel, die bereits im Jahr 1999 begonnenen Langzeitmessungen der Bodentemperatur (-50 cm) an der oberen Waldgrenze des Páramo de Papallacta fortzusetzen. In dieser Feldkampagne wurden die in 10 verschiedenen Vegetationseinheiten der oberen Waldgrenze vergrabenen Datalogger unbeschadet ausgegraben und die gespeicherten Daten mit Hilfe eines Laptops im Feld ausgelesen. Zwei Logger hatten wegen Ausfall der Batterien ihren Dienst früher als gewünscht beendet. Die weiteren acht liefen kontinuierlich und registrierten über ein Jahr stündlich Werte der Bodentemperatur in -50 cm Tiefe.

Während der Meßperiode 1999/2000 zeichnete sich im Jahresgang der Bodentemperatur in den inneren Tropen Ecuadors ein saisonaler Wandel bis in -50 cm Tiefe ab. Er hängt eindeutig zusammen mit dem Rhythmus der Regen- und Trockenzeit und zeigt einen deutlichen Einbruch der Bodentemperaturkurven aller 10 Logger-Standorte. Zeitlich fällt dieser zusammen mit der Hauptregenzeit an der Ostabdachung des Páramo de Papallacta (Juli-August). Für eine Erklärung wurden die täglichen Niederschlagsdaten der Station Micacocha (4000 m ü. NN, Westabdachung des Nevado Antisana) herangezogen. Sie belegten, daß zwischen Dezember und Februar 1999 in den Höhenlagen oberhalb 4000 m ü. NN überdurchschnittlich hohe Niederschläge fielen mit der Konsequenz der Durchfeuchtung des Bodens bis zu einer Tiefe von >50 cm. Dieser ist in der Regel trokkener als die oberen Bodenschichten. Auch die Passatzirkulation war intensiver (Bendix & Rafiqpoor 2001). Sie verursachte eine turbulente Durchmischung und einen schnelleren Abtransport der umgesetzten Wärmestrahlung von der Bodenoberfläche in die Atmosphäre. Die Zunahme der Bewölkung am Tag führte in dieser Phase zur Reduktion des Wärmetransfers in die unteren Bodenschichten. Die intensive Ausstrahlung bei wolkenlosem Himmel in der Nacht bedingt in Kombination mit fortschreitender Durchfeuchtung des Bodens einen umgekehrten Wärmefluß vom Boden an die Oberfläche. Die Kombination dieser Faktoren wurde für den markanten Einbruch der Bodentemperaturkurve während der Hauptregenzeit (Juli-August 1999) verantwortlich gemacht (BENDIX & RAFIQPOOR 2001).

Die gleiche Tendenz scheint sich nunmehr auch in den Bodentemperaturkurven (-50 cm) der Meßperiode Juli 2000 bis Juni 2001 zu bestätigen. Aus Abb. 1 geht hervor, daß der Rückgang der Bodentemperatur (-50 cm) im Jahr 2000 um Mitte Juli einsetzte und im

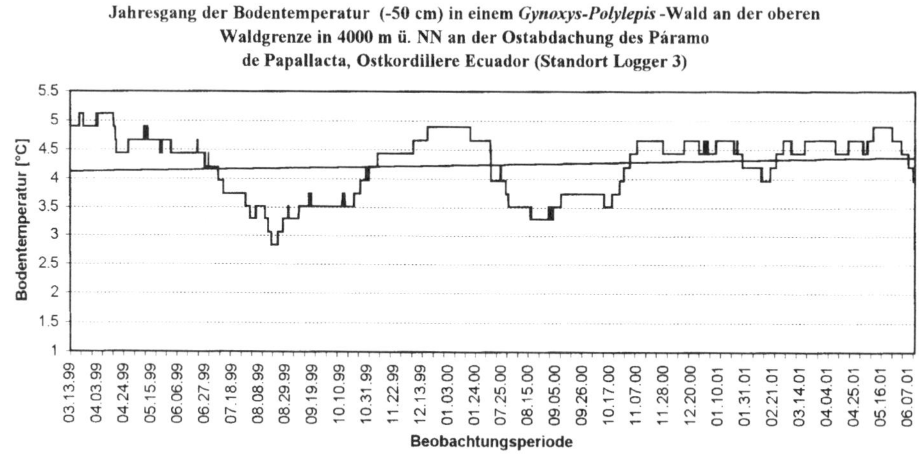

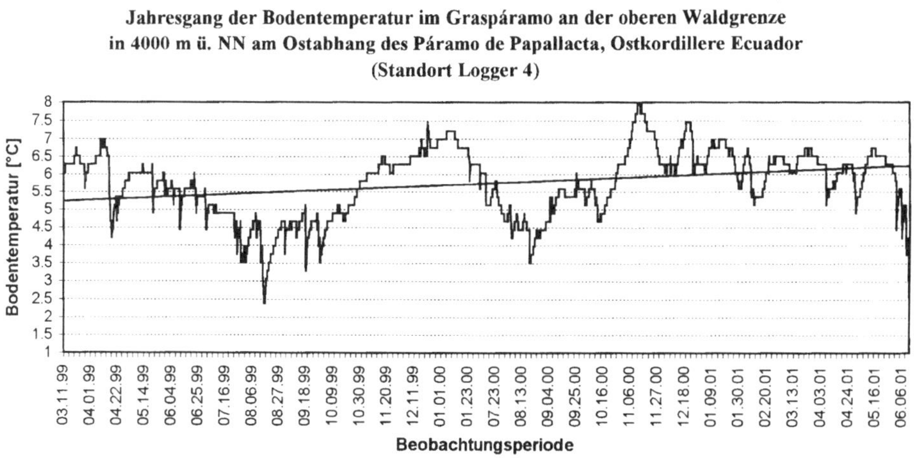

Abb. 1.: Vergleich des Jahresgangs der Bodentemperatur (-50 cm) in einem Wald (oben) und dem benachbarten Graspáramo (unten) in der Ostkordillere Ecuador

August ihren Höhepunkt erreichte. Erst Anfang September stiegen die Werte allmählich wieder an. Mit dem Erreichen des ersten Höhepunktes Anfang November pendelten sich die Werte etwa im gleichen Niveau ein mit leicht ansteigender Tendenz bis Ende April 2001. Mit dem Beginn der kleinen Trockenzeit an der Ostabdachung (Anfang Mai 2001) wurde an allen Meßpunkten bis Ende Mai 2001 ein zweiter Wärmegipfel erreicht. Anfang Juni 2001 (Beginn der Hauptregenzeit an der Ostabdachung) fiel das Temperaturniveau wieder ab. Es zeigt sich somit eine enge Korrelation zwischen der Regenzeit und dem Einbruch der Bodentemperaturkurve. Die Ostabdachung des Páramo de Papallacta reagiert hinsichtlich des Jahresganges des Niederschlags nordhemisphärisch, während die gesamte Hochfläche zum Zirkulationsregime der Südhemisphäre gehört. Die Höhenstufe des Páramo des Papallacta gehört zum Niederschlagstyp des Ostabhangs (Bendix & Lauer 1992, Lauer, Rafiqpoor, Theisen 2001).

Die Bodentemperaturkurven der Waldgrenzstandorte im Papallacta-Gebiet oszillieren um einen Mittelwert von ~ 4,5 °C (Abb. 1, s. Trendlinie). Es scheint, daß die Baumvegetation (z.B. *Polylepis*-Gehölze) an der oberen Waldgrenze in der Ostkordillere Ecuador unter schlechteren thermischen Bedingungen gedeiht als dies bislang für alle anderen tropischen Hochgebirge (6-7,5 °C) angenommen wurde (WALTER & MEDINA 1969, MIEHE & MIEHE, 1994, KÖRNER 1998).

Der Vergleich eines Waldstandortes (Abb. 1, oben) mit einem offenen Graspáramo (Abb. 1, unten) zeigt größere Temperaturschwankungen im Graspáramo sowohl im Jahresablauf als auch in Intervallen von Tagen bzw. Stunden. Im Graspáramo ist gegenüber dem *Polylepis-Gynoxys*-Wald sowohl die *Abkühlung* während der regenzeitlichen Einbruchsphasen als auch die *Erwärmung* in den trockenzeitlichen Zwischenintervallen groß. Die Überwärmung des Graspáramo gegenüber den Waldinseln beträgt 0,8-1,2 °C (vgl. Abb. 1 Trendlinien).

Die Studien bestätigen, daß die klimatischen Wuchsfaktoren für die Baumvegetation (*Polylepis, Gynoxys, Hesperomelis, Escallonia*) an der oberen Waldgrenze der tropischen Hochgebirge weitgehend unbekannt sind. Sie machen außerdem deutlich, daß die von WALTER & MEDINA (1969) aufgestellte These der Hemmung der Eiweißsynthese im Wurzelraum der Waldgrenzbäume bei Bodentemperaturen von 6-7,5 °C für die inneren Tropen Ecuadors nicht zutrifft. Auch die Hypothese KÖRNERs (1998), daß „die Struktur und Dichte des Kronendaches über den Wärmefluß in die tieferen Bodenschichten entscheide", trifft hier nicht uneingeschränkt zu. Es besteht somit ein dringender Forschungsbedarf an zeit-kontinuierlichen, mehrjährigen Messungen von meteorologischen „Flüssen" des Systems „Atmosphäre-Boden-Vegetation" in und außerhalb von Beständen im Waldgrenzökoton der tropischen Hochgebirge. Dafür wurden während der Feldkampagne im Juli 2001 die UTL 1-Datalogger erneut in verschiedenen Vegetationsformationen vergraben. Diese Untersuchungen werden in den folgenden Jahren von dem Sachverständigen unserer Kommission Prof. Dr. Jörg Bendix und dem Mitarbeiter Dr. M. Daud Rafiqpoor fortgesetzt. Eine erste Studie über den Bodenwärmefluß in den Vegetationsbeständen an der oberen Waldgrenze des Páramo de Papallacta konnte im Berichtsjahr in der Zeitschrift „Erdkunde" publiziert werden (BENDIX & RAFIQPOOR 2001).

Die Ergebnisse physiogeographischer und vegetationskundlicher Studien im Páramo de Papallacta wurden im Berichtsjahr in der Buchreihe „Erdwissenschaftliche Forschung" veröffentlicht zusammen mit einer mehrfarbigen Vegetationskarte des Arbeitsgebietes und einer Dokumentation der wichtigsten Pflanzenarten nach ihrer syntaxonomischen Stellung (Lauer, Rafiqpoor, Theisen 2001).

Die Förderung des Langfristvorhabens *„Forschungen zur vergleichenden Landschaftsökologie der Erde"* endete am 31. Dezember 2001. Der Berichterstatter dankt dem Bundesministerium für Bildung und Forschung (Bonn) und dem Ministerium für Schule, Wissenschaft und Forschung des Landes Nordrhein-Westfalen (Düsseldorf) für die langjährige Finanzierung. Ein Abschlußbericht des Projektes ist in Vorbereitung.

b) Die Klassifikation der Klimate auf ökophysiologischer Grundlage der realen Vegetation: Die langjährigen Studien zu dieser Thematik wurden im Berichtsjahr von Hrn. Lauer und Dr. M. Daud Rafiqpoor zu einem umfangreichen Manuskript mit ausführlichem Demonstrations- und Dokumentationsmaterial ausgearbeitet und für den Druck in der „Erdwissenschaftlichen Forschung" eingereicht.

Publikationen:

LAUER, W. (2001): Jahresbericht der Kommission für Erdwissenschaftliche Forschung. Jahrbuch 2000 der Akademie der Wissenschaften und der Literatur, Mainz: 155-178. Franz Steiner Verlag, Stuttgart.

LAUER, W.; RAFIQPOOR, M.D.; THEISEN, I. (2001): Physiogeographie, Vegetation und Syntaxonomie der Flora des Páramo de Papallacta (Ostkordillere Ecuador). Erdwissenschaftliche Forschung, Bd. XXXIX. Franz Steiner Verlag, Stuttgart.

BENDIX, J. & RAFIQPOOR, M.D. (2001): Studies on the thermal conditions of soils at the upper tree line in the Páramo of Papallacta (Eastern Cordillera of Ecuador). Erdkunde 55: 257-276. Bonn.

2. Geoökologische Forschungen im Karakorum, in den Alpen und in Hochgebirgsregionen Afrikas

Hr. Winiger berichtet:

Die vergleichenden geoökologischen Untersuchungen in den vier Gebirgsregionen Karakorum, Zentraler Alpenraum, Hoher Atlas und Drakensberge wurden fortgeführt. Forschungsschwerpunkte bilden weiterhin die Erfassung und Modellierung geoökologischer Zusammenhänge und Szenarienbildung zur Umweltdynamik und zur Mensch-Umwelt-Beziehung.

Im Karakorum konnte das Klimameßnetz ein weiteres Jahr in Betrieb gehalten werden. Einzelne Stationen werden zur Zeit im Kontext zeitlich hochaufgelöster isotopenanalytischer Jahrringuntersuchungen (GIUB/FZ Jülich) mit zusätzlichen Strahlungssensoren ausgestattet, um verbesserte Transferfunktionen zwischen Wachstums- und Isotopenanreicherungscharakteristika einzelner Jahrringe von *Juniperus turk.* in Relation zu spezifischen klimatischen Bedingungen ableiten zu können. Von vorrangigem Interesse sind weiterhin die Untersuchungen zum Wasserhaushalt der Hochlagen zwischen 2500-5000 müM. Die Niederschlagsdefizite der vergangenen Jahre verschärften in den Tieflagen (Indusebene) die ohnehin bestehenden Engpässe in der Bewässerungswirtschaft erheblich. Damit wird der Input von Gletscher- und Schneeschmelzwasser ins Abflußsystem und dessen Prognostizierbarkeit zu einem der zentralen Faktoren im Wassermanagement. Durch eine Methodenkombination aus in-situ-Messungen, Einbezug von Fernerkundungsdaten und physikalischer Modellierung wird die verbesserte Bestimmung des höhendifferenzierten Niederschlagsinputs angestrebt. Die bisherigen Bilanzierungen weisen dabei auf eine höher als bisher zu veranschlagende Gebietsverdunstung hin (regional bis 80% des gefallenen Niederschlages).

Im Forschungsgebiet Qued Draa (Hoher Atlas – Lac Iriki) konnte im Herbst 2001 der Aufbau eines Transektes von automatischen Klimastationen vom Gipfel des M'Goun (rund 4000 müM) bis in die Region von Zagora abgeschlossen werden. Erste Messergebnisse, insbesondere den Wasserhaushalt betreffend, können für 2002 erwartet werden. Die Erfassung der Schneedecke und ihres Wasseräquivalents basiert auf der kombinierten Analyse von Boden- und Satellitenmessungen (Kooperationsprogramm mit der Direction Météorologique Nationale, Casablanca). Wie für Pakistan gilt auch für diese Region, daß die vergangenen Jahre sehr trocken ausfielen und die Wasserbewirtschaftung mit extremen Engpässen konfrontiert ist. Die Modellierung (Prognostizierung) der Wasserverfügbarkeit für verschiedene Szenarien des Niederschlagsinputs wird auch hier zur zentralen Aufgabe der im Verbund GLOWA/IMPETUS zusammengeschlossenen Fächer der Universitäten Köln und Bonn.

Im Projektverbund 'Lötschen' konnten die Untersuchungen zur reliefgeprägten räumlichen Verteilung der Pflanzenformationen und ausgewählter Pflanzengesellschaften mit der Dissertation von B. Hörsch abgeschlossen werden. Die Arbeiten zur Modellierung der bodenthermischen Verhältnisse stehen vor dem Abschluß, ebenso die Szenarienbildung zur Mensch-Umwelt-Beziehung mit Hilfe von Sensitivitätsanalysen.

Die humanökologischen Untersuchungen in den Drakensbergen in Lesotho im Rahmen des Kooperationsprogramms mit dem Department of Geography der Universität Johannesburg sind in einem fortgeschrittenen Stadium. Unter anderem liegen die Analyse der hygrischen Bedingungen der Hochlagen unter Beizug von Indikatoren (Wetland-Klassifikation) und weideökologische Studien vor – die Integration der wesentlichsten Aspekte in einem politisch ausgerichteten humanökologischen Ansatz von M. Nüsser steht vor dem Abschluß.

Publikationen

ESPER, J., SCHWEINGRUBER, F.-H., WINIGER, M. (2001): 1.300 Years of Climate History for Western Central Asia inferred from Tree-rings. Holocene (accepted).

GRAB, S. & M. NÜSSER (2001): Towards an Integrated Research Approach for the Drakensberg and Lesotho Mountain Environments: A Case Study from the Sani Plateau Region. In: South African Geographical Journal 83 (1): 64-68.

MIEHE, G., WINIGER, M., BÖHNER, J., YILI, Z. (2001): The climatic diagram map of High Asia. Purpose and Concepts. Erdkunde, 55(1):94-97 (with 1 map).

NÜSSER, M. (2001): Ressourcennutzung und externe Eingriffe im peripheren Gebirgsland Lesotho. In: Geographische Rundschau 53 (12): 30-36.

NÜSSER, M. (2001): Understanding Cultural Landscape Transformation: A Re-Photographic Survey in Chitral, Eastern Hindukush, Pakistan. In: Landscape and Urban Planning 57 (3-4): 241-255.

TREYDTE, K., SCHLESER, G.H., SCHWEINGRUBER, F.H., WINIGER, M. 2001: The Climatic Significance of $\delta^{13}C$ in Subalpine Spruces (Lötschental/Swiss Alps) - A Case Study with Respect to Altitude, Exposure and Soil Moisture. Tellus 53B (5): 593-614.

WELPMANN, M., WINIGER, M. (2001): Alpine soil temperature distribution - a spatio-temporal modelling approach. Poster presented at EGS XXVI General Assembly, Nice 25-30 March 2001. Abstract in EGS-News Letter, No. 78:156.

WINIGER, M., GUMPERT, M., YAMOUT, H. (2001): Karakorum - Hindukush - Western Himalayas: Assessing high altitude water resources. Solicited Paper, EGS XXVI General Assembly, Nice 25-30 March 2001. Abstract in EGS-News Letter, No. 78:121.

3. Paläoklima in Afrika: Rekonstruktion der Vegetation für das Postglazial (Anhuf/Frankenberg/Lauer

Im Berichtsjahr setzten PD Dr. Dieter Anhuf, der Sachverständige der Kommission Prof. Dr. Dr. h.c. Peter Frankenberg und Hr. Lauer im Rahmen des zu Jahresende 2000 ausgelaufenen Klimaprogramms der Bundesregierung, Arbeitsgruppe „Terrestrische Paläoklimatologie“, ihre Studien zur Vegetations- und Klimageschichte von Afrika während des Holozäns fort. Es konnten die Karten der Vegetationsbedeckung Afrikas für die mittelholozäne Feuchtphase um 6.000 B.P. und den beginnenden Klimaumschwung zu deutlich trockeneren Bedingungen um 4.000 B.P. fertiggestellt werden.

Durch die Berufung von Herrn PD Dr. Dieter Anhuf auf den „von Martius Lehrstuhl“ an der Universidade de São Paulo (Brasilien) ergibt sich die Möglichkeit, die vergleichenden Studien der Vegetationsbedeckung für das Maximum des letzten Hochglazials (LGM) und die mittelholozäne Feuchtphase um 6.000 B.P. auch auf den südamerikanischen Kontinent auszudehnen. Es sollen u.a. die sehr unterschiedlichen Entwicklungen im interkontinentalen Vergleich dokumentiert werden.

Publikation

ANHUF, D.; MOTZER, TH. & SCHRÖDER, B.: Late Quaternary and early Holocene Vegetation of Africa; in: FRENZEL, B. (Ed.): Palaeoclimate Research, Stuttgart, Jena, New York (*in press*)

4. Aktivitäten der Sachverständigen der Kommission

a) Prof. Dr. Friedrich-Karl Holtmeier (Münster) setzte im Berichtsjahr die mit Frau PD Dr. Gabriele Broll (Münster) gemeinsam durchgeführten Untersuchungen über die Waldfähigkeit derzeit waldfreier Standorte im Waldgrenzökoton des nördlichen Finnisch-Lappland fort. Inzwischen sind die Dissertationen von Frau Dr. Bettina Hiller und Dr. William Pollmann erschienen. Frau Broll hat sich habilitiert. Das Thema ihrer kumulativen Habilitationsschrift lautete: „Interactions between soils, vegetation and microclimate in cold region ecosystems in view of global change. Soil ecological studies in the European Subarctic, the Canadian Arctic and the American Rocky Mountains“.

Publikationen

HILLER, B. (2001): Humusformen im Waldgrenzökoton (Oberengadin, Schweiz). Arbeiten aus dem Institut für Landschaftsökologie 9.

HOLTMEIER, K.-F. (2001): Change in the timerline ecotone in northern Finnisch-Lappland during the last 30 years. Report Kevo Subarctic Research Institute (im Druck).

POLLMANN, W. (2001): Vegetationsökologie und Dynamik temperierter Notofagus alpina-Wälder im südlichen Südamerika (Chile, Argentinien). Dissertationes Botranicae 348. Cramer Verlag, Vaduz.

POLLMANN, W. (2001): Caraterización floristica y posición de los bosques caducifolios de Notofagus alpina (Peopp. Et. Endl.) Oerst. En el centro – sur de Chile. Phytocoenologia 31 : 353-400.

b) Prof. Dr. Jörg Bendix (Marburg) setzte im Berichtsjahr zusammen mit Dipl.-Geogr. Astrid Bendix und Dr. Christoph Reudenbach die Arbeiten zum El Niño Phänomen in

Ecuador und Nordperu fort. Für das letzte Super El Niño 1997/98 konnten GOES-8 Daten der meisten Starkregentage beschafft werden, um mit Hilfe der Enhanced Convective Stratiform Technique (ECST) Niederschlagsfelder abzuleiten. Darüber hinaus wurden Cloud Motion Winde berechnet. Mit dem umfangreichen Datensatz wird derzeit untersucht, ob die Starkniederschlagsgenese im Vergleich zu einem Normal-Niño (1991/92) den gleichen Mustern folgt. Dabei soll mit Hilfe von Daten der TRMM (Tropical Rainfall Measuring Mission) auch die vertikale Struktur der Niederschläge über den Anden genauer analysiert werden. In Zusammenarbeit mit IRD und SENAMHI (peruanischer Wetterdienst) ist eine Detailstudie der Überschwemmungskatastrophe (21.-29.1.1998) im Einzugsgebiet des Rio Ica (Zentral-Peru) durchgeführt worden. Mit Hilfe von Methoden der Satellitenklimatologie sollte die meteorologische Steuerung dieses katastrophalen Ereignisses geklärt werden, da den einheimischen Hydrologen nicht klar war, ob die Niederschläge aus dem pazifischen oder dem amazonischen Raum initiiert wurden. Erste Ergebnisses zeigen, daß es sich um eine anomale Wettersituation mit einer starken zonalen Oströmung in der Höhe gehandelt hat, die auf eine Genese aus dem Amazonas hinweist. Auf dem 53. Deutschen Geographentag in Leipzig (2.10.2001) trug Herr Bendix die Ergebnisse dieser Arbeiten in einem Vortrag „El Niño und die Folgen" vor.

Im Arbeitsgebiet Ecuador (Páramo de Papallacta) wurden die Arbeiten zur Ökoklimatologie der oberen Waldgrenze fortgesetzt (s. Bericht Lauer/Rafiqpoor). Im Berichtsjahr wurde die von Herrn Prof. Dr. Jörg Bendix betreute Diplomarbeit zum Landnutzungswandel im Untersuchungsgebiet abgeschlossen. Dipl.-Geogr. Katrin Schnadt konnte auf der Basis von Fernerkundungsdaten verschiedener Zeitscheiben (digitalisierte Luftbilder, Landsat-MSS und -TM Daten) mit Hilfe von Techniken der „Change Detection" nachweisen, daß zwischen 1974 und 1993 die Areale der *Polylepis*-Höhenwälder zugunsten von Grasflächen deutlich abgenommen haben. Darüber hinaus zeigt sich ein Rückgang der Gletschergebiete des Antisana, was auf eine Änderung des Klimas im Untersuchungsgebiet hinweist. Für ihre Diplomarbeit ist Frau Schnadt mit einem Preis der Marburger Geographischen Gesellschaft ausgezeichnet worden.

Im Berichtsjahr konnten zusammen mit Prof. Dr. Peter Fabian (TU München) die Arbeiten im Rahmen der DFG-Forschergruppe „Funktionalität in einem tropischen Bergregenwald; Diversität; dynamische Prozesse und Nutzungspotenziale unter ökosystemaren Gesichtspunkten" aufgenommen werden. Im Teilprojekt 1b „Flächendeckende Erfassung der ökosystemaren Niederschlagsstruktur in der Cordillera de San Francisco/Südecuador" soll mit Hilfe eines X-Band- und eines K-Band-Radars erstmals die komplexe Niederschlagsstruktur im Untersuchungsgebiet erfaßt werden. Im Juli nahm Herr Prof. Dr. J. Bendix zusammen mit dem PostDoc Dr. Rütger Rollenbeck und Dr. M. Daud Rafiqpoor eine erste Ortsbegehung vor. Die Meßgeräte sind mittlerweile beschafft und die notwendigen Vorinstallationen sowie Genehmigungsverfahren abgeschlossen. Begleitend wird beim ecuadorianischen Wetterdienst (INAMHI) eine eigene NOAA-AVHRR HRPT Empfangsanlage realisiert, um die Radardaten in das synoptische Wettergeschehen einordnen zu können.

Im Rahmen der BMBF GLOWA-Danube Forschungsinitiative wurden von Herrn Prof. Dr. Jörg Bendix und Dr. Christoph Reudenbach die Arbeiten zum satellitengestützten Niederschlagsretrieval im oberen Donaueinzugsgebiet weitergeführt. Im Berichtsjahr konnte die informationstechnologische Einbindung des Retrievalmodells in das netzverteilte Entscheidungs-Unterstützungssystem DANUBIA vorangetrieben werden. In Zusammenarbeit mit den Gruppen um Prof. Egger (Meteorologie LMU München) und Prof. Wirth (Meteorologie Univ. Mainz) sind die Planungen zum Meteo-Objekt mit der Beschreibungssprache UML (Unified Modeling Language) abgeschlossen worden. Die aktuellen Arbeiten beziehen sich auf die Einbindung der Meteosat-bezogenen ECST-Technik mit Hilfe von Java Interfaces in DANUBIA sowie der Entwicklung eines verbesserten Algorithmus (Advanced CST) auf der Basis des zukünftigen MSG (Meteosat Second Generation) Systems, die bis zur Verfügbarkeit von MSG (ab Juli 2002) mit NOAA-AVHR und MODIS Daten durchgeführt wird.

Die im Rahmen des Projekts „Nationalatlas der BRD" (Institut für Länderkunde, Leipzig) begonnene Erstellung einer 10-jährigen Nebelklimatologie von Deutschland, basierend auf NOAA-AVHRR Daten, konnte im Berichtsjahr abgeschlossen werden. Die Karte sowie der Begleittext liegen inzwischen druckfertig vor und werden im Band 3 „Klima, Pflanzen und Relief" veröffentlicht. Der hierzu verwendete Datensatz konnte auch für eine Nebelklimatologie von Deutschland und dem Alpenraum herangezogen werden. Die Nebelmaxima befinden sich im Bereich des Bodensees und des Schweizer Mittellandes. Auch die Täler der deutschen Mittelgebirge (z.B. Fuldatal) weisen hohe Nebelfrequenzen auf. Im Hinblick auf das Meteosat Second Generation (MSG) Principal Investigator Programm der EUMETSAT/ESA wurde eine Studie zur Ableitung optischer und mikrophysikalischer Größen aus NOAA-AVHRR Daten durchgeführt. Mit Hilfe eines tri-spektralen Ansatzes basierend auf Strahlungstransportrechnungen konnten die optische Dicke, der Flüssigwasserweg sowie der effektive Radius abgeleitet werden. Die Arbeiten wurden auf der Second International Conference on Fog and Fog Collection (15-20 July, St. John's, Canada) sowie der EUMETSAT Meteorological Satellite Data Users' Conference (1-5-10.2001, Antalya, Türkei) vorgestellt. Für das in Antalya ausgestellte Poster wurde Herrn Prof. Dr. Jörg Bendix der 23001 EUMETSAT Poster Award verliehen. Ein entsprechender Artikel ist in der Zeitschrift „Atmospheric Research" im Druck. Mit Wirkung vom 7.11.2001 wurde Prof. Dr. Jörg Bendix von der Bundesregierung in den Verwaltungsausschuß der EU COST-Aktion 722 (*Short-range forecasting methods of fog, visibility and low clouds, 12.2001-12.2006*) berufen. Hier können im Rahmen von sogenannten Short Term Missions die Arbeiten zur Nebelfernerkundung im europäischen Forschungsverbund weitergeführt werden.

Zum Ende des Berichtsjahrs wurde auch der Aufbau der „Marburg Satellite Station" am Geographischen Institut abgeschlossen. Die Marburger Arbeitsgruppe verfügt nun über drei Empfangsanlagen für verschiedene Satellitensysteme (TERRA-MODIS, Meteosat Second Generation MSG HRIT, NOAA-AVHRR HRPT). Die MODIS-Installation ist die zweite an einer europäischen Universität.

Publikationen

BENDIX, J. (2001): A 10-years fog climatology of Germany and the Alpine region based on satellite data - preliminary results. *Proc. 2nd International Conference on fog and fog collection, July 15-20, 2001, St. John's, Canada*: 357-360.

REUDENBACH, CH.; HEINEMANN G.; HEUEL, E.; BENDIX, J. & WINIGER, M. (2001): Investigation of summertime convective rainfall in Western Europe based on a synergy of remote sensing data and numerical models. *Meteorology and Atmospheric Physics* **76**: 23-41.

REUDENBACH, CH.; BENDIX, J. & WINIGER, M. (2001): Retrieval of summer convective rainfall in the mid latitudes by means of remote sensed data and numerical models. SFB350 Report No. **97**: 37-44.

BENDIX, J. & RAFIQPOOR, M.D. (2001): Thermal conditions of soils in the Páramo of Papallacta (Ecuador) at the upper tree line. *Erdkunde* **55**: 257-276.

BENDIX, J.; REUDENBACH, CH.; TASCHNER, S.; LUDWIG, R. & MAUSER, W. (2001): Retrieval konvektiver Niederschläge in Mitteleuropa mit Fernerkundungsdaten und Modellen. *DLR Mitteilungen* 2001-02: 69-78.

III. Marine Geowissenschaften

HH. Seibold und Thiede berichten:

Die Ozeane stellen die größte, geologisch einheitlich aufgebaute und entstandene physiographische Provinz unserer Erde dar, die in zahlreichen Eigenschaften auf die plattentektonischen Prozesse zurückgeht. Die vulkanischen Gesteine der ozeanischen Kruste werden in weiten Gebieten von Ablagerungen bedeckt, die das beste Archiv globaler Umweltveränderungen in der geologischen Vorzeit darstellen. Die Ozeanbecken enthalten zahlreiche Lokationen wichtiger nicht lebender Rohstoffe, und die Ozeane beeinflussen die Lebensbedingungen in den dicht besiedelten Küstenstrecken. Aus diesem Grunde werden die geologischen Eigenschaften der Ozeanbecken seit gut über 30 Jahren durch die Technik des Tiefseebohrens untersucht. Mitte der 70er Jahre wurde das ursprünglich amerikanische Projekt internationalisiert, und Deutschland trat zunächst in das IPOD (International Phase of Ocean Drilling), ab 1985 auch dem ODP (Ocean Drilling Program) bei. Das gegenwärtige Projekt läuft im Jahre 2003 aus, und es werden international Anstrengungen unternommen, um ein neues Projekt zu formulieren, das im Jahre 2003 die Nachfolge von ODP antreten soll und gegenwärtig mit dem Namen IODP (Integrated Ocean Drilling Program) bezeichnet wird. Die Veränderung des Namens steht in enger Verbindung zu Planungen, mehrere Bohrplattformen einzusetzen, wobei Japan ein großes Bohrschiff zur Verfügung stellt, das mit Hilfe seiner Sicherheitseinrichtungen zur Erkundung geologisch sehr gefährlicher Lokationen geeignet sein wird (Einsatz eines „Risers"): Dieses Schiff (mit Namen CHIKYU = „Erde") befindet sich seit Anfang 2001 im Bau. Die USA werden eine Nachfolgerin für die JOIDES RESULUTION zur Verfügung stellen. In Europa läuft eine zeitweise recht unübersichtliche Diskussion zur Vorbereitung eines europäischen Konsortiums, das ab 2003 als gleichberechtigter Partner zusammen mit den amerikanischen und japanischen Forschergruppen in das IODP eintreten soll. Von den Europäern wird jedoch erwartet, daß sie eine oder mehrere sog. „alternative Plattformen" zur Verfügung stellen, die zur Erkundung sehr flacher Bohrlokalitäten entlang der Küstenräume der Erde oder aber auch in Korallenriffen eingesetzt werden können. Von deutscher Seite bemüht man sich besonders darum, einen neuen für die Arktisforschung konzipierten großen Eisbrecher vorzuschlagen, der auch die technischen Möglichkeiten der Tiefseebohrungen in der permanent eisbedeckten Arktis vorsieht. Dies erfordert die Entwicklung und Finanzierung eines völlig neuen Schiffes, das zahlreiche technische Anforderungen der klassischen Disziplinen der Polarforschung und der

Durchführung von Tiefseebohrungen in einem Meeresbecken ermöglichen soll. Die langsam driftende mehrere Meter mächtige Meereisdecke des Arktischen Ozeans erfordert den Bau eines außerordentlich starken Eisbrechers, der über genügend Maschinenkraft und eine beträchtliche Größe verfügen muß, um die technischen Einrichtungen zur Durchführung der Tiefseebohrung aufzunehmen, um dynamisch positionieren zu können und um den Einsatz weiterer technisch aufwendiger Ausrüstung für die Erforschung dieser extremen Tiefseebecken aufzunehmen. Das Projekt „AURORA BOREALIS“ wird z.Zt. im Rahmen der European Science Foundation (ESF) und der EU von einer internationalen Gruppe von Wissenschaftlern und Wissenschaftlerinnen entwickelt und wird im Jahre 2002 zur Entscheidung anstehen. Die wissenschaftlichen Perspektiven, die sich aus dem Bau dieses Schiffes ergeben, haben weitreichende Konsequenzen für die deutsche Polarforschung, die einen besonderen Schwerpunkt in der Arktis und ihren Randmeeren gesetzt hat. Gleichzeitig wird dieses Schiff die Verlegung der „POLARSTERN“ für längere Zeiträume in den Südozean ermöglichen. Zur Zeit wird unter mehreren europäischen Partnern die Einrichtung eines umfassenden Forschungsprogramms zu den Eigenschaften der Ozeanographie und der Geschichte der südpolaren Tiefseebecken entwickelt.

Herr Thiede hat in diesem Sommer eine lange Expedition der „POLARSTERN“ zum Gakkel-Rücken im zentralen Arktischen Ozean geleitet. Die Expedition (31. Juli bis 7. Oktober 2001) wurde gemeinsam mit dem Forschungseisbrecher „HEALEY“ der US amerikanischen Küstenwache durchgeführt. Für die „HEALEY“ war diese Expedition die wissenschaftliche Jungfernfahrt. Es war daher ein besonderer Erfolg, daß „POLARSTERN“ (auf dem Tag genau zehn Jahre nach ihrem ersten Besuch) und die „HEALEY“ am 6. September 2001 gemeinsam den Nordpol erreichten. Unterwegs begegneten sie auf dem Wege in das innere Nordpolarmeer dem schwedischen Eisbrecher „ODEN“, der über mehrere Wochen hinweg ozeanographische und meteorologische Messungen in der Nähe des Nordpols vorgenommen hatte und mit dem „POLARSTERN“ gemeinsam als erste konventionell angetriebene Eisbrecher am 7. September 1991 den Nordpol erreicht hatte. Während des „Drei-Schiffe-Treffens“ konnte diskutiert und belegt werden, daß der Arktische Ozean mit den modernen Forschungszeugen heute ganzjährig erschlossen werden kann. Das „Symposium“, das über 100 Wissenschaftler aus 17 Nationen auf dem Eis neben ihren Schiffen durchführen konnten, trug zu einem regen Austausch von Daten und Erkenntnissen über dieses extreme Gebiet bei, das einen so großen Einfluß auf unsere eigenen Lebensbedingungen in Europa hat. Das wissenschaftliche Ziel der Expedition von „POLARSTERN“ und „HEALEY“ im Sommer 2001 galt AMORE (Arctic Mid-Ocean-Ridge Expedition) dem zentralen aktiven Teil des mittelozeanischen Rückens im Arktischen Ozean, hier als Gakkel-Rücken bezeichnet. Dieses Segment des global über 60.000 km langen mittelozeanischen Rückensystems zeichnet sich durch seine besonders langsamen Spreizungsraten und seine eigentümliche geologische Geschichte aus. Es war daher eine große Überraschung, daß bei der Beprobung der vulkanischen Gesteine vor allem Basalte gefunden wurden, während Peridotite und Gabbros (beides Tiefengesteine der ozeanischen Kruste) in einem Segment des Gakkel-Rückens beobachtet wurden, wo sie eher durch tektonische als durch vulkanische Prozesse an die Oberfläche des Meeresbodens gefördert worden sind. Aufgrund der besonders langen Spreizungsraten (ca. 1 cm pro Jahr gegenüber z.B. 10 – 20 cm am Ostpazifischen Rücken) wurde auch erwartet, daß es einen besonders geringen Austausch zwischen den Tiefwassermassen des Arktischen Ozeans und den ozeanischen Krustengesteinen gibt. Die ozeanographischen Beobachtungen und die Eigenschaften der Bodenwassermassen lassen jedoch im Gegenteil darauf schließen, daß es an zahlreichen Lokationen zum Austritt hydrothermaler Wässer aus dem Rifftal des Gakkel-Rückens kommt. An einer Position wurden sogar Vererzungen gefunden, die in direkter Nachbarschaft einer Quelle hydrothermaler Gewässer erzeugt worden und die auf sog. „schwarzer Smoker" zurückzuführen sind. Gleichzeitig konnte durch die Fächerlotsysteme der beiden Schiffe eine vollständige bathymetrische Karte der Zentralregion des Rifftals des Gakkel-Rückens über eine Entfernung von etwa 1000 km erstellt werden, so daß dieses bisher völlig unbekannte Teilstück des Mittelozeanischen Rückens durch die AMORE 2001 Expedition zu einem der best bekannten geworden ist.

Von „POLARSTERN" konnten die Arbeitsgruppen der Meeresgeophysik mit zahlreichen Experimenten auch den tieferen Untergrund der Tiefseebecken auf beiden Seiten des Gakkel-Rückens untersuchen und so die Struktur und Schichtung der Sedimentbedeckung im Arktischen Ozean entziffert werden. Da die „HEALY" während der Transitstrecken für die „POLARSTERN" einen Kanal durch das Eis brechen konnte, wurde das Schleppen von geophysikalischer Ausrüstung hinter der „POLARSTERN" ermöglicht; mit Hilfe einer Serie von Luftkanonen als Schallgeber und einem bis zu über 300 m langen Streamer wurden reflektionsseismische Profile aufgenommen, die einen guten Eindruck und eine kontinuierliche Information für den Aufbau des tieferen Meeresbodens ergaben. Diese Daten werden heutzutage für die Abgrenzung der Kontinentalrandgebiete benötigt. „POLARSTERN"s Daten stießen daher bei der Rückkehr in Norwegen sowohl in den akademischen Lehrstätten als auch im Norwegian Petroleum Directorate auf großes Interesse. Insgesamt stellt die gemeinsame Expedition von „HEALY" und „POLARSTERN" einen bedeutenden internationalen Erfolg und einen Meilenstein in der Erkundung des östlichen Nordpolarmeeres dar.

Die Erkundung der Laptev See, des Lena-Deltas und des Elgyguthin-Sees in Nordostsibirien wurden auch in diesem Jahr von Arbeitsgruppen des Alfred-Wegener-Institutes für Polar- und Meeresforschung in Bremerhaven und Potsdam sowie vom GEOMAR in engem wissenschaftlichen Verbund mit russischen Forschungseinrichtungen fortgesetzt. Auf der Insel Samoylov im Lena-Delta wurde zum wiederholten Male eine kleine Forschungsstation aufgesucht, an der Registrierungen zum Gasaustausch (vor allem Methan) zwischen den arktischen Böden und der Atmosphäre durchgeführt werden. Darüber hinaus wurde mit Hilfe von leichten Bohrgeräten ein umfassendes Erkundungsprogramm zur Entzifferung der spätquartären Geschichte des Lena-Deltas durchgeführt. Die Forschungen in diesem Gebiet laufen seit 1992 mit dem Ergebnis eines großartigen und einzigartigen Datensatzes. Die wiederholten Expeditionen haben es erlaubt, fast alle Jahreszeiten zu beproben, und wir verfügen heutzutage über das bedeutendste Archiv von Informationen über die geologischen Eigenschaften und Geschichte von Zentralnordsibirien (Abb. 2). Besonders wichtig sind dabei eine Reihe von langen Sedimentkernen, die vom flachen Schelf der Laptev-See gewonnen werden konnten, obwohl ausgedehnte Permafrostgebiete eine systematische Probennahme besonders erschweren.

Im Rahmen des ESF-Programms QUEEN (Quarternary Environments of the Eurasian North) werden seit 1995 zahlreiche bilaterale Projekte westeuropäischer und russischer

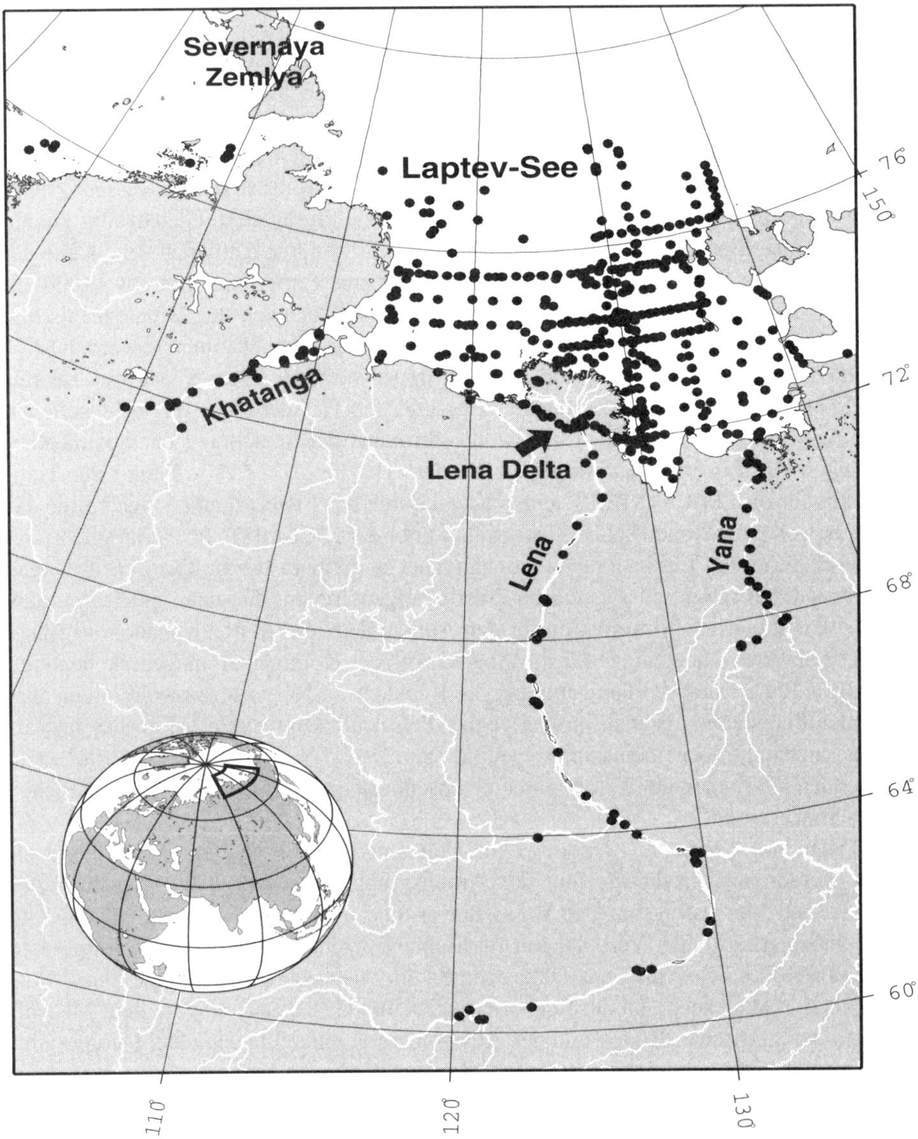

Abb. 2: Stationsnetz der Forschungsprojekte von GEOMAR und AWI in der Laptev-See und in den angrenzenden Flußgebieten seit 1992

Forschungseinrichtungen zur spätquartären Geschichte des nördlichen Eurasiens und der angrenzenden Meeresgebiete gebündelt. Im Rahmen von QUEEN wurden wieder viele Expeditionen gemischter westeuropäisch-russischer Arbeitsgruppen in das nördlichste Europa und das nordwestliche Sibirien organisiert. Besonders herausstechend waren Expeditionen in die Kara-See und Erkundungen der angrenzenden Flußläufe und ihres Einflusses auf die Eigenschaften der benachbarten Meeresgebiete (im Rahmen eines Projektes des Alfred-Wegener-Institutes SIRRO = Sibirian River Run-Off). Die jährlichen Arbeitstreffen von QUEEN führten zur Organisation eines zweitägigen Symposiums im Rahmen von EUG in Straßburg, das großen internationalen Anklang fand, dessen Ergebnisse zur Zeit in einem Band der Zeitschrift „Global and Planetary Change" in Druck sind (Thiede et al., 2001, in press). QUEEN wird seine Arbeiten im kommenden Jahr im Rahmen eines abschließenden Arbeitstreffens und in der Publikation eines zusammenfassenden Buches über „Die spätquartäre Geschichte des nördlichen Eurasiens und des angrenzenden Arktischen Ozeans" darstellen

Herr Seibold ging weiter alten Karten der nordsibirischen Küste nach. Fortschritte der Genauigkeit und der Darstellung ereigneten sich sprungweise. Sie gehen teilweise auf verbesserte Methoden zurück, wie die Einführung genauerer astronomischer Ortsbestimmungen in Rußland durch den Einfluß des Franzosen Delisle im frühen 18. Jahrhundert. Wesentlicher waren aber politische und ökonomische Motive. Durch die Entdeckung des Seeweges nach dem fernen Osten durch die Portugiesen und deren Blockade danach wurden Interessen wach, den nördlichen Seeweg, in diesem Fall die Nordostpassage, zu erschließen. Teilweise spielten dabei sogar antike Vorstellungen mit, wonach die feste Erde am Außenrand von einem ringförmigen Ozean umgeben sei. Ernstlich wurde der Frage aber erst durch britische und holländische Seefahrer nachgegangen, die im wesentlichen von Kaufleuten finanziert wurden. Barents erkundete vor allem den westlichen Zugang bis Nowaya Zemlya am Ende des 16. Jahrhunderts. Eisgang verhinderte aber manche weiteren Versuche, in die Kara-See vorzudringen, so daß über ein Jahrhundert lang nur legendäre Küsten, die zum Teil auf Plinius den Älteren zurückgingen, auf Karten dargestellt wurden. In der zweiten Hälfte des 17. Jahrhunderts entstanden erste russische Karten, die aber sehr verzerrt und ungenau waren, da sie nur aus Routenaufnahmen und diese nur auf Distanzen und nicht auf Richtungen beruhten. Abbildung 3 zeigt dies am Beispiel einer Karte von Semen Remetsov aus dem Jahr 1667. Typisch ist, daß aus klimatischen Gründen die Erschließung Sibiriens und seiner Küsten flußabwärts erfolgte, im Gegensatz zu dem normalen Vorgehen im Zeitalter der Entdeckungen, wobei vielfach fremde Länder von der Küste her flußaufwärts erkundet wurden. Der entscheidende weitere Fortschritt geht auf Peter den Großen zurück. Er regte 1724 die „Große Nordische Expedition" wiederum mit dem Ziel an, eine Passage nach Osten zu finden. 1733–1743 gelang es unter heroischem Einsatz junger Schiffsoffiziere, jeweils in gesonderten Partien von den Flußmündungen aus die Küsten genauer aufzunehmen. Dies reichte freilich von Westen her über das Lena-Delta hinaus nur bis zur Mündung des Kolyma. Von Osten her blieb es zunächst bei einem kurzen Vorstoß von Bering, der dabei nachwies, daß Asien nicht mit Amerika zusammenhängt und somit die Ostgrenze Sibiriens erkundete. Durch bessere Ortsbestimmungen Berings wurde das russische Reich um nicht weniger als 1000 km nach Osten „erweitert". Er nahm weiterhin wesentlichen Anteil am Plan und an der Durchführung des historischen Unternehmens der Großen Expedition. Die dabei gemachten enttäuschenden Erfahrungen mit widrigen Eisverhältnissen ließen aber wiederum das Interesse an der Nordostpassage erlahmen, so daß die kartographischen Aufnahmen stagnierten. Berücksichtigt man die klimatischen und logistischen Schwierigkeiten, die die alten Seeleute ohne alle modernen Hilfsmittel allein hinsichtlich der Kommuni-

Abb. 3: Semen Remezovs Karte von Sibirien (1667). Die Karte ist nach Süden orientiert und hat als Skelett die großen sibirischen Flußläufe. Von Westen – rechts – folgt auf die Kara-Halbinsel und das Weiße Meer mit der Dvina die Doppellinie des Urals. Sie stößt an das nierenförmige Ob-Ästuar in der Bildmitte. Nach Osten folgen Yenisey und Olenek. Die Küste biegt dann nach Süden um, wo Lena und Kolyma münden. Die Chinesische Mauer schließt die Karte ab.

kation hatten, so kann man deren Leistungen durchaus mit denen der portugiesischen und spanischen Entdecker vergleichen.

Die wissenschaftlichen Arbeiten haben ebenfalls zu einer Reihe von organisatorischen Maßnahmen geführt, die die Erdwissenschaften insgesamt, aber vor allem unsere Beziehungen zu russischen Forschungseinrichtungen in ein völlig neues Fahrwasser führen. Das GEOMAR Forschungszentrum für Marine Geowissenschaften und das Alfred-Wegener-Institut haben gemeinsam mit dem staatlichen „Arctic Antarctic Research Institute" (AARI) in Räumlichkeiten des letztgenannten Institutes in St. Petersburg ein Labor gegründet, in dem bis zu 30 junge russische Wissenschaftler und Wissenschaftlerinnen an modernstem Forschungsgerät zum wissenschaftlichen Erfolg der laufenden Projekte beitragen können. Das OSL (Otto-Schmidt-Labor), benannt nach einem ehemaligen Direktor des AARI, verfügt auch über Stipendienmittel und trägt dazu bei, daß die junge wissenschaftliche Elite Rußlands in ihrem eigenen Land verbleiben kann. Im Verbund mit norddeutschen Universitäten hat das Alfred-Wegener-Institut vorgeschlagen, an der staatlichen Universität in St. Petersburg eine neue Fakultät für Polar- und Meeresforschung einzurichten, die vor allem mit deutschen Lehrkräften bestückt werden soll, und die ein neues Konzept der angewandten Aspekte der Polar- und Meeresforschung in Rußland etablieren sollen. Im Rahmen der Förderung des Exports deutscher Studienangebote an ausländische Forschungs- und Lehreinrichtungen hat der Deutsche Akademische Austauschdienst eine beträchtliche Bewilligung zur Etablierung dieser Fakultät ausgesprochen, die jetzt im Rahmen des Petersburger Dialogs eine wichtige Rolle spielt.

Nach dem Jahr der Physik und der Biowissenschaften wird im Jahre 2002 in Deutschland das „Jahr der Geowissenschaften" gefeiert; zahlreiche Mitglieder der deutschen Akademien tragen zu den wissenschaftlichen Programmen dieses Jahres bei, dem es obliegt, die fachlichen Perspektiven der Geowissenschaften einem breiten Publikum nahe zu bringen und künftige Studentinnen und Studenten von dem wichtigen Beitrag der Geowissenschaften zur Vorsorgeforschung für die gesamte Menschheit zu überzeugen. Die Erdwissenschaftliche Kommission der Mainzer Akademie hält dieses Vorhaben für außerordentlich bedeutsam und wird sich nach Kräften bemühen, das Jahr der Geowissenschaften zu einem Erfolg werden zu lassen.

Publikation:

THIEDE, J.; BAUCH, H.A.; MANGERUD, J. & HJORT, C. (Eds.) (2001): Eurasia and adjacent Arctic seas during the late Quaternary. - Global and Planetary Change, Volume 31 (1 - 4), in press.

IV. Paläontologie

Hr. Strauch berichtet:

Nach Eintritt in den Ruhestand sind im ablaufenden Jahr 2001 schwerpunktmäßig die paläoökologischen Untersuchungen vorwiegend im Känozoikum, aber auch Mesozoikum des Tethysraumes und des Nordseebeckens mit noch neun Doktoranden und zwei Post-Doc-Mitarbeitern fortgesetzt worden. Erschwerend trat allerdings hinzu, daß der Berichterstatter während der gesamten Zeit nicht reisefähig war und damit eigene vorgesehene Geländeuntersuchungen in Rußland, Albanien, Griechenland und Iran nicht vornehmen und nur zum Teil von Mitarbeitern durchführen lassen konnte.

Nach Abschluß umfassender paläoökologischer und taphonomischer Untersuchungen an cenomanen Ammonitenanhäufungen im Münsterland sind vor allem campane Ichnofaunen, ihre Taphonomie und die Ethologie der Erzeuger noch in Arbeit. Hier entsteht eine detaillierte Erstbearbeitung dieser ungewöhnlich mannigfaltigen Fossilformen im südlichen Münsterland, deren Ergebnisse für die Rekonstruktion der ungewöhnlichen Biotope und Sedimentationsbedingungen äußerst wichtig werden, da offensichtlich keine direkten aktualistischen Vergleichsmöglichkeiten gegeben sind. Anfang des kommenden

Jahres können auch die Studien zur Paläobiologie und Paläoökologie der Crinoiden aus dem Muschelkalk des Osnabrücker und Lippischen Berglandes, die mit umfangreichen Geländeaufnahmen, Kartierungen und Grabungen verbunden waren, abgeschlossen werden. Hier liegen wesentliche neue Erkenntnisse zur Lebensweise und Anpassungsbreite dieser heute im litoralen Bereich ausgestorbenen Gruppe vor.

In känozoischen Sedimenten werden in verschiedenen Beckenbereichen (Nordsee, Tethys) Floren- und Fauneninhalte zu den genannten Fragestellungen bearbeitet. Makrofloren in limnisch-terrestrischen und lagunären, sich mit marinen Sedimenten verzahnenden Ablagerungen hat Dr. Kleinhölter, der in diesem Jahr aus der Arbeitsgruppe ausgeschieden ist, zum Abschluß gebracht, die Publikationen liegen aber noch nicht alle vor. Er hat an Floren (Blätter, Früchte, Samen) vom Eozän bis zum Pliozän Albaniens, Griechenlands und Rußlands nach der Bestandsaufnahme wichtige Erkenntnisse über Klimaentwicklungen, Migrationen und paläogeographische Bezüge ermitteln können, was auch für die Untersuchungen (Löffler) eozän-oligozäner Hölzer aus der mitteldeutschen Braunkohle gilt, für die zahlreiche neue Belege südostasiatischer Elemente erbracht werden konnten.

Terrestrische bis marine Mikrofloren bzw. Sporomorphen stehen ebenfalls aus allen genannten Bereichen in Bearbeitung. Von Mitarbeitern der Universität Tirana liegen erste palynologische Ergebnisse druckreif vor. Untersuchungen an Nannoplankton und Foraminiferen der albanischen Seite der Periadriatischen Mulde sind storniert, da alle deutschen Bearbeiter von Arbeiten in Albanien zurücktraten (vgl. vorjährigen Bericht). Vom Berichterstatter werden alleine die Untersuchungen an bereits gewonnenen neogenen Mollusken und Echinodermen weitergeführt. Gleiches gilt auch für die außerordentlich reichen Makrofaunen aus dem griechischen Raum (bevorzugt von der Peloponnes, den Ionischen Inseln und Kreta), deren Aufnahme noch längere Zeit in Anspruch nehmen wird. Biostratigraphische und isotopengeochemische Untersuchungen an Mikro- und kalkigem Nannoplankton Kretas hingegen werden im kommenden Jahr zum Abschluß kommen. Mikropaläontologische und mikrofazielle Arbeiten im südöstlichen Iran in Kooperation mit der Universität Schiraz entwickeln sich gut, von iranischer Seite wird ein Ausbau gewünscht. Die Arbeiten in Südchina sind Anfang des Jahres abgeschlossen und jetzt durch den „Hildegard und Karl-Heinrich Heitfeld-Preis" ausgezeichnet worden.

Seit Jahren beschäftigt sich eine Arbeitsgruppe schwerpunktmäßig mit marinen Mollusken des tertiären Nordseebeckens und benachbarter Räume. Einige Arbeiten sind im Druck bzw. im Erscheinen begriffen (Material aus dem Samland, Mecklenburg, Schleswig-Holstein u.a.). Mit Dr. Welle entsteht zur Zeit im Auftrag der Bodendenkmalpflege eine umfangreiche Monographie der Entwicklung chattischer mariner Molluskenfaunen des niederrheinischen Beckens, deren Abschluß spätestens Ende 2003 vorliegen soll. Parallel dazu werden einzelne Taxa bzw. lokale Faunen z.T. von Diplomanden und Doktoranden untersucht (z.B. die Migration, Anpassung und Evolution der Pectiniden im Paläogen, einer sowohl paläoökologisch wie biostratigraphisch hoch interessanten Gruppe), wobei alle Teildarstellungen in das z.T. bereits erarbeitete Bild der Entwicklung der marinen Faunen des Nordseebeckens seit der Kreide/Tertiär-Wende bis heute eingehen werden. Auch eine Untersuchung über wechselnde Diversitäten der Faunen in der Erdgeschichte (Rödder) wird hiervon profitieren.

Seit Jahren beobachten wir fossile Spaltenfüllungen im Rheinischen Schiefergebirge. Ausgrabungen von kreidezeitlichen Dinosaurierresten Anfang der achtziger Jahre brachten ein spektakuläres Ergebnis. Im letzten und im ablaufenden Jahr konnten jungquartäre, Wirbeltiere führende Spaltenfüllungen aus dem Sauerland erfolgreich ergraben und bearbeitet werden. Frau C. Reimann führt jetzt, aufbauend auf älteren Ergebnissen unserer Arbeitsgruppe, Untersuchungen an jungquartären Säugern aus Ems-Schottern des Münsterlandes als Dissertation fort, wobei neben Neufunden vor allem Museumsmaterial zur Verfügung steht.

V. Forschungen zur Geographie und Geschichte des Eiszeitalters (Pleistozän) und der Nacheiszeit (Holozän)

Hr. Frenzel berichtet:

Vorwort

Im „Jahrbuch 1999" (S. 220) ist bereits davon berichtet worden, daß die im Rahmen des Nationalen Klimaprogramms der Bundesregierung auf Wunsch des damaligen BMFT von Hrn. Frenzel und seiner Arbeitsgruppe aufgebaute Paläoklimadatenbank des Quartärs (PKDB) auf Veranlassung des BMBF mit der in Bremerhaven stationierten Paläoklimadatenbank PANGAEA vereint werden solle, wobei die PKDB in die PANGAEA zu überführen sei. Diese Arbeiten sind im Berichtszeitraum fortgeführt worden, wobei allerdings die schon zu Beginn von Hrn. Frenzel dem BMBF gegenüber hervorgehobenen Schwierigkeiten sehr deutlich geworden sind. Denn die PKDB war eine „kritische" Datenbank, in der zu den einzelnen Werten oder stratigraphischen Begriffen kritische Bemerkungen gemacht worden sind, soweit dies erforderlich ist. PANGAEA enthält aber im wesentlichen nur quantifizierbare Daten aus den Bereichen der Paläoklimatologie, Paläoozeanographie und Paläoglaziologie. Die beiden Datenbanken sind also in ihrem Aufbau unterschiedlich konzipiert und strukturiert. Das bedeutet, daß bei der Übernahme der PKDB in die PANGAEA sehr viele in der PKDB ehemals enthaltene Daten und kritische Kommentare nicht übernommen werden. Es sind daher im Augenblick Überlegungen und Versuche im Gange, wie das ehemals in der PKDB enthaltene Material gerettet werden kann, mindestens für den eigenen Gebrauch. Dies wird dadurch sehr erschwert, daß für diese Arbeiten kein Personal mehr zur Verfügung steht.

Im Berichtszeitraum haben sich die wissenschaftlichen Arbeiten auf vier Problemkreise konzentriert, nämlich auf die Zusammenhänge zwischen Schwankungen in den Gehalten der Erdatmosphäre an CO_2 und CH_4 und der Geschichte der globalen Vegetation während des letzten klimatischen Großcyclus' (Letztes Interglazial bis zur Gegenwart); auf mögliche Ursachen für die unterschiedliche Geschwindigkeit des Überganges von Interglazialen in die anschließenden Eiszeiten, bzw. in der umgekehrten Richtung von Glazialen in Interglaziale; auf methodologische Fragen zur Ermittlung der Geschichte des Aërosols des mittleren Europas seit der Jungsteinzeit; und auf die paläoökologischen Änderungen im Tibetischen Hochland während der Letzten Eiszeit und während des Holozäns (Nacheiszeit). Wichtige Probleme oder Ergebnisse dieser verschiedenen Fragenkomplexe seien im folgenden kurz dargestellt.

1. Bedeutung klimatischer oder luftchemischer Änderungen während des letzten klimatischen Groß-Cyclus für die Entwicklung der globalen Vegetation

Die Untersuchungen basieren auf einer Auswertung der sehr reichen internationalen Literatur zu Vegetationsgeschichte, Geschichte der Böden, zur Paläoklimatologie, Paläoozeanographie und Paläoglaziologie. Die Angaben werden kritisch überprüft anhand der in den letzten Jahren von Hrn. Frenzel durchgeführten Exkursionen und Expeditionen in NW-Nordamerika, Europa, Kaukasien, NO-Sibirien, Tieflands-China und Tibet. Es dreht sich um die Frage nach der Bedeutung der Änderungen im Gehalt der Erdatmosphäre an klimawirksamen Gasen (hier CO_2 und CH_4) für die Änderungen der globalen Vegetation während der letzten 130 000 Jahre. Es besteht die verbreitete Ansicht, daß die Änderungen der Gehalte dieser „Treibhausgase" Klima und Vegetation nachhaltig beeinflußt hätten. Zur Beantwortung dieser Frage bedarf es jedoch einer sehr hohen Datierungsgenauigkeit innerhalb des umrissenen Zeitraumes, doch ist zuzugeben, daß schon bei der Datierung des Endes der Letzten Eiszeit zwischen Dendrochronologie und Glaziologie Schwierigkeiten vorhanden sind, da auf Seiten der Glaziologie Fehlerbreiten von bis zu ± 250 Jahren vorhanden sind. Zum Beginn des letzten klimatischen Groß-Cyclus nehmen die Datierungsunsicherheiten schnell auf ± einige Jahrtausende zu. Dies bedeutet, daß manches an den Fragen nach Ursache und Wirkung noch heute recht unsicher ist, oft im Gegensatz zu dem, was in der Literatur dargestellt wird. Hier könnte eine breit angelegte Untersuchung von „Markerhorizonten" weiterhelfen, etwa von Lagen vulkanischer Aschen, die sowohl in der Tiefsee, als auch im Inlandeis und in terrestrischen Sedimenten gefunden werden. Doch leider ist diese vielversprechende, aber sehr mühsame Arbeit erst kaum aufgenommen worden.

Nach Ausweis chemischer Untersuchungen an Gasblasen, die im Inlandeis der Antarktis und Grönlands eingeschlossen sind, verliefen die Gehaltsschwankungen des CO_2 und des CH_4 der Erdatmosphäre mindestens während der letzten 130 000 Jahre im großen und ganzen recht gleichartig, doch traten auch beachtliche Unterschiede auf. Dies ist verständlich, da das CH_4 vor allem der biologischen Aktivität in Feuchtgebieten entstammt, das CO_2 aber der Bodenatmung. Es scheint, daß der sehr schnelle Rückgang der CH_4-Gehalte der Atmosphäre am Ende des Letzten Interglazials und an demjenigen bedeutenderer Interstadiale besonders dadurch verursacht worden ist, daß die Feuchtgebiete der verschiedensten Klimazonen der Erde durch Frost oder Trockenheit zerstört worden sind. Außerdem ist die Fläche der Wattenmeere durch das schnelle Absinken des Meeresspiegels schon zu Beginn der Letzten Eiszeit rasch vermindert worden. Andererseits hat die Frosteinwirkung in den heute kühlen und kalten Breiten auf die damals vorhandenen Böden zu einem starken Abbau des Humus und der Torfe geführt, damit aber zu einer erhöhten CO_2-Produktion. Dies bedeutet, daß zwar CO_2- und CH_4-Veränderungen der Atmosphäre das Klima etwas beeinflußt haben können, daß aber der entscheidende Faktor für diese Veränderungen diejenigen des Klimas selbst und der Vegetation, einschließlich der Böden, gewesen sind. Dies läßt sich auch im Verlauf der Spurengas- und Vegetationsentwicklung mancher bedeutenderer Interstadiale nachzeichnen. Außerdem sollte bedacht werden, daß das wesentlichste „Treibhausgas", nämlich der Wasserdampf, bei diesen Untersuchungen nicht in die Betrachtung einbezogen wird, da es noch heute extrem schwierig ist, zuverlässige Angaben über den ehemaligen Wasserdampfgehalt der Atmosphäre zu machen, zumal da die Änderungen des ehemaligen Wasserhaushaltes der verschiedensten Ökosysteme in der Regel nur indirekt erschlossen werden können, ohne daß es exakte Beziehungen zwischen den so erschlossenen Werten und der Niederschlagshöhe, der saisonalen Niederschlagsverteilung oder dem Wasserdampfgehalt gäbe. Der Ausweg aus diesem Dilemma kann nur die Fortsetzung einer sehr kritisch durchgeführten, vergleichenden Paläoökologie des betrachteten Zeitraumes sein (vgl. Frenzel, 2001).

2. Das Problem der Geschwindigkeit des Klimaübergangs von Interglazialen in Glaziale, bzw. von Glazialen in Interglaziale

Dendrochronologie, Warvensedimentologie und Glaziologie scheinen heute zu zeigen, daß der Übergang von der Schlußphase der Letzten Eiszeit in das Holozän nur ein bis zwei Jahrzehnte gedauert habe. Dies mag bezweifelt werden, da die Gehalte stabiler Isotope in der Zellulose des Holzes auf einen mehrhundertjährigen Zeitraum verweisen (vgl. Jahrbuch, 1998, S. 236). Dennoch ist kaum daran zu zweifeln, daß sich dieser Übergang erstaunlich schnell vollzogen hatte. Demgegenüber scheint der entgegengesetzte Übergang, ermittelt aus Pollenanalysen an jahreszeitlich geschichteten Seesedimenten, wesentlich länger gedauert zu haben, falls diese Verallgemeinerung schon heute gezogen werden darf. Wird unterstellt, daß die Beobachtungen einigermaßen richtig sind, dann ist nach den Ursachen hierfür zu fragen. Beim gegenwärtigen Kenntnisstand sind diese Klimaschwankungen in ihrer entscheidenden Grundtendenz durch Änderungen der Erdbahnelemente (Form der Erdumlaufbahn, Obliquität der Erdachse und Präcession) gesteuert worden. Diese drei Faktoren hatten sehr unterschiedliche Phasenlängen. Ihre Kombination kann also nicht stets so gewesen sein, daß der Übergang Interglazial zu Glazial deutlich länger gedauert hatte als derjenige vom Glazial in das anschließende Interglazial. Die meisten der im terrestrischen Milieu verfügbaren Daten sind von der Vegetationsgeschichte beigesteuert worden, soweit es sich um einigermaßen gut datierbare Daten handelt. Hrn. Frenzels Arbeitsgruppe beschäftigt die Frage sehr, wie weit es sich bei den erwähnten Unterschieden um das Abbild der tatsächlich erfolgten Klimaschwankungen, oder aber um „Fälschungen“ durch die verwandten Indikatoren handelt. Denn hierbei ist zu berücksichtigen, daß bei einem Klimawechsel von einer Eiszeit in ein Interglazial der einwandernden Waldvegetation in dem ehemals waldfreien Gelände lichtökologisch keine Widerstände entgegenstanden, daß aber die einwandernden Holzarten in der Regel über eine sehr ausgeprägte Frostresistenz verfügen. In diesem Falle kann also die Einwanderung, verursacht durch die im Raum mehr oder weniger statistisch erfolgende Ausbreitung der Früchte und Samen, sehr schnell erfolgen. Anders ist es im umgekehrten Falle. Denn bei dem Klimawechsel vom Interglazial zum Glazial handelt es sich nicht, wie meist fälschlicherweise gesagt wird, um einen Rückzug in klimatisch bessere Gegenden, sondern auch hier erfolgt die Verbreitung der Diasporen statistisch, bestenfalls etwas stärker in einige Richtungen durch die vorherrschenden Windrichtungen oder Vogelzugstraßen geleitet. Aber in diesem Falle müssen die lichtökologisch unterlegenenen Formenkreise, wie Kiefern, Birken, z.T. auch Fichten, Fuß fassen in Waldtypen lichtökologisch überlegener Holzarten. Diese müssen also zunächst ausfallen; es müssen sich größere Lichtungen bilden, in die erst die schwächeren Konkurrenten eindringen können. Angesichts der hohen thermischen Toleranzbreite der meisten europäischen Holzarten bedarf es schon bemerkenswerter Klimaverschlechterungen, daß die lichtökologisch überlegenen Schattholzarten, wie Buche, Hainbuche und Tanne, auf großen Flächen ausfallen, so daß der Weg für die lichtökologisch schwächeren Konkurrenten geöffnet wird. Dies bedeutet aber wahrscheinlich erhebliche Verzögerungen in der Antwort der Pflanzenwelt auf den Klimawandel vom Interglazial zur anschließenden Eiszeit. Es könnte daher sein, daß die Geschwindigkeit des Klimaüberganges vom Interglazial zur anschließenden Eiszeit nicht am Verhalten der Waldvegetation allgemein abgelesen werden darf, sondern an demjenigen thermisch besonders anspruchsvoller, nach Möglichkeit aber auch lichtökologisch überlegener Formenkreise. Es wird an diesem Problem, das ein besseres Verständnis des Klimasystems ermöglicht, gearbeitet.

3. Geschichte des menschlichen Eingriffes in das Aërosol Europas

Seit 1975 hat die Arbeitsgruppe die Frage geochemisch messend bearbeitet, in welchem Maße der Mensch seit dem Neolithicum in das Aërosol Europas quantitativ und qualitativ eingegriffen habe. Die Untersuchungen sind zunächst durch den regulären Etat des Instituts für Botanik der Universität Hohenheim finanziert worden, in den letzten sechs Jahren auch durch das BMBF. Es hatte gezeigt werden können, daß anthropogene Eingriffe in das Aërosol seit dem mittleren bis späten Neolithicum nachweisbar sind, vor allem aber seit den beginnenden Metallzeiten. Bemerkenswerterweise hatte es sich weniger um überall gleichartig faßbare, generelle quantitative und qualitative Änderungen des Aërosols gehandelt, als vielmehr um recht regionale Vorgänge. Diesen war überlagert, faßbar etwa ab Eisenzeit bis Römerzeit, eine Zunahme im Eintrag chemischer Elemente, die aus dem Ozean stammen. Die Hauptbedeutung fiel hierbei für Nord- und das nördliche Mitteleuropa dem Eintrag aus dem Nordatlantik zu. Innerhalb der untersuchten 5000 bis 6000 Jahre können sich aber in den bearbeiteten Regenwasser-(Hoch-)mooren sowohl die beteiligte Torfmoos-(*Sphagnum-*)flora geändert haben, als sich auch Änderungen im Mikrorelief der Mooroberfläche ereignet haben mögen (zeitlicher Austausch von Bulten, deren Hängen, bzw. Schlenken). Es war daher das Problem zu bearbeiten, ob derartige moorinterne Änderungen die tatsächlich gemessene Deposition, bzw. das Zurückhalten der deponierten chemischen Elemente an den Mooroberflächen nachhaltig zu beeinflussen vermögen, so daß durch diese Vorgänge der ehemalige menschliche Einfluß auf das Aërosol nur vorgetäuscht werde. Die sehr mühevollen Untersuchungen sind durchgeführt worden von Frau Dr. Heike Kempter und von Frau Stud.-Ass. Monika Butscher, beide besoldet über das BMBF. Die entsprechenden Untersuchungen sind an 8 Regenwassermooren Mitteleuropas, vom Harz und vom Hohen Venn im Norden, bis nach Oberbayern im Süden, so durchgeführt worden, daß in drei Mooren Oberschwabens und Oberbayerns eine allmonatliche Probenentnahme stattgefunden hat, in den anderen 5 Mooren aber in vierteljährigem Turnus. Es zeigt sich, daß tatsächlich die geprüften fünf *Sphagnum*-Arten (*Sph. Fallax, Sph. Magellanicum, Sph. Rubellum, Sph. Papillosum und Sph. Cuspidatum*) recht unterschiedliche Akkumulationswerte und Zurückhalteraten der geprüften 20 chemischen Elemente aufweisen, mit den weitaus höchsten Zurückhalteraten bei *Sph. Cuspidatum*. Auch die verschiedenen Elemente des Moormikroreliefs weisen recht unterschiedliche Stoffakkumulationen und Zurückhalteraten dieser Elemente auf. Die höchsten Werte treten in den Schlenken auf. Aber diese erwähnten Unterschiede kommen in ihrer Größenordnung überhaupt nicht an das heran, was früher hinsichtlich der Geschichte des Aërosols hatte erarbeitet werden können. In diesem Zusammenhang ist außerdem zu erwähnen, daß in der Regel mit Ausnahme des Eisens, vor allem aber des Kaliums, alle anderen chemischen Elemente nur zu etwa 10 bis 50 % der ursprünglichen Deposition gegenwärtig an den Mooroberflächen zurückgehalten werden. Dieser Befund ergab sich aus einer sehr engen Zusammenarbeit mit deutschen, belgischen und österreichischen Institutionen, die die atmosphärische Stoffdeposition messen. Dies bedeutet, daß die früher festgestellten „Akkumulationsraten" des Aërosols vergangener Zeiten nur kleine Teilbeträge dessen sind, was sich ursprünglich tatsächlich ereignet hatte: Die Atmosphäre Europas war schon während der Metallzeiten, vor allem aber im Hohen Mittelalter, mindestens so stark durch den Menschen belastet, wie heute, wenn diese Belastung auch immer wieder zeitlich und räumlich geschwankt hatte. Leider ist es wegen Fehlens ausreichenden heutigen Datenmaterials nicht gelungen, diese Zurückhalteraten in ehemalige Depositionswerte und von hier aus in verläßliche Werte des Aërosols umzurechnen. Diese Aërosolwerte wären aber wichtig gewesen, um etwas über die anthropogene Beeinflussung der Nebel-, Wolken- und Niederschlagsbildung auszusagen. An einer umfassenden Darstellung der Befunde wird gearbeitet.

Wie erwähnt, hatte das Aërosol Europas in der betrachteten Zeit deutlich ausgeprägte regionale Züge aufgewiesen. Dies läßt sich auch im Nordschwarzwald zeigen. Hier sind u.a. das Hohlohseemoor bei Kaltenbronn (980 m über NN) und das nur 3,5 km in ostnordöstlicher Richtung entfernte Wildseemoor (908 m über NN) von uns geochemisch untersucht worden. Das Wildseemoor liegt näher an den ehemaligen Erzbergbauen und Erzverhüttungsstellen um Neuenbürg und Neubulach als das Hohlohseemoor. Es erstaunt nun, daß die ehemaligen Stoffeinträge (Abb. 4) und die synanthrope Flora des Wildseemoores viel stärker und in recht anderem Maße auf eine schon eisenzeitliche, dann aber erst recht mittelalterliche Land- und Erznutzung verweisen, als die ehemaligen Stoffeinträge des Hohlohseemoores. Archäologisch und historisch kann nachgewiesen werden, daß etwas nordöstlich des Wildseemoores bereits ab der vorrömischen Eisenzeit, erst recht aber in ottonischer Zeit, Erzbergbau und Erzverhüttung betrieben worden sind. Dies läßt erkennen, daß derartige geochemische Untersuchungen eingesetzt werden können, um in einem etwas weiteren regionalen Niveau der archäologischen und historischen Forschung zu helfen, falls mehrere, räumlich gut verteilte Sedimentationsräume geochemisch nach den genannten Gesichtspunkten untersucht werden können. Es wird an einer umfassenden Darstellung gearbeitet, die 2003 erscheinen soll.

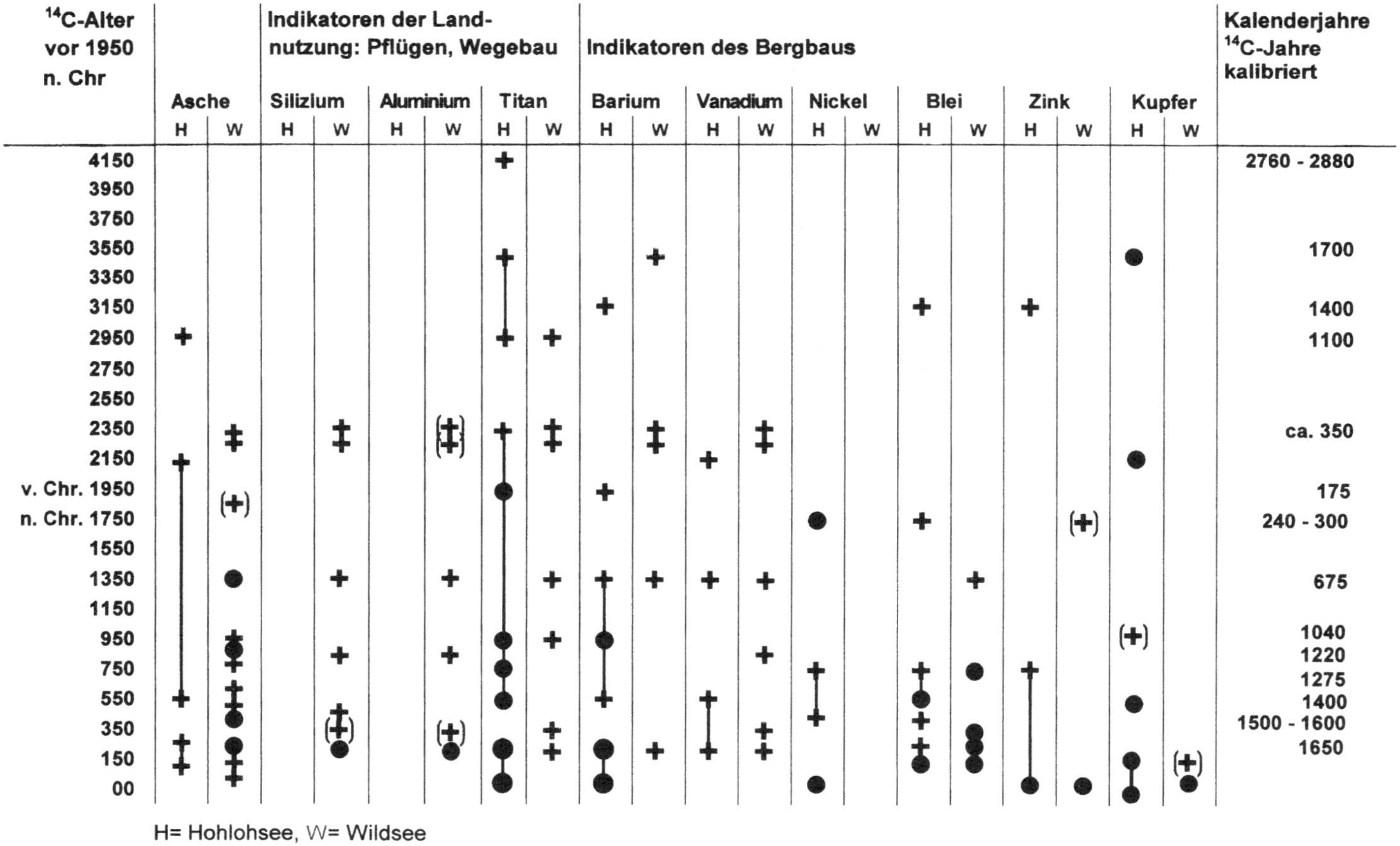

Abb. 4: Zeiten der Aërosoldeposition in zwei Mooren des Nordschwarzwaldes. – **+**: erhöhte Deposition; verbindender Strich: Zeitraum der Deposition; (**+**): wenig erhöhte Deposition; □: sehr starke Deposition.

4. Paläoökologische Veränderungen auf dem Tibetischen Plateau

Im letztjährigen Bericht ist bereits auf das Problem des Rückzuges der Wälder auf dem Tibetischen Plateau seit etwa 5000 vor heute (v.h.), verstärkt aber seit etwa 2400 v.h. verwiesen worden. Es war dargestellt worden, daß dieser Vorgang in der internationalen Literatur in der Regel als Ausdruck klimatischer Einflüsse gedeutet wird, daß dies aber manche Zweifel auslöst, weil einerseits die beteiligten Holzpflanzenarten recht kälteresistent sind, der Rückzug des Waldes gebietsweise zu unterschiedlichen Zeiten begonnen hat und schließlich die auch für das Tibetische Plateau nachweisbaren holozänen Klimaschwankungen mehrfach oszillierend aufgetreten sind, ohne entscheidende, allgemeinere Tendenzen erkennen zu lassen. Andererseits war dort die menschliche Besiedlungsdichte sicher in vor- und frühgeschichtlicher Zeit zwar gebietsweise unterschiedlich, doch sicher im allgemeinen sehr gering, so daß in der Regel angenommen wird, der menschliche Einfluß habe sich bestenfalls erst innerhalb der letzten 1000 Jahre auf die Vegetation auswirken können.

Bei den eigenen vegetationsgeschichtlichen Untersuchungen zeigt sich zunächst, daß es keinerlei systematische Hinweise auf klimatische Störungen des Wachstums der zahlreichen Moore gibt. Dasselbe gilt für Zeiten der Humushorizontbildungen, bzw. ihrer Überschichtung durch Hangmaterial bei Höhen von 3600 bis 4600 m. Dies bedeutet, daß etwaige Klimaschwankungen des Holozäns keinen nennenswerten Einfluß auf die tibetischen Ökosysteme gehabt haben können (Frenzel, 2002). Andererseits lassen die pollenanalytischen Untersuchungen eines etwa 4 m mächtigen Moores im Becken von Zoige (32° 47‘ 40‘‘ N, 102° 34‘ 20‘‘ E, 3600 m über NN; Frau Dr. Karin Dambach) und eines 13 m mächtigen Moores am Hai ze Shan (32° 00‘ N, 99°05‘ 30‘‘ E, 4000 m Höhe; Frau Dipl. Agr.-Biol. Sonja Adamczyk) erkennen, daß die Bedeutung der Gehölzvegetation am Hai ze Shan sicher ab etwa 5600 v.h. (unkalibrierte ^{14}C-Daten) abgenommen hat, bei Hung Yüan im Becken von Zoige aber ab etwa 5300 v.h. Diese Tendenzen verstärkten sich im erstgenannten Moor ab etwa 3200 v.h., im Becken von Zoige ab ungefähr 2400 v.h. Im Moor am Hai ze Shan breiteten sich zu dem zweiten Datum außerdem recht bemerkenswert Pflanzen eutropher Standorte und einer gestörten Moorvegetation aus, im Becken von Zoige aber solche, die sich heute verstärkt auf Yak-Weiden finden, ohne daß sie nur für diese typisch sein müßten. Die vorsichtige vorläufige Arbeitshypothese ist die, daß diese Veränderungen an beiden Orten vom Menschen und seinem Weidevieh verursacht worden sind. Die recht schwierigen Bemühungen gehen weiter, Elemente der heutigen Flora, die stark durch Beweidung gefördert werden, auch pollenanalytisch nachzuweisen. Die Schwierigkeit liegt darin, daß es sich bei ihnen in der ganz überwiegenden Mehrzahl um entomogame Pflanzen handelt, deren Pollenproduktion gering ist und deren Pollen bevorzugt durch Insekten, nicht aber durch den Wind verbreitet werden. Vergleichsmaterial wird durch Tausch von anderen Botanischen Gärten bezogen.

Es ist andererseits gelungen, während der Tibetexpedition des Jahres 1996 in der Umgebung des Siling Co (östliches West-Tibet, 31° 30‘ N, 89° 11‘ E, ca. 4600 m Höhe) Steinartefakte in größerer Zahl zu bergen, die sich an dem zuletzt genannten See sogar in zwei klar erkennbaren, ungestörten Schlagplätzen befunden hatten. Das Material ist durch Herrn Professor Dr. Huang Weiwen, Institute of Vertebrate Palaeontology and Palaeoanthropology, Beijing, bestimmt worden. Es datiert mindestens z.T. aus dem Mittleren Paläolithicum (Abb. 5; Frenzel, Huang and Liu, 2001) und beweist damit, daß selbst damals, etwa gegen 35000 bis 30000 v.h., diese großen Höhen schon vom Menschen genutzt worden sind. Hierbei ist allerdings nichts über den damaligen Einfluß des Menschen auf seine Umwelt bekannt.

Diese Befunde lehren u.a., daß seit dieser Zeit das Tibetische Plateau nicht flächendekkend von einem Inlandeis überzogen worden war, wie von Kuhle (1982, 2000) wiederholt behauptet worden ist. Statt dessen hatte es sich auch dort während des Hochglazials der Letzten Eiszeit, wie schon früher dargestellt worden ist, nur um eine Gebirgsvergletscherung gehandelt, vielleicht recht selten um kleinere Eiskappen (Frenzel und Liu, 2001). Inzwischen liegen mehrere ^{14}C- und Thermolumineszenz-Daten glazigener oder ihnen korrelater Sedimente aus verschiedenen Landschaften Tibets vor, die von mehreren internationalen Forschergruppen, unter wesentlichem Beitrag der unsrigen gewonnen worden sind. Es ist recht bemerkenswert, daß 14 von ihnen aus der Zeit von 21000 ± 4000 bis 27770 ± 300 v.h. stammen; 10 weisen ein Alter von mehr als 58100 ± 4000 v.h. bis etwa 142000 ± 11000 v.h. auf. Die Probeentnahmestellen befinden sich in der Regel über einem fossilen Boden, der wesentlich stärker entwickelt ist, als der heutige an derselben Stelle. Er sollte also vermutlich aus dem (Letzten?) Interglazial stammen. Vier Daten fallen schließlich in die Zeit von 18300 ± 3000 und 16085 ± 382 v.h. Sie stammen nach dem Geländebefund von Rückzugsstadien der Letzten Eiszeit.

Es wird daran gearbeitet, die zeitgleiche Vegetation pollenanalytisch zu ermitteln. Zwar liegen schon mehrere chinesische Pollenanalysen angeblich hochglazialer Sedimente des Tibetischen Plateaus vor, doch basieren diese Angaben in der Regel auf unzureichend geringen Sporomorphensummen.

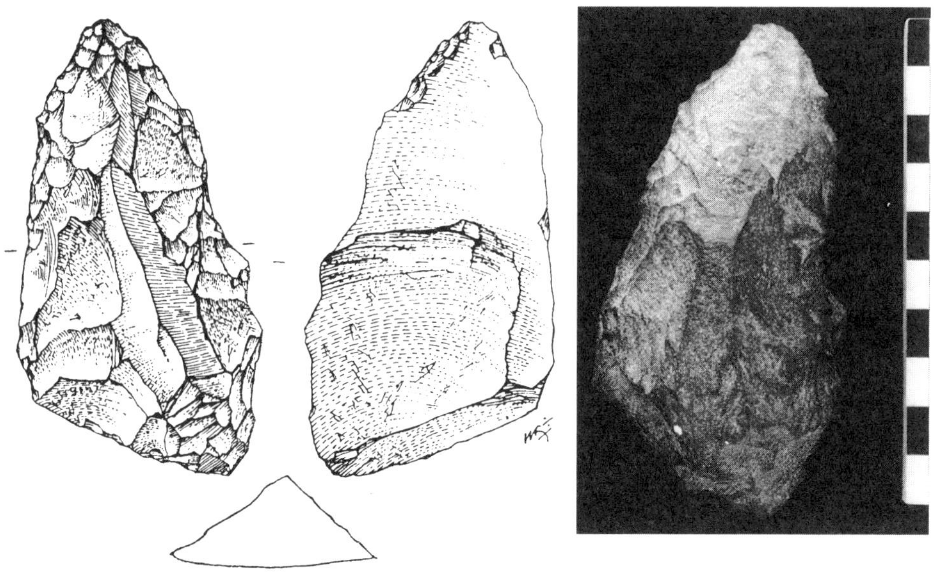

Abb. 5: Mittelpaläolithisches Steinartefakt vom Siling Co, Tibet.

Die erwähnten vegetationsgeschichtlichen Arbeiten werden dankenswerterweise augenblicklich von der DFG über zwei Jahre gefördert. Aus eigenen Untersuchungen ist jedoch bekannt, daß die Sporomorphensumme, die sich in diesen glazialen Sedimenten befindet, extrem gering ist. Der Zeitaufwand, um zu verläßlichen Angaben zu kommen, ist also sehr groß.

Literatur

Frenzel, B. (2001): Auswirkungen klimatischer und luftchemischer Faktoren auf die Geschichte der Vegetation. – In: Handbuch der Umweltveränderungen und Ökotoxikologie / hrsg. v. Robert Guderian. – Bd. 2B: Terrestrische Ökosysteme: Wirkungen auf Pflanzen; Diagnose und Überwachung; Wirkungen auf Tiere. – Berlin: Springer, S. 175–223.

Frenzel, B. (2002): History of Flora and Vegetation During the Quaternary. Progress in Botany, 63: 369–385.

Frenzel, B. und Liu, S. (2001): Das Erbe der Eiszeit (Marcinek-Festschrift). Sixten Bussemer (Hrsg.), Langenweißbach, S. 71–91.

Frenzel, B.; Huang, W.; Liu, S. (2001): Stone artefacts from south-central Tibet, China. Quartär. Bd. 51/52: 33–53.

Kuhle, M. (1982): Was spricht für eine pleistozäne Inlandvereisung Hochtibets. Sitzungsber. und Mitt. d. Braunschweigischen Wiss. Ges. Sonderheft 6: Die 1. Chinesisch-deutsche Tibet-Expedition 1981, S. 68–77.

Kuhle, M. (2000): Pleistocene Glaciations in the Himalayas and Tibet: New Findings from the Himalaya North Slopes to Central and Western Tibet. In: Marburger Geogr. Schriften 135: 1–14.

Hr. Furrer berichtet:

Herr Furrer sucht nach wie vor mit ehemaligen Schülern im Gelände nach Zeugen von früheren Klimagunstphasen. Es sind dies einerseits fossile Hölzer über der heutigen Baumgrenze, andererseits fossile Böden (Humushorizonte) sowie einst von Gletschern überfahrene Bäume und Wurzelstöcke in kürzlich vom Eis freigegebenen Geltschervorfeldern (vgl. Abh. unserer Akademie Jg. 2001, Nr. 3). Diese Klimagunstzeugen dienen zur (weiteren) Aufhellung nacheiszeitlicher Klimaoptima, insbesondere zur Festlegung von Minimalausdehnungen früherer Gletscherstände.

KOMMISSION FÜR MOLEKULARBIOLOGIE

Bericht Zahn

1. Arbeitsstelle Mainz

1.1 Alternsforschung

Über den Abschluß des Akademie-Projektes: III.C.2-2 „Vergleich alternskorrelierter Desoxyribonucleinsäureschäden verschiedener Organe desselben Organismus am Beispiel der Maus", das mit dem 31.12.2001 zu Ende ging, wurde von der Kommission für chronisch-degenerative Erkrankungen berichtet.

1.2 Bcl-2-homologe Proteine aus dem Schwamm Geodia cydonium

Prof. Dr. W.E.G. Müller in Zusammenarbeit mit Dipl.-Biol. M. Wiens, Institut für Physiologische Chemie, Abteilung Angewandte Molekularbiologie, Universität, Duesbergweg 6, D-55099 Mainz

In den Porifera, dem phylogenetisch ältesten Tierstamm der Metazoen, wurden Mitglieder der Bcl-2 Familie – einer zu den Kernelementen der Apoptose gehörenden Familie von Regulatoren – unter Anwendung von PCR- und Screening-Techniken in einer cDNA-Bank des marinen Schwammes *Geodia cydonium* identifiziert. Im Anschluß an ihre Sequenzierung wurden die hierbei isolierten Klone *GCBHP1* und *GCBHP2* (*G. cydonium* Bcl-2-homologes Protein 1 bzw. 2) diversen Sequenz- und Strukturanalysen unterzogen. Diese offenbarten die Existenz zweier funktional bedeutsamer Domänen (BH1 und BH2) der potentiellen Proteine BHP1 und BHP2, welche die antiapoptotische Fraktion der Bcl-2 Familie charakterisieren. Beide Domänen vermitteln den Mitgliedern dieser Subfamilie das Potential, Poren in Organellen-Membranen zu bilden bzw. bestehende Poren zu regulieren und damit Einfluß auf den transmembranen Transport von Molekülen im Verlauf der Apoptose zu nehmen. Gleichfalls charakteristisch ist das Vorkommen sieben α-helikaler, die Porenbildung unterstützender Bereiche sowie einer C-terminalen hydrophoben Region, die eine Verankerung in der äußeren Membran der Mitochondrien gestattet.

Als letzte Rettungsmaßnahme vor dem Zelltod induzieren apoptotische Stimuli die Expression vieler Bcl-2 Proteine. Die Untersuchung der Transkription mittels Northern-Blot-Analyse bestätigte auch für BHP2 die Induktion der Expression unter dem Einfluß chemischer und physikalischer Stressoren (Tributylzinn und Hitze). Parallel zur BHP2-Expression konnte die Induktion von HSP70 (eines etablierten Streßmarkers) nachgewiesen werden. Die kontinuierliche Transkription des im Rahmen dieser Arbeit ebenfalls klonierten Proliferationsmarkers SEP1 zeigte eine unveränderte Vitalität der Schwammzellen und damit die Effektivität dieser Streßreaktionen.

Die Herstellung eines rekombinanten BHP2-Proteins ermöglichte die Immunisierung von Kaninchen und die Gewinnung eines polyklonalen BHP2-Antikörpers. Dieser gestattete den Nachweis der streßinduzierten BHP2-Expression mittels Western-Blot-Analysen auch auf Proteinebene.

Zum Zweck der Funktionsstudie wurden Säugetierzellen (*HEK-293, NIH/3T3*) analog vieler Bcl-2-Überexpressionsexperimente mit einem BHP2-Konstrukt transfiziert. Im Anschluß an ihre Selektion wurden diese transfizierten Zellen auf die Expression des BHP2 untersucht, sowohl bezüglich der Transkription als auch der Translation. Stabil transfizierte, BHP2-exprimierende Zellen unterschieden sich bereits in ihrem Wachstumsmuster (Bildung fociartiger Strukturen) von demjenigem *mock*-transfizierter Zellen (disperses Wachstum) und verdeutlichten dadurch phänotypisch die Wirkung eines antiapoptotischen Proteins auf den Zellmetabolismus. In den folgenden Assays wurde unter dem Einfluß zweier repräsentativer apoptotischer Stimuli (Tributylzinn und Serumentzug) für BHP2-transfizierte Zellen eine bis zu vierzehn- bzw. sechsmal höhere Vitalität im Vergleich zu *mock*-transfizierten Zellen registriert. Dieses Ergebnis korrelierte mit der gleichzeitig beobachteten reduzierten Aktivierung der Caspase-Kaskade (Caspase-3-

Aktivität). Zudem verdeutlichte es jedoch auch die Beteiligung weiterer, der Kontrolle durch das BHP2 unterliegender apoptotischer Prozesse. Da immuncytochemische Analysen der subzellulären Lokalisation eine Assoziation mit den Mitochondrien erkennen ließen und Strukturanalysen ebenfalls die zur Porenbildung erforderlichen Merkmale zeigten, scheint sich die Kontrollfunktion von BHP2 auf den transmembranen Transport von Signalmolekülen im Verlauf der Apoptose zu beziehen. Danach würde BHP2 mittels Regulation bestehender Poren bzw. durch Bildung eigener Poren den Zusammenbruch des mitochondrialen transmembranen Gradienten verhindern und dadurch die Entstehung proapoptotisch wirksamer Sauerstoffspezies (ROS) vermindern. Gleichzeitig reduziert es den Ausstrom von mitochondrialem Cytochrom c in das Cytosol und verhindert dadurch die adaptervermittelte Aktivierung der Caspase-Kaskade.

Diese Ergebnisse demonstrierten erstmalig die Expression eines funktionalen Schwammproteins in Säugetierzellen und belegen die Existenz konservierter apoptotischer Mechanismen in den Porifera.

Literatur

Müller, W.E.G.; Wiens, M.; Batel, R.; Steffen, R.; Schröder, H.C.; Borojevic, R.; Custodio, M.R. (1999): „Establishment of a primary cell culture from a sponge: Primmorphs from *Suberites domuncula*“, Mar. Ecol. Prog. Ser. 178, 205–219.

Wiens, M.; Koziol, C.; Batel, R.; Müller, W.E.G. (1999): „Prolidase in the marine sponge *Suberites domuncula*: enzyme activity, molecular cloning, and phylogenetic relationship“, Mar. Biotech. 1 (2), 191–199.

Wiens, M.; Koziol, C.; Hassanein, H.M.; Müller, I.M.; Müller, W.E.G. (1999): „A homolog of the putative tumor suppressor QM in the sponge *Suberites domuncula*: downregulation during the transition from immortal to mortal (apoptotic) cells“, Tissue Cell 31 (2), 163–169.

Wiens, M.; Kuusksalu, A.; Kelve, M.; Müller, W.E.G. (1999): „Origin of the interferon-inducible (2'-5')oligoadenylate synthetases: cloning of the (2'–5')oligoadenylate synthetase from the marine sponge *Geodia cydonium*“, FEBS Lett. 462 (1–2), 12–18.

Wiens, M.; Ammar, M.S.A.; Nawar, A.H.; Koziol, C.; Hassanein, H.M.A.; Eisinger, M.; Müller, I.M.; Müller, W.E.G. (2000): „Induction of heat-shock (stress) protein gene expression by selected natural and anthropogenic disturbances in the octocoral *Dendronephthya klunzingeri*“, J. Exp. Mar. Biol. Ecol. 245 (2), 265–276.

Wiens, M.; Krasko, A.; Blumbach, B.; Müller, I.M.; Müller, W.E.G. (2000): „Increased expression of the potential proapoptotic molecule DD2 and increased synthesis of leukotriene B4 during allograft rejection in a marine sponge“, Cell Death Differ. 7 (5), 461–469.

Wiens, M.; Krasko, A.; Müller, C.I.; Müller, W.E.G. (2000): „Molecular evolution of apoptotic pathways: cloning of key domains from sponges (Bcl-2 homology domains and death domains) and their phylogenetic relationships“, J. Mol. Evol. 50 (6), 520–531.

Wiens, M.; Diehl-Seifert, B.; Müller, W.E.G. (2001): „Sponge Bcl-2 homologous protein (BHP2-GC) confers distinct stress resistance to human *HEK-293* cells“, Cell Death Differ, *in press*.

1.3 Klonierung, Charakterisierung und Funktion der JNK und P38 MAPK des marinen Schwamms S. domuncula

Prof. Dr. W.E.G. Müller und Prof. Dr. Dr. H.C. Schröder in Zusammenarbeit mit Dipl.-Biol. M. Böhm

Institut für Physiologische Chemie, Abteilung Angewandte Molekularbiologie, Universität, Duesbergweg 6, D-55099 Mainz

Schwämme sind die ältesten mehrzelligen Tiere. Aufgrund ihrer einfachen Organisation eignen sie sich gut zur Erforschung von Signaltransduktionsprozessen. Die Mitglieder der SAPK-Untergruppe der MAPKs stellen von der Hefe bis zum Mensch hochkonservierte zentrale Signalmoleküle dar, die durch eine Vielzahl von Zellstreß-auslösenden Stimuli aktiviert werden und in zahlreiche biologische Prozesse involviert sind.

Im Rahmen dieser Arbeit wurden mittels *SAPK1/JNK*- und *SAPK2/p38 MAPK*-spezifischer degenerierter Primer 2 unterschiedliche Klone aus der cDNA-Bibliothek des marinen Schwamms *Suberites domuncula* isoliert. Northern Blots zeigten, daß ihre Isolierung vollständig erfolgte. Nach der Sequenzierung wurden sie eindeutig als Mitglieder der *SAPK1/JNK*- und *SAPK2/p38 MAPK*-Subfamilie der *MAPKs* identifiziert. In einem Vergleich mit SAPKs aus anderen Metazoen wiesen die abgeleiteten AS-Abfolgen beider Schwamm-Kinasen die höchsten Homologien zu ihren jeweiligen Subfamilienmitgliedern auf. Die geringste Übereinstimmung existierte gegenüber der ebenfalls alignten YS-APK HOG1 aus *Saccharomyces cerevisiae.* Unter Berücksichtigung der Entstehungstheorie der SAPKs der Metazoen, nach der sich die JNKs und p38 MAPKs aus der einzigen SAPK der Hefe (HOG1) entwickelt haben, dokumentieren diese Ergebnisse, daß die evolutionäre Trennung beider Subfamilien deutlich vor der Entstehung des Stamms Porifera stattgefunden hat. Aufgrund des Alters der Schwämme muß dieser Vorgang mehr als 1 Mrd. Jahre zurückliegen. Daß es sich bei beiden SAPKs des Schwamms um Vorläuferformen der heutzutage in Säugern existierenden SAPK-Isoformen handelt, wurde auch durch den Vergleich mit sämtlichen JNK- und p38-Varianten aus *Homo sapiens* deutlich. Studien mit dem p38-spezifischen Inhibitor SB203580 belegten, daß sich die p38 MAPK aus *S. domuncula*, in Analogie zu den humanen Isoformen p38γ und p38δ, nicht durch diese Pyridinylimidazolkomponente hemmen läßt. Die bemerkenswert hohe Übereinstimmung hinsichtlich der Intronpositionen in beiden *SAPK*-Genen des Schwamms unterstützt die Hypothese, daß die *JNKs* und *p38 MAPKs* durch Duplikation eines gemeinsamen *HOG1*-verwandten Vorläufergens (*PräSAPK*) entstanden sind. Der Vergleich der Exon/Intron-Struktur mit *SAPK*-Genen aus *D. melanogaster*, *C. elegans* und *H. sapiens* demonstrierte, daß die Intronpositionen dieser Gene während der Evolution hoch konserviert wurden. Eine besonders hohe Übereinstimmung konnte vor allem hinsichtlich der Struktur der humanen *SAPK*-Gene gefunden werden. Die Deuterostomia bevorzugten demgegenüber eher eine Eliminierung der konservierten Intronpositionen. Außerdem konnte nachgewiesen werden, daß das *PräSAPK*-Gen vor seiner Duplikation schon mindestens 10 Introns enthielt. Da das *HOG1*-Gen der Hefe über keine nichtkodierenden Bereiche verfügt, muß die Etablierung dieser Introns im Zeitraum zwischen der Abspaltung der Pilze und der Entstehung der Schwämme angesiedelt werden. Die Ergebnisse über die Aktivierung der SAPKs durch verschiedene Streßarten belegen, daß sich die primäre Funktion der SAPKs der Schwämme wohl auf eine Vermittlung hyperosmotischer Signale und eine Beantwortung inflammatorischer Ereignisse konzentriert. Versuche mit rekombinanten *HOG1-Δ1*-Nullmutanten zeigten, daß beide Schwamm-Kinasen die Funktion des HOG1-Proteins in *S. cerevisiae* vollständig übernehmen können. Dies ist ein weiterer Beweis dafür, daß die JNK- und p38 MAPK-Signaltransduktionswege der Metazoen von der HOG1-Kaskade der Hefe abstammen. Durch Immunfluoreszenzmikroskopie wurde gezeigt, daß die aktivierten SAPKs des Schwamms in Analogie mit HOG1 im Nukleus der

Hefezellen akkumuliert werden. Da sich die phosphorylierten Schwamm-Kinasen bezüglich der intrazellulären Lokalisation wie diese YSAPK verhalten, muß der Kerntransport der SAPKs in Hefen und in Metazoen über gleiche oder verwandte Mechanismen erfolgen.

Literatur

Böhm, M., Schröder, H.C., Müller, I.M., Müller, W.-G. und Gamulin, V. (2000). The mitogen-activated protein kinase p38 pathway is conserved in metazoans: Cloning and activation of p38 of the SAPK2 subfamily from the sponge *Suberites domuncula*. *Biol. Cell* 92: 95–104.

Böhm, M., Gamulin, V. und Müller, W.-G. (2001). Conservation of the positions of metazoan introns from the sponges to humans: Evolutionary implications. (Eingereicht).

Böhm, M., Gamulin, V., Schröder, H.C. und Müller, W.-G. (2001). Evolution of osmosensing signal transduction in metazoa: Streß-activated protein kinases p38 and JNK. (Eingereicht).

Böhm, M., Hentschel, U., Friedrich, A., Fieseler, L., Steffen, R., Gamulin, V., Müller, I.M. und Müller, W.-G. (2001). Molecular response of the sponge *Suberites domuncula* to bacterial infection. *Marine Biology* (im Druck).

Müller, W.-G., Böhm, M., Batel, R., de Rosa, S., Tommonaro, G., Müller, I.M. und Schröder, H.C. (2000). Application of cell culture for the production of bioactive compounds from sponges: Synthesis of Avarol by Primmorphs from *Dysidea avara*. *J. Nat. Prod.* 63: 1077–1081.

Müller, W.-G., Schatton, W., Wimmer, W., Böhm, M., Batel, R. und Filic, Z. (1999). Initiation of an aquaculture of sponges for their sustainable production of bioactive metabolites in open systems: Example *Geodia cydonium*. *Mol. Marine Biotechnol.* 1: 569–579.

2. Arbeitsstelle Rovinj

2.1 Bildung aktiver Radikale, besonders unter der Einwirkung von Umweltschadstoffen im Meer

Experimentelle Arbeiten aus dem Laboratory for Marine Molecular Toxicology, Center for Marine Research, Rudjer Boskovic Institute, HR-52210 Rovinj, Kroatien, in Zusammenarbeit mit Wiss.Rat Dr.sc. Renato Batel und Wiss.Mitarb. Dr.sc. Nevenka Bihari.

Bei früheren Untersuchungen über die Schadensempfindlichkeit niederer Meeresorganismen, insbesondere Schwämmen, wurde in Versuchen unserer Arbeitsgruppe festgestellt, daß sie gegenüber vielen Schadstoffen, besonders bei Kurzzeiteinwirkungen, eine hohe Toleranz aufweisen. Diese drückt sich z.B. durch ausbleibende DNA-Veränderungen und durch geringe Induzierbarkeit mischfunktioneller Oxygenasen aus. Es ist bekannt, daß viele Arten von Streß mit einer Erhöhung aktiver Radikale einhergeht. Daher sollte versucht werden, die Konzentration an aktiven Radikalen mit und ohne Belastung durch Umwelt-Schadstoffe (Xenobiotika) zu bestimmen.

Dazu war es erforderlich, einen geeigneten aus bekanntem Tests auszusuchen und den hier bestehenden Anforderungen anzupassen. Dabei sind geringer Probenumfang, hohe Empfindlichkeit und einfachste Handhabung wesentliche Gesichtspunkte.

Nach einer Reihe von verschiedenen Vorversuchen bot sich die Entwicklung eines Tests auf der Basis von β-Phycoerythrin (BPE) an. BPE ist ein aus Algen darstellbares Protein (Glazer u. Hixson, 1977), das bei neutralem pH im Bereich von 550 nm eine sehr hohe Fluoreszenz aufweist, sehr stark mit aktiven Radikalen reagiert und dabei dann stark an Fluoreszenz verliert. Aus den sich dadurch ergebenden Fluoreszenzunterschieden kann auf die Konzentration an Radikalen geschlossen werden. Auf Arbeiten von Lenton u. Greenstock (1999) basierend, wurde ein auf Microtiterplatten-Format basierender Test ausgearbeitet, der den hier gestellten Anforderungen genügte.

Der BPE-Test wurde zunächst bei drei Schwämmen, Geodia cydonium, Geodia limski und Pellina semitubulosa angewendet. Alle konnten in bekanntermaßen wenig belasteten Gebieten gewonnen werden. Es wurden Homogenate hergestellt, hochtourig zentrifugiert und der Protein-Gehalt in den klaren Überständen bestimmt. Nachdem zu 40 µl Puffer, 40 µl Extrakt, bzw. Kontroll-Lösung, 160 µl BPE-Lösung in eine Microtiterplatten-Depression gegeben waren, wurde einem genauen zeitlichen Regime folgend die Fluoreszenz gemessen. Für jeden Meßpunkt wurden 8 x 12 Parallel-Ansätze untersucht.

Die ersten Messungen ergaben, daß die Kontroll-Fluoreszenzen bei der herrschenden Umgebungstemperatur von ca 30° C in Abhängigkeit von der Zeit nach dem Zusatz der BPE-Lösung etwa 10% ihrer Fluoreszenz pro Stunde verloren.

Daher ist es notwendig, ein genau festgelegtes zeitliches Regimen einzuhalten. Unter Beachtung dieser Gegebenheit zeigten Schwammextrakte aus den wenig pollutierten Bereichen gegenüber den Kontrollen nur um wenige Prozent niedrigere Fluoreszenzen pro Konzentration an Protein. Dagegen wurde der Unterschied signifikant höher, wenn die Schwämme einige Zeit mäßigen, oder gar höheren Konzentrationen an Pollutatntien ausgesetzt waren. Bei längerer Expositionszeit, d.h. länger als 2 Tage, werden vermütlich wesentlich höhere Konzentrationen an Radikalen angezeigt werden. Dies ist aus bisher wenigen Fällen zu schließen, wo Schwämme gefunden werden konnten, die in Gebieten höherer Belastungen überlebt hatten.

Damit ist für das nächste Joint Venture „Rovinj 69/2002", das voraussichtlich im Juli 2002 beginnen soll, nicht nur ein geeignetes Werkzeug ausgearbeitet worden, sondern auch die Forschungsaufgabe für einen Teil der Mannschaft gestellt.

Literatur

Glazer, A. N., Hixson, C. S.: Subunit structure and chromophore composition of rhodophytan phycoerythrin. J.Biol.Chem. 252, 3242 (1977).

Lenton, K .L., Greenstock, C. L.: Ability of human plasma to protect against ionising radiation is inversely correlated with age. Mech. Age. Develop. 107, 1520 (1999).

Zahn, R. K., Jaud, S., Schröder, H.-C., Zahn-Daimler, G., Zahn-Daimler, G.: DNA Status in Brain and Heart as Prominent Co-Determinant for Life- Span ? Assessing the different degrees of DNA damage,damage susceptibility, and repair capability in different organs of young and old mice. Mech Age Devel.89, 7994 (1996).

Zehr, J. P. et al.: Unicellular cyanobacteria fix N2 in the subtropical North Pacific Ocean. Nature 412, 63538 (2002).

KOMMISSION FÜR MEDIZINISCHE FORSCHUNG

Bericht Mutschler

Symposien

I. Perspektiven der Versorgungsforschung: Methoden zur Erfassung von Über-, Unter- und Fehlversorgung

In Fortsetzung der in einjährigem Abstand in der Akademie stattfindenden Symposien führte die Paul-Martini-Stiftung am 26. und 27. Oktober 2001 unter der Leitung der Professoren Dr. Dr. h.c. P. C. Sriba (München) und Dr. F. W. Schwartz (Hannover) eine Tagung über das oben genannte Thema durch. Nach der Begrüßung durch Präsident Zintzen und den Sprecher der Paul-Martini-Stiftung, Dr. D. Götte (Frankfurt/Main), führte Professor Scriba in das Thema ein und dankte der Akademie für die wiederholte und bewährte Gastfreundschaft.

Anschließend sprachen im ersten Teil der Tagung F. W. Schwartz über *Was sind Über-, Unter- und Fehlversorgungen? Perspektiven unterschiedlicher Akteure*, H. Raspe (Lübeck) über *Needs Assessments* und E. Bitzer (Hannover) über *Angemessenheit und Fehlversorgung – Möglichkeiten und Grenzen von Patientenbefragungen.* Es folgten Referate von M. Perleth (Berlin) über *Der Beitrag von HTA zur Verbesserung der Angemessenheit medizinischer Leistungen*, von J. Kahan (Leiden/Niederlande) über *The possibilities and boundaries of appropriatness using the RAND/UCLA-method* sowie von H.-H. Abholz (Düsseldorf) über *Ist über EBM ein tauglicher Zugang zur Beurteilung von Über-, Unter- und Fehlversorgung gegeben?*

Am Nachmittag schlossen sich Vorträge von W. Schramm (Riehen/Schweiz) über *Abbildungen und Simulation von Krankheiten in mathematischen Modellen und ökonomische Beurteilung medizinischer Outcomes,* von W. Höpp (Köln) über *Problematik der Leitlinienakzeptanz* sowie von A. Helou (Bonn) über *Der Beitrag von Leitlinien und Qualitätssicherung zur Reduktion von Unter- und Fehlversorgung* an.

Den Abschluß des ersten Symposiumstages bildeten Referate von M. Windeler (Bern) über *Methodische Probleme der Erfassung von Über-, Unter- und Fehlversorgung anhand von Routinedaten,* von R. Busse (Madrid/Spanien) über *Methoden der Bedarfsplanung in Ländern der EU* und von P. Potthoff (München) über *Kriterien und Methoden der Bedarfsplanung in der vertragsärztlichen Versorgung.*

Die „After Dinner Lecture" hielt C. Ohmann (Düsseldorf) über *Methoden der Erfassung regionaler Ungleichheiten der Versorgung.*

Der erste Teil des Symposiums am zweiten Tag war folgenden Themen gewidmet: M. Berger (Düsseldorf) berichtete über *Angemessenheit in der Langzeitbehandlung des Diabetes mellitus,* K. W. Lauterbach (Köln) über *Hypertoniebehandlung: Über-, Unter- und Fehlbehandlung*, M. Wehling (Mannheim) über *Defizite der Lipidsenker-Therapie bei Hypertonikern* und J. F. Hallauer (Berlin) über *Versorgungsdefizite bei der Alzheimer-Krankheit.*

Der letzte Teil des Symposiums schließlich umfaßte folgende Referate: M. Gottwik (Nürnberg) referierte über *Invasive kardiologische Untersuchungen – Gefahr der Überbeanspruchung?,* U. Siebert (München) über *Klinische und gesundheitsökonomische*

Evaluation der Druckdrahtmessung bei Patienten mit unklaren Koronarstenosen – die Rolle von Markov-Modellen bei der Entwicklung von klinischen Leitlinien, N. Schmacke (Bonn) über *Versorgungsforschung – die Sicht der Spitzenverbände der Krankenkassen* und O. Schöffski (Nürnberg) über *Pharmakoökonomie und Angemessenheit.*

Mit dem Schlußwort von P. C. Scriba ging das gesundheitspolitisch und gesundheitsökonomisch bedeutsame, sehr aktuelle, informative und klinisch relevante Symposium zu Ende.

II. 2. Interdisziplinäres Expertengespräch „Kardiovaskuläre Erkrankungen – Aktuelle Trends in Diagnostik und Therapie"

Am 23. und 24. November 2001 fand unter der Leitung der Professoren E. Mutschler (Mainz), E. Ritz (Heidelberg), und A. M. Zeiher (Frankfurt) eine Tagung über *Aktuelle Trends in Diagnostik und Therapie kardiovaskulärer Erkrankungen* statt. Nach der Begrüßung durch Präsident Zintzen dankte E. Ritz in seiner Einleitungsrede der Akademie für die liebenswürdige Betreuung und betonte sowohl die Bedeutung der einzelnen Themenkreise als auch den interdisziplinären Charakter der Veranstaltung.

1. Das Humangenomprojekt: Was bringt es für Diagnostik und Therapie

Im ersten wissenschaftlichen Referat der Tagung gab T. Dingermann eine Übersicht über den derzeitigen Stand der *Humangenomforschung* und erläuterte ausführlich die bei der Forschung mit embryonalen Stammzellen sowie bei Arbeiten zu therapeutischem Klonen auftretenden Probleme. Darüber hinaus ging er auf die Möglichkeiten und Grenzen der Gentherapie ein. In dem anschließenden Vortrag besprach F. C. Luft, Berlin, die Bedeutung genetischer *Polymorphismen* für die Pharmakokinetik von Pharmaka, nicht zuletzt auch im Hinblick auf eine individualisierte Pharmakotherapie.

2. Kardiovaskuläre Erkrankungen im Alter

Der zweite Themenkreis am Nachmittag begann mit einem Beitrag von M. Manz, Koblenz, über *Vorhofflimmern.* Neben den Ursachen von Vorhofarrhythmien und den verschiedenen Möglichkeiten zur medikamentösen Therapie wurden die physikalischen Behandlungsverfahren erörtert. W. Vetter (Zürich) ging in seinem Vortrag auf die Prävalenz und Therapie der *Hypertonie im Alter* ein und setzte sich kritisch mit den verschiedenen Antihypertonikagruppen auseinander.

3. Pharmakotherapie kardiovaskulärer Erkrankungen

Die Themen des zweiten Tages befaßten sich mit der vergleichenden Darstellung von je zwei Arzneistoffen bzw. Arzneistoffgruppen bei der Behandlung von Herz-Kreislauf-Erkrankungen. E. Ritz (Heidelberg) stellte *ACE-Hemmer* AT_1*-Blockern* gegenüber, T. Meinertz (Hamburg) verglich *Kalziumantagonisten vom Dihydropyridintyp* mit *Phenylalkylamin-Kalziumkanalblockern* und G. Schuler (Leipzig) *Thrombozytenaggregationshemmer vom Typ ASS/ADP-Antagonisten* mit *GP-IIb/IIIa-Inhibitoren.* Abschließend behandelte T. Münzel *Beta-Rezeptorenblocker mit und ohne vasodilatierender Komponente,* A. Steinmetz (Andernach) das nach der Marktrücknahme von Cerivastatin besonders interessante Gebiet der Lipidsenker (*Statine versus Fibrate*) und G. Kojda (Düsseldorf) das Nitrat Isosorbiddinitrat (*ISDN*) im Vergleich mit Pentaerythrityltetranitrat (*PETN*).

Die Symposiumsteilnehmer waren sich darin einig, daß sie aufschlußreiche, den gegenwärtigen Wissensstand und zukünftige Aspekte der Behandlung kardiovaskulärer Erkrankungen korrekt wiedergebende Vorträge erlebt und an interessanten Diskussionen teilgenommen hatten. Die Initiatoren der Tagung wurden aufgefordert, auch 2002 in der Akademie der Wissenschaften und Literatur, Mainz, ein weiteres Expertengespräch dieser Art zu veranstalten.

ARBEITSGRUPPE BIENENFORSCHUNG AM BIOZENTRUM DER UNIVERSITÄT WÜRZBURG

Jürgen Tautz, Hr. Lindauer und Hr. Sandeman berichten:

Im Berichtszeitraum wurden von der Arbeitsgruppe Bienenforschung nahezu 20 unterschiedliche Projekte bearbeitet. Hier sollen exemplarisch vier Projekte vorgestellt werden, in die die Berichterstatter involviert waren:

1. Hummeln: Das Gehirn als Flugbremse (Johannes Spaethe, Jürgen Tautz, Lars Chittka)

Wenn eine Hummel auf Futtersuche über eine Blumenwiese fliegt, dann tut sie das nicht mit Höchstgeschwindigkeit. Stattdessen wählt sie das Tempo genau so, daß ihr Gehirn die einzelnen Blüten noch identifizieren kann. Bislang war unter Zoologen die Meinung verbreitet, daß die Fluggeschwindigkeit von Tieren im wesentlichen von der Stärke ihrer Flugmuskulatur, ihrer Größe und der Flugtechnik abhänge. Es überraschte die Tatsache, daß ein fliegendes Tier sein Tempo auch an die Geschwindigkeit anpasst, mit der sein Gehirn die überflogene Landschaft auswerten kann. Wenn Hummeln ständig mit ihrer Maximalgeschwindigkeit von etwa 20 Stundenkilometern unterwegs wären, würden sie die lebenswichtigen, nektar-spendenden Blüten übersehen.

Auf der Suche nach Futter drosseln Hummeln ihre Geschwindigkeit daher auf 0,09 bis 0,13 Kilometer pro Stunde. Das sind genau die Werte, die es den Tieren ermöglichen, die kleinen Futterquellen mit den ihnen zur Verfügung stehenden Möglichkeiten der Bildverarbeitung effizient wahrzunehmen. Die Tiere operieren dabei mit zwei neuronalen Kanälen, die sie wahlweise je nach Blütengröße und -farbe einsetzen können. Der eine Kanal meldet bereits nach fünf Tausendstel Sekunden die Entdeckung einer Blüte ans Gehirn. Er teilt aber nicht deren Farbe mit und ist daher bei der Erkennung von Blüten relativ genau. Der andere Kanal, der den Hummeln das Farbensehen ermöglicht, arbeitet zwar langsamer, ist dafür aber weniger fehleranfällig. Allerdings sind beide Systeme deutlich schneller als die Bildverarbeitung beim Menschen.

2. *Der Geruchsinn der Biene als Mittel zur Identifizierung von Nestgenossinnen (Birgit Froehlich, Markus Riederer, Jürgen Tautz)*

Honigbienen besitzen die erstaunliche Fähigkeit nicht nur stockeigene von stockfremden Bienen unterscheiden zu können, sondern sogar den Grad der Verwandtschaft (Unterscheidung Halb- von Vollschwestern) zu bestimmen. Wir haben gute Hinweise darauf, daß diese Identifizierungsleistung auf der Erkennung von Komponenten des cuticulären Wachses beruht.

Eine qualitative und quantitative Analyse der Zusammensetzung cuticulärer Wachse mit Hilfe verschiedener chromatographischer (TLC, SPE) und gekoppelter Verfahren (HRGC/FID, HRGC/MSD) zeigt signifikante Unterschiede zwischen den Wachsen. Dabei kommt den Substanzklassen der Alkadiene, der Alkene, der verzweigten Alkane, der Ester und der Alkane besondere Bedeutung zu.

Die biologische Relevanz dieser Stoffklassen für die Erkennungsleistung der Bienen und die Frage nach der Spezifität der Auslöser wurde in einer Serie von Verhaltensexperimenten aufgeklärt. Als Methode wurde die Konditionierbarkeit des Ausklappens der Mundwerkzeuge (der sog. Rüsselreflex) der Bienen eingesetzt. Auf diese Weise lassen sich Bienen darauf dressieren anzuzeigen, ob sie Unterschiede in Wachsproben erkennen.

Als Resultat läßt sich feststellen, dass die Bienen mit erstaunlicher Präzision cuticuläre Wachse unterscheiden können, wobei die erkannten Unterschiede mit den Stock- und Verwandtenspezifitäten des Wachses korrelieren. Eine differenzierte Dressur nach Stoffklassen zeigt, dass es vor allem die Ester und Polare Wachskomponenten sind, die den Bienen die Wachsidentifizierung gestatten (Abb.1).

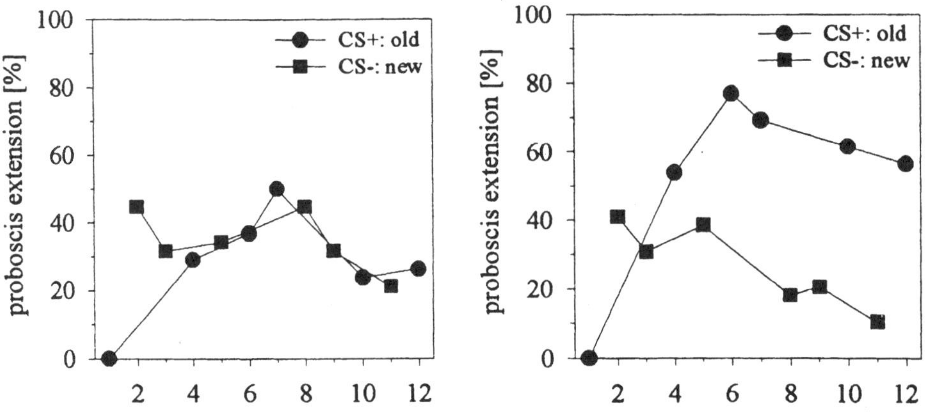

Abb.1: Unterscheidungsfähigkeit von Wachsen durch die Honigbienen. Die Fraktion aus Alkanen, Alkenen und Alkadienen kann nicht erkannt werden (links), die Fraktion aus Hydroxyalkylestern, Säuren und Alkoholen wird erkannt (rechts) (Abbildung: Birgit Fröhlich).

3. „Hot spots" im Bienenstock – Strategien des Brutwärmens
(Marco Kleinhenz, Brigitte Bujok, Jürgen Tautz)

Honigbienen halten die Temperatur ihres Brutnestes auf etwa 35 Grad Celcius. Schon geringe Abweichungen davon führen zu schweren Missbildungen oder dem Tod der sich entwickelten Brut.

Unter Einsatz eines erheblichen apparativen Aufwandes (Thermovision, Endoskopie, Zeitlupenvideo) haben wir im Detail zwei Strategien entdeckt, die die Bienen zu einer effektiven Übertragung ihrer endotherm erzeugten Körperwärme auf die Brut nutzen. Zum einen besetzen Arbeiterinnen leere Zellen, die nach noch aufzuklärenden Gesetzmäßigkeiten in Brutnestern zu finden sind. In den Zellen erhöhen sie dann ihre Körpertemperaturen auf bis zu 42 Grad Celsius. Zum anderen drücken entsprechend „aufgeheizte" Bienen ihren Körper fest auf die Deckel von Brutzellen, um auch so die Wärme auf die Puppen zu übertragen.

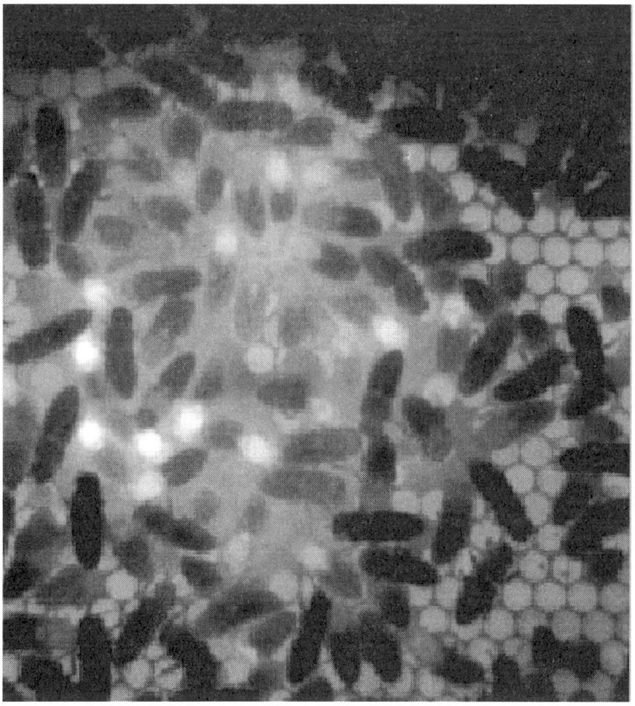

Abb. 2: Thermovisionsaufnahme einer Brutnestregion im Bienenstock. Helle Graustufen bedeuten höhere Temperaturen. Es lassen sich gut aufgeheizte Brutwärmbienen von solchen unterscheiden, die nur Umgebungstemperatur besitzen (Foto: Brigitte Bujok).

4. Das Bienengehirn: Analyse einer sandkorngroßen Kommandozentrale im personal computer (Jürgen Rybak, Jürgen Tautz)

Im Gehirn der Biene laufen alle eingehenden Informationen zusammen, werden hier verarbeitet und in sinnvolle Verhaltensweisen übersetzt. Ein erkenntnismäßiges Eindringen in die enorme Komplexität dieser Struktur, in der etwa eine Million Nervenzellen eingebunden sind, erfordert einen breitgefächerten Ansatz, in dem verhaltensbiologische, genetische, physiologische und neuroanatomische Methoden zum Einsatz kommen. Dabei entsteht eine riesige Datenfülle, zu deren Bewältigung PC-Programme erstellt wurden, die eine 3D-Darstellung des sandkorngroßen Bienengehirns erlauben. Hierbei wird ein strukturelles Grundgerüst im Zuge eines immer mehr verfeinerten Bildes dazu benutzt, jeweils neue Erkenntnisse entsprechend einzubauen, um so ein immer realistischeres Bild des Gehirns entstehen zu lassen.

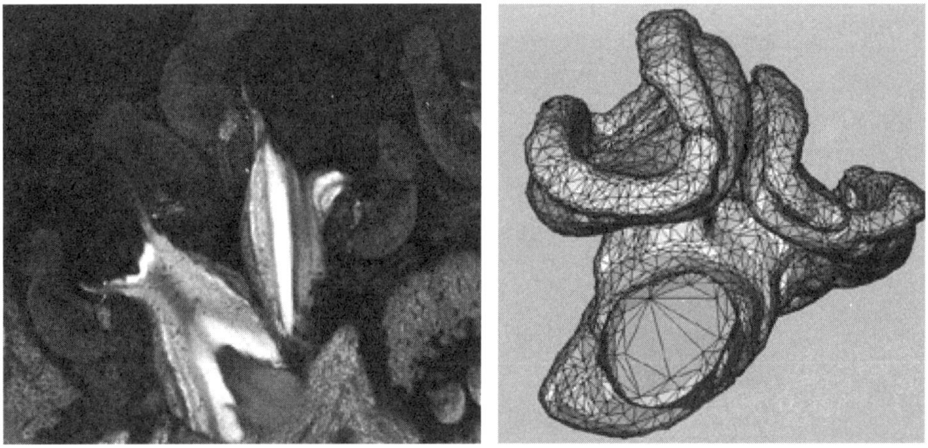

Abb. 3: Blicke in das Gehirn einer Honigbiene. Links: Dünnschnitt durch das Gehirn mit Anfärbung einer Region massiver Kontakte zwischen den Nervenzellen (hell). Rechts: Computerbasierte Rekonstruktion eines der beiden Pilzkörper im Gehirn der Honigbiene. Die Pilzkörper sind für die Lernfähigkeit der Bienen wichtige Assoziationszentren (Abbildung: Jürgen Rybak).

2. Geistes- und sozialwissenschaftliche Klasse

KOMMISSION FÜR PHILOSOPHIE UND BEGRIFFSGESCHICHTE

Bericht Kodalle

Archiv für Begriffsgeschichte

Der Band 43 (Jg. 2001) hat folgenden Inhalt: Tilman Anselm Ramelow: Unmöglichkeit. / Rolf Darge: Der Begriff der transzendentalen Einheit bei Suarez. Zur Entfaltung metaphysischer Grundbegriffe in der Spätscholastik. / Andreas Urs Sommer: Vivere militare est. Die Funktion und philosophische Tragweite militärischer Metaphern bei Seneca und Justus Lipsius. / Bärbel Frischmann: Friedrich Schlegels frühromantische Kritikkonzeption und ihre Potenzierung zur „Kritik der Kritik". / Jacek Filek: Das Drama der Verantwortung bei Nietzsche. / Paul Richard Blum: Europa – ein Appellbegriff. / Martin Dehli: Dissidenten. Die Geschichte eines Begriffs weltanschaulicher Pluralisierung. / Olaf Briese: Namenszauber. Zum Status medizinischer Begriffsbildung am Beispiel Cholera. / Nikolay Milkov: The History of Russel's Concepts „Sense-Data" and „Knowledge By Acquaintance". / (Miszelle) Ernst Feil: Religio civilis bei Mosheim. / Selbstanzeigen. / Abstracts. / Bibliographie. / Register.

Ebenfalls 2001 erschien das Sonderheft: Dimitri Liebsch: Die Geburt der ästhetischen Bildung aus dem Körper der antiken Plastik. Zur Bildungssemantik im ästhetischen Diskurs zwischen 1750 und 1800.

Historisches Wörterbuch der Philosophie

Band 11 (Übel-Vulkanismus) ist im Oktober 2001 wie geplant erschienen. Im Berichtszeitraum wurden die letzten Artikel bearbeitet, die Fahnen zu <V> und der gesamte Umbruch von 1300 Spalten korrigiert.

Gleichzeitig wurde die Planung von Band 12 (W-Z) abgeschlossen. Auf einer Herausgeberkonferenz vom 1.–3. März 2001 in Mainz im Haus der Akademie wurden die Einträge Wo-Z im Detail besprochen, damit die Redaktionen Autoren gewinnen können. Für alle Artikel liegen mittlerweile Zusagen vor. Dank der frühen Planung der Artikel der Buchstabengruppen Wa-We mit den Großkomplexen <Wahrheit>, <Welt>, <Wert> kann ein erfreulicher Manuskripteingang konstatiert werden. Die Manuskripte werden in den Redaktionen bereits bearbeitet. Die Artikel zu <Wahrheit> wurden auf einer größeren Tagung vom 25.05.–1.06.2001 in Mülheim/Ruhr (von der Thyssen-Stiftung finanziert) mit den beteiligten Autoren besprochen und aufeinander abgestimmt. So sind die Voraussetzungen geschaffen, daß 2002 die Wa-We-Artikel dem Verlag zur Fahnenerstellung vorliegen können.

Für den Index-Band wurde von der Kommission im Juni 2001 ein Antrag auf eine Auslauffinanzierung über 2 Jahre nach 2004 befürwortet. Im Verlag in Basel wurde das EDV-Programm erarbeitet, mit dem für den gerade fertiggestellten Band 11 im Laufe des nächsten Jahres ein Probeindex erstellt werden soll, an dessen technischen und inhaltlichen Problemen parallel bis zum Abschluß des Gesamtwerkes gefeilt werden wird. Die Mitarbeiter in Berlin haben im Zuge der Redaktionsarbeiten die inhaltlichen Vorarbeiten dafür geleistet.

KOMMISSION FÜR DIE VALENTIN WEIGEL-AUSGABE

Bericht Krummacher

Dr. Pfefferl berichtet:

Durch die Vervollständigung des Anmerkungsteils und die Bearbeitung der editorischen Einleitung wurde das Manuskript zu Band 7 mit den Schriften ‚Von Betrachtung des Lebens Christi', ‚Vom Leben Christi' und ‚De vita Christi' nahezu abgeschlossen und für die Drucklegung fertiggestellt.

Parallel dazu wurde mit der Arbeit an Band 11 begonnen, der die informatorischen, d.h. zur christlichen Unterweisung bestimmten Schriften und die Auslegungen zur Schöpfungsgeschichte enthält. Das deutsche ‚Informatorium' ist mit sieben vollständigen Handschriften und fünf Drucken die am besten bezeugte und vermutlich am weitesten verbreitete Schrift. Ihre drei Teile sollen nach Auskunft des ausführlichen Titels darüber unterrichten, „welcher gestalt man durch drey Mittel den schmalen Weg zu Christo sich füͤhren kann lassen: Als I. Durch uͤbung deß Gebetts. II. Durch die Leyter Jacobs. III. Durch den Schluͤssel Davids" (Druck ‚Informatorium' 1616).

Fünf Kapitel des zweiten Teils dieser Schrift sind wörtlich in eine kompilatorische ‚Viererlei Auslegung von der Schöpfung' übernommen, weshalb die beiden Schriftenkomplexe in einem gemeinsamen Band herausgegeben werden sollen. In einem Aufsatz des Mitarbeiters (Hohenheimer Protokolle 47, Stuttgart 1995, S.151–168) wurden die text- und überlieferungskritischen Fragen dieser Schriftengruppe, zu der noch weitere kosmogonisch ausgerichtete Texte gehören, behandelt.

Zur Vorbereitung der Ausgabe wurden zunächst diese einleitenden Aspekte vertieft. Dabei war Gelegenheit zur kritischen Diskussion mit dem amerikanischen Germanisten Andrew Weeks, der sich 2001 während eines vom DAAD finanzierten sechswöchigen Forschungsaufenthalts in Marburg mit der Wirkungsgeschichte der Weigelschen Genesis-Auslegungen, vor allem im Hinblick auf die kosmologischen Spekulationen Jacob Böhmes, beschäftigte. Zuvor hatte er sich schon in seiner Weigel-Monographie (Albany 2000) mit dieser Thematik befaßt.

Um Einsicht in für diesen Band relevante Handschriften zu nehmen, hat der Mitarbeiter die Bibliotheken des Evangelischen Ministeriums in Erfurt und des Landeskirchlichen Archivs in Nürnberg besucht.

Zum 1.1.2002 wird die Valentin Weigel-Ausgabe in das Akademienprogramm überführt.

KOMMISSION FÜR GESCHICHTE DES ALTERTUMS

Bericht Bellen

Im Berichtszeitraum stand die Kommissionsarbeit im Zeichen der engen Kooperation des Vorsitzenden mit Hrn. Heinen zwecks der für Anfang 2002 vorgesehenen Übernahme des Kommissionsvorsitzes durch den letzteren.

I. Antike Sklaverei

Hr. Bellen und Hr. Heinen berichten:
Im Zuge der Kontakte mit dem von unserem Mitarbeiter Prof. Dr. T.E.J. Wiedemann in Nottingham errichteten International Centre for the History of Slavery (ICHOS) hat Hr. Heinen an der ICHOS-Conference 2001 vom 10.–12.9.2001 in Nottingham teilgenommen und in einem Referat das Mainzer Sklaverei-Projekt vorgestellt. Prof. Wiedemann selbst hat die Tagung nicht mehr erlebt; er war am 28.6.2001 einem schweren Leiden erlegen. Seine Verdienste um die Sklavereiforschung überhaupt, insbesondere um die Verbindung der angelsächsischen und deutschen, werden uns in dankbarer Erinnerung bleiben.

1. Forschungen zur antiken Sklaverei

Als Bd. 35 erschien der Jubiläumsband: Heinz Bellen und Heinz Heinen (Hrsg.), Fünfzig Jahre Forschungen zur antiken Sklaverei an der Mainzer Akademie 1950–2000. Miscellanea zum Jubiläum. In ihm sind 28 Beiträge der Mitarbeiter des Projekts zu acht großen Themengruppen vereinigt. Stellen- und Sachregister erstellte Dr. Johannes Deißler, M.A., dem auch Redaktion und Herstellung des Bandes oblagen.

Zur redaktionellen Bearbeitung ist eingegangen das Manuskript von Prof. Dr. Ingomar Weiler, Die Beendigung des Sklavereiverhältnisses im Altertum unter komparativem Aspekt. In Kürze erwartet wird das Manuskript von Prof. Dr. Jürgen Blänsdorf über die Sklaverei bei Cicero.

Die übrigen in Arbeit befindlichen Themen nähern sich teils dem Abschluß, teils sind die Bearbeiter mit ihnen nur unwesentlich vorangekommen.

2. Corpus der römischen Rechtsquellen zur Sklaverei (CRRS)

Von Prof. Dr. Reinhard Willvonseder ist das Manuskript zu Teil IV: Stellung des Sklaven im Privatrecht: „Eheähnliche Verbindungen und verwandtschaftliche Beziehungen" eingegangen. Es wird z.Zt. redigiert. Weitere Manuskripte sind angekündigt.

3. Bibliographie zur antiken Sklaverei

Das vorhandene Datenmaterial wurde durch Sichtung der neuesten Forschungsliteratur (2000/2001) vervollständigt. Die Datenbestände russischer und japanischer Titel wurden überprüft und abschließend eingearbeitet. Das gesamte neue Material wurde in die Datenbank aufgenommen; Korrekturen erfolgten nach Notwendigkeit. Der Abschluß der Arbeiten ist in Sicht, die Herstellung des Bandes (Beiheft 4) kann im nächsten Jahr beginnen. Mit Arbeiten an der Bibliographie waren unter Anleitung von Dorothea Schäfer, M.A., als studentische Hilfskräfte beschäftigt: Nicole Frache, Ulrike Groll, Marion Nickel, Michael Pahlke.

4. Handwörterbuch der antiken Sklaverei

Die Arbeit an den 9643 Lemmata für das Handwörterbuch ging wegen Überlastung des hauptamtlichen Personals der Arbeitsstelle (1 ½ wiss. Mitarbeiter) nur schleppend voran.

5. Sonstiges

Die Spezialbibliothek der Arbeitsstelle wuchs um 118 Buch- und 573 Aufsatztitel. Die Neuerwerbungen und ein Großteil der vorhandenen Titel wurden in eine elektronische Datenbank aufgenommen (Ulrike Groll).

Die Arbeit unseres Mitarbeiters Prof. Dr. Richard Gamauf „Ad statuam confugere. Untersuchungen zum Asylrecht im römischen Prinzipat“ wurde auf dem 5. Premio Romanistico Internazionale Gérard Boulvert (Neapel 18.10.2001) mit dem Premio Henryk Kupiszewski des Centro Romanistico Internazionale Copanello ausgezeichnet.

Unser Sachverständiger Prof. Dr. Leonhard Schumacher hat sein Buch „Sklaverei in der Antike. Alltag und Schicksal der Unfreien“ (2001) herausgebracht.

Prof. Dr. Elisabeth Herrmann-Otto hat auf dem Kolloquium der Groupe International de Recherches sur l’Esclavage in Besançon (27.–29.9.2001) einen Vortrag zum Thema „Les modes d’acquisition des esclaves dans l’Empire Romain en ce qui concerne les aspects juridiques et socio-économiques“ gehalten.

Von den kleineren Publikationen der Mitarbeiterinnen und Mitarbeiter zur antiken Sklaverei seien hier, abgesehen vom Jubiläumsband, genannt: H. Grieser, Artikel „Leibeigenschaft“ in: Reallexikon der Germanischen Altertumskunde 18, 2001, 227–229. – K.-W. Welwei, Rez. P. Hunt, Slaves, Warfare and Ideology (1998) in: Gnomon 73, 2001, 456–459.

II. Fundmünzen der Antike

Frau Radnoti-Alföldi und Hr. von Kaenel berichten:

In der Berichtszeit, zum 15. März 2001, ist das Projekt zusammen mit den geisteswissenschaftlichen Fachbereichen der J. W. Goethe-Universität zu Frankfurt am Main in das IG-

Farben-Haus (Campus Westend) umgezogen. Die neue Unterbringung ist sehr gut, zweckmäßig und großzügig; die umzugs- und umstellungsbedingten technischen Schwierigkeiten wurden inzwischen zu einem großen Teil behoben, für den Rest ist eine Lösung absehbar. In die Umzugsarbeiten waren alle Mitarbeiterinnen und Mitarbeiter eingebunden, als Umzugsbeauftragter hatte Dr. Hans-Christoph Noeske, als EDV-Beauftragter Dr. David G. Wigg zusätzliche und länger dauernde Aufgaben zu übernehmen. Der Verein der Freunde und Förderer der Akademie unterstützte die notwendige Anpassung der EDV-Ausstattung des Projektes durch eine großzügige finanzielle Zuwendung. Wir sind dafür sehr dankbar.

Umzugsbedingt gingen die Projektarbeiten im Berichtsjahr langsamer als geplant voran. Trotzdem kann eine insgesamt sehr positive Bilanz gezogen werden.

1. Fundmünzen der römischen Zeit in Deutschland (FMRD)

Fundmünzenaufnahme, Dokumentation, Redaktion der Listen
(territoriale Einteilung nach dem Stand der Jahre 1960 bzw. 1989)

Erstellung von Druckvorlagen: Die Druckvorlage von FMRD X Thüringen / XIII Sachsen-Anhalt (Dr. Karlhorst Stribrny, Dr. Rudolf Laser) wurde um eine Konkordanz zu H. Chantraine, Germania 61, 1983, 71ff. ergänzt und komplett neu redigiert (Dr. Dirk Bakkendorf, Ellen Baumann). Nach Erstellung der Kartenvorlagen ist das Manuskript druckfertig. FMRD V 3 Kassel (Dr. Helmut Schubert, Ellen Baumann): Der komplette Text liegt fertig vor, der Endausdruck der Karten, durch den Umzug verspätet, muß noch erfolgen, ebenso eine letzte redaktionelle Durchsicht (Dr. Dirk Backendorf).

Redaktion von Münzlisten / Fundmünzenaufnahmen: FMRD II 1–2 Baden, 2. Nachtrag: Die Erfassung läuft (Dr. Peter-Hugo Martin). FMRD IV 1 Rheinhessen / Stadt Mainz: Die letzte Kontrolle der bis einschließlich 2000 zutage getretenen Münzfunde ist angelaufen (Dr. Joachim Gorecki, Dr. Gerd Rupprecht). FMRD IV 3 Stadt und Regierungsbezirk Trier: Die Umstellung der alten Münzfunddokumentation auf aktuelle Bestimmungswerke wird fortgesetzt und ergänzt (Frau Radnoti-Alföldi), die Bestimmung der umfangreichen Gruppe von Münzen ohne Inventarnummer ist im Gange (Jörg Starck, M. A., wissenschaftliche Hilfskraft). FMRD IV 4 Koblenz: Die Bearbeitung der spätrömischen Fundmünzen vom Martberg bei Pommern a. d. Mosel wurde fortgesetzt (Robert Fecher, M. A.), ebenso die Aufnahme der keltischen und frühkaiserzeitlichen Münzen aus den Grabungen 1994–2001 (Dr. David G. Wigg). Zu FMRD V Hessen 1. Nachtrag wurden Neufunde bestimmt (Dr. David G. Wigg, Dr. Helmut Schubert). FMRD VI 3 Düsseldorf: Die Eingabe der publizierten Münzreihen von Novaesium / Neuss in die Datenbank wurde fortgesetzt (Ellen Baumann).

Vorarbeiten zur Neugestaltung der Deutschlandkarte im Vorspann der FMRD-Bände sind angelaufen (Dr. Dirk Backendorf).

2. Studien zu Fundmünzen der Antike (SFMA)

Erschienen: Band 17: Markus Peter, Untersuchungen zu den Münzfunden aus Augst und Kaiseraugst (redaktionell betreut von Dr. Dirk Backendorf; Erstellung von Textvorlage und Layout durch Ellen Baumann); Band 12: Hans-Christoph Noeske, Die Münzfunde des ägyptischen Pilgerzentrums Abu Mina und die Vergleichsfunde aus den Dioecesen Aegyptus und Oriens vom 4.–8. Jh. n. Chr.

Band 18: Die Kelten und Rom. Neue numismatische Forschungen. Ergebnisse der Titelberg-Tagung 1998: Die Redaktionsarbeit lief weiter (Dr. David G. Wigg). Band 19: Cruces Blasquez-Cerrato, Die Straße von Merida nach Asturica: Das Manuskript ist von der Autorin zurückgezogen worden. Neuer Titel von Band 19: Maria R.-Alföldi, Antike Münzfunde aus der Stadt Rom (1870–1902). Die griechischen Münzen: in fortgeschrittener Vorbereitung (Frau Radnoti-Alföldi, Ellen Baumann). Band 20: Karlhorst Stribrny, Funktionsanalyse barbarisierter, barbarischer Denare mittels numismatischer und metallurgischer Methoden. Ein Beitrag zur Erforschung der sarmatisch-germanischen Kontakte im 3. Jahrhundert n. Chr.; mit einem Beitrag von Hans-Gerd Bachmann und Peter Hammer: Das Manuskript wurde durch Dr. Hans-Christoph Noeske komplett überarbeitet und redigiert, Erstellung von Textvorlage und Layout erfolgte durch Ellen Baumann; der Band geht Ende des Jahres 2001 in Druck. Band 21: Bistra K. Boschkowa, Der Münzumlauf im 4. Jahrhundert auf dem Gebiet des heutigen Bulgarien: Die Umarbeitung geht weiter (mehrere Mitarbeiter).

Stadtrömische Münzfunde 1870–1902, Teil 1–3: Die Erstellung der Listen ist im Gange (Frau Radnoti-Alföldi, Dr. Dirk Backendorf, Dr. Holger Komnick, Dr. Hans-Christoph Noeske, Dr. David G. Wigg, Ellen Baumann).

3. Übrige Reihen

Fundmünzen der Römischen Zeit in Kroatien (FMRHr) 1 Istra (Dr. Alenka Miskeć): Die redaktionelle Betreuung erfolgte durch Dr. David G. Wigg. Der erste Band dieser neuen Reihe ist im Druck.

Fundmünzen der Römischen Zeit in den Niederlanden (FMRN) 3 (Drs. Jos van der Vin und Mitarbeiter): Die Schlußredaktion ist im Gange (Dr. David G. Wigg, Ellen Baumann).

4. Sonstige Tätigkeiten

Das Faltblatt zum Projekt Fundmünzen der Antike wurde aktualisiert (Frau Radnoti-Alföldi, Herr von Kaenel, Dr. Dirk Backendorf, Dr. Hans-Christoph Noeske, Jörg Starck, M. A., Dr. David G. Wigg, Ellen Baumann).

Zur Kritik des Aufsatzes von K. Kortüm, Zur Datierung der römischen Militäranlagen im obergermanisch-rätischen Limesgebiet (Saalb. Jb. 49, 1998, S. 5ff.) ist eine erste Textfassung erstellt worden (Dr. Dirk Backendorf, Dr. Helmut Schubert). Die damit verbundene Thematik – Auswertung von defekten Münzreihen – wurde weiter diskutiert (Frau Radnoti-Alföldi, Hr. von Kaenel, Dr. Dirk Backendorf, Dr. Hans-Christoph Noeske, Dr. Helmut Schubert, Dr. David G. Wigg).

Die Datenbank NUMIZ wurde auch im Berichtsjahr weiter ergänzt. Dr. David G. Wigg weilte in Ljubljana, um nötige Umprogrammierungen von NUMIZ zu koordinieren.

Die Betreuung und Beratung von Fachkollegen aus dem In- und Ausland nahmen an Umfang und Bedeutung weiter zu (Leitung und alle Mitarbeiter).

Dr. Hans-Christoph Noeske führte im WS 2000/2001 eine Lehrveranstaltung mit dem Thema „Die Münzprägung der Ptolemäer" (mit Museumspraktikum) durch. Er bereitete mit den Teilnehmern eine Ausstellung über die Münzen der Ptolemäer im Historischen Museum der Stadt Frankfurt/M. vor (21.01.–01.04.2001) und erarbeitete zu diesem Anlaß den Bestandskatalog der Ptolemäermünzen des Historischen Museums Frankfurt/M.

Dem durch Hrn. von Kaenel als Mitantragsteller der DFG vorgelegten Antrag auf Unterstützung der weiteren Erforschung des bedeutenden keltisch-römischen Heiligtums auf dem Martberg bei Pommern a. d. Mosel wurde entsprochen. Dr. David G. Wigg steht aus DFG-Mitteln ab 1. Dezember für die Aufnahme der Fundmünzen vom Martberg eine wissenschaftliche Hilfskraft (halbes Pensum) zur Seite.

Im In- und Ausland wurden Vorträge gehalten und außerhalb der eigenen Reihen Aufsätze publiziert (Frau Radnoti-Alföldi, Hr. von Kaenel, Dr. Hans-Christoph Noeske, Dr. David G. Wigg).

Die Münzfundbibliographie wurde laufend ergänzt (Barbara Kirchner).

Die Adressenänderung wurde in einem Rundschreiben zusammengefaßt und weiträumig versandt (Barbara Kirchner).

Die gesamten Verwaltungsarbeiten vor Ort und die umfangreiche Korrespondenz erledigte wieder Barbara Kirchner, die Gestaltung der Druckvorlagen, das Layout und die EDV im Bereich der Redaktion oblagen Ellen Baumann.

KOMMISSION FÜR KLASSISCHE PHILOLOGIE

Bericht Heitsch

1. Griechische Philologie

In der Reihe „Übersetzung und Kommentar der Werke Platons" ist Band I 2 'Apologia Socratis' im Druck.

2. Lateinische Philologie

Hr. Zintzen berichtet:

Der erste Band der Indices zu Marsilio Ficino ist druckfertig hergestellt. Er enthält den Index nominum und den Index geographicus zu sämtlichen Schriften Ficinos. Ferner ist beigegeben eine Bibliographie zu Ficino, eine Inhaltsübersicht über das Briefcorpus und eine Synopse zwischen den modern edierten Schriften und den Opera omnia (Basel 1576, Nachdruck Turin 1959–1960). Auf diese Weise wird der Benutzer der alten Ausgabe jeweils auf die modernen Editionen verwiesen und kann die gesuchte Stelle sofort finden. Umfangreiche und mühsame Recherchen nahm die Identifizierung von vielen bislang unbekannten Personen, die Ficino in seinen Texten nennt, in Anspruch. Etwa 1700 Namen aus Mythologie, biblischer Geschichte und frühem Christentum, sowie eine große Anzahl von Autoren, zu denen Ficino in Verbindung getreten ist, waren mühsam zu identifizieren. Es haben sich dabei eine große Anzahl von Gesprächs- und Briefpartnern Ficinos sozusagen zu neuem Leben erwecken lassen. Die Klärung der biblischen Namen und der jüdischen Gesprächspartner Ficinos gelang nur durch Zusammenarbeit mit dem Institut der Judaistik an der Universität zu Köln.

Die Arbeit am Index auctorum wurde fortgesetzt; er wird zusammen mit dem Index rerum, der jetzt in Angriff genommen wird, publiziert werden. In der Arbeitsstelle Saarbrücken wurde ein Computerprogramm entwickelt, mit dem die Erarbeitung des Sachindex erleichtert wird, und das einen raschen und bequemen Zugriff über das Datennetz auf die Arbeitsprozesse der verschiedenen Arbeitsstellen ermöglicht. Die Fertigstellung des Index rerum ist bis 2004 geplant.

3. Griechische Papyrus-Urkunden

Hr. Rupprecht (Marburg) berichtet:

Im Berichtsjahr wurden die drei Teilprojekte weiter bearbeitet.

1. Wörterbuch der griechischen Papyrusurkunden aus Ägypten:
Band III des Supplements zum Wörterbuch ist erschienen. Die Arbeiten an Band V wurden zurückgestellt, um die Wortindizes zu den neuen, sehr umfangreichen Bänden des Sammelbuches fertigzustellen.

2. Sammelbuch der griechischen Papyrusurkunden aus Ägypten:
a. Vol. XIX 2 (Wortindizes zu XVIII) ist erschienen.
b. Vol. XXI 2 (Wortindizes zu XX) ist erschienen.
c. Vol. XXII (Nr. 15203–15874) ist erschienen.
d. Vol. XXIII (Indizes einschl. der Wortindizes zu Vol. XXII) steht vor dem Abschluß. Die Aufsichtsvorlagen werden erstellt.
e. Vol. XXIV (Textband): Die Aufsichtsvorlagen werden erfaßt und bearbeitet.
f. Vol. XXVI: Die Texte werden erfaßt und bearbeitet.
g. Die Arbeiten am Gesamtindex wurden fortgeführt. Er soll nun auch Band XXIV mit einschließen.

3. Berichtigungsliste der griechischen Papyrusurkunden aus Ägypten:
Die im deutschen Sprachraum erschienene Literatur wurde für Band XI ausgewertet und erfaßt. Die Vorarbeiten für Band XII sind im Gange.

4. Augustinus-Lexikon

Prof. Dr. Cornelius Mayer (Würzburg) berichtet:

Im Berichtsjahr wurde der Doppelfaszikel 2,5/6 publiziert. Er ist mit 417 Spalten umfangreicher als üblich und enthält 27 Lemmata von *Donatistas (Contra -)* bis *Epistulae.*

Schwerpunkt ist das 163 Spalten umfassende Lemma *Epistulae.* Es behandelt nicht nur allgemein den 'Brief' in der Antike und bei Augustinus, sondern bietet insbesondere eine Inhaltsübersicht mit Einordnung in den historischen Kontext zu allen 300 im Gesamtcorpus überlieferten Briefen. Eine Datierungstabelle sowie ein ausführlicher Korrespondentenindex erschließen das Material zusätzlich.

Für den nächsten Doppelfaszikel (*Epistulae ad Romanos inchoata expositio* – ca. *Finis),* der den 2. Band des AL abschließen wird und dessen Erscheinen für 2002 geplant ist, sind die meisten Mss. eingetroffen. 15 Artikel sind bereits weitgehend satzfertig, die übrigen vorliegenden sind alle begutachtet; ihre Belegstellen aus den Quellen sowie der Sekundärliteratur wurden überprüft. Parallel dazu haben die redaktionellen Arbeiten an AL 3,1/2 begonnen.

Das Herausgebergremium kooptierte Prof. J.J.O'Donnel, Vice-Provost der University of Pennsylvania.

KOMMISSION FÜR ARCHÄOLOGIE

Bericht B. Andreae

1. Corpus der Minoischen und Mykenischen Siegel

Professor Dr. Dr. h.c. Ingo Pini (Marburg) berichtet:

Im Berichtsjahr wurden die Arbeiten an dem Manuskript für CMS II,8 Teil 1–2 (M.A.V. Gill – W. Müller – I. Pini, Die Tonplomben von Knossos) weitgehend abgeschlossen. Der Gesamtbetrag, der für Druck und Bindung kalkulierten Kosten für diesen Doppelband, liegt weit über den im Akademie-Etat dafür zur Verfügung stehenden Mitteln. Es wurden und werden daher in Deutschland, Großbritannien, Griechenland und den USA zahlreiche Anträge auf Druckkostenzuschüsse gestellt. Positive Ergebnisse dieser Aktion liegen bislang nur teilweise vor.

Vom 5.–6. April 2001 fand in den Räumen des CMS die Evaluierung des Projekts statt. Am 20.04. 2001 wurde Dr. Malcolm Wiener aus New York, der mit seiner Stiftung „Institute for Aegean Prehistory“ den Fortgang des Corpus über einen längeren Zeitraum hinweg unterstützt hat und weiterhin unterstützt, von Präsident Zintzen der Ehrenring der Akademie verliehen. Anschließend besuchte Dr. Wiener die Marburger Arbeitsstelle. In der Zeit vom 13.–19.05.2001 reisten Professor Pini und Dr. Müller nach Oxford, um mit der Bearbeiterin von CMS VI (Oxford, Ashmolean Museum), Helen Hughes Brock, den Fortgang der Arbeiten sowie Detailprobleme zu erörtern. Es wurden Listen von den Stükken erstellt, die noch photographiert werden müssen. Des weiteren wurde vereinbart, daß die englische Seite diese Arbeiten übernimmt. Ferner wurden 104 Abdrücke der Stücke angefertigt, von denen bislang keine verwertbaren Fotos vorliegen. Sie sollen in Marburg photographiert und vergrößert werden. Vom 8.–12. Juni des Jahres reiste Professor Pini auf Einladung des griechischen Kultusministeriums nach Athen, um ein weiteres Exemplar des ‚Rings des Minos‘ zu begutachten. Wegen eines Krankenhausaufenthaltes verlängerte sich die Reise zwangsläufig um eine Woche. Vom 30.09.–08.10.2001 nahmen beide Mitarbeiter der Marburger Arbeitsstelle mit Vorträgen an dem 9. Internationalen Kretologenkongreß in Elounda (Ostkreta) teil. Professor Pini nutzte die Gelegenheit zu Gesprächen mit potentiellen Geldgebern. Anschließend untersuchte er auf Thera einige für den Band CMS V Suppl. 3 bestimmte Siegel, die bei Ausschachtungsarbeiten für die Stützen der neuen Bedachung des Grabungsgeländes von Akrotiri zutage gekommen waren. In Athen suchte er nach Möglichkeiten zur finanziellen Unterstützung für das Corpus.

In der Marburger Arbeitsstelle setzte Dr. Müller die Bearbeitung der Scans für CMS II,8 fort. Prof. Pini widmete sich der Bearbeitung von CMS V Suppl. 3 (Kleinere Griechische Sammlungen und Funde von der türkischen Westküste) und übersetzte bereits einen Teil der fremdsprachlichen Beiträge. Die Hilfskräfte setzten das Einscannen der in den Archiven befindlichen Bildvorlagen fort. Gewisse Ausfälle entstanden durch zwei Wechsel bei den Hilfskräften.

KOMMISSION FÜR KUNSTGESCHICHTE UND CHRISTLICHE ARCHÄOLOGIE

Bericht Haussherr

Corpus Vitrearum Medii Aevi Deutschland

Prof. Dr. Rüdiger Becksmann berichtet:

Das Berichtsjahr brachte wichtige personelle Veränderungen. Zum 1. März schied Fritz Herz nach dreißigjähriger Tätigkeit am CVMA aus; seine Stelle wurde nicht mehr mit einem Historiker, sondern einem Kunsthistoriker besetzt, um die Erscheinungsfolge der Bände zu verdichten. Am 1. Oktober nahm Uwe Gast seine Arbeit an Band III,1 (Darmstadt/Süd- und Rheinhessen) auf. Nach ersten Orientierungsfahrten in dem zu bearbeitenden Gebiet wird er zunächst die ehemaligen Standorte Neckarsteinach und Ersheim als Musterkapitel fertigstellen. Als ausgewiesener Kenner der mittelrheinischen Tafelmalerei der Gotik hat er die erste ausführliche Besprechung des von Daniel Hess bearbeiteten, Ende 1999 erschienenen Corpusbandes III,2 (Frankfurt/Rhein-Main-Gebiet) (in: Zeitschrift für Kunstgeschichte 64, 2001, S. 562–574) vorgelegt; sie enthält u.a. weiterführende Hinweise zur frühen Grisailleverglasung der Eberbacher Klosterkirche. Im April erschien sein Beitrag über *Katharina von Köln und die Kreuzigung in St. Stephan in Mainz* (in: Mainzer Zeitschrift 94/95, 1999/2000, S. 27–36); am 16. November hielt er vor dem Wormser Altertumsverein einen Vortrag über *Worms als Kunstzentrum der Spätgotik*.

Für den dritten hessischen Corpusband (III,3: Marburg/Nordhessen) liegt inzwischen das Musterkapitel Hersfeld, Stadtkirche redigiert vor. Es behandelt einen heute auf mehrere Standorte verteilten, 110 Felder umfassenden Scheibenbestand, dessen ursprüngliche Verteilung auf 13 Chor- und Langhausfenster Daniel Parello weitgehend klären konnte.

Um den Corpusband zu entlasten, hat er seine Rekonstruktion in einen Aufsatz mit dem Titel *Die ehemalige Farbverglasung der Hersfelder Stadtkirche. Ein Beitrag zur hessischen Glasmalerei im 14. Jahrhundert* (in: Marburger Jb. für Kunstwissenschaft 28, 2001, S. 109–125) ausführlich begründet. Für die Liebfrauenkirche in Frankenberg konnte er ein Thron-Salomonis-Fenster erschließen, das neben dem zentralen Passionszyklus im Chor seinen Platz gehabt haben muß. In Bearbeitung sind außerdem zwei Standorte, deren Verglasungreste aus der Werkstatt der um 1300 enstandenen Chorfenster der Marburger Elisabethkirche stammen, Neu-Berich und Winnen, sowie die Ornamentverglasung der Stadtkirche von Immenhausen. Die im dortigen Glasmalereimuseum befindlichen, aus der Stadtkirche stammenden, bisher verlorengeglaubten Fragmente eines Martyrienzyklus entpuppten sich als hochwertige Importarbeit einer Lübecker Werkstatt der Zeit um 1430/40. Weitere Bestandsaufnahmen konnten im Dommuseum Fritzlar, im Hessischen Landesmuseum in Kassel sowie im Marburger Universitätsmuseum durchgeführt werden. Daneben hat Daniel Parello die Publikation von Frieder Ryser u.a., Glanzlichter. Die Kunst der Hinterglasmalerei, Bern 2000 (in: Kunst+Architektur in der Schweiz 2, 2001, S. 52f.) besprochen und damit auf eine weitere wegweisende Publikation zur nachmittelalterlichen Glasmalerei aufmerksam gemacht.

Im Mittelpunkt der Arbeiten des Berichterstatters für Band II,2 (Freiburg i. Br.) stand die Verglasung der aus der Erbauungszeit des Langhauses (bis um 1280) stammenden Seitenschiffenster. Dabei gelang ihm mit Hilfe eines bisher wenig beachteten Glasmalereikartons im Berliner Kupferstichkabinett der Nachweis, daß das Fenster über dem Heiligen Grab im südlichen Seitenschiff bis zu seiner Zerstörung im Jahre 1744 mit einer von Hans Baldung Grien um 1515/17 entworfenen partiellen Farbverglasung gefüllt gewesen war. Sie zeigte neben der durch den Karton überlieferten Kreuzigung vermutlich eine Beweinung Christi und nahm damit auf die Ikonographie des Heiligen Grabes unmittelbar Bezug. Der nach Entwürfen Baldungs von einem Glasmaler der Ropstein-Werkstatt ausgeführte originalgroße Karton verdient schon auf Grund seiner ungewöhnlichen Maße (186 x 133 cm) unter den wenigen aus dem späten Mittelalter erhaltenen Glasmalereikartons besondere Aufmerksamkeit. Eine erste Bearbeitung dieses Kartons erfolgte für den Katalog der Ausstellung *Hans Baldung Grien in Freiburg* (Freiburg i.Br. 2001, S. 240–243); außerdem konnte er dort an Hand eines Scheibenrisses in Bern einen von Baldung bald nach 1508 entworfenen, vermutlich für das Straßburger Kartäuserkloster ausgeführten umfangreichen Biblia pauperum-Zyklus erschließen (ebenda, S. 226f.).

Hartmut Scholz konnte, wie geplant, im Berichtsjahr die Bestandsaufnahmen für den Band X,1 (Mittelfranken/Nürnberg *extra muros*) abschließen und die Katalogtexte für Ansbach, Eichstätt, Henfenfeld, Hersbruck, Lauf, Mögeldorf, Nürnberg, St. Jobst sowie Pollenfeld bis auf einige archivalische Überprüfungen vervollständigen. Dabei gab es noch eine ganze Reihe neuer Erkenntnisse, insbesondere zur Frage der künstlerischen Zusammenhänge. So deuten im Falle der um 1370/80 und nicht um 1400 zu datierenden Chorfenster der Hersbrucker Pfarrkirche alle Indizien auf eine Stiftung Kaiser Karls IV. und eine Ausführung in einer Prager Werkstatt hin. Angesichts des nahezu totalen Verlustes der Prager Glasmalerei jener Zeit gewinnt diese Zuordnung eine besondere Bedeutung. Auch bei den aus dem späten 14. Jahrhundert stammenden Scheiben in Pollenfeld handelt es sich nicht um Arbeiten einer Nürnberger, sondern möglichweise einer in Eichstätt oder Oberbayern ansässigen Werkstatt. Schließlich gewinnt ein weiteres, bislang kaum beachtetes Zentrum spätmittelalterlicher Glasmalerei, die Bischofsstadt Würzburg, für die im frühen 16. Jahrhundert eine große Zahl an Glasmalern überliefert ist, durch die Zuweisung eines Fensters aus der Chorverglasung der Ansbacher Gumpertuskirche erstmals Konturen.

Im Band Mittelfranken/Nürnberg werden insgesamt 46 Standorte mit 675 Scheiben behandelt. Im Druck wird er etwa 760 Seiten mit insgesamt 840 Abbildungen umfassen und daher wie beim Band XIII,1 (Regensburg, Dom) auf zwei Teilbände aufgeteilt werden müssen. Die Redaktion des Tafelteiles ist bereits abgeschlossen, die der Katalogtexte steht unmittelbar bevor: Mit der Produktion des Tafelteils wurde begonnen; zum 21. Internationalen Colloquium des Corpus Vitrearum, das im August 2002 in Brüssel veranstaltet werden wird, soll das umfangreiche Werk gedruckt vorliegen.

Auf dem 4. Internationalen Forum für Erhaltung und Technologie der Glasmalerei, das vom 17.–19. Mai in Troyes stattfand, hat Hartmut Scholz die Freiburger Gruppe des deutschen Corpus Vitrearum vertreten; auf dem vom Heinrich-Fabri-Instititut der Universität Tübingen veranstalteten Symposium *Kunst und Liturgie im Spätmittelalter* hat er über das Bildprogramm der jüngeren Rothenburger Chorfenster und seine liturgischen Voraussetzungen gesprochen.

Zu den beiden methodisch so gegensätzlich konzipierten und präsentierten Karlsruher Ausstellungen *Spätmittelalter am Oberrhein* hat die Freiburger Gruppe folgende Beiträge geleistet: Für die Ausstellung in der Kunsthalle (*Maler und Werkstätten 1450–1525)* hat Hartmut Scholz den einleitenden Essay zur Glasmalerei sowie die Katalognummer zu den von Rüdiger Becksmann im Band II,1 zu behandelnden Scheiben aus der Freiburger Kartause (Kat. Ausst. Karlsruhe I, 2001, S. 297–299, 306) verfaßt. Für die Ausstellung im Landesmuseum (*Alltag, Handwerk und Handel 1350–1525*) haben Rüdiger Becksmann (Kat. Ausst. Karlsruhe 2001, II,1, S. 140–148) und Daniel Parello (ebenda, S. 93–95, 118, 148) zur Veranschaulichung der Organisation und Arbeitsweise der Straßburger Werkstattgemeinschaft drei Urkunden, drei Entwurfszeichnungen sowie vierzehn Scheiben bzw. Scheibenfragmente ausgewählt und bearbeitet.

Darüber hinaus hat Daniel Parello als derzeit bester Kenner der historistischen Arbeiten von Fritz Geiges die von diesem wiederhergestellten, bisher von Hartmut Scholz mitbetreuten Glasmalereien der Liebfrauenkirche in Oberwesel (in: Denkmalpflege in Rheinland-Pfalz, Forschungsberichte 6, Worms 2001, S. 134–147) einer kritischen Beurteilung unterzogen. Andererseits hatte Hartmut Scholz schon vor geraumer Zeit die von Hans Wentzel bzw. Rüdiger Becksmann behandelten mittelalterlichen Glasmalereien aus Kirche und Kloster Alpirsbach (in: Alpirsbach 1095–1995. Zur Geschichte von Kloster und Stadt. Festschrift 900 Jahre Kloster Alpirsbach, Stuttgart 2001, I, S. 201–214) erneut untersucht und dabei wichtige Erkenntnisse gewonnen.

In allen Fällen hatte sich der Wechsel der Autoren innerhalb der Arbeitsgruppe eher zufällig ergeben. Die dadurch in die Diskussion eingebrachten neuen Ansätze haben jedoch dazu beigetragen, das Gespräch nicht nur innerhalb, sondern auch außerhalb der Arbeitsgruppe zu beleben.

Koptische Textilien

Dr. Dorothee Renner-Volbach berichtet:

Das Manuskript des Bestandskataloges der von ihr bearbeiteten koptischen Textilien im Museum Andreasstift der Stadt Worms ist im Druck und soll im Sommer 2002 erscheinen.

Im Berichtsjahr erschien ihr Beitrag „Glückbringende Rosen. Eine spätantik-koptische Wirkerei" in: Realia coptica. Festgabe zum 60. Geburtstag von Hermann Harrauer. Wien 2001. S. 81–89.

Vom 24.–27. September 2001: Teilnahme an der „19. Assemblée générale du Centre International d'étude des textiles anciens" in Lyon.

KOMMISSION FÜR VOR- UND FRÜHGESCHICHTLICHE ARCHÄOLOGIE

Bericht Müller-Wille

Starigard/Oldenburg – Wolin – Novgorod

Archäologische Untersuchungen

Im Rahmen der archäologischen Untersuchung offener slawischer Siedlungen im ländlichen Umland von Starigard/Oldenburg konzentrierten sich die Arbeiten während des 1. Halbjahres auf die Aufarbeitung der Ausgrabungskampagne des Vorjahres. Im Mittelpunkt stand die Fortführung des Befund- und Fundkataloges sowie die Auswertung der Baubefunde der beiden großflächig untersuchten Niederlassungen von Kembs, Gde. Gremersdorf, Kr. Ostholstein, und Fresendorf, Gde. Giekau, Kr. Plön. Hinzu kam die Analyse der Keramikfunde als der weitaus umfangreichsten Fundgattung. Mit Hilfe der Gliederung des Materials in unterschiedliche Typengruppen, die sich auch chronologisch differenzieren lassen, konnten die Belegungsdauer der Siedlungsplätze insgesamt sowie speziell die Baubefunde datiert werden. Zur Verfeinerung der Datierung einzelner Befunde werden außer einzelnen Vertretern von Importfunden insbesondere einige der Metallfunde beitragen, die sich derzeit noch in der Konservierungswerkstatt des Archäologischen Landesmuseums Schleswig befinden. – Bezieht man eine dritte Siedlung, die zu Beginn des Akademievorhabens ausschnitthaft untersucht wurde, mit ein, so läßt sich feststellen, daß aus allen Phasen der slawischen Besiedlung des östlichen Holstein Siedlungsbefunde und Funde erfaßt worden sind.

Im Spätsommer/Herbst wurden die Ausgrabungsarbeiten auf beiden Siedlungsplätzen fortgeführt. Bei anhaltend ungünstiger Witterung und mit nur kleinem Ausgrabungsteam konnten im Rahmen der Geländearbeiten die in den beiden Vorjahren erzielten Fortschritte im Gesamtergebnis nicht erreicht werden. Dennoch erbrachte die Erweiterung der Ausgrabungsflächen (in Kembs mit Hilfe einer großflächigen Ausweitung im direkten Anschluß an die Grabungsgrenze des Vorjahres; in Giekau durch mehrere kleinere Sondagen) nicht nur weitere slawische Siedlungsbefunde, darunter ein mehrphasiges Grubenhaus, sondern auch ein klares Ergebnis bezüglich der räumlichen Ausdehnung der Siedlungen. Auf beiden Plätzen war es nunmehr möglich, die Peripherie der Siedlungsaktivitäten in weiten Teilen des in Frage stehenden Areals eindeutig zu definieren.

Die an dieser Stelle im Vorjahr geäußerte Vermutung, daß die altslawische Siedlung von Giekau ausnahmslos aus zu ebener Erde errichteten Häusern bestand und vornehmlich Nutzviehhaltung die Wirtschaftsweise bestimmte, bestätigte sich durch die Ausgrabungen und die fortgeführte Auswertung von Befunden und Funden. Dagegen wurde für das jungslawische Kembs zwar ebenfalls eine Bebauung mit einem einheitlichen Haustyp belegt. Es handelt sich hierbei jedoch um eine ganz andere Hausform, nämlich eingetiefte Hütten, sogenannte Grubenhäuser. Getreidebau und Fischfang stellten sich hier zweifelsfrei als die beiden wichtigsten Komponenten der Nahrungswirtschaft heraus.

Dipl.-Prähist. Dr. Dietrich Meier

Archäobotanische Untersuchungen

In diesem Jahr wurden neue Proben für die archäobotanische Analyse nur von einem Fundplatz bei Kembs in Ostholstein genommen. Im wesentlichen konzentrierten sich die Arbeiten daher auf die Aufarbeitung des fossilen pflanzlichen Materials aus den Grabungen der Vorjahre. Im Gegensatz zu verkohlten Vorräten von Getreide oder Hülsenfrüchten, die etwa bei einem Hausbrand entstanden sein können, ist die Funddichte von fossilen Pflanzenresten aus den Siedlungsgruben in Kembs und Giekau nur gering. Trotz der geringen Zahl spiegeln aber auch hier die Kollektionen von Früchten und Samen die Nahrungswirtschaft an diesen Plätzen wider. In der älteren Siedlung Giekau fehlen die deutlichen Hinweise auf Wintergetreideanbau, obwohl Roggen, eine dafür geeignete Kulturpflanze, an diesem Platz schon bekannt war. Alle Wildpflanzennachweise aus Kembs dagegen belegen einen entwickelten Ackerbau mit Aussaat im Frühjahr und im Herbst. Auf den sehr guten Ackerböden im Gebiet wurde allerdings Saatweizen als Winterfrucht kultiviert, eine Feldfrucht, die sehr hohe Ansprüche an die Bodenverhältnisse stellt.

Anhand der fossilen Nachweise von Kulturpflanzen können wirtschaftliche Beziehungen zwischen Novgorod und seinem agrarischen Hinterland nachgezeichnet werden. Unterschiede im Kulturpflanzeninventar des Fürstensitzes Rjurikovo Gorodišče einerseits und den ländlichen Siedlungen Georgij und Prost andererseits finden unter dem Gesichtspunkt der Abgabenwirtschaft eine einleuchtende Erklärung.

Erste Ergebnisse zur Nahrungswirtschaft auf dem frühslawischen Handelsplatz Groß Strömkendorf an der Wismarer Bucht wurden auf zwei Tagungen zur slawischen Besiedlung in Mecklenburg-Vorpommern vorgestellt (Waren: im Dezember 2000 und Greifswald: im Februar 2001). Dieser frühe Platz ist in vielerlei Hinsicht mit der Vorburgsiedlung Giekau vergleichbar. Die Analyse der Pflanzenfunde aus einer spätslawischen Siedlung am Löddigsee bei Parchim konnte abgeschlossen werden. Hier sind umfangreiche verkohlte Vorratsfunde von Getreiden und Hülsenfrüchten erhalten geblieben, die uns heute nicht nur Kenntnis davon geben, welche Kulturpflanzen genutzt wurden, sondern auch, wie und wo sie angebaut wurden.

Veröffentlichungen

Alsleben, A., Angebot und Nachfrage – Frühmittelalterliche Nahrungswirtschaft im Umland von Novgorod. In: M. Müller-Wille, V. L. Janin, E. N. Nosov, E. A. Rybina (Hrsg.), Novgorod. Das mittelalterliche Zentrum und sein Umland im Norden Rußlands. Studien zur Siedlungsgeschichte und Archäologie der Ostseegebiete 1 (Neumünster 2001) 359–368.

Alsleben, A., Early medieval agriculture in the hinterland of Novgorod. In: M. Brisbane and D. Gaimster (eds.), The Archaeology of Medieval Novgorod and its hinterland. British Museum Occasional Paper 141 (London 2001) 111–116.

Dipl.-Biol. Almuth Alsleben

Onomastische Untersuchungen

Hr. Debus und Frau Dr. A. Schmitz berichten:

Im Jahr 2001 wurden weitere Flurnamen slawischer (altpolabischer) und deutscher Provenienz im Raum Starigard/Oldenburg im Kreis Ostholstein gesammelt. Die Mikrotoponyme wurden aus Flurkarten und Katasterkarten des Katasteramts Oldenburg und aus einer Flurnamensammlung des Landes Schleswig-Holstein aus dem Jahr 1948 exzerpiert. Dann erfolgte zum ersten Mal eine sprachwissenschaftliche Untersuchung und Auswertung des umfangreichen Namenmaterials. Dafür wurde eine etymologische Flurnamenkartei angelegt. Diese bildet die Grundlage für ein Lexikon der altpolabischen Flurnamen im Kreis Ostholstein.

Die slawischen Flurnamen lassen sich wie die Siedlungsnamen altpolabischer Herkunft in vier Hauptgruppen einteilen:

1. ursprüngliche Ortsbenennungen (1.1 topographische Namen/Naturnamen, 1.2 Kulturnamen, 1.3 possessivische Namen mit Suffixen *-in-, *-ov- und *-j-)
2. ursprüngliche Bezeichnungen von Menschengruppen (2.1 ethnische Namen/Bewohnernamen mit dem Suffix *-ane-, 2.2 patronymische Namen mit dem Suffix -(ov)ici, 2.3 Sippennamen)
3. Namen, die in Gruppe 1 oder 2 gehören
4. unklare Namen.

Die Naturnamen beziehen sich unter anderem auf die Bodenbeschaffenheit, auf Gewässer, Sumpf und Feuchtigkeit, auf Pflanzenwelt und Baumarten. Zu altpolabisch *breza 'Birke' gehört z.B. der Flurname Breesen bei Koselau, zu *jasen 'Esche' Jasen südöstlich Oldenburg, zu *zele 'Pflanze, Kraut' Selliest südwestlich Heringsdorf usw. Kulturnamen sind unter anderem die Flurnamen Siedlitz bei Wahrendorf zu altpolabisch *sedlo 'Dorf, Ansiedlung' und Stolp zwischen Heringsdorf und Heiligenhafen zu *stolp 'Säule, Pfeiler, Zaunpfahl', auch 'Vorrichtung im Fluß zum Fischfang'. Viehzucht, Waldwirtschaft und Rodung spielen ebenso eine große Rolle.

Possessivische Namen sind z.B. Bernin bei Süssau 'Ort, Flur des *Barn(a)' zu einem Kurz- oder Zunamen *Barn(a) und Mieckau bei Güldenstein 'Ort, Flur des *Mik(o)' zu einem altpolabischen Personennamen *Mik(o), Kurzform zu *Mikolaj 'Nikolaus'.

Von besonderer Bedeutung in Hinsicht auf das Zusammenleben von Slawen und Deutschen sind auch die slawisch-deutschen Mischnamen, Komposita aus slawischen Personennamen und deutschem Grundwort wie Levinsteich bei Mönchneversdorf usw. Weiterhin gehören hierher Komposita aus slawischen Flurnamen/Siedlungsnamen und deutschem Grundwort: Swenterberg nördlich Heringsdorf enthält einen ursprünglichen Flurnamen *Swente, der zu altpolabisch *svęty 'heilig' gehört und demnach einen 'heiligen Ort' o. ä. bezeichnet, eine Kultstätte der Wagrier in Ostholstein, die neben dem Kultzentrum in Starigard/Oldenburg existierte. Bei der sprach- und siedlungsgeschichtlichen Interpretation der Namen im deutsch-slawischen Kontaktgebiet ist zu berücksichtigen, daß von den einzelnen Toponymen her nicht ohne weiteres auf Volks- oder Stammeszugehörigkeit der Namengeber oder -benutzer geschlossen werden kann. Dabei ist auch die Tatsache zu beachten, daß Slawen deutsche Namen und Deutsche slawische Namen tragen konnten.

Veröffentlichung

Debus, F., Schmitz, A., (Mikro-)toponyme im slawisch-deutschen Kontaktgebiet Norddeutschlands. Onoma 36. Im Druck

Vortrag

Debus, F., Zu slawischen und slawisch-deutschen Orts- und Flurnamen Wagriens (Oldenburg 18. 10. 2001; gemeinsam mit M. Müller-Wille, Der Oldenburger Graben und sein Umfeld: Zeugnisse vorchristlicher Opferkulte von der jüngeren Bronzezeit bis zur slawischen Zeit)

Dr. Antje Schmitz

Publikationen

Studien zur Siedlungsgeschichte und Archäologie der Ostseegebiete (Wachholtz Verlag Neumünster)

Band 1

Michael Müller-Wille, Valentin L. Janin, Evgenij N. Nosov und Elena A. Rybina (Hrsg.), Novgorod. Das mittelalterliche Zentrum und sein Umland im Norden Rußlands (Neumünster 2001)

Band 2

Christine Wulf, Toponomastik und Sprachkontakt. Eine Untersuchung der slawischen und slawisch-deutschen Toponyme in Schleswig-Holstein (Neumünster 2000)

Band 3

Arne Schmidt-Hecklau, Slawenzeitliche Funde im Kreis Herzogtum-Lauenburg (Neumünster 2002)

HISTORISCHE KOMMISSION

Bericht Zimmermann

1. Quellensammlung zur Geschichte der deutschen Sozialpolitik 1867 bis 1914

Arbeitsstelle Duisburg

Hr. Henning berichtet:

Die Duisburger Arbeitsstelle konzentrierte sich auf die Bearbeitung der chronologisch angelegten Bände der „Quellensammlung zur Geschichte der deutschen Sozialpolitik" für die Jahre 1910 und 1913/14. Die Annotation des schon gesammelten Quellenmaterials machte noch zwei Archivreisen erforderlich: je eine in das Bundesarchiv in Berlin und in das Sächsische Hauptstaatsarchiv Dresden.

Die thematischen Schwerpunkte für das Jahr 1910 lagen auf der staatlich geförderten Organisation des Arbeitsnachweises als Reflex auf den Einbruch am Arbeitsmarkt in den Jahren 1907 bis 1909 und auf der Ausbildung reichsweiter Tarifverträge. Bei der Akzentuierung dieser Themen ist für das Jahr 1910 zu berücksichtigen, daß dem wesentlichen Interesse und der entsprechenden Arbeitslast der Ministerialbürokratie in jener Zeit, den Entwürfen zu den Gesetzen zur Reichsversicherungsordnung und zur Angestelltenversicherung, je ein Sonderband gewidmet werden wird. Das erforderliche Material ist bereits weitgehend gesammelt; seine Bearbeitung wird nach Abschluß der IV. Abteilung aufgenommen werden.

Durchlaufendes Thema des Bandes für 1913/14 sind zunächst die zwischen dem preußischen Handelsministerium und dem Reichsamt des Innern gepflogenen Verhandlungen über die Einbeziehung von Berufskrankheiten in den Schutz der Unfallversicherung, eine Regelung, die von einer entsprechenden englischen Vorgabe angeregt worden war. Ein weiterer Akzent liegt auf der in der Öffentlichkeit lebhaft geführten Diskussion über das „Ende der Sozialpolitik". Die Edition wird zeigen, daß die auf eine Bemerkung des Staatssekretärs des Reichsamts des Innern, Klemens Delbrück, im Reichstag zurückgehende Erörterung den Inhalt aus dem Zusammenhang gerissen und vergröbert wiedergegeben hat.

Die wissenschaftliche Assistenz an der Arbeitsstelle Duisburg leistete Frau Irene Feldmann.

Arbeitsstelle Kassel
Hr. Tennstedt berichtet:
In der Kasseler Arbeitsstelle wurden im Jahr 2001 zwei Quellenbände fertiggestellt: PD Dr. Wolfgang Ayaß beendete die Arbeiten am 2. Halbband der II. Abteilung „Die Ausdehnungsgesetzgebung und die Praxis der Unfallversicherung", der inzwischen erschienen ist; Hr. Tennstedt und Heidi Winter beendeten die Arbeiten am 6. Band der I. Abteilung „Altersversorgungs- und Invalidenkassen", der im Frühjahr 2002 erscheinen wird.

In dem von PD Dr. Ayaß bearbeiteten Band, der auch ein beide Halbbände umfassendes Register enthält, werden neben der sog. „Ausdehnungsgesetzgebung" auch der Aufbau der Berufsgenossenschaften, des Reichsversicherungsamts und die Anfänge der Rechtsprechung zum Unfallversicherungsrecht dokumentiert. Mit dem Band sind die Themenkomplexe „Arbeiterschutz" und „Unfallversicherung" für die sog. Bismarckzeit abgeschlossen, die seinerzeit Schlüsselbereiche der sozialpolitischen Entwicklung waren.

Der von Hrn. Tennstedt und Heidi Winter bearbeitete Band erschließt erstmals das zu diesem Themenbereich vorliegende Quellenmaterial auf breiterer Grundlage, d. h. er dokumentiert nicht nur die Diskussionen auf Regierungs- und Parlamentsebene, sondern auch die um die Invalidenkassen der Hirsch-Dunckerschen Gewerkvereine, die Kaiser-Wilhelms-Spende und die vergessene um eine kommunale Initiative im rheinisch-westfälischen Raum. Daneben wird die Entwicklung der Knappschaftskassen, vor allem auch in Sachsen, dokumentiert und die seinerzeit geführte Diskussion um die Nachteile des Umlageverfahrens in Zeiten der Krise. Die Überlieferung zentraler Stellen für diesen Themenbereich ist sehr schlecht, so daß umfangreiche Recherchen nach Gegenüberlieferungen notwendig wurden. Im übrigen knüpft der Band mehrfach an bereits in den Bänden zu „Grundfragen der Sozialpolitik" und „Gewerbliche Unterstützungskassen" publizierte Quellen an.

Dr. Ulrike Haerendel hat für ihren Band der II. Abteilung, der thematisch den von Hrn. Tennstedt und Heidi Winter bearbeiteten Band fortsetzt, die Bearbeitung der Entstehung der gesetzlichen Invaliditäts- und Altersversicherung bzw. der Jahre 1887 bis 1891 umfaßt, abgeschlossen. Die Arbeiten an den Quellen der Jahre 1881 bis 1886, die im wesentlichen die nichtstaatlichen Alterskassen und die Knappschaftsprobleme umfassen, wurden begonnen.

PD Dr. Wolfgang Ayaß hat nach Abschluß der Arbeiten an seinem Unfallversicherungsband Editionsarbeit für den 1. Band („Grundfragen der Sozialpolitik") der II. Abteilung geleistet, insbesondere zur Genese der Februarerlasse Wilhelms II., die in engem Zusammenhang mit Bismarcks Sturz stehen.

Hr. Tennstedt und Margit Peterle bereiten ihrerseits den abschließenden Band der I. Abteilung vor, der die sozialpolitische Grundlagendiskussionen im Bereich der Kirchen, Parteien und Verbände sowie im Verein für Sozialpolitik dokumentieren wird und in Zusammenarbeit mit Dr. Gisela Fleckenstein (Detmold) und Dr. Ralf Stremmel (Dortmund) erstellt wird.

Mitarbeiterinnen und Mitarbeiter der Arbeitsstelle waren damit am Jahresende PD Dr. Wolfgang Ayaß, Dr. Ulrike Haerendel, Margit Peterle und Gisela Rust-Schmöle. Hinzu kam von der Universität Kassel die Mitarbeit von Heidi Winter und Karin Christl sowie der studentischen Hilfskräfte Jens Maienschein und Julia Sommermann.

2. Concilia der Willigis-Ära
(Arbeitsstelle der Akademie in Verbindung mit den Monumenta Germaniae Historica)

Prof. Hehl hat die Überarbeitung der restlichen Manuskripte für den nächsten Faszikel der Edition (MGH Concilia 6, Teil 2: 962–1001) nach ihrer Durchsicht durch den Präsidenten der MGH abgeschlossen und den Monumenta das Manuskript für die Konzilien der Jahre 973–1001 zum Satz zugeleitet. Für den schon gesetzten Teil dieses Faszikels (962–972) ist die Fahnenkorrektur bereits durchgeführt. Die Erstellung der Register des Gesamtbandes (916–1001) wird derzeit vorbereitet, wobei auf Materialien zurückgegriffen werden kann, die von Hilfskräften der Arbeitsstelle in den vergangenen Jahren erarbeitet wurden.

Fortgesetzt hat Herr Hehl die Mitwirkung an der Berichterstattung des Deutschen Archivs für Erforschung des Mittelalters über das historische Schrifttum (mit Schwerpunkt auf der rheinischen Geschichte) sowie die Redaktion der im Auftrag der Historischen Kommission herausgegebenen Historischen Forschungen. Hier ist als Bd. 23 erschienen: Andreas E.J. Grote, Anachorese und Zönobium. Der Rekurs des frühen westlichen Mönchtums auf monastische Konzepte des Ostens; eine Arbeit zu den kapetingischen Königinnen wird für die Veröffentlichung vorbereitet.

Herrn Hehl sind für die Dienststelle Mainz der Akademie die Aufgaben des Sicherheits- und des Netzwerkbeauftragten übertragen. Die sich daraus ergebenden Arbeiten schließen allgemeine Aufgaben im Bereich der EDV (Serverbetrieb, allgemeine Adressen-Datenbank, Software) ein.

Die Arbeiten wurden von Hrn. Zimmermann geleitet. Als wissenschaftlicher Mitarbeiter war Prof. Dr. Ernst-Dieter Hehl (Mainz) tätig.

3. Edition der Werke Ebendorfers

Die von Hrn. Zimmermann in Tübingen für die MGH besorgte Edition der Kaiserchronik des Wiener Theologen und Historikers Thomas Ebendorfer (gest. 1464) liegt im Umbruch vor, so daß jetzt die abschließenden Registerarbeiten durchgeführt werden.

INSCHRIFTEN-KOMMISSION

Bericht Zimmermann

Aus den zur Zeit in Bearbeitung befindlichen Gebieten ist zu berichten:

Dr. Rüdiger Fuchs hat an der Aufnahme der Inschriften der Stadt Trier und der Herstellung des Kataloges planmäßig weitergearbeitet. Schwerpunkte der Bearbeitung waren nach weitgehendem Abschluß der Sammlungen der Dombereich und die Benediktinerklöster St. Maximin und St. Matthias sowie die Stifte St. Paulinus und St. Simeon. Die Bestände Domkreuzgang und Liebfrauen wurden einer intensiven Korrektur unterzogen, die lateinischen Texte ausgewählter Artikel zusammen mit Dr. Sebastian Scholz kontrolliert. Von 900 Nummern der Datenbank sind etwa 550 weitgehend fertig kommentiert, weitere 50 werden zusammengefaßt oder in einem Anhang publiziert werden. Wegen der Einbindung in die lokale Forschungsarbeit sollen die Bestände in Dom, Liebfrauen und Dom- und Diözesanmuseum vordringlich fertiggestellt werden.

Dr. Eberhard J. Nikitsch hat für die Bearbeitung der Inschriften des Rhein-Hunsrück-Kreises eine Teilung vorgenommen und aus dem Gesamtbestand die Städte Boppard, Oberwesel und St. Goar ausgegliedert. Von den dort zu erwartenden 470 Katalogartikeln hat er 320 fertiggestellt. Die Inschriften des übrigen Kreisgebietes sind weitgehend fertig gesammelt und könnten mit dem Bestand des Landkreises Birkenfeld zusammengefaßt werden, für den erste Vorarbeiten geleistet wurden.

Frau Dr. Yvonne Monsees hat nach längerer Krankheit die Bearbeitung der Landkreise Main-Taunus und Hochtaunus weitergeführt. Zur Zeit liegen ca. 330 Inschriftennachweise (ohne reine Jahreszahlen) bis 1700 vor. Schwerpunkte des Bestandes sind fürstliche (Bad Homburg), gräfliche (Eppstein), ritterschaftliche (Kronberg) und bürgerliche (Usingen, Oberursel) Grablegen sowie Hausinschriften des 17. Jahrhunderts. Bisher wurden etwa 50 Katalogartikel im Entwurf erstellt.

Dr. Sebastian Scholz hat für den Inschriftenbestand des Odenwaldkreises etwa 200 Nachweise zusammengetragen, 158 Autopsien angefertigt und 139 Inschriftennummern kommentiert. Außerdem hat er die Kollegen Fuchs und Nikitsch bei Übersetzungen und Fragen der Metrik unterstützt. Seit 1. April 2001 ist Dr. Scholz beurlaubt. Halbtags ist seither Heiko Schneider mit der Sammlung von Nachweisen zu den Inschriften der Stadt Frankfurt befaßt. In Ergänzung geringer schon in der Arbeitsstelle vorhandener Bestände hat Herr Schneider eine Bibliographie von 200 Titeln erstellt, davon 36 auf Inschriften durchgesehen und daraus sowie aus diversen Archivalien des Frankfurter Stadtarchivs (Epitaphienbücher Katharinenkirche, Bellersheim, Waldschmidt und Lersner-Manuskripte) Datensätze zu 1000 Inschriften bis zum Jahr 1700 gesammelt.

Frau Gepa Spitzner hat für schon fertiggestellte Katalogartikel der Inschriftenbände Rhein-Hunsrück-Kreis und Odenwaldkreis Korrektur gelesen und die Mitarbeiter durch eigenständige Recherchen zu kunsthistorischen Problemen unterstützt. Frau Christiane Wessels hat ebenfalls an den Korrekturen mitgewirkt, die Bibliothek und Fotosammlung betreut und in der ortsgeschichtlichen Literatur Inschriften des Landkreises Birkenfeld recherchiert.

Thomas G. Tempel, der von Januar bis Juni 2001 für ein Drittel der Arbeitszeit und seit Juli für die halbe Tarifarbeitszeit beurlaubt war, hat bis auf wenige Ausnahmen alle erforderlichen Fotos der aktuellen Arbeitsgebiete, besonders Hessens, gefertigt. Herr Tempel hat außerdem alte Fotobestände der Arbeitsstelle zur Sicherung in elektronische Speicher umgesetzt. Seit 15. August 2001 ist Frau Brunhild Rittereiser mit einer halben Fotografenstelle betraut. Herr Tempel hat Frau Rittereiser in die Aufgaben und Arbeitsweisen eingeführt. Frau Rittereiser hat Aufnahmefahrten in den Hochtaunus-Kreis, nach Boppard, Otterberg und Oberdiebach durchgeführt und die Schwarz-Weiß-Aufnahmen entwickelt. Außerdem hat sie Schwarz-Weiß-Abzüge älterer Aufnahmen hergestellt.

Neben den Editionsprojekten gibt es weitere Aktivitäten: Wenn Inschriften Gefahr droht und die Arbeitsstelle unterrichtet wird oder wenn Anfragen es erforderlich machen, werden Fotografie und vorläufige Bearbeitung vorgezogen. Tätig wurden die Mitarbeiter in größerem Umfang in Otterberg (Zisterzienserkloster, Tempel und Rittereiser), Oberdiebach (Pfarrkirche, Rittereiser und Fuchs), Bad Hersfeld (Stiftsruine und Museum, Tempel und Scholz), Limburg (Stadt und Repros verlorener Grabplatten, Tempel und Monsees) sowie bei Neufunden im Rheingau (Tempel und Monsees). Für eine systematische Fotoinventarisierung fehlen Auftrag und Kapazitäten.

Dr. Fuchs betreute im Auftrag der interakademischen Kommission die Verlagsangelegenheiten der deutschen Arbeitsstellen des Inschriftenwerks. Die Mitarbeiter Fuchs und Nikitsch nahmen an der interakademischen Mitarbeitertagung in Göttingen (Mai 2001) teil. Dr. Fuchs vertrat die Arbeitsstelle auf dem „Rundgespräch zur Erforschung frühneuzeitlicher Inschriften und ihrer Sprache“ in Münster (September 2001) und auf dem Internationalen Kolloquium „Standards und Methoden der Volltext-Digitalisierung“ in Trier (Oktober 2001).

Veröffentlichungen aus der Arbeitsstelle der Inschriften-Kommission

Rüdiger Fuchs: Adel und Nicht-Adel in epigraphischen Zeugnissen des Mittelalters, in: Zwischen Nicht-Adel und Adel, herausgegeben von Kurt Andermann und Peter Johanek (Vorträge und Forschungen 53) Stuttgart 2001, S. 383–415.

KOMMISSION FÜR KIRCHENGESCHICHTE

Bericht Ganzer

Gesamtausgabe der Werke von Bischof Ketteler

Die Drucklegung des letzten Bandes der kritischen Ausgabe, Band II 6 (Briefwechsel und öffentliche Erklärungen) konnte nach längeren Verzögerungen abgeschlossen werden.

Edition der Religionsgespräche des 16. Jahrhunderts

Die Arbeiten am zweiten Band, der das Religionsgespräch in Worms zum Gegenstand hat, konnten zügig vorangebracht werden. Einige kleinere Archivreisen waren noch nötig. Im übrigen arbeiteten die Mitarbeiter an der Transkription und Kommentierung der Texte.

Wissenschaftliche Mitarbeiter sind Dr. Norbert Jäger, Volker Mantey und Christoph Stoll (halbtags). An der Texterfassung arbeitete als wissenschaftliche Hilfskraft Alexander Ritter.

Leiter des Projektes sind Hr. Ganzer und der Sachverständige der Kommission Prof. Dr. Karl-Heinz zur Mühlen.

ORIENTALISCHE KOMMISSION

Bericht W. W. Müller

Datenbank demotischer Texte

Hr. Thissen berichtet:

Die Arbeit an dem im Jahre 2000 begonnenen neuen Akademieprojekt „Datenbank demotischer Texte" wurde von Prof. Dr. Günter Vittmann fortgeführt.

An längeren Texten wurden die beiden sogenannten Setna-Erzählungen (Papyri Kairo CG 30646 und British Museum 10822), die Weisheitslehre des Anchscheschonki (Papyrus British Museum 10508), die Invektive vom verkommenen Harfenspieler (Wien KHM 3877), der „Mythos vom Sonnenauge" (Papyrus Leiden I 384) und das sogenannte „Demotische Totenbuch" (Papyrus Bibliothèque Nationale 149) vollständig aufgenommen. Ein weiteres für ägyptische Verhältnisse sehr umfangreiches Literaturwerk, die Erzählung vom Kampf um den Panzer des Inaros (Papyrus Wien D 6521ff.), wird derzeit für das Unternehmen bearbeitet.

An kürzeren Texten wurden erfaßt:

1. Papyri: die (frühdemotische) „Pherendates-Korrespondenz" Berlin P 13539, P 13540; die frühdemotischen Briefe Berlin P 13549, P 13582, Kairo CG 50068 und Mal-

lawi 480; die drei ptolemäischen Briefe Saq(qara) 71/2 DP 94, 72/3 DP 22, 71/2 DP 145; Papyrus Chicago Oriental Institute 19422 (ein „Brief an den Gott Thot"); der frühdemotische Ehevertrag Saq(qara) H5-DP 486; der Omentext British Museum 10238; der noch unpublizierte Papyrus Wien D 10100 aus römischer Zeit mit einem bisher einzigartigen Entwurf zur Dekoration eines ptolemäischen Heiligtums in Soknopaiu Nesos im Fayum; der religiöse Papyrus Louvre N 2420 C.

2. Ostraka: Brooklyn 37.1821E (einen Arbeitsunfall betreffend).

3. Stelen: Louvre IM 3391 (aus dem Serapeum); die beiden Grabstelen Turin 1578 und Aswan 1057; Kairo CG 50048 (Raphiadekret); Michigan 25803 (Weihinschrift aus dem Fayum).

4. Graffiti: jeweils zwei Graffiti in Theben-West (Nr. 3446 und 2462, zwei Gebete an Isis) und in Philae (Nr. 416 und 417; das erste davon ist das längste bekannte demotische Graffito) sowie das „Baugrubengraffito" vom Satet-Tempel auf Elephantine.

5. Sonstiges: die noch unpublizierten auf Leinen geschriebenen „Briefe an Thot" British Museum 73784 und 73786; das einen religiösen Text enthaltende Mumienbrett British Museum 35464; „Tablette Michaelides" (ein Brief an den vergöttlichten Amenothes, Sohn des Hapu).

KOMMISSION FÜR INDOLOGIE

Bericht von Hinüber

Die Kommission hat sich im laufenden Jahre durch die Zuwahl von Hrn. W.W. Müller zum Mitglied und Prof. Dr. Walter Slaje, Halle, zum Sachverständigen ergänzt.

Zugleich wird die Kommission in Verbindung mit Hrn. Gärtner im Internet die Bereitstellung der indologischen Bibliographie „Biblindo", der gegenwärtig umfangreichsten und bedeutendsten indologischen Bibliographie überhaupt, unterstützen und ihre künftige wissenschaftliche Pflege in ihre Arbeit einbeziehen. Zu diesem Zweck sollen mit Zustimmung der Geistes- und sozialwissenschaftlichen Klasse Drittmittel eingeworben werden.

Der Faszikel Band III 7 des Critical Pāli Dictionary mit dem Lemmata *kasāvaṭa* bis *kāma-dhātu* (Seiten 343–386) befindet sich im Druck.

Die zweite Auflage von „Das ältere Mittelindisch im Überblick" und der Beitrag zum vierten Band der „Materialien zur Archäologie Nordpakistans: Die Felsbildstationen Shing Nala und Gichi" sind erschienen. Die Vorbereitungen der Lesung der Brāhmī-Inschriften für den fünften Band dieses von der Heidelberger Akademie der Wissenschaften betreuten Projektes mit der Felsbildstation Chilās hat begonnen.

Die vorbereitenden Arbeiten zur Untersuchung der Kommentare zum Kanon des Theravāda-Buddhismus wurden weitergeführt. In dem Verzeichnis der Pāli-Handschriften des Klosters Lai Hin in Nordthailand, deren Mikrofilme sich im Besitz der Akademie befinden, konnte der eigentliche Katalogteil abgeschlossen werden.

KOMMISSION FÜR DEN ALTEN ORIENT

Bericht Wilhelm

Das im Rahmen der Bund-Länder-Förderung finanzierte Projekt „Hethitische Forschungen“ hat im Berichtsjahr gute Fortschritte gemacht. So ist ein Heft der „Keilschrifttexte aus Boghazköi“ (E. Neu, H. Otten und Chr. Rüster, Textfunde der neunziger Jahre, Heft 42) im März erschienen, ein weiteres Heft mit 321 Textnummern (H. Otten und Ch. Rüster, Textfunde von Büyükkale aus den Jahren 1934 bis 1939, Heft 43) konnte im Dezember in Druck gegeben werden.

Im Sommer autographierten der Berichterstatter und Frau Christel Rüster in Ankara im Anadolu Medeniyetleri Müzesi insgesamt 198 Textnummern für das Heft 46 (Textfunde von Büyükkale aus den Jahren 1955–1959). Die hierfür benötigten Reisekosten wurden dankenswerterweise zu einem erheblichen Teil von der Deutschen Forschungsgemeinschaft zur Verfügung gestellt. Dem Museumsdirektor, Herrn Ilhan Temizsoy, und der Kuratorin der Tontafelabteilung, Frau Rukiye Akdoğan, ist für stets freundliche Hilfe zu danken.

Frau Giulia Torri bearbeitete in Mainz 230 Textstücke aus dem sog. „Haus am Hang“ in Ḫattusa, welche in den Jahren 1960 und 1961 gefunden worden waren. Die von ihr nach Photos autographierten Texte sollen im Sommer 2002 in Ankara kollationiert und mit weiteren aus demselben Fundzusammenhang als KBo 45 veröffentlicht werden.

Dr. Silvin Košak hat die Konkordanz der Keilschriftfunde, von der bisher 4 Bände vorliegen, weitgehend abgeschlossen. Zuletzt hat er ca. 18.000 Fundortangaben aus den Grabungskarteien eingefügt. Da es sich der Sache nach um eine Datenbank handelt, die mit dem steten Fortschritt der Wissenschaft ständiger Verbesserung bedarf, wurde in Absprache mit dem Verlag ins Auge gefaßt, auf einen weiteren, zeit- und kostenaufwendigen Druck in der Reihe „Studien zu den Boğazköy-Texten“ zu verzichten und das Gesamtwerk schon im Jahre 2002 als netzbasierte Publikation zu präsentieren.

Die Reihe „Studien zu den Boğazköy-Texten“ wird mit der von Hrn. Wilhelm betreuten Publikation der Akten des von ihm 1999 in Würzburg organisierten Internationalen Kongresses für Hethitologie als Band 45 fortgesetzt. Das fast 800 Seiten umfassende Werk befand sich am Ende des Berichtszeitraums im Druck. Für den noch ausstehenden Band 33 der Reihe, welcher das Glossar zu den von Hrn. Neu in Band 32 bearbeiteten zweisprachigen hurritisch-hethitischen Texten enthalten soll, konnte Dr. Mauro Giorgieri, Rom, gewonnen werden. Hr. Wilhelm hat mit der Arbeit an den hethitischen Schenkungsurkunden begonnen, die in gemeinsamer Autorschaft mit Ch. Rüster für StBoT Beiheft 4 vorgesehen sind.

Für die weitere Arbeit an den großköniglichen Siegeln aus dem Depotfund 1990/1991 in Boğazköy, die bisher von Hrn. Otten geordnet und bearbeitet worden waren, konnte mit Frau PD Dr. Suzanne Herbordt-von Wickede eine kompetente Wissenschaftlerin gefunden werden, die bereits die nicht-königlichen Siegel desselben Fundes bearbeitet hat und für die neue Aufgabe eine finanzielle Förderung durch die DFG erlangen konnte.

Hr. Wilhelm hat mit Mitteln der DFG in Würzburg ein Projekt begonnen, das in engem sachlichen Zusammenhang mit den Arbeiten der Kommission steht („Informationsinfrastruktur für digitale Publikation keilschriftlicher Staatsverträge der Hethiter und für darauf bezogene netzbasierte Forschungskooperation"). In diesem Zusammenhang nahm er am 12./13. November in Pavia an einer Konferenz von italienischen Hethitologen zur Entwicklung eines internationalen Standards zur digitalen Verarbeitung hethitischer Texte teil. Im Anschluß an den Arbeitsaufenthalt in Ankara begann er mit der Bearbeitung der hethitischen Tontafeln, die im September bei den Ausgrabungen in Kuşaklı/Sarissa gefunden worden waren, und besuchte verschiedene andere hethitische Grabungsstätten (darunter Boğazköy/Ḫattusa).

Als weitere Arbeiten mit Bezug auf die Thematik des Projekts seien genannt: G. Wilhelm, Ein weiterer Tontafelfund aus dem Gebäude A in Kuşaklı, MDOG 132 (2000 [ersch. 2001]) 324–328. – Das hurritisch-hethitische „Lied der Freilassung", in: O. Kaiser (ed.), Texte aus der Umwelt des Alten Testaments, Ergänzungslieferung, Gütersloh 2001, 82–91. – Hurritisch *naipte* „Weidung", „Weide" oder eine bestimmte Art von Weide (in einer Festschrift). – Noch einmal zur Lage von Šamuḫa (in einer Gedenkschrift). – Zur angeblichen Göttin Ḫiga, SCCNH 12 (2002) 159–160. – Oberes Land" in: Reallexikon der Assyriologie, Bd. 10.

KOMMISSION FÜR VERGLEICHENDE SPRACHWISSENSCHAFT

Bericht Schmid

Archiv für die Gewässernamen Deutschlands

A. Hydronymia Germaniae

Die Aufnahme der historischen Belege im Flußgebiet der Ems wurde mit der Exzerpierung verschiedener Urkundenbücher fortgesetzt (Prof. Dr. Jürgen Udolph, Anja Udolph [bis 31.3.2001]). Ebenso wurden die Arbeiten für die Namen der linken Donau-Zuflüsse (Prof. Dr. Albrecht Greule, Elisabeth Plomer) mit der Aufnahme von weiteren Quellenbelegen und einem Abgleich mit den Ortsnamen der am Lehrstuhl von Prof. Greule bearbeiteten Förstemann-Kartei weitergeführt.

B. Hydronymia Europaea

Im Berichtsjahr erschien Lfg. 16: Kazimierz Rymut, „Gewässernamen im linken Zuflußgebiet der Weichsel zwischen Przemsza und Pilica". – Die deutsche Fassung der Druckvorlage für Lfg. 17: Janusz Rieger, „Gewässernamen im Flußgebiet des San" wurde vom Autor korrigiert und wird derzeit für den Druck vorbereitet.

C. Veröffentlichungen aus dem Archiv

E. Eggers, Zur Klassifizierung und Etymologisierung paralleler Ortsnamen, in: Indogermanische Forschungen 105 (2000), S. 47–59.

Seit dem 1.5.2001 ist PD Dr. Eckhard Eggers als Wissenschaftlicher Mitarbeiter im Archiv für die Gewässernamen Deutschlands in Göttingen tätig. Im Zeitraum vom 1.4.–24.8.2001 nahm Matthias Kracht die Bestände der Bibliothek des Archivs in eine Datenbank auf. Bis zum 31.3.2001 war Anja Udolph vertretungsweise als Wissenschaftliche Hilfskraft im Archiv beschäftigt.

KOMMISSION FÜR DEUTSCHE PHILOLOGIE

Bericht Krummacher

1. Preußisches Wörterbuch

Hr. Debus, Prof. Dr. Eichinger und Dr. Goltz berichten:

Das Berichtsjahr markiert einen beträchtlichen Einschnitt in der Geschichte des Projekts. Mit den ersten Lieferungen des A-Faszikels konnten Bestandteile des abschließenden ersten Bandes, der die Wortstrecke *A – Fe* umfassen wird, vorgelegt werden. Bewährt haben sich dabei diverse neue Bearbeitungsroutinen; vor allem gilt das für den Prozeß der Artikelerstellung durch die Wörterbuchredakteure, die nun auf Basis einer Ausgangsdatenbank erfolgt. Dieses Verfahren hat auch zur Folge, daß die technische Angestellte weniger mit der Aufnahme von Daten, sondern stärker mit deren Vor- und Nachbereitung befaßt ist. Insgesamt führten diese internen Maßnahmen zu einer Erhöhung des Bearbeitungstempos.

Die lexikographische Arbeit wurde kontinuierlich fortgeführt. Besonders erfreulich ist, daß im Jahr 2001 drei Wörterbuchlieferungen erscheinen konnten, die Daten für eine vierte wurden an die Setzerei übergeben. Im Einzelnen wurden folgende Lieferungen veröffentlicht: 1.1 (*A – Adebar*) mit 2 Karten und 1 Abbildung, 1.2 (*Adebarbein – anteigen*) mit 4 Karten sowie 1.3 (*Anteil – aufstutzen*) mit 3 Karten.

Die vor der Publikationsphase getroffene Entscheidung, nach der die Bearbeitung mit dem zweiten Band, beginnend mit *fi-*, aufgenommen wurde, erweist sich insbesondere in Anbetracht der zahlreichen präfigierten Verben mit *ab-*, *an-*, *auf-*, *aus-* und *be-* als ausgesprochen vorteilhaft. Da die meisten Simplexformen bearbeitet sind, kann auf die entsprechenden Angaben etwa zur Lautung, Flexion oder arealen Verbreitung zurückgegriffen werden; auch diese Tatsache trägt zu einer Beschleunigung des Bearbeitungsprozesses bei. Zudem zeigt sich, daß eine kritische Sichtung der in Ziesemers Preußischem Wörterbuch gemachten Angaben sinnvoll ist. Dies gilt insbesondere für die semantischen Bestandteile der Artikel, daneben aber auch für areale Angaben oder die Nennung der einschlägigen sprachwissenschaftlichen Sekundärliteratur.

Nach wie vor haben die Bearbeiter das Ziel vor Augen, die Arbeiten am Wörterbuch im Jahre 2003 abzuschließen. Eine Grundvoraussetzung dafür ist allerdings, daß sich die Redakteure ganz auf ihre lexikographische Arbeit konzentrieren können. Dazu zählt auch eine Neubearbeitung der ursprünglichen Einführungslieferung, die durch einen Begleitband ersetzt werden soll.

Um effektive Zugänge zum Material gerade auch in Zeiten zu gewährleisten, in denen eine „Arbeitsstelle Preußisches Wörterbuch" nicht mehr existieren wird, wurden die Arbeiten an der Lemma-Datenbank fortgeführt; Schwerpunkte lagen auf der semantischen Kodierung sowie auf der morphologischen Segmentierung. Wiederum konnte die dringend wünschenswerte langfristige Sicherung der Tondokumente nur punktuell vorangebracht werden.

Wie in den vorangegangenen Jahren erreichten die Kanzlei zahlreiche Anfragen aus dem In- und Ausland. Kontakte mit den Universitäten Gdańsk, Olsztyn und Zürich wurden intensiviert. Einem an der Universität Jena angesiedelten sprachwissenschaftlichen Projekt unter Leitung von Prof. Dr. Rosemarie Lühr wurde eine Teil-Lemmaliste (*F – Z*) zur Verfügung gestellt. Die Arbeitsstelle beteiligte sich an einer Ausstellung an der Universität Kiel über bedrohte Sprachen; zu einem anläßlich der Kieler Woche 2001 von Prof. Dr. Andrew Pawley (Australian National University, Canberra) gehaltenen Vortrag lud die Arbeitsstelle gemeinsam mit dem Institut für Allgemeine Sprachwissenschaften und der Nordfriesischen Wörterbuchstelle ein. Das Archiv konnte eine Schenkung von Tonbändern des Märchensammlers Gustav Grannas entgegennehmen. Dr. Goltz vertrat das Projekt mit einem Vortrag über die sprachlichen Verhältnisse in Ostpreußen vor Mitgliedern der Stadtgemeinschaft Pillau. Dr. Schröder nahm an der Jahresversammlung des Vereins für niederdeutsche Sprache in Emden teil, Stefanie Hose am Kongreß der Deutschen Gesellschaft für Volkskunde in Jena. Dr. Braun und Dr. Schröder besuchten die Festveranstaltung zum Abschluß der Arbeiten am Brandenburg-Berlinischen Wörterbuch in Potsdam.

2. Wörterbuch der deutschen Winzersprache (WDW)

Herr Haubrichs, Dr. Besse und Dr. Puhl berichten:

Der wissenschaftlichen Mitarbeiterin Dr. Maria Besse wurde am 23.1.01 die Leitung der Arbeitsstelle *Wörterbuch der deutschen Winzersprache* übertragen. Zum 30.4.01 schied die langjährige wissenschaftliche Mitarbeiterin am Pfälzischen Wörterbuch, Dr. Sigrid Bingenheimer, aus. Ihre Nachfolge im WDW trat zum 1.7.01 Dr. Roland Puhl an.

Die Arbeit am WDW war auch in diesem Berichtsjahr ganz der Dateneingabe auf der Grundlage der abgehörten CD-ROMs gewidmet, die in den beiden vorangegangenen Jahren in der Arbeitsstelle hergestellt worden waren. Außerdem wurde das für März 2002 geplante internationale Expertenkolloquium „Vom Wein zum Wörterbuch – Ein Fachwörterbuch in Arbeit" vorbereitet sowie die Konzeption des Wörterbuchs (Makro- und Mikrostruktur) erarbeitet. Im Gegensatz zum ursprünglichen Zeitplan soll die Ausarbeitung der Wortartikel nicht wie herkömmlich nach Buchstabenstrecken, sondern – die Vorteile der neuen Medien ausnutzend – nach Sachbereichen erfolgen. Innerhalb der einzelnen Sachbereiche wie Rebe, Weinberg, Lese, Weinkeller etc. werden anschließend die Lemmata mit dem dazugehörigen Wortartikel, die Zentral- und Verweisartikel alphabetisch geordnet, so daß nach Fertigstellung aller Sachbereiche ein zwei- bis dreibändiges winzerfachsprachliches Wörterbuch von A–Z vorliegen wird. Die Zentralartikel übernehmen durch Abarbeitung der Sachkunde, Anführung der Synonyme und durch Verweise auf den *Wortatlas der kontinentalgermanischen Winzerterminologie* die semantische Vernetzung der einzelnen Wortartikel. Die Grundlage für die Ausarbeitung der einzelnen Wortartikel wird eine Semantikliste bilden, die in Abhängigkeit von einer gegebenen Semantiknummer alle daran geknüpften Stichwörter (Lemmata) zusammenstellt. Auf diese Weise werden beispielsweise zu der Nummer „0030“ alle Synonyme mit der Bedeutung ‚Stamm der Rebe‘ parallel erarbeitet.

Noch im November 2000 konnte ein Standard-Exportprogramm angeschafft werden, das Routine-Exporte aus der WDW-Datenbank erlaubt. Die Konzeption eines weiteren Exportprogramms, das die Zentral- und Wortartikel sowie Listen (z. B. Semantik-, Orts- und Abkürzungsliste) automatisch erzeugen und diese für die CD-ROM-Vorabversionen aufbereiten soll, wurde entwickelt. Mit Hilfe des neu angeschafften Graphikprogramms „Corel Draw“ wurde ein erster Entwurf der WDW-Grundkarte ausgearbeitet, deren Dialekteinteilung der neueren Forschung Rechnung tragen will. Bezüglich des Grenzverlaufs im südlichen Bereich, speziell für die deutschen Sprachinseln in Italien, wurde hierfür der Rat des Romanisten Hrn. Pfister (LEI) eingeholt.

Am 31.5.01 gab Dr. Maria Besse vor dem Kulturausschuß des Bezirksverbands Pfalz einen Bericht über die Tätigkeit am *Wörterbuch der deutschen Winzersprache* und über das Pfälzische Wörterbuch-Archiv. Um die Möglichkeit der Einbindung des WDW in den Wörterbuchverbund im Internet zu prüfen, wurde am 2.7.01 die Trierer Arbeitsgruppe des Kompetenzzentrums für elektronische Erschließungs- und Publikationsverfahren (Hr. Gärtner, Dr. Burch, Dr. Fournier) in die WDW-Arbeitsstelle eingeladen. Anfang September fand zwecks Vereinheitlichung der Transkription bei der Dateneingabe und Ergänzung des Transkriptionssystems aufgrund der neu bearbeiteten Bereiche (vor allem der schweizerischen und der bairischen Dialekträume) sowie zur Lösung von Transkriptionsproblemen eine Besprechung mit dem Saarbrücker Phonetiker Dr. Manfred Pützer statt. Dr. Maria Besse nahm im Wintersemester 2000/2001 am „Phonetischen Kolloquium“ (Universität des Saarlandes) und am 7./9.10.01 am internationalen Kolloquium „Standards und Methoden der Volltextdigitalisierung“ in Trier teil. Die Arbeit am Wörterbuch wurde auch in diesem Berichtsjahr durch längere krankheitsbedingte Ausfälle (von November 2000 bis Ende April 2001) sowie durch eine zweimonatige Vakanz (Mai und Juni 2001) deutlich behindert.

Einschlägige Publikationen

M. Besse: Das Verhältnis von Erb- und Lehnwort in der Fachsprache der Winzer. Am Beispiel des Sachbereichs „Rebe“. In: Zeitschrift für Literaturwissenschaft und Linguistik, Jg. 31, Heft 121, 2001, S. 37–81.

M. Besse: Alter Ton und neue Daten. Zur technischen Aktualisierung der Arbeitsinstrumente eines Wörterbuchs. («Wörterbuch der deutschen Winzersprache»). In: Zeitschrift für Literaturwissenschaft und Linguistik, Jg. 31, Heft 123, 2001, S. 151–160.

3. Pfälzisches Wörterbuch-Archiv

Dr. Besse berichtet:

Die Leitung des Pfälzischen Wörterbuch-Archivs wurde am 23.1.01 der wissenschaftlichen Mitarbeiterin Dr. Maria Besse übertragen. Vom Bezirksverband Pfalz wurde ein

Zuschuß von 2.000 DM zur Aufrüstung der EDV-Ausstattung des Archivs gewährt; die Überführung der Daten des Pfälzischen Wörterbuchs und der dazugehörigen Suchprogramme in das neue System erfolgte am 11.10.01. Die Vorbereitungen zur Retrodigitalisierung des *Pfälzischen Wörterbuchs* durch die Trierer Arbeitsgruppe um Hrn. Gärtner mit dem Ziel der Integration in den Wörterbuchverbund im Internet sind vorangeschritten (siehe auch den Bericht über die „Arbeiten des Kompetenzzentrums für elektronische Erschließungs- und Publikationsverfahren in den Geisteswissenschaften an der Universität Trier“ in diesem Jahrbuch, S. 251).

4. Kommunikationsraum Werft

Prof. Dr. Eichinger berichtet:

1. Im März 2001 wurde der von Prof. Dr. Ludwig M. Eichinger bei der DFG gestellte Antrag zu diesem Projekt für eine erste Phase von 2 Jahren bewilligt; insgesamt ist eine Laufzeit von drei Jahren vorgesehen. Die Arbeit an dem Projekt konnte am 1.8.2001 aufgenommen werden. Es wurde eine Mitarbeiterstelle genehmigt, die mit Klaus Geyer besetzt ist.

2. Das Projekt „Kommunikationsraum Werft“ steht im weiteren Zusammenhang eines geplanten Langzeitprojekts „Maritime Kultur im südlichen Ostseeraum“; in diesem Kontext hat es zwei Funktionen: es kann einerseits als eine selbstständige Studie zu einem bisher wenig erforschten sprachlichen Handlungsraum gelten, andererseits als eine methodische Vorstudie, in der das für das Gesamtprojekt zentrale Konzept der Rekonstruktion von Regionalität aus kommunikativen Zusammenhängen erprobt wird.

Im Kontext einer Region „südlicher Ostseeraum“ stellt die Werft einen exemplarischen Raum der sprachlichen und handelnden Interaktion dar. Werften haben einen zentralen Platz in der praktischen und symbolischen Struktur solch eines Raums, sie repräsentieren die typische arbeitsweltliche Umgebung einer industriell geprägten städtischen Welt mit maritimem Charakter. Als Untersuchungsobjekt besonders geeignet ist die Werft auch deshalb, weil sie, was bei den heutigen Vorstellungen von Region insgesamt einen wesentichen Faktor darstellt, einerseits einen zentralen Punkt in der traditionellen Vorstellung von Arbeitswelt bis zu dem letzten Modernisierungsschub darstellt, andererseits aber offenbar trotz der veränderten praktischen Verhältnisse im regionalen Bewußtsein nach wie vor eine tragende Rolle spielt. Diese beiden leicht auseinanderlaufenden Entwicklungen von realem wirtschaftlichem Ort und symbolischer Bedeutung leiten auch die Art der Untersuchung. So stehen zum einen die innerbetrieblichen kommunikativen Netzwerke im Fokus der Betrachtung, zum anderen wird auch der Frage nachgegangen, inwieweit sich gegenwärtig ein Bewußtsein davon findet, in einer für die Regionalität prototypischen Arbeitswelt tätig zu sein, wie das mit der modernen Arbeitswelt kompatibel ist und inwieweit sich hierbei Unterschiede zwischen den verschiedenen in einem solchen Großbetrieb tätigen Gruppen erkennen lassen. Letztlich geht es auch um Fragen einer entsprechenden Außenwirkung. So soll denn insgesamt ein repräsentatives Bild der aktuell sich verändernden Kommunikationslandschaft Werft nachgezeichnet und seine Bedeutung für die Vorstellung oder Konstruktion von Regionalität dargestellt werden.

3. Die Untersuchung wird auf der Howaldtswerke Deutsche Werft AG in Kiel durchgeführt. Die Leitung dieser Werft steht dem Projekt außerordentlich offen gegenüber und ermöglicht ohne jede Einschränkungen all die Untersuchungsschritte, die geplant sind. Im ersten Vierteljahr hat sich der Projektmitarbeiter zunächst damit beschäftigt, die entsprechende wissenschaftliche Forschung zu den Bereichen Kommunikation in der Arbeitswelt, zu werftspezifischen Fragen und zu Aspekten der Netzwerk-Untersuchung aufzuarbeiten. Daneben wurden die schon vor Projektbeginn geknüpften Kontakte zur Werft reaktiviert und ausgebaut. Das hat dazu geführt, daß Klaus Geyer zur Zeit in einer Art teilnehmender Beobachtungs- und pretest-Phase auf der Werft in verschiedene Abteilungen geht und sich ein Bild über die gruppenintern und betriebsübergreifend ablaufenden Kommunikationsströme verschafft. Dadurch werden die Arbeitshypothesen differenziert und konkretisiert, gleichzeitig wird eine Vertrautheit mit den Mitarbeitern hergestellt, die sich bei der für den Beginn des Jahres 2002 anlaufenden Interviewarbeit als nützlich erweisen wird. Parallel dazu bzw. in eingeschobenen Phasen wird die konkrete Erhebung vorbereitet und weitere praktische und theoretische (etwa zum Komplex „Regionalität“) Forschung aufgearbeitet.

4. Da eine Reihe von Fragen, die dieses Projekt betreffen, auch im Rahmen der Diskussion um das geplante Langzeitprojekt eine Rolle gespielt hatte – und daher auch z.B. bei einem in diesem Rahmen an der Universität Kiel im Februar 2001 durchgeführten DFG-Rundgespräch behandelt worden war –, konnte das Werftprojekt, wie geschildert, relativ schnell in die praktische Arbeitsphase eintreten.

5. Mittelhochdeutsche Wörterbücher auf CD-ROM und im Internet

Siehe den Bericht über die „Arbeiten des Kompetenzzentrums für elektronische Erschließungs- und Publikationsverfahren in den Geisteswissenschaften an der Universität Trier“ in diesem Jahrbuch, S. 251.

6. Deutsches Wörterbuch von Jacob und Wilhelm Grimm auf CD-ROM und im Internet

Siehe den Bericht über die „Arbeiten des Kompetenzzentrums für elektronische Erschließungs- und Publikationsverfahren in den Geisteswissenschaften an der Universität Trier“ in diesem Jahrbuch, S. 251.

7. Digitales Mittelhochdeutsches Textarchiv

Siehe den Bericht über die „Arbeiten des Kompetenzzentrums für elektronische Erschließungs- und Publikationsverfahren in den Geisteswissenschaften an der Universität Trier“ in diesem Jahrbuch, S. 251.

8. Otfrid-Ausgabe

Hr. Kleiber berichtet:

Die Arbeiten an der Neuedition von Otfrids Evangelienbuch wurden kontinuierlich fortgeführt. Die DFG hat dem gemeinsam mit Prof. Dr. Hellgardt (München) eingebrachten Verlängerungsantrag für zwei weitere Jahre (bis September 2003) zugestimmt. Die Kontinuität des Mitarbeiterteams in Mainz/München ist gesichert. Mit der Münchner Arbeitsgruppe sowie mit dem Verlag Max Niemeyer fanden mehrere Arbeitsbesprechungen statt (Frühjahr/Herbst 2001).

Die Mainzer Arbeitsstelle (wiss. Mitarbeiterin: Rita Heuser M.A., wiss. Hilfskräfte: Dr. Brigitte Pfeil, Kerstin Küter M.A.) hat im vergangenen Jahr für den Doppelband I,1 Otfridtext, I,2 Apparat einen ersten EDV-Entwurf fertiggestellt (Einzelheiten im Jahrbuch 2000, S. 227 Abschnitt 1). Daneben wurde vor allem die umfangreiche Einleitung in die Haupthandschrift (Cod. Vindob. 2687) weiter gefördert, u.a. durch eine neue Bibliotheksreise nach Wien im Dezember 2001. Die für Band II vorgesehene Edition der Heidelberger Otfridhandschrift (Pal. lat. 52) wurde durch mehrere Reisen nach Heidelberg vorangetrieben. Von der Handschrift D (Discissus) wurden gute Photoaufnahmen hergestellt. Die Anlage einer Otfrid-Datenbank der sprachlichen Otfridkorrekturen haben die Geistes- und sozialwissenschaftliche Klasse und das Institut für Geschichtliche Landeskunde an der Universität Mainz unterstützt.

Die Münchner Arbeitsstelle (wiss. Mitarbeiterin: Dr. Elke Krotz, wiss. Hilfskraft Norbert Kössinger M.A.) hat im vergangenen Jahr für den Band III (Quellen) die Quellenermittlungen zum dritten und vierten Buch der Evangeliendichtung Otfrids bis zum Kapitel IV 25 fertiggestellt. Der Quellenwert der Evangelienhomilien Gregors des Großen wurde für das gesamte Evangelienbuch überprüft. Der Niemeyer-Verlag erhielt redaktionell durchgearbeitete Probeseiten zur Vorbereitung des Drucks.

Eine Verlagsbesprechung der Herausgeber mit dem Niemeyer-Verlag fand Ende November 2001 statt.

9. Anton Ulrich-Ausgabe

Der Apparat zum III. Teil der „Römischen Octavia" (bearbeitet von Dr. Julie Boghardt unter Mitwirkung von Dr. Anett Lütteken) ist in drei Teilbänden erschienen (Bibliothek des literarischen Vereins in Stuttgart, Bd. 325–327). Er enthält neben der Einleitung und einer umfangreichen Beschreibung der Handschriften die Transkription der eigenhändigen frühen, der Redaktion durch S. von Birken vorausliegenden Niederschrift mit integrierter Darstellung der Binnenvarianz und im Anhang Vorstufen zu einigen Textpartien (LXXXI, 1059 S.; 6 Handschriftenabbildungen).

Die reproduktionsfähige Druckvorlage für den Textband von „Octavia" VI (bearbeitet von Dr. Dieter Merzbacher) ist im Trierer „Kompetenzzentrum für elektronische Erschließungs- und Publikationsverfahren in den Geisteswissenschaften" fertiggestellt und beim Verlag zum Druck abgeliefert worden. Dr. Merzbacher hat nach Abschluß der Korrektur des Textteils den lemmatisierten Apparat zu „Octavia" VI und die Einleitung, die für Text und Apparat zusammen im Apparatband erscheinen wird, dem Kompetenzzentrum in Trier zur Herstellung einer reproduktionsfähigen Druckvorlage übergeben.

Die Arbeit an „Octavia" V, mit welcher Dr. Merzbacher nach dem Abschluß von „Octavia" VI beschäftigt ist, konzentriert sich zunächst auf die Erfassung der Varianten des Nürnberger Drucks, bei welcher wegen der späteren Verschiebung der Bandgrenzen auch ein Teil des ursprünglichen Bandes VI in die Kollationierung einbezogen werden muß.

Dr. Anett Lütteken hat für die Edition von „Octavia" II zunächst die Transkription der eigenhändigen frühen Niederschrift, zu der es Vorarbeiten der früheren wissenschaftlichen Mitarbeiterin Dr. Julie Boghardt und des ursprünglichen Bandbearbeiters Etienne Mazingue gibt, fortgeführt. Die Rohtranskription ist nunmehr abgeschlossen. Neben der Arbeit an der restlichen Transkription hat Dr. Lütteken begonnen, den Text der Transkriptionen zu revidieren und an das Layout der bereits gedruckt vorliegenden Transkriptionsapparate zu „Octavia" I und III anzugleichen. Sie arbeitet außerdem an der abschließenden Redaktion der Druckvarianten.

Dr. Maria Munding (ehrenamtliche Mitarbeiterin) arbeitet neben der demnächst beginnenden Korrektur des Textes von „Octavia" IV, der vom Trierer Kompetenzzentrum hergestellt wird, weiterhin am Apparat für diesen Teil des Romans.

Der Hauptherausgeber Prof. Tarot hat den Text des postumen Bandes VII nach den Handschriften, zu deren Transkription es Vorarbeiten von Margret Tarot gab, hergestellt und wird ihn nach letzten Arbeiten am Layout als reproduktionsfähige Druckvorlage beim Verlag abliefern. Er hat inzwischen mit der Arbeit am Apparat für diesen Band begonnen, der sichtbar machen muß, wie der späte Mitarbeiter Alberti bei der selbständigen Redaktion des von Anton Ulrich selbst noch in einer ersten Fassung diktierten Textes vorgegangen ist.

Die hauptamtlichen Mitarbeiter konnten für mehrere Monate von studentischen Hilfskräften unterstützt werden.

10. Büchner-Ausgabe

Prof. Dr. Dedner berichtet:

1. Nach dem Erscheinen der 4 Teilbände von »Dantons Tod« hat sich die Arbeit auf die Herausgabe des »Lenz«-Bandes konzentriert. Die Konzeption des Bandes war auf der Sitzung der Unterkommission am 21. Sept. 2000 beraten und gebilligt worden. Im Dezember wurde bei der DFG ein Antrag auf Druckkostenzuschuß eingereicht, den die DFG am 18. Juli 2001 positiv beschied. – In der Zwischenzeit mußten sich die Tätigkeiten weitgehend auf Korrekturarbeiten beschränken. Die Mehrzahl der Zitate im Editionsbericht und in den Erläuterungen wurde noch einmal oder auch erstmalig anhand der Originalquellen überprüft (Arbeitsbereich Dr. Wenzel); Teile des Editionsberichts wurden geringfügig überarbeitet. Wo erforderlich wurden die Ergebnisse der Arbeit mit denen der jüngst erschienenen Dissertation von Michael Will abgeglichen. Als besonders aufwendig erwies sich die Überarbeitung des quellenbezogenen Textes und der Quellendokumenta-

tion (Arbeitsbereich Eva-Maria Vering), dabei vor allem auch die partielle Neufassung der synoptischen Darstellung des „Oberlin“-Berichts. Die Satzarbeiten gingen dank der vorzüglichen Kooperation des Jonas-Verlages zügig voran, so daß inzwischen (26. Okt. 2001) fast alle Teile des Bandes in dritter Fahnenkorrektur vorliegen und auch die Seitenverweise innerhalb des Bandes erarbeitet und meist auch gesetzt sind. Das Personenregister, das der Ausgabe gegen den ursprünglichen Editionsplan, aber als Reaktion auf Rezensionen beigegeben wird, liegt ebenfalls satzfertig vor (Arbeitsbereich von Dr. Wenzel und der Hilfskraft Bianca Bican). Die Erkrankung eines der Herausgeber der Ausgabe hat zu Verzögerungen geführt, die sich jedoch weitgehend ausgleichen ließen. Der Band wird Mitte Dezember 2001 in den Druck gehen und gleich nach Weihnachten erscheinen.

2. Parallel zu den Korrektur- und Satzarbeiten an »Lenz« lief die Erarbeitung des Bandes VI (»Leonce und Lena«), der der Unterkommission der Akademie auf einer Sitzung am 25. Oktober 2001 vorgestellt wurde. Teils überarbeitet, teils neu erarbeitet wurden die Erläuterungen (Arbeitsbereich Dr. Beise) sowie Teile des Editionsberichtes, des synoptischen Textes und des emendierten Textes. Die Arbeitsstelle hofft, den Band im Januar 2001 der DFG zur Beantragung von Druckkostenzuschüssen vorlegen zu können und nach positiver Begutachtung im Frühsommer mit den Satzarbeiten zu beginnen. Als Erscheinungstermin ist der Spätherbst 2002 vorgesehen.

3. An weiteren Vorarbeiten ist zu nennen: EDV-Erfassung der Dokumente zum Band »Wirkungszeugnisse« (Arbeitsbereich Dr. Wenzel); Forschungsseminar zum Erläuterungsteil des Bandes »Woyzeck«; Forschungsseminar zum Erläuterungsteil des Bandes »Hessischer Landbote«. Ab Januar 2002 sollen die Arbeiten zu »Woyzeck« konzentriert aufgenommen werden (Arbeitsbereich Dr. Funk).

KOMMISSION FÜR DAS MITTELHOCHDEUTSCHE WÖRTERBUCH

Bericht Gärtner

Nachdem das zuvor von der Deutschen Forschungsgemeinschaft geförderte Vorhaben mit seinen beiden Arbeitsstellen in Göttingen und an der Universität Trier bereits zum 1.1.2000 in das Akademienprogramm übernommen worden war, ist im Berichtsjahr die Einrichtung der Trierer Akademiearbeitsstelle durch Kooperationsvereinbarung zwischen der Akademie und der Universität vom 7.3.2001 nunmehr förmlich geregelt worden. Die Universität stellt der Arbeitsstelle vier Räume (einschließlich Büroausstattung und Betriebskosten) zur Verfügung und gewährleistet die Unterbringung einer größeren Handbibliothek, die zur Zeit aufgebaut wird und rasch anwächst.

In das Berichtsjahr fiel eine entscheidende Zäsur: Nach siebenjähriger vorbereitender elektronischer Materialsammlung begann im September die Ausarbeitung der beiden ersten Lieferungen des neuen Mittelhochdeutschen Wörterbuchs in den beiden Arbeitsstellen in Göttingen und Trier. Die elektronische Belegsammlung umfaßte zu diesem Zeitpunkt rund 1.200.000 Textstellen für rund 24.000 Wortartikel; Quellenbasis für die Sammlung ist ein im Wörterbuchprojekt angelegtes digitales mittelhochdeutsches Textarchiv, in das bislang über 70 elektronische Volltexte (Einzeleditionen und Textsammlungen) aufgenommen worden sind. Das elektronische Belegarchiv ist in seinem jetzigen Umfang bereits eine ausgezeichnete Grundlage für die Darstellung des mittel- und hochfrequenten Wortschatzes; Belege für minderfrequenten Wortschatz, darunter eine große Zahl von Hapaxlegomena, sowie für seltene Gebrauchsweisen des höherfrequenten Wortschatzes, werden während der Ausarbeitung des Wörterbuchs nachgesammelt.

Der Abstimmung redaktioneller Festlegungen, der gemeinsamen Arbeitsplanung und der Diskussion aktueller Fragen der Artikelarbeit waren zwei Arbeitsstellentreffen gewidmet, die im Frühjahr (ausgerichtet von der Göttinger Arbeitsstelle) und im Herbst (Trier) abgehalten wurden. Dieser Rhythmus hat sich als fruchtbar erwiesen und soll auch in den kommenden Jahren beibehalten werden.

Besondere Aufgaben der Trierer Arbeitsstelle bleiben wie zur Zeit der vorbereitenden Materialsammlung auch während der Ausarbeitung des Wörterbuchs die Pflege und der weitere Ausbau des digitalen Text- und Belegarchivs sowie die (Weiter-)Entwicklung von Hilfen für die Wörterbucharbeit und die Verbesserung der öffentlichen Nutzung der Wörterbuchmaterialien über das Internet. Mit den Ressourcen des Akademieprojekts wären diese Aufgaben, deren Dringlichkeit auch der Fachöffentlichkeit ständig deutlicher wird, allein nicht zu bewältigen. Günstige Bedingungen bieten sich dafür jedoch zur Zeit in Trier durch die vom Berichterstatter betriebene Einrichtung des „Kompetenzzentrums für elektronische Erschließungs- und Publikationsverfahren in den Geisteswissenschaften“ (vgl. zum folgenden genauer den Bericht des Kompetenzzentrums S. 251).

Die Trierer Arbeitsstelle hatte bereits im Jahr 2000 gemeinsam mit dem Kompetenzzentrum das Projekt „Digitales Mittelhochdeutsches Textarchiv/Digital Middle High German Text Archive“ bei der DFG beantragt, für das aus dem Forschungsfonds der Universität Trier für das Jahr 2000 bereits 15.000 DM zur Anlauffinanzierung bewilligt worden waren. Nach der Bewilligung vom 3. Januar 2001 konnte mit der Arbeit begonnen werden. Das Vorhaben ist als internationales Kooperationsprojekt mit dem Electronic Text Center (ETC) an der University of Virgina/USA konzipiert und wird von der Deutschen Forschungsgemeinschaft und der National Science Foundation im Rahmen des Förderprogramms „International Digital Libraries Research Program – a Joint DFG/NSF Initiative“ gefördert. Ziel der ersten Förderphase ist es, zunächst einen Kernbestand von rund 100 mittelhochdeutschen Texten und Textsammlungen mit ihren Glossaren zu digitalisieren und für die elektronische Nutzung in verschiedenen Medien aufzubereiten. Die bereits bearbeiteten Quellen des Mittelhochdeutschen Wörterbuchs gehen in das Digitale Mittelhochdeutsche Textarchiv ein, gleichzeitig stehen alle elektronischen Texte des neuen Projekts den beiden Arbeitsstellen für die Artikelarbeit zur Verfügung. Ute Recker, die mit einer halben BAT IIa-Stelle bereits im Akademie-Vorhaben beschäftigt ist, konnte wie geplant mit einer weiteren halben BAT IIa-Stelle ab 1.1.2001 im Textarchiv-Projekt eingestellt werden, so daß das Wörterbuch und das Textarchiv auch in ihrer Person eng miteinander verbunden sind. Vgl. auch den Bericht des Kompetenzzentrums S. 251.

Ebenfalls in Verbindung mit dem Kompetenzzentrum wurde die Entwicklung eines Redaktionssystems für die Wörterbucharbeit vorangetrieben, das es den Redakteuren in den beiden räumlich getrennten Arbeitsstellen ermöglicht, gleichzeitig auf die Quellen, das lemmatisierte Belegmaterial und die fertigen Wörterbuchartikel über das Internet zu-

zugreifen, sowie Artikel in einer möglichst komfortablen Arbeitsumgebung zu verfassen. Eine erste Version des Artikelredaktionssystems wird in den Arbeitsstellen bereits eingesetzt. Die ersten Erfahrungen mit dem System waren so ermutigend, daß ein eigenes Projekt vorbereitet wurde, zu dessen Vorbereitung aus dem Forschungsfonds 2001 der Universität Trier 10.000 DM bewilligt wurden. Ein Antrag auf Förderung des Systems wurde am 25.7.2001 an die Deutsche Forschungsgemeinschaft gerichtet, über den allerdings noch nicht entschieden wurde. Mit den beantragten Mitteln könnte die erste Version des Redaktionssystems zu einem komfortablen, auch in andern Wörterbuchprojekten einsetzbaren Instrument für die Routineproduktion und Publikation von Wörterbuchartikeln ausgebaut werden. Vg. dazu den Bericht des Kompetenzzentrums S. 251.

Eine beträchtliche Hilfe bei der begonnenen Artikelarbeit für das Nachsammeln der Belege bietet auch der elektronische Verbund der alten Mittelhochdeutschen Wörterbücher und des Trierer *Findebuchs zum mittelhochdeutschen Wortschatz* (1992). Vgl. dazu ebenfalls den Bericht des Kompetenzzentrums, S. 251.

Aus Anlaß des bevorstehenden Beginns der Ausarbeitung des Wörterbuchs wie auch der weit gediehenen Vorarbeiten an den Universitäten Bonn, Bochum und Halle für eine neue mittelhochdeutsche Beleggrammatik veranstaltete die Arbeitsstelle am 19. und 20. Juli in Trier ein internationales Kolloquium über „Mittelhochdeutsche Lexikographie und Grammatik“, das durch Zuschüsse zu den Tagungskosten von der Deutschen Forschungsgemeinschaft, der Mainzer Akademie, dem Freundeskreis Trierer Universität e.V. und dem Wissenschaftsministerium des Landes Rheinland-Pfalz ermöglicht wurde. In neun Vorträgen, die jeweils ausführlich diskutiert wurden, kam ein breites Spektrum der aktuellen Forschung zum Mittelhochdeutschen zum Ausdruck. Lexikographie und Grammatikographie sind, wie sich in den Vorträgen und ihrer Diskussion immer wieder zeigte, eng verwandte Formen der Sprachbeschreibung, deren Gegenstände und Arbeitsweisen nicht fraglos gegeben sind, sondern der Diskussion und Verständigung bedürfen. Die Vorträge der Tagung sollen zusammen mit einigen weiteren Beiträgen im Jahr 2002 in den Abhandlungen der Mainzer Akademie publiziert werden. Tagungsberichte sollen erscheinen in der *Zeitschrift für deutsche Philologie*, der *Zeitschrift für germanistische Linguistik* und in *Lexikographica*.

Publikationen

K. Gärtner / R. Plate: Zur aktuellen Situation der Lexikographie des Mittelhochdeutschen. In: Vox Sermo Res. Beiträge zur Sprachreflexion, Literatur- und Sprachgeschichte vom Mittelalter bis zur Neuzeit. Fs. Uwe Ruberg. Hrsg. von W. Haubrichs, W. Kleiber und R. Voß. Stuttgart / Leipzig 2001, S. 247–256.

K. Gärtner: Mittelalterliches Moselfränkisch in den mittelhochdeutschen Wörterbüchern. In: Sprachgeschichte – Dialektologie – Onomastik – Volkskunde. Beiträge zum Kolloquium am 3./4. Dezember 1999 an der Johannes Gutenberg-Universität Mainz. Wolfgang Kleiber zum 70. Geburtstag. Hrsg. von Rudolf Bentzinger, Damaris Nübling und Rudolf Steffens. Stuttgart 2001, S. 55–65.

KOMMISSION FÜR NAMENFORSCHUNG

Bericht Kleiber

Rheinhessisches Flurnamenarchiv, Mainz

Die Arbeiten im Flurnamenarchiv konzentrierten sich im Berichtsjahr hauptsächlich auf die Erstellung eines Verzeichnisses der Lemmata zu den Flurnamen Rheinhessens, nachdem bereits im Vorjahr anhand des in der Datenbank gespeicherten Namenbestands eine erste, vorläufige Lemmaliste erarbeitet worden war. Es ist geplant, einen knappen Gesamtüberblick über das Sprachmaterial zu gewinnen, das die Namenlandschaft in dieser westmitteldeutschen-mittelrheinischen Region geprägt hat. Ausgewertet wurden hierfür neben dem Verzeichnis der Stichwörter aus der Datenbank zunächst drei größere Flurnamenstudien über Teilgebiete Rheinhessens: S. Bingenheimer, „Die Flurnamen der Gemeinden um den Wissberg in Rheinhessen“, 1996; H. Ramge, „Die Siedlungs- und Flurnamen des Stadt- und Landkreises Worms“, 2. Aufl., 1979; W.-D. Zernecke, „Die Siedlungs- und Flurnamen rheinhessischer Gemeinden zwischen Mainz und Worms“, 1991. Da die Lemmatisierung der Mikrotoponyme in diesen Arbeiten nicht nach völlig übereinstimmenden Prinzipien erfolgt ist, konnten die Stichwörter aus ihnen großenteils nicht einfach übernommen werden. Die jetzt neuangelegte, umfassende Lemmaliste verzeichnet in streng alphabetischer Reihenfolge alle Namenwörter, Appellative sowie Personen- und Örtlichkeitsnamen, die in den Flurnamen als Simplex oder als Teil von Komposita vorkommen. Die Lemmaliste ist bis zum Buchstaben H- fertiggestellt und umfaßt derzeit 1510 Stichwörter.

Zwei aus Privatbesitz entliehene, undatierte Stadtpläne von Mainz, die in den Jahren um 1930 entstanden sind, und ein Katasterplan der Ortslage von Mainz-Mombach aus dem Jahr 1896 konnten in Zusammenarbeit mit dem städtischen Vermessungsamt für das Flurnamenarchiv kopiert werden.

Eine Reihe von Anfragen an das Flurnamenarchiv ist anhand der Namenbestände beantwortet worden.

Als wissenschaftlicher Mitarbeiter war Dr. Wolf-Dietrich Zernecke halbtags tätig.

KOMMISSION FÜR ENGLISCHE PHILOLOGIE

Bericht Mehl

Die Veröffentlichung des von der Kommission abgeschlossenen Projekts „Die Shakespeare-Illustration: Bildkünstlerische Darstellungen zu den Dramen Shakespeares (1594–1999)“ konnte noch nicht finanziert werden. Es sind zur Zeit noch Verhandlungen über eine mögliche Publikation des Materials auf elektronischem Wege im Gange. Sie betreffen allerdings nur mehr mittelbar die abgeschlossene Arbeit der Kommission.

KOMMISSION FÜR ROMANISCHE PHILOLOGIE

Bericht Hempel

Als Band 5 der von der Kommission bei der Wissenschaftlichen Buchgesellschaft herausgegebenen Reihe „Beiträge zur Romanistik“ ist erschienen: Javier Gómez-Montero (Hrsg.), Minorisierte Literaturen und Identitätskonzepte in Spanien und Portugal (413 S.).

Die Kommission hat als Sachverständige Prof. Dr. Frank Bassner/Mannheim und Prof. Dr. Wolfgang Schweickard/Jena hinzugewählt.

Die Kurt-Ringger-Stiftung hat im Berichtsjahr unter den eingegangenen Anträgen zwei romanistische Forschungsvorhaben zu fördern beschlossen.

Lessico Etimologico Italiano

Hr. Pfister berichtet:

Im Jahr 2001 erschienen die Faszikel 67, 68, 69 und 70 [bis *bucca*].

An Nachtragsmaterialien wurden ca. 20.000 Karteikarten in den Gesamtfichier eingearbeitet. Für die Redaktion von LEI Band 7 erhielt das Projekt von der Region Piemonte (Assessorato alla Cultura) wiederum einen Betrag von 20 Millionen Lire für die Bearbeitung vorwiegend piemontesischer Quellen. Die Compagnia di San Paolo (Torino) hat das LEI erneut mit dem Betrag von 20 Millionen Lire unterstützt. Die Universität Lecce hat auch im Berichtsjahr mit der Entsendung von Dr. Michele Linciano den Ausbau des Computerprogrammes gefördert.

Die Neuordnung des LEI-Fichiers und die Ausgliederung des Deonomasticon (Prof. Schweickard) konnte dank der Unterstützung der Universität Jena weitergeführt werden. Für das Studienjahr 2001/2002 hat der Präsident der Italienischen Republik, Prof. Carlo Azeglio Ciampi, erstmals zwei Jahresstipendien (je 25 Millionen Lire) für das LEI zur Verfügung gestellt. Unter der Aegide der Accademia della Crusca (Florenz) wurden diese Stipendien vergeben an Dr. Maria Rosaria Carosella und Dr. Giorgio Marrapodi.

Als Anerkennung seiner wissenschaftlichen Leistungen und insbesondere für die Erarbeitung des LEI und dessen regelmäßige Publikationsfolge wurde der Leiter des Unternehmens mit der Ehrenpromotion der Universität Sapienza in Rom ausgezeichnet.

KOMMISSION FÜR SLAVISCHE PHILOLOGIE UND KULTURGESCHICHTE

Bericht F. Otten

Wörterbuch der russischen Sprache der Gegenwart Russisch-Deutsch

R. Belentschikow berichtet:

Die Arbeiten am Wörterbuchprojekt wurden im Berichtszeitraum in den beiden Arbeitsstellen Magdeburg (Dr. Andrea Scheller, Dr. habil. Walentin Belentschikow sowie ab dem 1.9.2001 Ella Handke M.A.) und Berlin (Dr. Klaus Piperek M.A., Dr. Elisabeth Timmler M.A.) auf insgesamt dreieinhalb Mitarbeiterstellen fortgesetzt.

Schwerpunkt waren die Erstellung neuer Wortartikel sowie weitere konzeptionelle Präzisierungen insbesondere im Bereich der Wortart Verb, die in der umfassenden Arbeitsinstruktion ihren Niederschlag fanden und in die vorhandenen Wortartikel eingearbeitet werden mußten. Die Arbeit an den Wortartikeln zum Buchstaben V wurde abgeschlossen; die Wortstrecken A und B wurden überarbeitet und durch Neologismen ergänzt. Die Wortstrecke zu den ersten drei Buchstaben des russischen Alphabets umfaßt ca. 26000 Lemmata.

Im „Kompetenzzentrum für elektronische Erschließungs- und Publikationsverfahren in den Geisteswissenschaften" an der Universität Trier wurde durch Herrn Dr. Hagen Reinstein die Software für die CD weiterentwickelt.

Auf der Grundlage der Datenbank sowie lexikographischer Quellen wurde Ende des Jahres mit der Erstellung der Wörterbuch-Stichwortliste zum Buchstaben G begonnen; es wurden erste Wortartikel ausgearbeitet.

Auf einer Präsentationsveranstaltung im Rahmen des 10. Deutschen Slavistentages Anfang Oktober 2001 stellte Prof. Belentschikow im Beisein des Kommissionsvorsitzenden Prof. Otten, des Kommissionsmitglieds Prof. Brang und der Mitarbeiter das Wörterbuchprojekt vor; Dr. Reinstein demonstrierte die Funktionsweise der Wörterbuch-CD. Auf Einladung des Vereins zur Förderung sprachwissenschaftlicher Studien e. V. hielt Prof. Belentschikow auf der internationalen Konferenz „Sprachkultur und Lexikographie" (Berlin, November 2001) einen Vortrag über das Wörterbuchprojekt. Des weiteren thematisierte Prof. Belentschikow das Projekt in einem Diskussionsbeitrag zum Rundtischgespräch auf einer internationalen Lexikographie-Konferenz Anfang November 2001 an der Kliment-Ochridski-Universität Sofia. In allen drei Veranstaltungen fand das Projekt reges Interesse.

Für die Arbeitsstelle Magdeburg konnten weitere Geräte (zwei PC und ein Drucker) angeschafft werden. Der Bibliotheksbestand wurde durch den Erwerb von linguistischer und lexikographischer Literatur erweitert.

KOMMISSION FÜR MUSIKWISSENSCHAFT

Bericht Riethmüller

1. Handwörterbuch der musikalischen Terminologie

Die Arbeiten am *Handwörterbuch der musikalischen Terminologie* (HmT) wurden im Berichtsjahr von der Freiburger Arbeitsgruppe planmäßig fortgeführt. Es wurden die folgenden Forschungsprojekte bearbeitet: Dr. Markus Bandur (Schriftleiter), Begriffsfeld Komposition und Improvisation; Dr. Michael Beiche: Terminologie der Harmonik; Dr. Sabine Ehrmann-Herfort: Terminologie der Vokalmusik. Außerdem waren wie in den vergangenen Jahren Freiburger Studenten mit der EDV-Indizierung von Quellen, der Vervielfältigung von Artikelmanuskripten für das Lektorengremium sowie Korrekturlesen beschäftigt.

Die 30. Auslieferung (Sommer 2000) ist im März, die 31. Auslieferung (Frühjahr 2001) im November erschienen. Für die 32. Auslieferung (Herbst 2001) sind folgende Monographien vorgesehen: *Cantata / Kantate* (Ehrmann-Herfort), *Consonantia / Konsonanz – Dissonantia / Dissonanz* (Beiche), *Gaku* (Prof. Dr. Minoru Shimizu, Kyoto), *Improvisation, ex tempore* (Bandur), *Toccata* (Prof. Dr. Marianne Betz).

Dr. Ehrmann-Herfort vertrat das HmT bei der Jahrestagung der Gesellschaft für Musikforschung in Hannover (26. bis 29. September 2001), Dr. Bandur beim Symposium *Wissenssicherung, Wissensordnung und Wissensverarbeitung: das europäische Modell der Enzyclopädien*, veranstaltet vom Institut für Europäische Kulturgeschichte, Universität Augsburg (27. bis 29. September 2001).

2. *Christoph Willibald Gluck – Sämtliche Werke*

Über die Fortführung des Kommissions-Unternehmens der Ausgabe sämtlicher Werke Glucks informiert der Bericht über die von der Union der deutschen Akademien der Wissenschaften koordinierten musikwissenschaftlichen Editionen (siehe Anhang).

3. *Busoni Editionen*

Die Arbeiten an den ersten beiden Bänden der Busoni-Schriftenausgabe (DFG-Projekt) wurden von Dr. Martina Weindel und Wissenschaftlichen Hilfskräften, die Arbeiten an der Edition des Briefwechsels zwischen Busoni und seinem Leipziger Verlagshaus Breitkopf & Härtel von Dr. Eva Hanau fortgeführt. Von der Arbeitsstelle wurde die durch die Thyssen-Stiftung unterstützte Internationale Tagung „Ferruccio Busoni – Ein Italiener in Berlin" unter Mitwirkung der Freien Universität Berlin, des Deutsch-Italienischen Kulturinstituts und des Staatlichen Instituts für Musikforschung Preußischer Kulturbesitz vom 27. bis 30. Juni im Curt-Sachs-Saal des Musikinstrumenten-Museums in Berlin-Tiergarten durchgeführt. Es handelte sich um die erste musikwissenschaftliche Konferenz über Busoni in Deutschland.

4. *German Film Music Project (GFMP)*

Am Musikwissenschaftlichen Seminar der Freien Universität Berlin wurde im Juni 2001 eine Forschungsstelle „German Film Music Project" der Akademie eingerichtet. Die Forschungsstelle verfolgt das Ziel, die Geschichte der Filmmusik in Deutschland und der daran beteiligten Musiker wissenschaftlich zu untersuchen und sich damit dem vielleicht am wenigsten aufgearbeiteten Kapitel der Musikgeschichte des 20. Jahrhunderts zu widmen.

5. *Musikalische Denkmäler, Neue Studien zur Musikwissenschaft*

Der Denkmäler-Band mit Streichquintetten des 18. Jahrhunderts (Bearbeiter: Tilman Sieber, Heidelberg) befindet sich im Druck, die Ausgabe der Anonyma des Stuttgarter

Messenchorbuches 47 (Bearbeiter: Prof. Dr. Martin Staehelin, Göttingen) steht weiter in Aussicht. Als Band 7 der Studien-Reihe ist die Habilitationsschrift „Chroma-Color-Farbe. Ursprung und Funktion der Farbmetapher in der antiken Musiktheorie" von Priv.-Doz. Dr. Eckhard Roch (Bochum) erschienen; die Habilitationsschrift „Wege zur Neuen Musik" von Prof. Dr. Andreas Ballstaedt (Düsseldorf) befindet sich noch im Druck.

KOMMISSION FÜR GESCHICHTE DER MEDIZIN UND DER NATURWISSENSCHAFTEN

Bericht Benedum

Arbeitsstelle Gießen

Soemmerring-Edition

Die Soemmerring-Edition und -Forschungsstelle Gießen ist zum 31.12.1999 geschlossen worden. Drei Bände (3, 4, 12) stehen noch aus, Bd. 12 ist seit 1999 im Manuskript abgeschlossen, seine Druckkostenfinanzierung konnte bislang noch nicht gesichert werden. Im Berichtszeitraum haben Prof. Dr. Reinhard Hildebrand, Münster, die Edition von Band 3 „Gefäßlehre" (1801) und Prof. Dr. Dr. Olaf Breidbach, Jena, die Edition von Band 4 „Hirn- und Nervenlehre" (1800) fortgeführt.

Publikationen

Roland Borgards: Die Wissenschaft vom Auge und die Kunst des Sehens. Von Descartes zu Soemmerring, von Lessing zu A. W. Schlegel. In: Th. Lange/H. Neumeyer (Hg.): Kunst und Wissenschaft um 1800, Würzburg 2000, S. 41–63 (erschienen 2001)

Roland Borgards (zs. mit M. Bergengruen und J. F. Lehmann): Die Grenzen des Menschen. Anthropologie und Ästhetik um 1800. Einleitung. In: Die Grenzen des Menschen. Anthropologie und Ästhetik um 1800, hg. hrsg. von R. Borgards/M. Bergengruen/J. F. Lehmann. Würzburg 2001, S. 7–14

Ulrike Enke: Von der Schönheit der Embryonen: Samuel Thomas Soemmerrings Werk „Icones embryonum humanorum" (1799). In: B. Duden/J. Schlumbohn/P. Veit (Hg.): Geschichte des Ungeborenen. Zur Erfahrungsgeschichte der Schwangerschaft, 17.–20. Jahrhundert (= Veröffentlichungen des Max-Planck-Instituts für Geschichte, Bd. 170). Göttingen 2001, S. 205–235

Sigrid Oehler-Klein: Auf der Suche nach faktischen Beweisen. Darstellung und Erklärung der „etwas mindern Fähigkeit" der Schwarzafrikaner „zur feineren Kultur" in der Anthropologie Samuel Thomas Soemmerrings (1785). In: Schwarz-Weissheiten. Vom Umgang mit fremden Menschen. Katalog zur Sonderausstellung im Landesmuseum für Natur und Mensch Oldenburg 28.9.2001 bis 27.1.2002. Oldenburg 2001, S. 121–128.

Sigrid Oehler-Klein (Hg.): F. J. Gall/K. Spurzheim: Untersuchungen über die Anatomie des Nervensystems überhaupt, und des Gehirns insbesondere. Ein dem französischen Institut überreichtes Mémoire. Nebst dem Berichte der H. H. Commissaire des Institutes und den Bemerkungen der Verfasser über diesen Bericht (1809). Mit einer Einleitung siehe oben hg. von S. Oehler-Klein (= Historia scientiarum). Hildesheim, Zürich, New York 2001

Vorträge

Ulrike Enke: Von Kassel nach Marburg – Soemmerrings Ausstellungsstücke im Marburger Museum Anatomicum. Vortrag, gehalten am 24.11.2001 anläßlich der medizinhistorischen Exkursion des Gießener Instituts für Geschichte der Medizin im Museum Anatomicum in Marburg

Ulrike Enke: Die Mißgeburt in Abbildung und Imagination. Von Jakob Rueff bis Samuel Thomas Soemmerring. Vortrag, gehalten am 19.12.2001 im Germanistischen Seminar der Universität Gießen

Arbeitsstelle Mainz

Edition der Soemmerring-Tagebücher

Dr. Dumont berichtet:

Im Berichtsjahr kam Dr. Dumont mit der Kommentierung und Korrektur bzw. Ergänzung des Textes der Tagebücher des Anatomen Samuel Thomas Soemmerring so weit voran, daß zu Beginn des Jahres 2002 das Manuskript des ersten (Teil-)Bandes vorliegen wird. Wegen des umfangreichen Textes und der großen Zahl von Erläuterungen (über 4000 !) umfaßt er nur den Zeitraum 1804/05 bis Ende 1808; ein zweiter, schon in Arbeit befindlicher Teilband wird bis Ende 1812 reichen und bald vorliegen. In dem wohl ca. 500 Druckseiten umfassenden ersten Teilband wird eine Einführung zu Überlieferung, Eigenart und Bedeutung der Soemmerring-Tagebücher insgesamt sowie speziell in jene seiner ersten vier Münchener Jahre gegeben werden. Wissenschaftshistorisch am bedeutsamsten sind dabei Soemmerrings Begegnung mit dem „Phrenologen" Franz Joseph Gall, seine (skeptische) Beurteilung der Wünschelruten-Experimente des Physikers Johann Wilhelm Ritter sowie die Reorganisation der Bayerischen Akademie der Wissenschaften. Hinzu kommen zahlreiche persönliche Begegnungen Soemmerrings nicht nur mit den hohen und höchsten Kreisen der bayerischen Hauptstadt, sondern auch z.B. mit Clemens und Bettine Brentano, Ludwig Tieck und Friedrich Wilhelm Schelling. Nicht zuletzt vermitteln die Tagebuchaufzeichnungen unmittelbare Einblicke in die „große Geschichte", voran in Persönlichkeit, Politik und Kriegsführung Napoleons sowie in die Außen- und Innenpolitik des modernen Bayern unter Montgelas.

Im März 2001 erschien der vorläufig letzte Band der Soemmerring-Briefausgabe, der die Korrespondenz des Anatomen von 1792 bis 1805 enthält (Samuel Thomas Soemmerring. Briefwechsel November 1792–April 1805. Hrsg. u. erl. v. Franz Dumont, Basel 2001 [= Samuel Thomas Soemmerring. Werke, Bd. 20, 535 S., 11 Abb.])

Vortrag

Franz Dumont: Wissenschaft zwischen Politik und Krieg im „modernen" Bayern. Aus Soemmerrings Münchener Tagebüchern (1805–1812). Medizinhistorisches Institut Mainz, 16. 1. 2001

KOMMISSION FÜR RECHTSWISSENSCHAFT

Bericht Stolleis

Urkundenregesten zur Tätigkeit des Deutschen Königs- und Hofgerichts bis 1451

Hr. Diestelkamp berichtet:

1. Bd. 9 (Karl IV. 1365–1371): Diesen Band hatte Herr Dr. Rotter aus dem Nachlaß von Herrn Dr. Neumann übernommen. Gegenüber der ersten Annahme befanden sich sowohl das von Herrn Dr. Neumann übernommene Manuskript als auch die archivalischen und

gedruckten Regestierungsvorlagen bei weitem nicht in dem Zustand, der nach den letzten Arbeitsberichten von Herrn Dr. Neumann zu erwarten gewesen wäre. Nach Durchsicht des Materials durch den Projektleiter mußten 96 der als vorliegend gemeldeten Regestenentwürfe ausgeschieden werden. Sie konnten allerdings in der Regel als Anmerkungen bei den verbleibenden 467 Regesten verwertet werden. Als besonders zeitraubend erwies sich, daß noch an 76 Archive Anfragen nach Signaturen, Besiegelung, Rückvermerken und Blatt- oder Seitenangaben bei kopialer Überlieferung für 379 Stücke zu stellen waren. Parallel dazu mußten Photos bzw. Kopien noch ausstehender Archivalien bestellt werden. 49 Stücke sind neu hinzugekommen. Schließlich mußten alle Texte korrigiert werden im Hinblick auf Namensidentifizierung, Abgleichung der Namen und Füllung von Textlücken. Da nicht alle Fragen von den Archiven hinreichend beantwortet wurden, werden noch zwei Archive (Hannover, Berlin) in einer einwöchigen Reise Anfang des Jahres 2002 besucht werden müssen. Nach den bisher erledigten Arbeitsgängen werden von den 467 zu erstellenden Regesten bis Ende November 100 Stück vorliegen. Die vorgesehene Fertigstellung des Manuskripts bis Ende des Jahres 2001 wurde außer durch den falsch eingeschätzten Zustand der Vorarbeiten unmöglich gemacht durch den endgültigen Ausfall der Zuarbeit durch Frau Löchel, die aus arbeitsrechtlichen Gründen als Hilfskraft des Projektes ausscheiden mußte, sowie einen krankheitsbedingten dreiwöchigen Ausfall von Herrn Dr. Rotter und seine Tätigkeit als stellvertretender Vorsitzender des Personalrats.

Der von Dr. Rotter bearbeitete Bd. 11 (Die Zeit Wenzels 1376–1387) erschien planmäßig im Jahre 2001.

Nach Fertigstellung von Bd. 9 wird Herr Rotter Bd. 12 (Die Zeit Wenzels 1388–1392) bearbeiten.

2. Frau Dr. Rödel hatte plangemäß das Manuskript von Bd. 13 (Die Zeit Wenzels 1393–1396) bis zum Ende des Jahres 2000 fertiggestellt. Die Konvertierung auf die Druckersoftware produzierte jedoch so viele Fehler, daß das Manuskript komplett neu überarbeitet werden mußte. Zudem verzögerte sich der Produktionsvorgang weiter durch den plötzlichen Tod von Frau Kammerdiener, die in der Akademie die Manuskripte bearbeitet hatte. Aus diesen Gründen konnte auch Bd. 13 erst im Laufe des Jahres 2001 ausgeliefert und danach die Arbeit an Bd. 14 begonnen werden.

Frau Fr. Rödel bearbeitet momentan Bd. 14 (Die Zeit Wenzels 1397–1400), für den die Regestierungsarbeit mittlerweile etwa zu einem Drittel erledigt ist. Da für diesen Band die Materialrecherchen so gut wie abgeschlossen sind, besteht die realistische Aussicht, daß die Regestierungsarbeit bis Ende des Jahres 2002 abgeschlossen werden kann. Nach Fertigstellung des Anmerkungsapparats, der Indices, der Einleitung und bei problemlosem technischem Herstellungsvorgang könnte Bd. 14 im Jahre 2003 gedruckt vorliegen.

KOMMISSION FÜR WIRTSCHAFTS- UND SOZIALWISSENSCHAFTEN

Bericht Hesse

Nach Aufnahme von zwei neuen Mitgliedern hat die Kommission mit der Vorbereitung eines Symposiums über „Gesundheitsökonomische Probleme“ in der Reihe „Zukunftsfragen der Gesellschaft“ begonnen.

KOMMISSION FÜR PERSONALSCHRIFTEN

Bericht Müller

Forschungsstelle für Personalschriften

Hr. Müller und Prof. Lenz berichten:

Im Berichtsjahr erschienen die Bände 28 und 29 der Reihe »Marburger Personalschriften-Forschungen«: In Band 28 finden sich die Leichenpredigten aus den Städtischen Museen Zittau, Band 29 ist den Trauerschriften der Stadt- und Universitätsbibliothek Frankfurt am Main gewidmet.

In der Marburger Arbeitsstelle wurden im Sommer und Herbst 2001 der Katalog der Leichenpredigten und sonstiger Trauerschriften in niederschlesischen Bibliotheken und Archiven (374 Katalogisate, 155 Seiten) und der Katalog der Leichenpredigten und sonstiger Trauerschriften in Krakauer Bibliotheken (460 Einträge, 220 Seiten) zum Druck vorbereitet. Der niederschlesische Katalog wird als Band 32, der Krakauer Katalog als Band 33 erscheinen. Dank einer seit dem 15. Mai 2000 bewilligten einjährigen Arbeitsbeschaffungsmaßnahme, die am 14. Mai 2001 ausgelaufen ist und nicht verlängert wurde, konnte der Bestand der Zentralstelle für Personen- und Familiengeschichte Höchst ausgewertet werden (440 Quellen). Der Höchster Bestand ist einer Sicherungsverfilmung unterzogen worden. Die erfaßten Daten werden zur Zeit korrigiert. Der Katalog ist als Band 36 vorgesehen.

In der Dresdner Arbeitsstelle wurde vom 26. Oktober 2000 bis zum 12. Februar 2001 die Auswertung der Leichenpredigten und sonstiger Trauerschriften des Sächsischen Staatsarchivs Leipzig und die computergerechte Erfassung der Ergebnisse mit 503 Katalogisaten fortgesetzt und mit insgesamt 915 Eintragungen abgeschlossen. Der Katalog wird als Band 37 erscheinen. Vom 22. März bis zum 13. August 2001 erfolgte die Auswertung und Erfassung der Quellen der Kirchengemeinde St. Peter und Paul in Görlitz mit insgesamt 807 Katalogeinträgen. Dieser Katalog wird als Band 31 im Dezember 2001 erscheinen. In der Zeit vom 7. bis zum 19. Februar 2001 wurden die Leichenpredigten des Staatsfilialarchivs Bautzen erfaßt, die zu jener Zeit im Leipziger Staatsarchiv zwischengelagert waren. Die 23 Katalogeinträge wurden dem Bautzener Katalog zugewiesen, der die Quellen der dortigen Stadtbibliothek, des Stadtarchivs, des Städtischen Museums sowie des Stiftsarchivs enthält. Vom 16. August bis zum 27. September 2001 folgten die Auswertung und Erfassung des Materials des Stadtarchivs und Stadtmuseums Löbau sowie des bisher noch nicht erfaßten Restes des Materials aus der Stadtbibliothek Bautzen mit 111 Eintragungen. Die Bearbeitung des Bautzener Kataloges konnte mit insgesamt 932 Katalogisaten am 26. November 2001 abgeschlossen werden. Es ist geplant, die Druckvorlage als Band 34 bis Anfang Februar 2002 fertigzustellen, so daß der Katalog im April 2002 erscheinen kann. Am 8. August 2001 wurde mit der Katalogisierung der auf Mikrofilmen vorliegenden Leichenpredigten der Oberlausitzischen Bibliothek der Wissenschaften in Görlitz begonnen. Im Berichtszeitraum konnten bereits 270 Auswertungen vorgenommen werden.

Die Sicherungsverfilmung der Leichenpredigten wurde fortgesetzt. Lic. Werner Hupe verfilmte bis Ende November 2000 die Quellen des Sächsischen Staatsarchivs Leipzig (auf 16 Filmen). Nach ihrem Wiedereintritt am 1. Januar 2001 verfilmte Manuela Heinke seit dem 26. März 2001 die Quellen aus der St. Peter und Paul-Kirchengemeinde zu Görlitz, aus der Stadtbibliothek Bautzen sowie dem Stadtarchiv und dem Stadtmuseum Löbau.

Die Umfrage nach Leichenpredigten-Beständen in den neuen Bundesländern wurde im Jahr 2000 weitgehend von Dr. Gabriele Bosch betreut, die auch die Druckfassung mit Hilfe der von Dr. Jörg Witzel erstellten Makros besorgte.

Eine Bibliographie der Literatur über Leichenpredigten und Trauerschriften wird – nach ersten Recherchen durch einen zeitweilig eingestellten Mitarbeiter in Leipzig – seit Dezember 2000 in Marburg erarbeitet. Gemeinsam mit den Ergebnissen der Umfrage nach Leichenpredigten in den neuen Bundesländern soll sie als Band 35 im September 2002 veröffentlicht werden und damit an den Band 3 der »Marburger Personalschriften-Forschungen« (Bibliographie bis 1980 und Umfrage zu Leichenpredigtenbeständen in der »alten« Bundesrepublik und der DDR) anschließen bzw. ihn aktualisieren und ergänzen.

In der Arbeitsstelle Marburg konnte vom 1. Februar bis zum 31. Dezember 2000 eine studentische Hilfskraft, vom 1. April 2001 an konnten zwei studentische Hilfskräfte jeweils aus Mitteln der Akademie eingestellt bzw. weiterbeschäftigt werden. Bis zum 31. Dezember 2000 wurden außerdem zwei studentische Hilfskräfte aus Drittmitteln finanziert. Die Verwaltungsangestellte Daniela Steffen ist seit dem 24. Mai 2000 im dreijährigen Erziehungsurlaub.

Die Datenbank »Gesamtkatalog deutschsprachiger Leichenpredigten (GESA)« konnte erweitert werden. Die Eingabe des Helmstedter, des Hildesheimer und des Stolberger Kataloges wurde abgeschlossen; mit der Eingabe des Stuttgarter Kataloges wurde begonnen. Inzwischen umfaßt GESA über 110.000 Datensätze. Es ist beabsichtigt, die Datenbank über das Internet zugänglich zu machen. In Abstimmung mit dem Hochschulrechenzentrum der Philipps-Universität Marburg wurde zur Demonstration der Erfordernisse eine Probedatei für die Internet-Version von GESA erstellt; zudem ist die Anschaffung eines Servers und entsprechender Programme erfolgt. Vorgesehen ist außerdem, eine Datenbank aller Personennamen aus den Katalogen anzulegen.

Das Vorhaben, auch den etwa 32.000 Leichenpredigten der Universitätsbibliothek Breslau umfassenden Titelblattkatalog ins Internet zu stellen, wurde weiterverfolgt. Im Rahmen einer seit dem 1. August 2001 bewilligten Strukturanpassungsmaßnahme werden die Titelblätter gescannt und – mit Regesten versehen – in eine Datenbank eingegeben. Ende November 2001 sind ca. 5.700 Titelblätter erfaßt.

Die 1998 begonnenen Arbeiten an Makro-Prozeduren zur Anfertigung postscriptfähiger Dateien und damit druckfertiger Kataloge sind fortgeführt worden. Auch der Leitfaden dazu wurde im Austausch zwischen Marburg und Dresden vervollständigt. Die Aufnahme lateinischer Ortsnamen konnte neu geregelt werden und ermöglicht jetzt auch die computerunterstützte Erfassung. Das Handbuch zur Kurzauswertung wurde im März 2001 in einer neuen Fassung erstellt. An der Lösung von inhaltlichen und formalen Fragen und an genaueren Regelungen wurde und wird weitergearbeitet.

Am 10. April 2001 besuchte Frau Ministerialrätin Dr. Eva Wiese, Sächsisches Staatsministerium für Wissenschaft und Kunst, die Forschungsstelle in Marburg. Herr Dr. Servatius besichtigte die neuen Räumlichkeiten der Forschungsstelle in der Biegenstraße 36 am 13. Juli 2001. Am 8./9. Oktober 2001 nahm Dr. Jörg Witzel an dem Internationalen Kolloquium »Standards und Methoden der Volltextdigitalisierung« an der Universität Trier teil. Am 12. Oktober 2001 führte Dr. Eva-Maria Dickhaut auf der Frankfurter Buchmesse Gespräche mit Herrn Dr. Servatius und Vertretern des Jan Thorbecke Verlages über die weiteren Publikationen der Forschungsstelle. Am 29. Oktober 2001 informierte sich Herr Ministerialrat Gerd Mangel in der Marburger Arbeitsstelle.

Das Wochenblatt der »Oberhessischen Presse«, »Marburg extra«, veröffentlichte am 7. Februar 2001 einen ausführlichen Artikel über die Forschungsstelle.

Im Berichtszeitraum arbeiteten rund dreißig Besucher in der Marburger Arbeitsstelle, darunter auch Wissenschaftler aus dem Ausland. Von rund 90 schriftlichen Anfragen im Jahr 2001 (bis Ende November) waren über zwei Drittel wissenschaftlicher Art. Vermehrt wird auf die Homepage der Forschungsstelle in Form von e-mails reagiert. Der Interneteintrag der Forschungsstelle (*http://www.uni-marburg.de/fpmr*) wird ständig aktualisiert. Die Ergebnisse der im Sommer 2000 abgeschlossenen Umfrage nach Leichenpredigten-Beständen in den neuen Bundesländern werden im Internet auf der Homepage der Forschungsstelle präsentiert. Dort sind auch Informationen zu den Restaurierungsprojekten in Schlesien abrufbar.

Zur Vorbereitung des Vierten Marburger Personalschriften-Symposiums vom 28. bis 31. Oktober 2002 und der damit verbundenen Ausstellung und des Rahmenprogramms führten Prof. Lenz und Dr. Eva-Maria Dickhaut Gespräche und Verhandlungen mit Repräsentanten der Stadt, der Universität und der Lutherischen Pfarrkirche Marburg, des Kreuzchores Dresden, weiteren Institutionen und mit potentiellen Referenten u.a. im Museum für Sepulkralkultur Kassel am 1. März 2001, in der Herzog August Bibliothek Wolfenbüttel am 25. April 2001 und in der Forschungsbibliothek Gotha am 7. Mai 2001. Mit dem Kreuzchor wurde bereits ein Vertrag abgeschlossen.

DEUTSCHE KOMMISSION FÜR DIE BEARBEITUNG DER REGESTA IMPERII E.V. BEI DER AKADEMIE DER WISSENSCHAFTEN UND DER LITERATUR, MAINZ

Bericht Fried

und Prof. Dr. Paul-Joachim Heinig (Mainz)

Nachdem Hr. Zimmermann als Vorsitzender, dessen Stellvertreter Prof. Dr. Rudolf Schieffer (München) und der Geschäftsführer die Kommission am 18.10.2001 in Wien bei den Beratungen der Arbeitsgruppe „Regesta Imperii" der Österreichischen Akademie der Wissenschaften über die Arbeiten an den *Regesten Konrads III., Friedrichs I., Albrechts I., Wenzels, Friedrichs III.* und *Maximilians I.* vertreten hatten, war die turnusmäßige Neuwahl des Vorstands der wichtigste Tagesordnungspunkt der Jahresmitgliederversammlung am 8.11.2001 in der Mainzer Akademie, bei welcher Hr. Zimmermann und Prof. Dr. Dr. h.c. Roderich Schmidt (Sekretär) nicht noch einmal kandidierten. Bei den von Prof. Dr. Othmar Hageneder, dem Beiratsvorsitzenden der Forschungsstelle für die Geschichte des Mittelalters der Österreichischen Akademie, geleiteten Wahlen wurde Hr. Fried zum Vorsitzenden gewählt, zum stellvertretenden Vorsitzenden – wie bisher – Prof. Dr. Rudolf Schieffer, der Präsident der Monumenta Germaniae Historica, und zum neuen Sekretär der langjährige Geschäftsführer Prof. Dr. Paul-Joachim Heinig (Mainz). Der neue Vorsitzende würdigte die Verdienste von Hrn. Zimmermann um Projektbeschleunigung, Kooperation, „Neue Medien" und Öffentlichkeit und dankte diesem sowie dem scheidenden Sekretär für ihr Engagement. Den Mitgliedern, die im Vereinsjahr „runde" Geburtstage gefeiert hatten, wurde gratuliert: Prof. Dr. Peter Acht (München, 90.), Prof. Dr. Dr. h.c. mult. Horst Fuhrmann (München, 75.), Hrn. Zimmermann (Tübingen, 75.) und Prof. Dr. Wolfgang Petke (Göttingen, 60.). Der neue Sekretär erstattete einen knappen Bericht über das Stiftungskapital und die fortgesetzte Gemeinnützigkeit des Vereins. Am 20.12.2001 machte der neue Vorstand seinen Antrittsbesuch beim Praesidenten der Mainzer Akademie und Vorsitzenden der Union der Akademien.

Gleichfalls in der Mitgliederversammlung wurde die turnusmäßige Durchführungsprüfung für Jahre 1998–2000 abgeschlossen durch die Verabschiedung einer von der Union sowie der Mainzer Akademie erbetenen und durch Voten der Arbeitsstellen fundierten „Stellungnahme zur Laufzeit der Kommissionsprojekte". Diese prognostiziert konkrete Abschlußdaten der derzeit in Arbeit befindlichen Teilprojekte und wurde anschließend dem Präsidium der Mainzer Akademie zugeleitet. Unter Mitwirkung des stellvertretenden Generalsekretärs der Akademie erörterte die Mitgliederversammlung ausführlich die seit 1999 erheblich verschlechterte Finanzlage der Kommission, deren einst „souveräne" Sachkosten-, Werkvertrags- und Druckkosten-Etats binnen dreier Jahre um annähernd zwei Drittel reduziert worden sind. Abschließend wurde festgestellt, daß die Kommission die ehrgeizigen Arbeitsziele, die sie sich bis zu der freiwilligen, wahrscheinlich im ersten Quartal des Jahres 2003 stattfindenden Evaluation und darüber hinaus gesetzt hat, nur bei einer adäquaten Finanzausstattung erreichen kann. Überschlagsweise benötigt sie jährlich DM 50.000,- an Sachmitteln und die Gelder für die zeitnahe Drucklegung ihrer Arbeitsergebnisse, über welche sie im Rahmen ihres restituierten Druckkostenetats wieder selbstverantwortlich verfügen möchte. Eine Aufstellung des konkreten Sach- und Druckkostenbedarfs bis einschließlich 2003 wurde der Akademieleitung mit der Bitte um Berücksichtigung übergeben.

Konkretisiert wurde der außerordentliche Mittelbedarf in den Beratungen über die Modalitäten und die Vorbereitungen der „Vorhabenprüfung" im Jahr 2003 und der „Schnittstelle" im Jahr 2005, d.h. darüber, inwieweit die mit hauptamtlichen Mitarbeiter(inne)n versehenen Arbeitsstellen die im Vorjahr verabschiedeten Arbeits- und Publikations-Konzepte umgesetzt hatten:

An der Arbeitsstelle der (Herrscher-)*Regesten der Karolingerzeit (840–926/962)* in Gießen/Marburg hat Prof. Dr. Herbert Zielinski (Gießen) die Erträge einer im September 2001 unternommenen Romreise ausgewertet, so daß nach den urkundlichen nun auch sämtliche historiographischen Regesten des dritten, die Regierungszeiten Hugos und Lothars, Berengars II. und Adalberts sowie die Anfänge der italischen Herrschaft Ottos d.

Gr. bis zur Kaiserkrönung umfassenden Teilbandes in einer Rohfassung vorliegen. Im Zuge der seitherigen Schlußredaktion des Manuskripts sind zwar außer nochmaligen Recherchen in Rom auch einige zeitaufwendige Detailuntersuchungen anzustellen, so z.B. hinsichtlich des präzisen Todesdatums Hugos und der erst kürzlich publizierten These, Otto der Große habe bereits 941 einen ersten Italienzug unternommen. Dennoch rechnet der Bearbeiter damit, das druckfertige Manuskript in der Mitte des Jahres 2003 abschließen zu können. Die Förderung, die PD Dr. Irmgard Fees (Marburg a.d.L.) während ihrer Beurlaubung zu einer Lehrstuhlvertretung an der Universität Erlangen-Nürnberg (Okt. 2000 bis Sept. 2001) den Regesten Karls des Kahlen zukommen lassen konnte, erstreckte sich überwiegend auf den zweiten der geplanten Teilbände (849–877). Nachdem die urkundlichen Regesten dieses Bandes zu einem großen Teil bereits vorliegen, hat sie das von früheren Bearbeiterinnen gesammelte Material für die historiographischen Regesten komplett gesichtet und einer ersten Überarbeitung unterzogen. Das Manuskript des ersten Faszikels (840/823–848), von dem nun auch die historiographischen Regestenentwürfe der letzten Bearbeitungsjahre digitalisiert sind, wird PD Fees im Herbst 2002 vorlegen.

Prof. Dr. Klaus Herbers (Erlangen) hat seine Entwürfe der Regesten Nikolaus' I. für die *Papstregesten 844–911* mit den gleichzeitigen säkularen Überlieferungen von PD Fees abgeglichen und formal vereinheitlicht, so daß er – auch in Anbetracht eines bevorstehenden Forschungssemesters – erwartet, das Druckmanuskript des zweiten, die Jahre 858–872 umfassenden Faszikels bis zum Ende des Jahres 2002 fertigzustellen. Auch seine Mitarbeiterin Dorothee Arnold M.A. hat sich wegen der Erlanger Lehrstuhlvertretung von PD Fees auf die Kontakte der Päpste zu westfränkischen Empfängern konzentriert, die älteren Regestenentwürfe überarbeitet und rund einhundert neue Entwürfe formuliert. Von den erwarteten 530 Regesten des dritten, die Jahre 872–882 umfassenden Faszikels sind rund 380 fertiggestellt. Im Jahr 2002 wird sie die aus finanziellen Gründen aufgeschobene Archivreise nach Rom unternehmen und sich vor allem mit der Überlieferung für Byzanz befassen sowie Kanonessammlungen und die Historiographie auswerten. Die Kommission unterstützt die Bemühungen von Prof. Herbers um eine Weiterbeschäftigung von Frau Arnold, deren Stellenfinanzierung durch das Bayerische Ministerium bis zum Herbst 2002 befristet ist.

Dr. Karl Augustin Frech (Tübingen) hat für die *Papstregesten 1024–1058* rund einhundert neue, zum Teil recht komplizierte Regestenentwürfe formuliert und somit die Gesamtzahl auf rund 1250 gesteigert. Weil Dr. Frech einen Teil der Quellen trotz aller Bemühungen nicht auf dem Korrespondenzweg erhalten hat, muß er noch Bibliotheksreisen nach Rom und Paris unternehmen, ehe er das Manuskript des ersten, bis zum Schisma von 1046 und der Wahl Clemens' II. reichenden Faszikels wie vorgesehen Ende 2002 zum Druck einreichen kann.

Die von der letztjährigen Mitgliederversammlung in Aussicht genommenen Maßnahmen zur Publikationsförderung der von Dr. Monika Minninger (Bielefeld) ehrenamtlich erarbeiteten *Regesten Heinrichs III. (1028–1056)* konnten wegen der Evaluationsbelastungen und der anhaltenden finanziellen Anspannung nicht verwirklicht werden.

Die Arbeit an den von Prof. Dr. Tilmann Struve (Köln) geleiteten *Regesten Heinrichs IV. (1050–1106)* sind gut vorangeschritten, obwohl der Mitarbeiter Dr. Gerhard Lubich bis zu seiner etatmäßigen Anstellung am 1.1.2002 nur halbtägig beschäftigt werden konnte. Die Materialien für den zweiten, die Jahre 1065–1075 umfassenden Faszikel sind vollständig erfaßt und 452 Entwürfe urkundlicher und historiographischer Regesten formuliert. Abgesehen von der Kommentierung fehlt unter den bereits erledigten, über den vorbereiteten Faszikel hinausreichenden thematischen Komplexen wie Sachsenpolitik und Sachsenkriege, Reichsitalien und Bischofsinvestitur noch das Verhältnis von *imperium* und *sacerdotium*. Prof. Struve, der zugleich eine Biographie Heinrichs IV. vorbereitet, rechnet damit, das Manuskript des zweiten Faszikels Ende 2002 vorlegen zu können.

An den *Regesten Heinrichs V. (1099–1125)* wird wegen des Fehlens einer eigenen Personalstelle weiterhin nicht gearbeitet.

Das von Dr. Katrin Baaken und Dr. Ulrich Schmidt (Tübingen) erarbeitete Manuskript des ersten Teilbandes der *Papstregesten 1181–1198* mit 1165 Regesten Lucius' III. von 1181 bis zum Sommer 1184, verschiedenen Konkordanzen, einem Register der Orts- und Personennamen und einem Literaturverzeichnis wird nach dem Abschluß der kommissionsinternen Begutachtung gedruckt. Das Manuskript des zweiten, den Pontifikat Lucius' III. abschließenden Manuskripts soll zur nächsten Mitgliederversammlung vorgelegt werden.

Nach einer Archivreise nach Turin am Ende des vergangenen Jahres hat PD Dr. Thorau (Saarbrücken) die Sammlung italienischen Materials für die *Regesten Heinrichs VII. (1308–1313)* vorerst eingestellt. Beschlußgemäß überarbeitet und ergänzt er statt dessen die für den Zeitraum von 1308 bis 1310 vorliegenden Regestenentwürfe aus dem nordalpinen Reichsteil. Das Manuskript eines ersten Teilbandes soll Ende 2002 vorliegen, die Publikation im darauffolgenden Jahr erscheinen. Die an diesem Projekt angestellte Erwägung, aus Gründen der Zeitersparnis nicht die aktuellen Signaturen zu eruieren, sondern es bei der Angabe der Lagerorte bewenden zu lassen, hat die Kommission verworfen. Auf die Angabe der Signaturen soll allenfalls ausnahmsweise dann verzichtet werden, wenn deren Eruierung in keinem angemessenen Verhältnis zum Zeitaufwand steht.

Dr. Johannes Wetzel (München) hat die Materialsammlung für das achte Heft der *Regesten Kaiser Ludwigs des Bayern (1314–1347),* welches die in österreichischen Archiven und Bibliotheken verwahrte Überlieferung bieten wird, unter anderem durch Reisen nach Innsbruck, Melk und Wien fortgesetzt und dabei dreißig bisher unbekannte Ludwigsurkunden ermittelt. Nach weiteren Reisen wird er das voraussichtlich 300 Nummern enthaltende Manuskript im Jahr 2003 abschließen. Parallel dazu hat Dr. Wetzel die Recherchen in 28 ostdeutschen Archiven und Bibliotheken für das voraussichtlich 450 Regesten umfassende zehnte Heft vorbereitet. PD Dr. Michael Menzel (München) hat die Materialsammlung in mehr als zweihundert Archiven und Bibliotheken Ober- und Niederbayerns mit den Münchener Institutionen abgeschlossen und wird das entsprechende Druckmanuskript noch im Jahr 2002 vorlegen. Die Erträge der rund fünfzig oberpfälzischen Archive bleiben mit denjenigen der Archive und Bibliotheken Tschechiens einem eigenen Band vorbehalten. Durch den Nachweis der entsprechenden Belege werden die Regestenbearbeiter hinfort einer Verzeichnung des einschlägigen, von den Monumenta Germaniae Historica verwahrten Bock-Nachlasses vorarbeiten.

Von den an Arbeitsstellen in Mainz, Berlin und Wien sowie einigen freien Mitarbeitern erarbeiteten *Regesten Kaiser Friedrichs III. (1440–1493)* sind im Berichtszeitraum vier Publikationen erschienen: Öffentlich präsentiert wurden am 18. 10. 2001 im Theatersaal der Österreichischen Akademie der an der Mainzer Arbeitsstelle von Prof. Dr. Paul-Joachim Heinig und Ines Grund M.A. erarbeitete zweite Sonderband mit der Edition des „Taxregisters der römischen Kanzlei 1471–1475“ und das an der Wiener Forschungsstelle von Mag. Paul Herold und Mag. Cornelia Holzner-Tobisch erarbeitete 13. Heft mit den Überlieferungen der Jahre 1447–1457 in der „Allgemeinen Urkundenreihe“ des Wiener Haus-, Hof- und Staatsarchivs. Zu Beginn des Jahres 2002 erschienen sind das im Rahmen der Kooperation mit der von Prof. Dr. Dr. h.c. Peter Moraw (Gießen) geleiteten Mittelalter-Kommission der Berlin-Brandenburgischen Akademie (BBAW) von Dr. Eberhard Holtz an der Berliner Arbeitsstelle erarbeitete 15. Heft mit den Urkunden und Briefen aus den Archiven und Bibliotheken des Bundeslandes Sachsen-Anhalt und das von den freien Mitarbeitern Prof. Dr. Franz Fuchs (Regensburg) und Prof. Dr. Karl-Friedrich Krieger (Mannheim) erarbeitete 16. Heft mit der Regensburger Überlieferung in den Münchener und Regensburger Archiven und Bibliotheken. An der Mainzer Arbeitsstelle hat Professor Heinig über die üblichen Arbeiten als Mitherausgeber und als Geschäftsführer hinaus außerdem noch das Manuskript des Heftes mit über 500 Fridericiana aus dem Bestand „Altwürttemberg“ des Württembergischen HStA Stuttgart so weit gefördert, daß es 2002 in Druck gehen kann. Dies gilt ebenfalls für das von Dr. Dieter Rübsamen (Mainz) erarbeitete Manuskript des zweiten Faszikels mit der Nürnberger Überlieferung aus den Jahren 1450–1456. Bereits druckfertig ist das von Joachim Kemper M.A. (Mainz) erarbeitete Manuskript mit über 360 Regesten der Archive und Bibliotheken Speyers. Dr. Thomas Willich (Berlin/Mainz) hat Teile der vorliegenden Sammlung der im Bundesland Niedersachsen verwahrten Überlieferung regestiert. – Durch eine neuerliche Bewilligung zweier befristeter Stellen seitens des Österreichischen Forschungsfonds, welche Dr. Sonja Dünnebeil (Traiskirchen-Wien) und Mag. Christine Ottner am 1.10.2001 angetreten haben, wurde an der Wiener Arbeitsstelle die Erarbeitung eines weiteren, den Jahren 1467–1477 geltenden Heftes mit den Überlieferungen der „Allgemeinen Urkundenreihe“ des Wiener Haus-, Hof- und Staatsarchivs gesichert. Das noch ausstehende, aber bereits weit gediehene Manuskript des vorhergehenden, annähernd 400 Urkunden und Briefe der Jahre 1458–1465 umfassenden „Wiener Heftes“ werden Dr. Dünnebeil und Mag. Paul Herold spätestens im Herbst 2002 zur Begutachtung vorlegen. – An der Berliner Arbeitsstelle macht die Sammlung der Überlieferung Schlesiens durch Dr. Holtz gute Fortschritte, und Dr. Elfie-Marita Eibl (Berlin) wird das Manuskript der Urkunden und Briefe aus den Archiven und Bibliotheken der Bundesländer Brandenburg und Berlin in Kürze abschließen. – Von den ehrenamtlichen Mitarbeitern hat namentlich die aus Mitteln der Regesten-Kommission und des Österreichischen Forschungsfonds unterstützte Dr. Claudia Rotthoff-Kraus (Aachen) das Druckmanuskript der in den „Manuscrits divers“ des Reichsarchivs Brüssel überlieferten Urkunden und Briefe Maximilians I. für die Jahre 1477/86–1493 vorgelegt.

Das von der DFG dankenswerterweise finanzierte Projekt der Retrodigitalisierung der gedruckten Regestenbände, welches die deutsche Regesten-Kommission an ihrer Mainzer Geschäftsstelle in Kooperation mit der Bayerischen Staatsbibliothek in München durchführt und dessen Mittelbewirtschaftung freundlicherweise die Mainzer Akademie übernommen hat, ist seit der Besetzung der bewilligten Mitarbeiterstelle durch Andreas Kuczera (Gießen-Mainz) am 1.6.2001 gut vorangeschritten. Mit den seitdem von einer rumänischen Firma weitgehend fehlerfrei gescannten und zusätzlich als Datenbank aufbereiteten Bänden der Karolingerregesten von Böhmer-Mühlbacher und Böhmer-Zielinski ist das bei der Bayerischen Staatsbibliothek angesiedelte „Internet-Portal" der Regesta Imperii in den ersten Monaten des Jahres 2002 eröffnet worden. Es ermöglicht gleichermaßen bequeme wie umfassende und kostenlose Recherchen in den digitalisierten Texten und wird sukzessive um die anderen Regestenbände sowie eine Reihe von Hilfsmitteln erweitert werden.

Wegen des geschrumpften und umstrukturierten Druckkostenetats der Kommission einerseits, der intensivierten Publikation von Regestenbänden andererseits und des völligen Risikoausschlusses des Kölner Verlagspartners ist es schwierig geworden, den Aufschwung, den die monographische Schriftenreihe der Kommission in den vergangenen Jahren genommen hat, über den zuletzt erschienenen 20. Band hinaus zu prolongieren. Schon konnten die letzten Bände nur deshalb erscheinen, weil die jeweiligen Verfasser ansehnliche technische und finanzielle Eigenleistungen erbrachten und „Drittmittel" eingeworben wurden. Mit ihrem Beschluß, die eingereichten Manuskripte grundsätzlich einer strengeren Beurteilung und Auswahl im Hinblick auf kommissionsspezifische Themen und Methoden zu unterziehen, vermag die Kommission selbst das Problem nicht zu lösen. Sollte die DFG die Bezuschussung „freier", d.h. nicht-projektgeförderter Manuskripte hinfort tatsächlich völlig ausschließen, würde dies die Frequenz, wenn nicht die Fortführung der Reihe ernstlich beeinträchtigen. Auch das von der Kommission zur Drucklegung angenommene Dissertations-Manuskript von Gerrit Jasper Schenk, „Zeremoniell und Politik. Beiträge zur Erforschung von Herrschereinzügen im spätmittelalterlichen Römischen Reich nördlich der Alpen" (Stuttgart 2000) hat ungeachtet der beträchtlichen Vorleistungen des Verfassers nur dann gute Aussichten, im Jahr 2002 zu erscheinen, wenn die DFG den beantragten Druckkostenzuschuß bewilligt. Während dasselbe für das angekündigte reprofähige Manuskript von Ralf Mitsch über das Kommissionswesen unter Kaiser Friedrich III. (Habil. Mannheim 1999) gilt, bedarf die Drucklegung des reprofähig vorliegenden Dissertationsmanuskripts von Jörg Schwarz, Herrscher- und Reichstitel bei Kaisertum und Papsttum im 12. und 13. Jahrhundert (Marburg a.d.L. 1999) von vornherein einer anderen Finanzierung.

ARBEITEN DES KOMPETENZZENTRUMS FÜR ELEKTRONISCHE ERSCHLIESSUNGS- UND PUBLIKATIONSVERFAHREN IN DEN GEISTESWISSENSCHAFTEN AN DER UNIVERSITÄT TRIER

Dr. Burch, Dr. Fournier und Hr. Gärtner berichten:

Das am 1. April 1998 an der Universität Trier eingerichtete Kompetenzzentrum für elektronische Erschließungs- und Publikationsverfahren in den Geisteswissenschaften wird seit dem 1. Juli 2000 ausgebaut und institutionalisiert durch die Förderung des Landes Rheinland-Pfalz aus Mitteln des Zentralkapitels 1512 (vgl. den Bericht im Jahrbuch 2000, S. 253f.). Es wird weiterhin getragen von den an der Einrichtung beteiligten Antragstellern bzw. Institutionen. Das Kompetenzzentrum führt alle zur Erstellung einer

EDV-basierten Publikation notwendigen Arbeitsschritte durch. Das Leistungsspektrum reicht von der Retrodigitalisierung älterer Werke samt professionellem Nachdruck bis zur Veröffentlichung neuer Grundlagenwerke einschließlich der gesamten EDV-Infrastruktur.

Das Dienstleistungsangebot des Kompetenzzentrums umfaßt die zuverlässige Datenerfassung, die Konvertierung bestehender Altdaten, die Dokumentanalyse, die SGML-konforme Auszeichnung, die Publikation auf CD-ROM, im Internet und im Buch (als Neu- oder Nachdruck), die Entwicklung graphischer Benutzerschnittstellen, die Ausarbeitung vernetzter Strukturen, die Unterstützung effizienter Suchstrategien sowie die Entwicklung geeigneter Arbeitsumgebungen, auch für räumlich verteilte Projekte mit mehreren Arbeitsstellen.

Ein großer Teil der Arbeiten des Kompetenzzentrums besteht in der Beratung und Betreuung von Projekten der Mainzer Akademie. Über diese Projekte wird im folgenden berichtet. Weitere Aktivitäten aus dem vielfältigen Aufgabenspektrum des Kompetenzzentrums im Jahr 2001 sind in einem ausführlichen Arbeitsbericht festgehalten, der in elektronischer Form auf der Homepage des Zentrums bereitgestellt ist.

Homepage: http://www.kompetenzzentrum.uni-trier.de

Das Deutsche Wörterbuch von Jacob und Wilhelm Grimm auf CD-ROM und im Internet

Seit dem 1. November 1998 wird das Projekt „Digitalisierung des *Deutschen Wörterbuchs* von Jacob und Wilhelm Grimm, dessen Publikation auf CD-ROM und Bereitstellung im Internet“ an der Universität Trier im Rahmen des DFG-Programms „Retrospektive Digitalisierung von Bibliotheksbeständen“ gefördert und von der Akademiekommission für deutsche Philologie wissenschaftlich betreut (vgl. Bericht im Jahrbuch 2000, S. 255ff.). Ziel des Projekts ist es, das wichtigste und umfangreichste Wörterbuch der deutschen Sprache zu digitalisieren, das von den Brüdern Grimm begonnene und über einen Zeitraum von mehr als hundert Jahren ausgearbeitete *Deutsche Wörterbuch* (DWB).

Durch die im Jahr 2001 durchgeführten Arbeiten können mittlerweile die Bände 1 bis 9 zuverlässig mit SGML-Markierungen versehen werden. Die Auszeichnung betrifft dabei alle vollständigen Artikel und innerhalb dieser das Lemma, das dabei mit einer eindeutigen Identifikationsnummer versehen wird, Lemmavarianten, Sublemmata und grammatische Angaben, ferner die Gliederungsmarken und -texte innerhalb der verschiedenen Teile der Artikel, die einen Überblick über den Aufbau des Artikels anhand der Gliederungsrubriken ermöglichen, schließlich Verszitate und Belegstellenangaben in Verszitaten. Auch für die Auszeichnung der Sprachangaben stehen bereits automatische Routinen zur Verfügung.

Nach wie vor erfolgt die Auszeichnung überwiegend mit Hilfe automatischer Routinen, wobei die typographischen Merkmale des DWB für das Markup genutzt werden. Darüber hinaus müssen jedoch auch Kodierungen per Hand eingesetzt werden, die im Verlauf der Auszeichnung umgesetzt werden. Dies betrifft in erster Linie die Unterscheidung und Auszeichnung von Binde- und Trennstrichen, aber auch die Erfassung der Gliederungsmarken und -texte.

Im Quellenverzeichnis können bereits die folgenden bibliographischen Angaben ausgezeichnet werden: Autornamen, Namenvarianten sowohl bei Vor- als auch bei Nachnamen, Adelsprädikate, Namenzusätze vor und nach dem Nachnamen (z.B. *Freiherr von*, *der Ältere* etc.), Lebensdaten, Titel, Erscheinungsort und -jahr, Siglen und interne Verweise. Zusätzlich zu dem Zugriff auf einzelne Einträge und Positionen im Quellenverzeichnis soll jedoch einem Benutzer der CD-ROM-/Internetversion auch die Möglichkeit gegeben werden, seine Suche nach Belegstellen zeitlich einzugrenzen. Dazu wird eine Zeitleiste vorbereitet, die den Zugriff z.B. nur auf diejenigen zitierten Texte erlaubt, die bis 1350 verfaßt wurden. Die Verlinkung des Quellenverzeichnisses mit dem Wörterbuch kann aufgrund der Uneindeutigkeit in der Zitierweise von Autornamen und Siglen erst dann zuverlässig erfolgen, wenn die Siglen im Wörterbuchteil vollständig ausgezeichnet sind.

Zur Einbindung von UNICODE-Standards – besonders zur Herstellung der Internet-Version – ist eine Zusammenarbeit mit Mitgliedern des UNICODE-Konsortiums eingeleitet worden, welche die Aufnahme fehlender Sonderzeichen in die UNICODE-Standards zum Ziel hat.

Für die Online-Version des DWB werden aus dem Datenbestand an SGML/TEI-konform kodierten Dateien mit Hilfe des Werkzeuges CoST (Copenhagener SGML Tool) mehrere Datentabellen auf dem Server angelegt. Um die Daten aus den Tabellen abrufen zu können, werden mehrere CGI-Scripte implementiert und auf dem Server installiert. Was die Darstellung des Wörterbuchtextes auf dem Bildschirm betrifft, so wird eine nahezu originalgetreue Reproduktion der Artikel angestrebt. Insbesondere der Wechsel von kursiv und recte, aber auch Kapitälchen, Hoch- und Tiefstellungen u.ä. werden korrekt nachgebildet. Griechische Passagen werden vorläufig durch die entsprechenden lateinischen Umschriften wiedergegeben; sonstige Sonderzeichen sind derzeit noch nicht darstellbar. Abweichungen gegenüber der gedruckten Fassung finden sich im Zeilen-, Spalten- und Seitenumbruch, da Worttrennungen aufgehoben wurden und die Zeilenlänge von der auf dem Bildschirm eingestellten Fenstergröße abhängt. Damit der Benutzer die Verbindung zum Druckwerk nicht verliert, wird die Band- und Spalten-, in der CD-ROM-Version auch die Zeilenreferenz zum Stichwort des gerade aufgeschlagenen Artikels angegeben.

Das DWB ist bekannt für die komplexen, manchmal über hundert Wörterbuchspalten reichenden Artikel. Um die Struktur solcher Artikel transparenter zu machen und die gezielte Suche nach Informationen zu erleichtern, wird dem Benutzer bei Artikeln, die durch Gliederungsmarken unterteilt sind, in einem zusätzlichen Fenster eine Artikelübersicht mit einer Reduktion auf das Gliederungsgerüst und die Anfänge eines jeden Gliederungsabschnitts geboten.

Voraussichtlich ab Januar 2002 wird die Testversion der Bände 1 bis 9 im Internet über die Projekthomepage zugänglich sein; der aktuelle Stand der Arbeiten an der graphischen Oberfläche der CD-ROM wurde auf dem Germanistentag in Erlangen Anfang Oktober vorgestellt.

Publikationen (ergänzend zu den Berichten von 1999 und 2000)
Ruth Christmann: Books into Bytes: Jacob and Wilhelm Grimm's Deutsches Wörterbuch on CD-ROM and on the Internet. In: Literary and Linguistic Computing 16 (2001), S. 121–133.

Kurt Gärtner: Luxemburgisch im *Deutschen Wörterbuch* der Brüder Grimm. In: Luxemburgisch – Synchronie und Diachronie. Beiträge zum Workshop in Leuven am 29.8.2001. Hrsg. von Damaris Nübling und Claudine Moulin. [im Druck.]
Homepage des Projekts: http://www.DWB.uni-trier.de

Mittelhochdeutsche Wörterbücher auf CD-ROM und im Internet

Seit dem 1. September 1997 wurde ein digitales Verbundsystem entwickelt, das die bequeme Nutzung der wichtigsten Wörterbücher zur mittelhochdeutschen Sprache ermöglicht. Über die Arbeiten des nunmehr abgeschlossenen Projekts wurde laufend berichtet, zuletzt im Jahrbuch 2000 (S. 254f.). In diesem Verbundsystem sind die einander entsprechenden Artikel des *Mittelhochdeutschen Wörterbuchs* von Benecke/Müller/Zarncke (BMZ), des *Mittelhochdeutschen Handwörterbuchs* von Matthias Lexer samt dessen *Nachträgen* (Lexer) sowie die des *Findebuchs zum mittelhochdeutschen Wortschatz* durch Hyperlinks so verknüpft, daß die gesamte Information zu einem Stichwort von jedem beliebigen Einstiegspunkt in den Verbund gefunden werden kann. Die Anbindung des Verbundes an eine Wörterbuchdatenbank erlaubt zum einen komfortable Volltextrecherchen, die auch auf bestimmte Kategorien wie *Stichwörter, Belegzitate, Siglen* oder *Bedeutungsangaben* usw. eingeschränkt werden können, zum anderen spezialisierte und komplexe Suchen wie die nach *Sprachangaben, Belegfrequenzen, Textsorten* usw. über den gesamten Inhalt der elektronischen Wörterbücher. Die Möglichkeit zum Anlegen von Anmerkungen und Lesezeichen, zum Export von Trefferlisten und die Verknüpfung des Verbunds mit einem elektronischen Quellenverzeichnis sowie mit PDF-Files von Satzsimulationen der gedruckten Wörterbuchartikel runden den Verbund ab.

Die Arbeiten des Jahres 2001 dienten vor allem der Verknüpfung der einander korrespondierenden Stichwörter in all den Fällen, die nicht allein mit Hilfe automatisierter Verfahren, sondern nur mit philologischem Sachverstand und einem beträchtlichen manuellen Aufwand zu erreichen waren. Der Ausgangsabsicht nach waren alle Stichwörter aufeinander zu beziehen, die gleich geschrieben werden und zur gleichen Wortart und Wortklasse gehören. Schon die Uneinheitlichkeit der Schreibungen ist allerdings ein Kriterium, das eine korrekte Zuordnung oft verhinderte: Stichwörter, die in einem Wörterbuch die Suffixe *-echeit, -unge* oder *-ære* führen, sind in einem anderen Wörterbuch mit *-ikeit, -unc* oder *-ere* geschrieben, und es ist keineswegs so, daß die verschiedenen Graphien innerhalb eines Wörterbuchs konsistent gebraucht würden. Auch in anderen – in der Regel kaum zu systematisierenden – Punkten weicht die Schreibung der Stichwörter häufig voneinander ab. Besondere Probleme bereitete die Zuordnung der starken Verben, die im BMZ in der Form der 1. Person Präsens Indikativ, in den anderen Komponenten des Verbunds jedoch im Infinitiv zitiert werden. Außerdem sind grammatische Zuordnungen oft falsch, insbesondere im BMZ, und Homographen mußten ohnehin manuell disambiguiert werden. Bei Stichwörtern wie *thimeam* (Lexer und *Findebuch*) und *trymîâmatâ* (BMZ) schließlich gab allein das Studium der Belegzitate darüber Aufschluß, daß sie einander korrespondieren. Für diese und ähnliche Vorkommen wurden ‚von Hand' Zuweisungsregeln festgeschrieben, auf die spätere Programmläufe sich stützen konnten.

Zugleich mußten die für den Aufbau der Datenbank vergebenen sog. Symptomwerte überprüft werden. Für sämtliche in den Quellenverzeichnissen angeführten Siglen wurde geprüft, ob die bisher vergebenen Zuweisungen für die Entstehungsdatierung, die Textsortenzugehörigkeit und den Schreibsprachenraum korrekt waren; ggf. wurden Ergänzungen und Korrekturen vorgenommen und außerdem für eine übersichtlichere Ausgabe auf der Suchmaske der CD-ROM gesorgt. Immer wieder war festzustellen, daß die Wörterbücher auch Quellen zitieren, die bislang nirgends verzeichnet sind. Es wäre wünschenswert, wenn diese Quellen ebenso wie die Klassifikation auch von außen einsehbar wären; dies könnte z.B. durch eine Veröffentlichung über die Homepage des Projekts realisiert werden.

Nach Abschluß des oben skizzierten Lemmaabgleichs wurden die Daten erneut für die CD-ROM-Version aufbereitet, die anschließend einer dreiwöchigen Testphase unterzogen wurde. Die von den Testbenutzern monierten Punkte wurden anschließend bearbeitet, um dem Verlag S. Hirzel eine Master-CD-ROM zukommen zu lassen, die 2002 im Buchhandel erhältlich sein wird. Nach Abschluß der Arbeiten an der CD-ROM-Version steht die Überarbeitung der Internet-Version des Wörterbuchverbundes an, deren Daten auf Grundlage der fortgeschrittenen Auszeichnung neu umgesetzt werden sollen.

Publikationen (ergänzend zu den früheren Berichten)
Johannes Fournier: New Directions in Middle High German Lexicography: Dictionaries Interlinked Electronically. In: Literary and Linguistic Computing 16 (2001), S. 99–111.
Thomas Burch/Johannes Fournier: Lexikographische Information per Mausklick: Die wichtigsten Wörterbücher auf einer CD-ROM. In: Zeitschrift für deutsches Altertum und deutsche Literatur 130 (2001), S. 306–318.
Homepage des Projekts: http://www.MWV.uni-trier.de

Indices zur lateinischen Literatur der Renaissance

Für die Reihe *Indices zur lateinischen Literatur der Renaissance* wurde als Ergänzung zu den gedruckten Indexbänden eine CD-ROM-Version entwickelt. Auch über dieses Projekt wurde laufend, zuletzt im Jahrbuch 2000 (S. 257f.) berichtet. Mit der CD-ROM werden dem Benutzer die Texte und Indices aller bearbeiteten Autoren mit einem Griff verfügbar. Jede beliebige Textstelle ist über den Index oder unabhängig von ihm bequem und leicht zu finden. Auf diese Weise wird es möglich, unter einem Lemma lückenlos alle Belegstellen aus der gesamten Literatur der Renaissance zu verzeichnen. Dabei wird für die CD-ROM volle Buchkompatibilität gewährleistet: Der Benutzer findet in der elektronischen Fassung eine Buchumgebung vor wie in den Texteditionen und gedruckten Indices. Individuell kann er Randglossen oder Notizen in die Texte einbringen und auf einem elektronischen Notizblock eine Materialsammlung zur verfügbaren Literatur erstellen.

Auch in diesem Projekt wird der Weg von den elektronisch erfaßten Texten über den internationalen Standard SGML zur fertigen CD-ROM beschritten. Auf dieser Grundlage wurde eine graphische Benutzerschnittstelle entwickelt, die auf einfache Art und Weise den Zugriff auf die Daten ermöglicht. Verknüpfungen innerhalb der Indizes und vom Index in die Texte und umgekehrt werden in der Form von Hyperlinks realisiert, so daß eine zielstrebige Navigation durch den gesamten Datenbestand unterstützt wird.

Nach der Komplettierung des Datenbestandes im Frühjahr 2000 wurde bis zur Präsentation auf der Buchmesse durch den Olms-Verlag im Oktober 2000 an der Fertigstellung der graphischen Oberfläche und der Integration der Verknüpfungen zwischen den Indices und den Texten gearbeitet. Abschließende Arbeiten bestanden in der endgültigen Konfiguration des Programmes für die Betriebssysteme Windows und LINUX bis zur Bereitstellung einer Master-CD, die über den Verlag zur Produktion weitergegeben wurde. Die CD-ROM wird seit Frühjahr 2001 in einer vorläufigen Auflage von 100 Stück über den Verlag vertrieben.

Publikationen:
Indices zur lateinischen Literatur der Renaissance – ILLR CD-ROM Version 1.0: Coluccio Salutati – Index. Hildesheim 2001.
(s. unter http://www.olms.de/buchtips/illr/illr.html)

Digitales Mittelhochdeutsches Textarchiv

Ziel der ersten Förderphase dieses Projekts, über das zum ersten Mal im Jahrbuch 2000 (S. 259f.) berichtet wurde, ist es, zunächst einen Kernbestand von rund 100 mittelhochdeutschen Texten und Textsammlungen mit ihren Glossaren zu digitalisieren, für die elektronische Nutzung in verschiedenen Medien aufzubereiten und mit dem bereits vorliegenden elektronischen Verbund der Mittelhochdeutschen Wörterbücher (vgl. oben) zu verknüpfen. Das Vorhaben ist als internationales Kooperationsprojekt mit dem Electronic Text Center (= ETC) an der University of Virginia in Charlottesville (USA) konzipiert und wird von der DFG und der NSF gefördert. Die Projektarbeiten konnten auf Trierer Seite im Januar, auf amerikanischer Seite im April 2001 aufgenommen werden.

Die Aufgaben des ersten Projektjahres in Trier bestanden zunächst in der Vorbereitung der Texte für die Erfassung und anschließend in der Prüfung und Korrektur der maschinenlesbar gemachten Texte und Glossare, die von der Firma TQY-DoubleKey in Nanjing (China) doppelt erfaßt wurden. Dieser Arbeitsschritt wurde für die Texte im laufenden Jahr weitgehend abgeschlossen. Ein weiterer Arbeitsschritt, der an die Erfassung und Korrektur anschließt, besteht in der inhaltlich-strukturellen Textauszeichnung in SGML/XML, die in Kooperation mit der amerikanischen Partnerarbeitsgruppe am ETC durchgeführt wird. Das ETC bereitet die Texte und Glossare durch die Auszeichnung für verschiedene internet-basierte Nutzungsmöglichkeiten vor, die die historische Sprach- und Literaturwissenschaft sowie die anderen mit mittelhochdeutschen Texten befaßten Traditionswissenschaften an Texte oder Textcorpora richten. Ferner bildet die Auszeichnung die Grundlage für die Realisierung der verschiedenen Verknüpfungsmöglichkeiten: Dabei ist vor allem an die Verknüpfung der Texte und Glossare mit dem *Findebuch zum mittelhochdeutschen Wortschatz* (1992) gedacht, das im elektronischen Verbund mittelhochdeutscher Wörterbücher enthalten ist und das keine Belegzitate, sondern nur Verweise auf die Textglossare enthält. Das Digitale Textarchiv umfaßt daher alle Texte und Glossare des *Findebuchs*. Durch die Verknüpfung mit dem digitalen Textarchiv können die Nutzungsmöglichkeiten und der Leistungsumfang des Wörterbuchverbundes weiter gesteigert und verbessert werden. Weitere Verknüpfungsmöglichkeiten ergeben sich z.B. mit dem neuen mittelhochdeutschen Wörterbuch. Schließlich wurde im Berichtsjahr das Konzept für eine Benutzungsoberfläche im WWW entwickelt, die es erlaubt, das Digitale Textarchiv über den Web-Browser zu konsultieren und gezielte Abfragen an es zu richten. Erste Funktionen des Web-Interface wurden mit intensiver beratender Unterstützung des Kompetenzzentrums bereits entwickelt und werden zur Zeit erprobt.

Nach einem ersten Besuch der Trierer Arbeitsgruppe in Charlottesville/USA im Herbst 2000, bei dem der Zeit- und Arbeitsplan des Projekts konkretisiert wurde, erfolgte im Oktober 2001 der Gegenbesuch in Trier, bei dem zentrale Fragen der inhaltlichen-strukturellen Auszeichnung historischer Texte intensiv erörtert wurden. Beide Treffen haben die Vorteile und Möglichkeiten der internationalen Kooperation auf dem Gebiet des Einsatzes avancierter Techniken und Methoden in den Geisteswissenschaften deutlich gezeigt.

Homepage des Projekts: http://germa83.uni-trier.de/MhdTA/welcome.htm.

Internetbasiertes Artikelredaktionssystem für die Produktion und Publikation von Wörterbüchern in dezentralen Arbeitsstellen

In Zusammenarbeit mit den Arbeitsstellen des Mittelhochdeutschen Wörterbuchs wurde bereits im Jahr 2000 ein für viele Akademiearbeitsstellen interessantes Vorhaben erörtert, das die Entwicklung eines Redaktionssystems vorsieht, welches die Wörterbucharbeit in mehreren, räumlich voneinander getrennten Arbeitsstellen unterstützt und das die Publikation in verschiedenen Medien (Buchdruck, WWW, CD-ROM) erlaubt. Gemeinsam mit der Trierer Wörterbucharbeitsstelle wurden die technischen Spezifikationen und die gewünschten Leistungsmerkmale des Systems erarbeitet, in dessen Zentrum eine internetfähige Datenbank steht, in der alle relevanten Daten (Quellentexte, Wörterbuchartikel, bibliographische Angaben usw.) gespeichert sind. Für die lexikographischen Arbeitsplätze der Wörterbuchredakteure wurde ein Programm konzipiert, das auf die in der Datenbank gespeicherten Informationen über das Internet zugreift und außerdem alle nötigen Werkzeuge für die eigentliche Wörterbucharbeit bereitstellt (z.B. Ordnen und Kommentieren von Wörterbuchbelegen).

Die zentralen Funktionen des Artikelredaktionssystems wurden zu einem Konzept für einen Prototypen zusammengefaßt, der von einem Diplomanden der Fachhochschule Trier (Standort Birkenfeld) im Rahmen seiner Diplomarbeit implementiert wurde. Die Diplomarbeit wurde vom Kompetenzzentrum und von der Trierer Akademie-Arbeitsstelle des Mittelhochdeutschen Wörterbuchs betreut und im Mai des Berichtsjahres eingereicht. Der Prototyp wurde in beiden Arbeitsstellen des Mittelhochdeutschen Wörterbuchs erprobt und im April 2001 der Tübinger Arbeitsgruppe des *Tristan*-Wörterbuchs um Prof. Dr. Paul Sappler vorgestellt. Die Resonanz auf den Prototypen war so ermutigend, daß ein Projektantrag an die DFG gerichtet wurde, der den Ausbau des Prototypen zu einem stabilen Redaktionssystem für die Routineproduktion von Wörterbuchartikeln zum Ziel hat. Es wird mit einem positiven Bewilligungsbescheid gerechnet.

Im Juli 2001 wurden 10.000 DM aus dem Forschungsfonds der Universität Trier als Anschubfinanzierung für das Projekt bewilligt, die dazu eingesetzt wurden, um den inzwischen examinierten FH-Absolventen Frank Queens mit dem weiteren Ausbau des Systems und der Vorbereitung des DFG-Projekts zu beschäftigen. Dabei stehen die Verbesserung und Erweiterung der Funktionen des Artikeleditors und die Entwicklung einer SGML/XML-Schnittstelle im Mittelpunkt der durchzuführenden Arbeiten.

Im Rahmen der erwarteten DFG-Förderung soll das Artikelredaktionssystem durch weitere zentrale Funktionen (z.B. ein Lemmatisierungswerkzeug) vervollständigt und an die Erfordernisse anderer Wörterbuchprojekte angepaßt werden.

Publikation

Frank Queens: Ein plattformunabhängiges Redaktionssystem für Wörterbücher basierend auf einer Client/Server-Architektur. Diplomarbeit FH Trier / Birkenfeld 2001.

Hethitische Forschungen

„Das Arbeitsvorhaben der Mainzer Akademie erwuchs aus nunmehr fünfzigjähriger Sammlungs- und Editionstätigkeit sowie der Mitwirkung bei den Ausgrabungen des Deutschen Archäologischen Instituts in Bogazköy-Hattuša (Türkei). Die Aufgabe besteht seit Beginn des Forschungsprojekts in der archivmäßigen Sammlung der bei den Ausgrabungen in Bogazköy gefundenen Keilschrifttafeln in Form von Autographien, Transkriptionen und Fotos, in der thesaurusartigen Erfassung des Textmaterials im Hinblick auf Lexikon, Grammatik und Sachaussagen, in der Erstveröffentlichung der Keilschrifttexte, sowohl aus den früheren reichen Funden wie den neuen Grabungen in der Akademie-Reihe *Keilschrifttexte aus Boghazköi* und schließlich in der philologischen Bearbeitung sowie sprachwissenschaftlichen Auswertung dieser Texte in der Akademie-Reihe *Studien zu den Bogazköy-Texten*“ (http://www.adwmainz.de/AkademieHomePage/geisthethit.htm).

Für das Projekt wurde eine Arbeitsumgebung zur Erfassung, Bearbeitung und Publikation der Fundstücke erstellt. Dies beinhaltet die Konvertierung der bisher im dBase-Format erstellten Daten in ein standardisiertes Datenformat und die Entwicklung eines Programms zum komfortablen Arbeiten mit dieser Datenbasis. Dazu wurde zunächst eine graphische Oberfläche erstellt und Routinen zur Automatisierung der anfallenden Arbeitsschritte und zur Unterstützung der Tätigkeit des Bearbeiters entwickelt. Funktionen, die das Programm unter anderem bietet, sind die Eingabe, Bearbeitung und Löschung von Fundstücken (einschließlich der dazugehörigen Informationen wie Fundort, Publikationsnummer etc.), automatische Zusammenfügung von Joins (benachbarten Stücken), Suche in der Datenbasis und, soweit möglich, Hilfestellungen für den Benutzer bei der Dateneingabe. Ferner ermöglicht das Programm es, die Fundstücksliste ganz oder auszugsweise mit allen zugehörigen Informationen für die Publikation im HTML-Format vorzubereiten. Zusätzlich können nach verschiedenen Kriterien sortierte Indizes erstellt werden, die ebenfalls zur Publikation benötigt werden.

Verbund von Wörterbüchern westmitteldeutscher Dialekte

Geplantes Projekt des Kompetenzzentrums, das in Zusammenarbeit mit der Akademie der Wissenschaften und der Literatur Mainz, dem Franz Steiner Verlag, Stuttgart, Prof. Dr. Thomas Klein, Institut für geschichtliche Landeskunde der Universität Bonn, und Dr. Rudolf Post, Badisches Wörterbuch, Universität Freiburg, durchgeführt werden soll.

Der Wortschatz sämtlicher Dialekte des westlichen Mitteldeutschen ist in abgeschlossenen Dialektwörterbüchern verzeichnet, die eng aufeinander bezogen sind. Der Nutzen dieser Wörterbücher – es handelt sich vor allem um das *Rheinische Wörterbuch*, das *Luxemburgische Wörterbuch*, das *Wörterbuch der elsässischen Mundarten*, das *Wörterbuch der deutsch-lothringischen Mundarten* und das *Pfälzische Wörterbuch* – könnte beträchtlich gesteigert werden, wenn diese in einem elektronischen Verbund publiziert würden. Als Ausgangspunkt eines solchen Verbundes bietet sich das *Pfälzische Wörterbuch* an, das sich durch die obligatorischen Verweise auf die Wörterbücher der rheinischen, südhessischen, badischen, elsässischen und lothringischen Mundarten in besonderer Weise als erster Baustein für den Aufbau eines Dialektwörterbuch-Verbundes eignet.

Durch eine Anschubfinanzierung aus dem Forschungsfonds der Universität Trier in Höhe von 16.400 DM für die Digitalisierung des *Pfälzischen Wörterbuchs* konnten im Jahr 2001 entsprechende Vorarbeiten an den bereits maschinenlesbar vorliegenden Bänden 4, 5 und 6 des *Pfälzischen Wörterbuchs* erbracht werden; die Vorarbeiten zielten auf die Entwicklung von Konversionsroutinen und auf die Entwicklung erster Routinen zur Auszeichnung der Wörterbuchartikel. Parallel zu diesen Arbeiten wurden die Bände 1, 2 und 3 des *Pfälzischen Wörterbuchs* im *double keying*-Verfahren in China erfaßt.

Im einzelnen wurden folgende Arbeitsschritte durchgeführt: Zunächst wurden die von der Akademie-Arbeitsstelle des *Pfälzischen Wörterbuch-Archivs* in Kaiserslautern zur Verfügung gestellten WORD-Dateien in das TUSTEP-Format konvertiert und zusammengefaßt, wobei die darin enthaltenen Kodierungen, insbesondere die für die Schriftauszeichnung, mit dafür hergestellten TUSTEP-Programmen vereinheitlicht wurden. Anschließend wurde per Programm die alphabetische Reihenfolge der Artikel, die regelmäßige Aufeinanderfolge der Gliederungsmarken in jedem Artikel und das Vorkommen bestimmter fehlerhafter Buchstabenkombinationen überprüft. Als Ergebnis der Fehleranalyse ist festzuhalten, daß Band 4 des Wörterbuchs neu erfaßt werden muß, da die vorhandenen Dateien beträchtliche Abweichungen gegenüber dem gedruckten Wörterbuch aufweisen.

Auf der Grundlage der bereits vorliegenden Daten wurden außerdem erste Routinen zur SGML-konformen inhaltlichen Auszeichnung der Daten entwickelt; diese Programme müssen fortgeschrieben werden und vor allem muß überprüft werden, ob die an den vorliegenden Daten entwickelten Routinen herangezogen werden können, um auch die Daten der neu erfaßten Bände 1, 2 und 3 auszuzeichnen.

Die Auszeichnung des *Pfälzischen Wörterbuchs* wurde in enger Zusammenarbeit einer wissenschaftlichen Hilfskraft des Kompetenzzentrums mit den Dipl.-Bibliothekaren Eva Geibert und Wolfgang Bausch von der Universitätsbibliothek Trier durchgeführt. Die auf diese Weise an die Universitätsbibliothek vermittelte Expertise im Umgang mit TEI-konformem Markup kommt nun der zügigen Durchführung ihres von der DFG geförderten und in Kooperation mit dem Kompetenzzentrum in Angriff genommenen Projekts der elektronischen Publikation der 242 Bände umfassenden *Oeconomischen Enzyklopädie* von J.G. Krünitz (1773–1858) zugute.

Zur Vorbereitung eines Förderantrags wurde die jeweilige Zeichenzahl zur Erfassung der Bände des *Rheinischen Wörterbuchs*, des *Wörterbuchs der elsässischen Mundarten* und des *Wörterbuchs der deutsch-lothringischen Mundarten* ermittelt und entsprechende Kostenvoranschläge erstellt.

Um Möglichkeiten zum Aufbau des Verbundes zu erproben, wurden zunächst die Stichwörter jeweils der N-Strecken der Wörterbücher westmitteldeutscher Dialekte und des *Deutschen Wörterbuchs* der Brüder Grimm eingegeben, in einem automatisierten Verfahren kompiliert und alphabetisch sortiert. Anschließend wurde geprüft, ob die unmittelbar aufeinander folgenden Stichwörter ggf. einander entsprechen.

Das Zusammenführen und Zuordnen der Stichwörter ist allerdings problematisch, weil ganz unterschiedlich angesetzte Stichwörter verglichen werden. Einmal werden regelrechte Dialektformen als Stichwörter (z.B. im *Wörterbuch der deutsch-lothringischen Mundarten*) verwendet, ein anderes Mal werden nach bestimmten etymologischen oder phonetischen Regeln an das Standarddeutsche angeglichene Stichwörter (z.B. im *Rheinischen* oder im *Pfälzischen Wörterbuch*) angesetzt, ein weiteres Mal werden neuhochdeutsche Stichwörter (z.B. im *Deutschen Wörterbuch*) verwendet. Außerdem sind die Stichwörter des *Rheinischen Wörterbuchs* in Wortfamilien, die des *Wörterbuchs der Elsässischen Mundarten* nach dem Schmellerschen System angeordnet, so daß viele der dort angeführten Stichwörter nicht in der N-Strecke, sondern in anderen Buchstabenstrecken der verglichenen Wörterbücher zu suchen wären.

Angesichts der gerade skizzierten Problematik stand der tatsächliche Befund zu erwarten: Einander entsprechende Stichwörter sind eher selten zu finden, und nicht immer dürfen gleichen Wortformen auch gleiche Bedeutungen oder gleiche Herkunft des Wortes zugesprochen werden, weshalb Zuordnungen nicht ‚rein mechanisch' vorgenommen werden können. Der Aufbau eines Dialektwörterbuchverbundes ist daher eine Arbeit, die ein hohes Maß an philologischem Wissen voraussetzt. Eine ökonomische Verfahrensweise scheint darin zu liegen, von einer ‚Verbundkeimzelle' zwischen *Pfälzischem Wörterbuch* und *Deutschem Wörterbuch* ausgehend die obligatorischen Verweise des *Pfälzischen Wörterbuchs* in die anderen Dialektwörterbücher zu nutzen, um entsprechende Artikel einander zuordnen zu können.

Ein Antrag auf Förderung eines Dialektwörterbuchverbundes durch die DFG ist derzeit in Vorbereitung.

Historisch-kritische Ausgabe der Werke Herzog Anton Ulrichs

Über die Arbeiten des Kompetenzzentrums an diesem Projekt der Mainzer Akademie wurde im Jahrbuch 2000 (S. 260f.) berichtet; vgl. ferner den Bericht der Kommission für deutsche Philologie in diesem Jahrbuch (S. 227). Es betrifft auch den Bereich des elektronischen Satzes anspruchsvoller wissenschaftlicher Grundlagenwerke wie etwa komplexer kritischer Editionen oder Wörterbücher, für den es an der Universität Trier eine lange Tradition und langjährige erfolgreiche Zusammenarbeit mit verschiedenen Verlagen (z.B. Niemeyer, frommann-holzboog, Hirzel, Akademie-Verlag) gibt. Dabei spielt vor allem die Satzkomponente von TUSTEP eine Rolle.

Im Berichtsjahr wurden für den Textteil des VI. Bandes der *Römischen Octavia* nach mehrfachen Korrekturdurchgängen eine Druckvorlage angefertigt und an den Hiersemann Verlag verschickt. Für den dazugehörigen Apparatband hat der Verlag ebenfalls dem Kompetenzzentrum einen Auftrag zur Satzerstellung und Lieferung von druckfertigen Daten erteilt. Es wurde gemäß den Vorschlägen der Arbeitsstelle eine Satzprobe für den Apparatband erstellt und im November 2001 an den Verlag weitergeleitet.

Zu den Bänden II, IV und V wurden für die Anfang 2002 vorgesehene Erfassung in China jeweils zwei Sätze Kopien vorgelegt. Diese sind auf Vollständigkeit und Lesbarkeit überprüft und für die Versendung nach China vorbereitet worden. Sobald der Verlag den Satzauftrag erteilt hat, wird nach der Erfassung zuerst Band IV für den Satz vorbereitet.

Russisch-deutsches Wörterbuch

Über die Arbeiten des Kompetenzzentrums zum Mainzer Akademie-Vorhaben des *Russisch-deutschen Wörterbuchs* wurde im Jahrbuch 2000 (S. 258) berichtet; vgl. auch den Bericht der Kommission für slavische Philologie und Kulturgeschichte S. 238. Es soll die russische Sprache vor allem der zweiten Hälfte des 20. Jahrhunderts in ihrer Gesamtbreite erfassen und damit die inzwischen veralteten und meist nur auf die literarische Sprache beschränkten schon bestehenden Wörterbücher als Standardwerk ablösen. Die für derartige Werke neue Publikationsform auf CD-ROM ermöglicht bis zum Abschluß des Projektes (voraussichtlich im Jahre 2017) die stetige Pflege und Aktualisierung des darin enthaltenen Wortbestandes.

Die Magdeburger Arbeitsstelle dieses Projektes unter der Leitung von Renate Belentschikow erstellt zur Zeit die Wortstrecken der ersten drei Buchstaben des kyrillischen Alphabets, die mit einem Gesamtumfang von ca. 30.000 Lemmata im Jahre 2002 für die erste CD des Wörterbuches zur Veröffentlichung vorgesehen sind. Ziel der Zusammenarbeit mit dem Kompetenzzentrum ist die Konvertierung dieses Datenmaterials in ein plattformunabhängiges Datenformat und die Auszeichnung der im Text enthaltenen Strukturmerkmale entsprechend der Vorgaben des international zum Einsatz kommenden Standards der *Text Encoding Initiative* (TEI). Die Auszeichnung bildet die Voraussetzung für die vom Kompetenzzentrum betriebene Entwicklung einer Bildschirmoberfläche mit einer Vielzahl von Retrievalfunktionen.

Ausgehend von einer ersten Demonstration mit wenig umfangreichem Datenmaterial im Januar wurde im Verlauf des Jahres 2001 zunächst die Ausarbeitung eines umfangreichen TUSTEP-Makros zur Bereinigung und Auszeichnung der seit März im Word-Format eintreffenden Magdeburger Wörterbuchartikel vorangetrieben. Anschließend wurden die Arbeiten zur Integration der nunmehr im SGML/XML-Format vorliegenden Daten in Datenbanksysteme und die Entwicklung der Bildschirmoberfläche zu deren Nutzung durchgeführt.

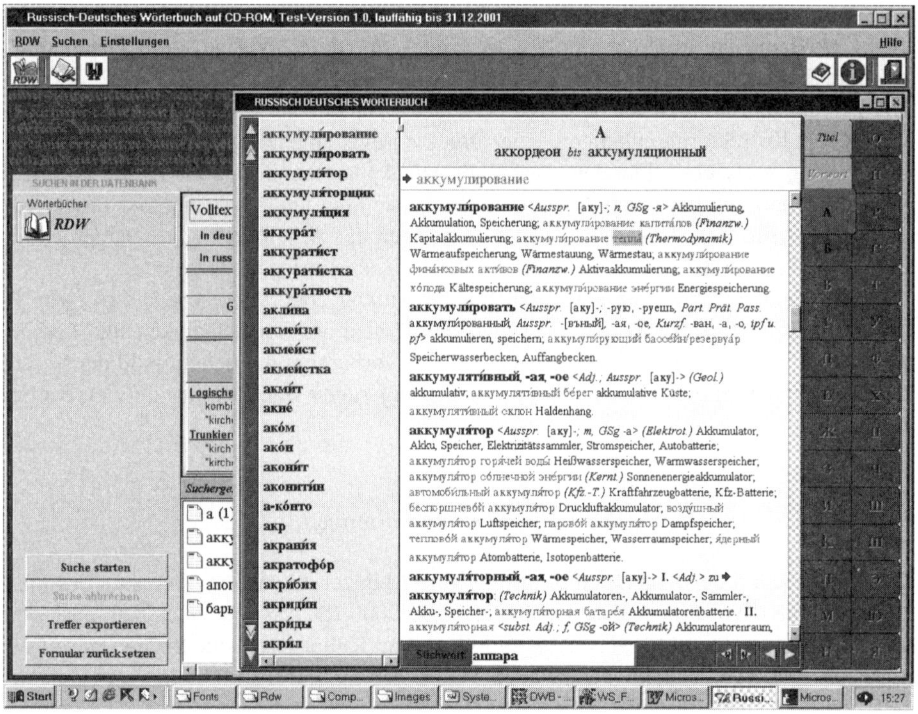

Graphische Oberfläche der CD-ROM für das *Russisch-deutsche Wörterbuch*

Die beiden bis zu diesem Zeitpunkt vollständig vorliegenden Wortstrecken A und B sowie Teile der folgenden Wortstrecke V konnten dem Fachpublikum des VIII. Deutschen Slavistentages in Potsdam (30.09.–03.10.2001) zusammen mit der ersten CD-ROM-Version erfolgreich vorgestellt werden. Die rege Diskussion im Anschluß an die Vorträge von Frau Renate Belentschikow und Dr. Hagen Reinstein zeigte das große Interesse an einer elektronischen Publikation des neuen Arbeitsmittels.

Beratung, Kostenvoranschläge, Texterfassung

Im Rahmen der Arbeiten des Kompetenzzentrums wurden weitere Arbeitsvorhaben, insbesondere solche aus dem Kreis der deutschen Akademien der Wissenschaften, beraten und bei der Konzeption von Projekten sowie bei der Ausarbeitung von Anträgen an Förderinstitutionen unterstützt. Aus den Beratungen resultierte in vielen Fällen die Aufforderung an das Kompetenzzentrum, Kostenvoranschläge zu erstellen, die die Datenerfassung, die Datenauszeichnung oder die Gestaltung graphischer Oberflächen bzw. die Gestaltung von Internet-Präsentationen betreffen.

Für ein Projekt zur Digitalisierung von Katalogen mittelalterlicher Handschriften (Projekt der Bayerischen Staatsbibliothek München) wurde ein Kostenvoranschlag zur Datenerfassung erstellt sowie zahlreiche Vorschläge zur Verbesserung des Pflichtenheftes zur Textauszeichnung gemacht. Die Pläne zur einer digitalen Marx-Engels-Gesamtausgabe (Vorhaben der Berlin-Brandenburgischen Akademie der Wissenschaften) wurden in mehreren Gesprächen mit Dr. Jürgen Herres, einem Mitarbeiter der Berliner Arbeitsstelle, erörtert, um einen Förderantrag vorzubereiten. Dabei wurde zunächst die Retrodigitalisierung von Band I/20 (Text- und Apparatband) durch das Kompetenzzentrum vereinbart. Für das Projekt einer Datenbank unselbständig erschienener Forschungsliteratur zu den Südasienwissenschaften (Prof. Dr. Walter Slaje, Universität Halle) wurde ein umfänglicher Kostenvoranschlag zur Datenkonvertierung, zum Aufbau der Datenbank und zur Gestaltung einer Internet-Präsenz vorgelegt. Der Entwurf eines Förderantrags, den Prof. Slaje ausgearbeitet hatte, wurde mit ihm und mit Hrn. von Hinüber ausführlich beraten.

Für den Max Niemeyer Verlag, Tübingen, wurde der Text einer Studienausgabe von Liedern Oswalds von Wolkenstein (ed. Moser/Wolf/Wolf, Altdeutsche Textbibliothek 55) per *double keying* erfaßt und in RTF konvertiert. In Absprache mit dem Verlag frommann-holzboog wurde für die Publikation der Fichte-Ausgabe auf CD-ROM ein detaillierter Kostenvoranschlag zur Konvertierung der vorliegenden Daten und der Entwicklung einer graphischen Benutzeroberfläche erstellt.

Weitere Kostenvoranschläge zur Datenerfassung durch die Firma TQY-DoubleKey (Nanjing, China) mit Korrekturabgleich am Kompetenzzentrum wurden für die Retrodigitalisierung der *Jahrbücher des Vereins für mecklenburgische Geschichte und Altertumskunde* (104 Bände mit ca. 35.000 Seiten; Vorhaben der Landesbibliothek Mecklenburg-Vorpommern) und für die Retrodigitalisierung des *Ordbog over det danske Sprog* (Vorhaben des Danske Sprog- og Literaturselskap) erstellt. Beratungsgespräche fanden auch statt zu Vorhaben über die Digitalisierung des *Althochdeutschen Wörterbuchs* (Vorhaben der Sächsischen Akademie der Wissenschaften, Leipzig), des *Handwörterbuchs der musikalischen Terminologie* (Vorhaben der Mainzer Akademie), des *Goethe-Wörterbuchs* (Vorhaben der Berlin-Brandenburgischen, Heidelberger und Göttinger Akademie), der *Deutschen Texte des Mittelalters* (Vorhaben der Berlin-Brandenburgischen Akademie) und des *Corpus der Minoischen und Mykenischen Sigel* (Vorhaben der Mainzer Akademie).

Durchführung des Internationalen Kolloquiums „Standards und Methoden der Volltextdigitalisierung"

Am 8. und 9. Oktober 2001 wurde an der Universität Trier das internationale Kolloquium „Standards und Methoden der Volltextdigitalisierung" durchgeführt. Veranstalter des Kolloquiums war das Kompetenzzentrum für elektronische Erschließungs- und Publikationsverfahren in den Geisteswissenschaften in Zusammenarbeit mit der Universitätsbibliothek, dem Universitätsrechenzentrum, dem Zentrum für wissenschaftliches elektronisches Publizieren an der Universität Trier sowie der Mainzer Akademie der Wissenschaften und der Literatur und der Union der deutschen Akademien der Wissenschaften.

Über 130 Teilnehmerinnen und Teilnehmer aus Deutschland, Belgien, Dänemark, Großbritannien, Österreich, der Schweiz, Südafrika und den Vereinigten Staaten bezeugten das lebhafte Interesse an einer breiten Diskussion über die Bedeutung der neuen Informations- und Kommunikationstechnologien. Daß sich neben den Fachwissenschaftlern auch zahlreiche Bibliothekare und Archivare sowie Vertreter aus der Verlagsbranche eingefunden hatten, sorgte für eine lebhafte Diskussion und einen umfassenden Gedankenaustausch.

Die Referate des ersten Tages befaßten sich mit der Rolle und Bedeutung elektronischen Publizierens für Bibliotheken (Susan Hockey, David Seaman) und Archive (Daniel Pitti, Angelika Menne-Haritz), diskutierten den Nutzen der neuen Technologien für einzelne wissenschaftliche Disziplinen (Gregory Crane, Edward Vanhoutte, Anne McDermott) und erörterten das Verhältnis von Informatik und Geisteswissenschaften (Günter Hotz, Michael Sperberg-McQueen). Diese Beiträge gaben einen einführenden Überblick und dienten zugleich als umfassender Rahmen für die Vorträge des folgenden Tages, die im wesentlichen aus der Arbeit an konkreten Projekten erwuchsen und sich mit Problemen der Lexikographie (Jørg Asmussen, Eveline Wandl-Vogt), den Kodierungsrichtlinien für größere Textbestände verschiedener Art (Wolfgang Schibel/Heinz Kredel, Markus Brantl/Karl Märker, Markus Enders) oder der elektronischen Edition kritischer Ausgaben (Ingrid Schmidt/Carolin Müller, Bernd Füllner/Johannes Fournier) befaßten. Darüber hinaus konnten sich die Teilnehmerinnen und Teilnehmer verschiedene am Kompetenzzentrum der Universität Trier durchgeführte Projekte – z.B. die elektronische Publikation des *Deutschen Wörterbuchs* der Brüder Grimm, die Erarbeitung von Text-Bild-Datenbanken für die Kunstgeschichte oder den Aufbau eines geschichtlichen Informationsnetzwerkes zum Rhein-Maas-Raum – demonstrieren lassen, eine Gelegenheit, die gerne auch als Anregung und Ermunterung für eigene *electronic publishing* Vorhaben aufgefaßt wurde und zu manchen Gesprächen führte, in denen mögliche Kooperationen mit dem Kompetenzzentrum angebahnt wurden.

Der wissenschaftliche Ertrag des Kolloquiums soll möglichst umgehend publiziert und als Abhandlung der Mainzer Akademie der Wissenschaften und der Literatur vorgelegt werden. Bis zum Erscheinen des Tagungsbandes geben Zusammenfassungen der Vorträge unter http://www.kompetenzzentrum.uni-trier.de einen Einblick in die behandelte Thematik.

3. Klasse der Literatur

Bericht Fritz

1. Abhandlungen

Im Jahr 2001 sind erschienen: Erwin Wickert, „Konfuzius – sein Leben und Scheitern" (Heft 1), Christian Schärf, „Alfred Döblins ‚Berlin Alexanderplatz'. Roman und Film. Zu einer intermedialen Poetik der modernen Literatur" (Hcft 2) und als Heft 3 Harald Hartung, „Machen oder Entstehenlassen. Erfahrungen beim Schreiben von Lyrik".

2. Die Mainzer Reihe

Bei der Wissenschaftlichen Buchgesellschaft erschien 2001 als Band 94 der Reihe die Sammlung von Dieter Hoffmann „Streublumenmuster – Ein Florilegium Kunst und Poesie". Die aus Anlaß des zwanzigjährigen Bestehens der Poetik-Dozentur von Hrn. Hillebrand herausgegebene Anthologie mit Beiträgen der Dozenten des Autorenseminars wurde zum Satz gegeben. Der Band wird unter dem Titel „Wo steht die Dichtung heute?" als Band 95 der Reihe im Frühjahr 2002 erscheinen. Ebenfalls in Vorbereitung ist eine von Hrn. Dittberner herausgegebene Sammlung kurzer Gedichte.

3. Poetikdozentur/Autorenseminare

Im Sommersemester 2001 war Rüdiger Safranski aus Berlin Gastdozent des Autorenseminars. Im Rahmen der Werkstattgespräche sprach er am 11. und 12. Juni 2001 über die Entstehung seiner Werke und las aus seiner Biographie „Ein Meister aus Deutschland. Heidegger und seine Zeit".

4. Autorenlesung

Im Rahmen der Februarsitzung fand am 15. Februar 2001 in der Akademie eine Lesung aus Anlaß des 100. Geburtstages von Marie Luise Kaschnitz am 31. Januar 2001 statt, bei der nach einer Einführung von Elisabeth Borchers die Akademiemitglieder Hans Bender, Walter Helmut Fritz, Harald Hartung und Bernhard Zeller aus dem Werk der Schriftstellerin lasen. In der Junisitzung stellte Erwin Wickert am 21. Juni 2001 den unter dem Titel „Die glücklichen Augen" erschienenen zweiten Teil seiner Autobiographie vor.

5. Literatur im Landtag

Mit einem literarisch-musikalischen Shakespeare-Abend setzte die Literaturklasse der Akademie am 30. Oktober 2001 ihre Reihe „Literatur im Landtag" fort. Gegenstand des Einleitungsvortrags von Dr. Stefana Sabin war das „biographische Mysterium" Shakespeare und seine literarische Allgegenwart, Gabriele Hierdeis (Sopran) und Thorsten Larbig (Klavier) stellten Vertonungen Sheakespear'scher Sonette und Lieder durch Komponisten des 18. Jahrhunderts bis zur Gegenwart vor.

6. Wilhelm-Heinse-Medaille

Im Berichtsjahr erhielt Hr. Hoffmann die Heinse-Medaille; die Auszeichnung, die in Form von insgesamt 20, nach einem Original des Bildhauers Toni Stadler angefertigten Abgüssen verliehen wurde, ist zum letzten Mal vergeben worden.

7. Lesung im Haus am Dom

Bei der diesjährigen Lesung im Haus am Dom stellten Norbert Miller und Gabriele Söhling am 8. November 2001 die im Herbst unter dem Titel „Geben Sie bald wieder ein Lebenszeichen. Briefwechsel 1943–1956“ erschienene Edition mit Briefen von und an den Schriftsteller Hans Erich Nossack vor.

*

Arbeitsstelle Hans Erich Nossack
Hans Erich Nossack, Briefwechsel 1943–1956
(Suhrkamp Verlag, Frankfurt am Main)

Im Berichtsjahr konnten die Arbeiten an der Edition des Briefwechsels von Hans Erich Nossack planmäßig abgeschlossen werden. Die unter dem Titel „Geben Sie bald wieder ein Lebenszeichen. Briefwechsel 1943–1956“ im Herbst 2001 erschienene Edition umfaßt einen Textband mit 654 Seiten und einen 365 Seiten umfassenden Kommentarband. Aus Anlaß des Erscheinens hielt die Herausgeberin Dr. Gabriele Söhling am 25. September 2001 in der „Denkbar“ in Frankfurt einen Vortrag mit dem Titel „Bekennen und begeistern. Die Kriegs- und Nachkriegsjahre im Spiegel der Briefe Hans Erich Nossacks“. Nach der Präsentation der Ausgabe im Rahmen der Jahresfeier der Akademie (vgl. 7. Lesung im Haus am Dom) wurden die Briefe am 14. November 2001 auch in Nossacks Heimatstadt Hamburg der Öffentlichkeit vorgestellt. In einer gemeinsamen Veranstaltung der Akademie, des Suhrkamp Verlags und der „ZEIT-Stiftung Ebelin und Gerd Bucerius“, die das Editionsprojekt zusammen mit der Kulturstiftung der Länder gefördert hatte, gab die Herausgeberin eine Einführung in die Edition; aus den Briefen las der Schauspieler Hanns Zischler.

GARTEN-LUST. GEDICHTE UND TÄNZE AUS DEM BAROCK

Matinée im Landesmuseum Mainz

Kleine Rede, gehalten von Dieter Hoffmann
am 20. Mai 2001 in Mainz*

Meine Damen und Herren,
Freunde der Bilder, Gärten, Tänze, Lautenspiele und Gedichte!

Was ist eine Rubensdame? Eine nur scheinbar genaue, letztlich höchst ungenaue vox populi für eine üppige Schönheit. Als ob Peter Paul Rubens nur dicke Damen gemalt hätte! „Höfe und Gärten der Rubenszeit" aber ist ein guter Titel der prächtigen Ausstellung, die uns heute umgibt.

Der Terminus „Rubens-Zeit" lenkt den Blick über den Barock allgemein hinaus auf den Malerfürsten, der in Antwerpen mit seinem schloßartigen Anwesen und dazugehörigem Garten es altem Adel und machtgewinnendem Bürgertum wie selbstverständlich gleichtat.

Rubens, geboren 1577, gestorben 1640, steht für Barock schlechthin und ist doch wieder anders als die wenig jüngeren Rembrandt oder Velazquez.

Barock ist Frühbarock, Hochbarock, Spätbarock. Dem Barock – über zwei Jahrhunderte – haften hier und da noch renaissancistische Momente an, und schon rokokohafte. Ein scheinbares Paradox: Barock ist gar nicht immer so „barock". Ein namhafter Kunstschriftsteller der ersten Hälfte des Zwanzigsten Jahrhunderts, Karl Scheffler, sprach gar von einem immer wiederkehrenden Barock. Aber der Barock stand nicht allzeit in der Gunst der Kunstgeschichte; die barocke Dichtung, insonderheit die der Ersten und Zweiten Schlesischen Dichterschule, wurde von nachfolgenden Generationen gern als „Geschmacklosigkeit" und als „Schwulst" verdammt.

Mit Wonne erfanden die Dichter des Barock kostbare Wörter, ungewöhnliche Metaphern, emblematische Versatzstücke. Das Dichten wurde betrieben wie Blumenzucht. Die fränkischen Dichter, die sich als „Pegnitzschäfer" gerierten, hatten realiter die „Nürnbergische Hesperides" vor sich, da es zum Guten Ton gehörte, daß jeder Patrizier seine Orangerie unterhielt.

Von Straßburg bis Königsberg wetteiferten die deutschen Poeten, gründeten Gesellschaften und Akademien und verliehen einander wohlriechende Namen. Naives Pathos läßt uns manches Barockgedicht wie in einem untergegangenen Dialekt erscheinen. Doch klingt anderes unerhört modern – erinnern nicht die verketteten Binnenreime von Johann Klaj an Rap-Musik? Und kann man, andererseits, schlichter und klarer sein, als es Paul Gerhardt ist mit seinem als Kirchenlied bekannten Gedicht „Geh aus, mein Herz, und suche Freud"?

---

* Eine Gemeinschaftsveranstaltung der Akademie der Wissenschaften und der Literatur, dem Landesmuseum Mainz und dem Ensemble für historische Tänze der Johannes Gutenberg-Universität Mainz.

Woher das Wort „Schwulst“? Wohl von Schwellen, also Wachsen und Gedeihen. Womit wir wieder bei der „Rubensdame“ wären. Nicht weniger aber bei den Gärten. Und die waren angefüllt nicht nur mit Beeten, Hecken, Broderien und Charmillen, Wasserspielen, zierlichen Kanälen, unterbrochen von Volièren, mythologischen Figuren, überwölbt von Feuerwerken, und besucht von Liebespaaren, Kavalieren, Höflingen, Lakaien, selbstverständlich Gärtnersleuten, Musikanten und Poeten.

Den Zeitgenossen des Barock galt das Gemüse schön wie die Blume, der Kürbis bewundernswert wie die Tulpe. Gegensätze wurden harmonisiert. Tänze ahmten das Tier – die Stelzvögel – nach, und die Automate. Buffon war barock, und La Mettrie war barock, La Mettrie, der „l'homme machine“ schrieb, den Maschinenmenschen. Der war eiskalter Materialist, Atheist, in einer Welt religiöser Inbrunst. Die Glaubensverzückung kannte keine Grenzen, und die erotische Sinnlichkeit kannte keine. Schwarmgeister hielt nichts ab, himmlische und irdische Liebe zu vermischen. An der schwellenden Brust lehnt der grinsende Totenschädel. Die Lust zu leben, hieß vom Ende reden, als könnte sie dies bannen. An der Hamburger Barock-Oper wurde nicht mit komischen frivolen Arien gespart, und in Hamburg feierte Barthold Hinrich Brockes den christlichen Glauben aus inniger Betrachtung der Natur, ein „Irdisches Vergnügen in Gott“.

Gern spielte man auf Reize der vier Jahreszeiten an. Der Engländer James Thomson hat sie bedichtet, der Habsburger Haydn hat sie – um 1800 noch – vertont. Bildhauer haben sie als Putten gezeugt.

Wir haben die vier Jahreszeiten eingeladen, allesamt weiblich, anmutig wie Nymphen und Dianen, die Fräulein Frühling, Sommer, Herbst und Winter. Der Griff in die Dichtkunst war wie der in die Lostrommel oder in eine Fischreuse; es war verführerisch, aus der Fülle zu wählen, nicht leicht, sich zu beschränken. Jede der jungen Damen wird mit einem Jahreszeiten-Gedicht beginnen, das jeweils die Vorzüge dieser, die sie personifiziert, vor Auge und Ohr stellt. Barocke Tänze durchbrechen die Deklamation – oder diese, wie man will, durchbricht die Tänze.

Die Gartendichtung des Barock hat vornehme Ahnen in der Antike, in Gedichten vom Landbau und von der Mythologie. Köstliche Dichtung, saftig und süß, verdanken wir dem Ovid, seiner spannenden Schilderung des – erfolgreichen – Liebeswerbens von Autumnus, dem Herbst, um Pomona, die Göttin der Früchte.

Nicht erst die Kriege, seit dem Dreißigjährigen, haben die barocken Gärten vernichtet; auch eine andere Mode hat sie verdrängt. Der Englische Gartenstil wurde auch von Frankreich als „etwas anderes“ mit Neugier aufgenommen.

Der Dichter der sterbenden Romantik schon, Joseph von Eichendorff, trauerte im Neunzehnten Jahrhundert: „Kaiserkron und Päonien rot, die müssen verzaubert sein, Vater und Mutter sind lange tot, was blühn sie hier so allein? Der Springbrunn plaudert noch immerfort von der alten schönen Zeit, eine Frau sitzt eingeschlafen dort, ihre Locken bedecken ihr Kleid.“ Zwischen Fin de siècle und Beginn des Zwanzigsten Jahrhunderts hielt Hugo von Hofmannsthal einen Abgesang auf das „Wien des Canaletto“: „Hohe Gitter, Taxushecken, Wappen nimmermehr vergoldet, Sphinxe, durch das Dickicht schimmernd . . . Rokoko, verstaubt und lieblich“. Und Stefan George forderte elegisch auf: „Komm in den totgesagten park und schau . . .“
Schauen wir zurück – in den lebendigen!

Veröffentlichungen der Akademie

ABHANDLUNGEN
der Akademie der Wissenschaften und der Literatur, Mainz
erschienen im Franz Steiner Verlag, Stuttgart
2001

I. MATHEMATISCH-NATURWISSENSCHAFTLICHE KLASSE

1. Karl-Hermann Meyer zum Büschenfelde: Entwicklung und Bewertung des wissenschaftlichen Fortschritts in der Medizin. 26 Seiten. ISBN 3-515-07875-4.

2. Focko Weberling: Reappraisal of our current knowledge of the genus *Stangea Graebn.* (Valerianaceae). 51 Seiten. ISBN 3-515-07927-0.

3. Gerhard Furrer: Alpine Vergletscherung vom letzten Hochglazial bis heute. 49 Seiten mit 30 z.T. farbigen Abbildungen. ISBN 3-515-07928-9.

4. Werner Nachtigall: Technische Biologie von Umströmungsvorgängen und Aspekte ihrer bionischen Übertragbarkeit. 23 Seiten. ISBN 3-515-07943-

5. Günter Hotz: Der Informationsbegriff aus Sicht der Informatik. 47 Seiten. ISBN 3-515-07956-4.

6. Franz Gustav Kollmann: Modellierung des inelastischen Verhaltens metallischer Werkstoffe. 34 Seiten. ISBN 3-515-08063-5.

II. GEISTES- UND SOZIALWISSENSCHAFTLICHE KLASSE

1. Friedhelm Debus (Hrsg.): Namenkundliche Beiträge. Wolfgang P. Schmid zum 70. Geburtstag. 60 Seiten. ISBN 3-515-07925-4.

2. Helmut Hesse (Hrsg.): Zukunftsfragen der Gesellschaft. Vorträge des Symposions vom 16. Februar 2001. 59 Seiten. ISBN 3-515-07929-7.

III. KLASSE DER LITERATUR

1. Erwin Wickert: Konfuzius – sein Leben und Scheitern. 17 Seiten. ISBN 3-515-07923-8.

2. Christian Schärf: Alfred Döblins Berlin Alexanderplatz. Roman und Film. Zu einer intermedialen Poetik der modernen Literatur. 46 Seiten. ISBN 3-515-07955-6.

3. Harald Hartung: Machen oder Entstehenlassen. Erfahrungen beim Schreiben von Lyrik. 29 Seiten. ISBN 3-515-08030-9.

SONSTIGE VERÖFFENTLICHUNGEN DER AKADEMIE

I. MATHEMATISCH-NATURWISSENSCHAFTLICHE KLASSE

Biona Report

Biologie und angrenzende Naturwissenschaften. Schriftenreihe der Akademie der Wissenschaften und der Literatur, Mainz, Kommission für Biologie (Arbeitsgruppe Technische Biologie und Bionik [TBB]) herausgegeben von Werner Nachtigall. Akademie der Wissenschaften und der Literatur, Mainz, 2001.

15. Alfred Wisser und Werner Nachtigall (Hrsg.): Technische Biologie und Bionik 5, 5. Bionik-Kongreß; Dessau 2000. XI, 351 Seiten. ISBN 3-9807335-1-3.

Colloquia Academica – Akademievorträge junger Wissenschaftler

Akademie der Wissenschaften und der Literatur Mainz in Verbindung mit der Johannes Gutenberg-Universität und dem Ministerium für Bildung, Wissenschaft und Weiterbildung des Landes Rheinland-Pfalz. Franz Steiner Verlag, Stuttgart, 2001.

N 2000: Albert Jeltsch: Das ATGC des Lebens – Chancen und Risiken der Genomforschung. 30 Seiten. ISBN 3-515-07893-2.

Einzelveröffentlichungen

Peter Ax: Das System der Metazoa III. Ein Lehrbuch der phylogenetischen Systematik. Spektrum Akademischer Verlag, Heidelberg, 2001. 282 Seiten.
ISBN 3-8274-1179-3.

Erdwissenschaftliche Forschung

Im Auftrag der Kommission für Erdwissenschaftliche Forschung der Akademie der Wissenschaften und der Literatur, Mainz, herausgegeben von Wilhelm Lauer. Franz Steiner Verlag, Stuttgart, 2001.

Band XXXVIII: Elisabeth Schmitt: Untersuchungen zur Regenerationsfähigkeit arktischer und subarktischer Ökosysteme nach natürlichen und anthropogenen Störeinflüssen. Fallbeispiele aus Spitzbergen, den Selwyn/Mackenzie Mountains (West-Kanada) und Schwedisch-Lappland. 236 Seiten mit 19 Tabellen, 59 Abbildungen, 5 Karten und 18 Fotos. ISBN 3-515-07606-9.

Band XXXIX: Wilhelm Lauer, M. Daud Rafiqpoor, Ingeborg Theisen: Physiogeographie, Vegetation und Syntaxonomie der Flora des Páramo de Papallacta (Ostkordillere Ecuador). XIII, 197 Seiten mit 47 Abbildungen, 38 s/w Fotos, 166 Farbfotos, 8 Texttabellen, 2 Kartenbeilagen und Tabellenanhang. ISBN 3-515-07915-7.

II. GEISTES- UND SOZIALWISSENSCHAFTLICHE KLASSE

Archiv für Begriffsgeschichte

Begründet von Erich Rothacker. Im Auftrag der Kommission für Philosophie und Begriffsgeschichte der Akademie der Wissenschaften und der Literatur, Mainz. Herausgegeben in Verbindung mit Hans Georg Gadamer und Karlfried Gründer von Gunter Scholtz. (Reihe bis 1999 bei Bouvier Verlag, Bonn), Felix Meiner Verlag, Hamburg, 2001.

Band XLII: 272 Seiten. ISSN 0003-8946 (bereits im Jahrbuch 2000 vorangekündigt).

Sonderheft Jg. 2001: Dimitri Liebsch: Die Geburt der ästhetischen Bildung aus dem Körper der antiken Plastik. Zur Bildungssemantik im ästhetischen Diskurs zwischen 1750 und 1800. 211 Seiten. ISBN 3-7873-1589-6 (ISSN 1617-4399).

Augustinus-Lexikon

Herausgegeben von Cornelius Mayer in Verbindung mit Robert Dodaro, Volker Henning Drecoll, Therese Fuhrer, Wolfgang Hübener, Martin Klöckener, Serge Lancel, Goulven Madec, Christof Müller, Gerhard O'Daly, Alfred Schindler, Antonie Wlosok. Redaktion: Karl Heinz Chelius und Andreas E. J. Grote. Unter der Verantwortung der Akademie der Wissenschaften und der Literatur, Mainz. Schwabe & Co. AG, Basel, 2001.

Vol. 2, Fasc. 5/6: Donatistas (Contra –) – Epistulae. 209 Seiten, Spalten 641–1057. ISBN 3-7965-1676-9.

Beiträge zur Romanistik

(Fortsetzung der Reihe „Untersuchungen zur Sprach- und Literaturgeschichte der Romanischen Völker", Stuttgart, Franz Steiner Verlag). Herausgegeben von der Kommission für Romanische Philologie der Akademie der Wissenschaften und der Literatur, Mainz. Wissenschaftliche Buchgesellschaft, Darmstadt, 2001.

Band 5: Javier Gómez-Montero (Hrsg): Minorisierte Literaturen und Identitätskonzepte in Spanien und Portugal. Sprache – Narrative Entwürfe – Texte. XXVII, 413 Seiten. ISBN 3-534-13610-1.

Colloquia Academica – Akademievorträge junger Wissenschaftler

Akademie der Wissenschaften und der Literatur Mainz in Verbindung mit der Johannes Gutenberg-Universität und dem Ministerium für Bildung, Wissenschaft und Weiterbildung des Landes Rheinland-Pfalz. Franz Steiner Verlag, Stuttgart, 2001.

G 2000: Stefan Voigt: Verfassungswandel ökonomisch erklären: Fragen und Einsichten eines neuen interdisziplinären Forschungsprogramms. 30 Seiten. ISBN 3-515-07894-0.

Demotisches Namenbuch

Begründet von Erich Lüddeckens, fortgeführt von Heinz-Josef Thissen, bearbeitet von W. Brunsch, G. Vittmann, K.-Th. Zauzich. Im Auftrag der Akademie der Wissenschaften und der Literatur, Mainz. Dr. Ludwig Reichert Verlag, Wiesbaden, 2000.

Fortsetzung:
Band I, Lieferung 18: Namen-Indices, Verzeichnis der bibliographischen Abkürzungen, Publikationen und Quellen sowie Korrekturen und Nachträge. Zusammengestellt und bearbeitet von Günter Vittmann. 219 Seiten. ISBN 3-89500-169-4.

Forschungen zur antiken Sklaverei

Begründet von Joseph Vogt. Im Auftrag der Kommission für Geschichte des Altertums der Akademie der Wissenschaften und der Literatur, Mainz. Herausgegeben von Heinz Bellen und Heinz Heinen. Franz Steiner Verlag, Stuttgart, 2001.

Band XXXV: Fünfzig Jahre Forschungen zur Antiken Sklaverei an der Mainzer Akademie 1950–2000. Miscellanea zum Jubiläum. Herausgegeben von Heinz Bellen und Heinz Heinen. 557 Seiten mit 2 Tafeln. ISBN 3-515-07968-8.

Handwörterbuch der musikalischen Terminologie

Im Auftrag der Kommission für Musikwissenschaft der Akademie der Wissenschaften und der Literatur, Mainz. Herausgegeben von Hans Heinrich Eggebrecht † und Albrecht Riethmüller. Schriftleitung Markus Bandur. Franz Steiner Verlag, Stuttgart, 2000 und 2001.

Lieferung 30, 2000 (ISBN 3-515-07807-X)
Lieferung 31, 2001 (ISBN 3-515-07954-8)

Historische Forschungen

Im Auftrag der Historischen Kommission der Akademie der Wissenschaften und der Literatur, Mainz, herausgegeben von Ernst-Dieter Hehl, Hansjoachim Henning und Harald Zimmermann. Jan Thorbecke Verlag, Stuttgart, 2001.

Band 23. Andreas E.J. Grote: Anachorese und Zönobium. Der Rekurs des frühen westlichen Mönchtums auf monastische Konzepte des Ostens. 380 Seiten. ISBN 3-7995-0472-9.

Historisches Wörterbuch der Philosophie

Herausgegeben von Joachim Ritter †, Karlfried Gründer und Gottfried Gabriel, unter Verantwortung der Akademie der Wissenschaften und der Literatur, Mainz. Völlig neubearbeitete Ausgabe des „Wörterbuchs der Philosophischen Begriffe“ von Rudolf Eisler. Schwabe & Co. AG, Basel, 2001.

Band 11: U–V. Spalten 1–1276. ISBN 3-7965-0702-6 (ISBN für Gesamtwerk: 3-7965-0115-X).

Hydronymia Europaea

Kommission für vergleichende Sprachwissenschaft der Akademie der Wissenschaften und der Literatur, Mainz. Herausgegeben von Wolfgang P. Schmid. Franz Steiner Verlag, Stuttgart, 2001.

Lieferung 16: Kazimierz Rymut (Bearb.): Gewässernamen im linken Zuflußgebiet der Weichsel zwischen Przemsza und Pilica. 278 Seiten + 1 Faltkarte. ISBN 3-515-07944-0.

Keilschrifttexte aus Boghazköi

Akademie der Wissenschaften und der Literatur, Mainz. Kommission für den Alten Orient. Gebr. Mann Verlag, Berlin, 2001.

Heft 42: Erich Neu, Heinrich Otten, Christel Rüster: Textfunde der neunziger Jahre. Mit einem Beitrag von Jürgen Seeher. XVIII, 28 Seiten Autographien (= 76 Buchseiten). ISBN 3-7861-2420-5.

Ketteler-Ausgabe

Wilhelm Emmanuel Freiherr von Ketteler, Sämtliche Werke und Briefe. Im Auftrag der Akademie der Wissenschaften und der Literatur, Mainz, herausgegeben von Erwin Iserloh †. von Hase & Koehler Verlag, Mainz, 2001.

Abt. II, Band 6: Briefe und öffentliche Erklärungen 1871–1877. Bearbeitet von Norbert Jäger und Christoph Stoll. XXVIII, 1013 Seiten, inkl. 25 Abbildungen. ISBN 3-7758-1397-7.

Lessico Etimologico Italiano (LEI)

Akademie der Wissenschaften und der Literatur, Mainz. Editio per incario della Commissione per la Filologia Romanza da Max Pfister. Dr. Ludwig Reichert Verlag, Wiesbaden, 2001.

Fortsetzung:
Vol. 7, Fasc. 67: *BROF(F)–*BR(R)-. Spalten 577–768. ISBN 3-89500-143-0.
Vol. 7, Fasc. 68: *BR(R)–*BRUSI. Spalten 769–960. ISBN 3-89500-144-9.
Vol. 7, Fasc. 69: *BRUSI–BUCCA. Spalten 961–1152. ISBN 3-89500-145-7.
Vol. 7, Fasc. 70: *BUCCA. Spalten 1153–1344. ISBN 3-89500-146-5.

Marburger Personalschriften-Forschungen

Im Auftrag der Kommission für Personalschriften. Herausgegeben von Rudolf Lenz. Jan Thorbecke Verlag, Stuttgart, 2001.

Band 29: Katalog der Leichenpredigten und sonstiger Trauerschriften in der Stadt- und Universitätsbibliothek Frankfurt am Main. Bearbeitet von Rudolf Lenz, Eva-Maria Dickhaut, Hartmut Peter und Jörg Witzel. XI, 210 Seiten. ISBN 3-7995-4320-1.

Band 31: Katalog der Leichenpredigten und sonstiger Trauerschriften in der Bibliothek der Evangelischen Kirchengemeinde St. Peter und Paul zu Görlitz. Bearbeitet von Rudolf Lenz, Gabriele Bosch, Werner Hupe, Helga Petzoldt. XI, 452 Seiten. ISBN 3-7995-4322-8.

Medizinhistorisches Journal

Herausgegeben im Auftrag der Kommission für Geschichte der Medizin und der Naturwissenschaften der Akademie der Wissenschaften und der Literatur, Mainz, von Werner F. Kümmel, Paul Schölmerich, Ulrich Tröhler und Ursula Weisser. Urban & Fischer Verlag, Jena, 2001 (ISSN 0025-8431).

Band 36 (2001), Heft 1, Seiten 1–108.
Band 36 (2001), Heft 2, Seiten 109–244.
Band 36 (2001), Heft 3/4, Seiten 245–386.

Preußisches Wörterbuch

Akademie der Wissenschaften und der Literatur, Mainz. Deutsche Mundarten Ost- und Westpreußens, begründet von Erhard Riemann, fortgeführt von Ulrich Tolksdorf †. Hrsg. von Reinhard Goltz. Karl Wachholtz Verlag, Neumünster, 2001.

Bd. 1, Lfg. 1: A–Adebar. Bearbeiter: Thomas Braun, Reinhard Goltz, Martin Schröder. Spalten 1–128. ISBN 3-529-04611-6.

Bd. 1, Lfg. 2: Adebarbein–anteigen. Bearbeiter: Thomas Braun, Reinhard Goltz, Martin Schröder. Spalten 129–256. ISBN 3-529-04611-6.

Bd. 1, Lfg. 3: Anteil–aufstutzen. Bearbeiter: Thomas Braun, Reinhard Goltz, Martin Schröder. Spalten 257–384. ISBN 3-529-04611-6.

Quellen und Forschungen zur Höchsten Gerichtsbarkeit im Alten Reich

Hrsg. von Friedrich Battenberg, Bernhard Diestelkamp, Ulrich Eisenhardt, Adolf Laufs, Wolfgang Sellert. Sonderreihe: Urkundenregesten zur Tätigkeit des Deutschen Königs- und Hofgerichts bis 1451, hrsg. von Bernhard Diestelkamp. Böhlau Verlag, Köln, Weimar, Wien, 2001.

Band 11: Die Zeit Wenzels 1376–1387. Bearbeitet von Ekkehart Rotter. LII, 346 Seiten. ISBN 3-412-17400-9.

Band 13: Die Zeit Wenzels 1393–1396. Bearbeitet von Ute Rödel. LXXVIII, 331 Seiten. ISBN 3-412-05901-3.

Quellensammlung zur Geschichte der deutschen Sozialpolitik 1867–1914

Begründet von Peter Rassow. Im Auftrag der Historischen Kommission der Akademie der Wissenschaften und der Literatur, Mainz, herausgegeben von Karl Erich Born †, Hansjoachim Henning und Florian Tennstedt. Wissenschaftliche Buchgesellschaft, Darmstadt, 2001.

II. Abteilung: Von der kaiserlichen Sozialbotschaft bis zu den Februarerlassen Wilhelms II. (1881–1890). 2. Band, 2. Teil: Die Ausdehnungsgesetzgebung und die Praxis der Unfallversicherung. Bearbeitet von Wolfgang Ayass. XLII, 684 Seiten. ISBN 3-534-13439-7.

Regesten Kaiser Friedrichs III. (1440-1493)

Österreichische Akademie der Wissenschaften – Regesta Imperii – und Deutsche Kommission für die Bearbeitung der Regesta Imperii bei der Akademie der Wissenschaften und der Literatur, Mainz. Herausgegeben von Heinrich Koller, Paul-Joachim Heinig und Alois Niederstätter. Böhlau Verlag, Köln, Weimar, Wien, 2001.

Sonderband 2: Das Taxregister der römischen Kanzlei 1471–1475 (Haus-, Hof- und Staatsarchiv Wien, Hss. „weiss 529" und „weiss 920"). Bearbeitet von Paul-Joachim Heinig und Ines Grund. 2 Teilbände. XXII, 909 Seiten. ISBN 3-205-99450-7.

Sammelbuch Griechischer Urkunden aus Ägypten

Akademie der Wissenschaften und der Literatur, Mainz. Im Auftrag der Straßburger Wissenschaftlichen Gesellschaft begonnen von Friedrich Preisigke, fortgeführt von Friedrich Bilabel und Emil Kießling. Harrassowitz Verlag, Wiesbaden, 2001.

Bd. XIX (Index zu Band XVIII). Teil 2, Abschnitt 9. 140 Seiten (S. 1–4, 61–196). ISBN 3-447-04367-9.

Bd. XXII (Nr. 15203–15874). Hrsg. von Hans-Albert Rupprecht unter Mitarbeit von Joachim Hengstl. XVI, 451 Seiten. ISBN 3-447-04436-5.

Samuel Thomas Soemmering: Werke

Begründet von Gunter Mann †. Hrsg. von Jost Benedum und Werner Friedrich Kümmel. Schwabe & Co. AG, Basel, 2001.

Band 20: Samuel Thomas Soemmering. Briefwechsel November 1792–April 1805, hrsg. und erläutert von Franz Dumont. 535 Seiten. ISBN 3-7965-1738-2.

Studien zu Fundmünzen der Antike (SFMA)

Kommission für Geschichte des Altertums der Akademie der Wissenschaften und der Literatur, Mainz, und Römisch-Germanische Kommission des Deutschen Archäologischen Instituts, Frankfurt a.M. Herausgegeben von Maria R.-Alföldi und Hans-Markus von Kaenel. Gebr. Mann Verlag, Berlin, 2001.

Band 12: Münzfunde aus Ägypten I. Die Münzfunde des ägyptischen Pilgerzentrums Abu Mina und die Vergleichsfunde aus den Diocesen Aegyptus und Oriens vom 4.–8. Jh. n. Chr. Von Hans-Christoph Noeske. 3 Teilbände, Bd. 1: 291 Seiten; Bd. 2: 747 Seiten; Bd. 3: 12 Seiten und 155 Kartenbeilagen. ISBN 3-7861-1947-3.

Band 17: Untersuchungen zu den Fundmünzen aus Augst und Kaiseraugst. Von Markus Peter. 328 Seiten mit 2 Kartenbeilagen. ISBN 3-7861-2396-9.

Studien zur Siedlungsgeschichte und Archäologie der Ostseegebiete

Im Auftrag der Kommission für Frühgeschichtliche Archäologie der Akademie der Wissenschaften und der Literatur, Mainz. Herausgegeben von Friedhelm Debus und Michael Müller-Wille. Karl Wachholtz Verlag, Neumünster, 2001.

Band 1: Novgorod. Das mittelalterliche Zentrum und sein Umland im Norden Rußlands. Hrsg. von Michael Müller-Wille, Valentin L. Janin, Evgenij N. Nosov und Elena A. Rybina. 399 Seiten. ISBN 3-529-01390-0.

Veröffentlichungen der Orientalischen Kommission (VOK)

Herausgegeben von Walter W. Müller. Harrassowitz Verlag, Wiesbaden, 2000.

Band 46. Alexander Sima: Tiere, Pflanzen, Steine und Metalle in den altsüdarabischen Inschriften. Eine lexikalische und realienkundliche Untersuchung. VIII, 404 Seiten. ISBN 3-447-04302-4.

Band 47. Stefan Weninger: Das Verbalsystem des Altäthiopischen. Eine Untersuchung seiner Verwendung und Funktion unter Berücksichtigung des Interferenzproblems. VIII, 387 Seiten. ISBN 3-447-04484-5.

Johann Joachim Winckelmann. Schriften und Nachlaß

Akademie der Wissenschaften und der Literatur, Mainz und Akademie gemeinnütziger Wissenschaften zu Erfurt, Winckelmann-Gesellschaft. Herausgegeben von Adolf H. Borbein und Max Kunze. Verlag Philipp von Zabern, Mainz, 2001.

Band 2: Herkulanische Schriften Winckelmanns. Teil 3: Briefe, Entwürfe und Rezensionen zu den Herkulanischen Schriften. Bearbeitet von Marianne Gross und Max Kunze. XII, 372 Seiten und 11 Tafeln. ISBN 3-8053-2031-0.

Band 3: Schriften zur antiken Baukunst. Bearbeitet von Marianne Gross, Max Kunze, Wolfram Maharam und Axel Rügler. XL, 332 Seiten und 32 Tafeln. ISBN 3-8053-2719-6.

III. KLASSE DER LITERATUR

Einzelveröffentlichungen

Hans Erich Nossack. Geben Sie bald wieder ein Lebenszeichen. Briefwechsel 1943–1956. Herausgegeben von Gabriele Söhling. Gefördert durch die Kulturstiftung der Länder, Berlin, die „ZEIT-Stiftung Ebelin und Gerd Bucerius“, Hamburg, und die Akademie der Wissenschaften und der Literatur, Mainz. Suhrkamp Verlag, Frankfurt am Main, 2001.

1. Band: Briefe, 654 Seiten. 2. Band: Kommentar, 365 Seiten. ISBN 3-518-41276-7.

Die Mainzer Reihe

Herausgegeben von der Akademie der Wissenschaften und der Literatur, Mainz. Klasse der Literatur. Redaktion: Gabriele Söhling. v. Hase & Koehler Verlag, Mainz, (ab Band 86) Wissenschaftliche Buchgesellschaft, Darmstadt, 2001.

Band 94: Dieter Hoffmann: Streublumenmuster. Ein Florilegium Kunst und Poesie. 192 Seiten. ISBN 3-534-15786-9.

Veröffentlichungen der Mitglieder

In den Plenarsitzungen wurden folgende von den Mitgliedern verfaßte oder herausgegebene Veröffentlichungen, die nicht im Rahmen der Forschungsvorhaben der Akademie erschienen sind, abgegeben:

MATHEMATISCH-NATURWISSENSCHAFTLICHE KLASSE

Ax, Peter

Verf.: Über die Komposition der lebenden Natur. In: Evolutionstheorie und Geisteswissenschaften, hrsg. von K. Richter. Erfurt: Akademie gemeinnütziger Wissenschaften, 2000.

Barthlott, Wilhelm

Verf.: Vorwort. In: DuMont's Handbuch der Pflanzennamen und ihre Bedeutung von E. Groß. Köln: DuMont, 2001. – Foreword. In: The cactus family von E. F. Anderson. Portland, Oreg.: Timberland Press, 2001. – Interview: Deutscher Umweltpreis 1999 : ein Rückblick. In: Deutscher Umweltpreis 2000, hrsg. von der Bundesstiftung Umwelt. Osnabrück, 2001.

Mitverf.: – und D. Hunt: Seed-diversity in the Cactaceae. Kew: Hunt, 2000. – und D. Hunt: Seed-diversity in Cactaceae subfam. Cactoideae. Kew: Hunt, 2000. – und J. Nieder: Results of the Bonn-Quito Epiphyte Project (2 Bände: The flora of the Rio Guajalito Mountain Rainforest und: Epiphytes and canopy fauna of the Otonga Rainforest). Bonn: Botanisches Inst. der Univ. Bonn, 2001. – und R. Seine u.a.: Diversity and phytogeography of inselberg vegetation in the Zambesian region. In: African plants, hrsg. von J. Timberlake u.a. Kew: Royal Botanic Gardens, 1999. – und N. Blüthgen u.a.: How plants shape the ant community in an Amazonian rainforest canopy. In: Oecologia, Bd. 125(2000). – und G. F. Smith: Werner Rau (1913–2000), one of the world's most profilic authors on succulent plants. In: Bohalia, Bd. 30(2000). – und J. Muke u.a.: Die ungleiche globale Verteilung pflanzlicher Artenvielfalt. In: Berichte der Rheinhessischen Tüxen-Gesellschaft, Bd. 12(2000). – und S. Porembski: Granitic and gneissic outcrops (inselbergs) as centers of diversity for desiccation tolerant vascular plants. In: Plant Ecology, Bd. 151(2000). – und C. Neinhuis: Der Lotus-Effekt – selbstreinigende Oberflächen nach dem Vorbild der Natur. In: International Textile Bulletin, Bd. 1(2001). – und J. Nieder u.a.: Diversity and abundace of vascular epiphytes. In: Plant Ecology, Bd. 152(2001). – und G. Kier: Measuring and mapping endemism and species richness. In: Biodiversity and Conservation, Bd. 10(2001). – und W. Lobin u.a.: Botanische Gärten und Biodiversität. In: Botanische Gärten und Erhaltung Biologischer Vielfalt, hrsg. vom Bundesamt für Naturschutz. Münster: Landwirtschaftsverlag, 2001.

Mithrsg.: – und M. Winiger: Biodiversity – a challenge for development research and policy. Berlin: Springer, 2001. – und S. Porembski: Inselbergs – biotic diversity of isolated rock outcrops in tropical and temperate regions. In: Ecological Studies, Bd. 1462000).

Dhom, Georg
Verf.: Geschichte der Histopathologie. Berlin: Springer, 2001.

Frenzel, Burkhard
Verf.: Auswirkungen klimatischer und luftchemischer Faktoren auf die Geschichte der Vegetation. In: Terrestrische Ökosysteme, hrsg. von R. Guderian. Berlin: Springer, 2001. – Vom Wald zum Forst – der beschwerliche Weg im Nordschwarzwald. In: Der Nordschwarzwald – von der Wildnis zur Wachstumsregion, hrsg. von S. Lorenz. Filderstadt: Markstein, 2001.
Mitverf.: – und H. Weiwen u.a: Stone artefacts from south-central Tibet, China. In: Quartär, Bd. 51/52(2001).

Herrmann, Günter
Verf.: Der Chemiker als Hexenmeister, seine Abschiedsvorlesung vom 25. März 1994, niedergeschrieben und ergänzt nach einer Videoaufzeichnung im Sommer 2000.
Mithrsg.: – und G. Friedlander u.a.: Science Spectra – the international magazine of contemporary scientific thought, Bd. 19–23(2000).

Lütjen-Drecoll, Elke
Mitverf.: – und J. Rohen: Funktionelle Anatomie des Menschen (10. Aufl.). Stuttgart: Schattauer, 2001. – und J. Gottanka u.a.: Beta-adrenergic blocker therapy and the trabecular meshwork. In: Graefe's archive for clinical and experimental ophthalmology, 2000. – und U. Welge-Lüßen u.a.: Induction of tissue transglutaminase in the trabecular meshwork by TGF-ß1 and TGF-ß2. In: Investigative ophthalmology & visual science, Vol. 41(2000). – und J.M Selbach u.a.: Efferent and afferent innervation of primate trabecular meshwork and scleral spur. In: Investigative ophthalmology & visual science, Vol. 41(2000). – und C. Albrecht u.a.: AlphaB-crystallin in lacrimal gland duct and tears. In: Current eye research, Vol. 21(2000). – und U. Welge-Lüßen u.a.: Transforming growth factor-ß: a growth factor including alphaB-crystallin expression in ciliary muscle cells. In: Graefe's archive for clinical and experimental ophthalmology, 2000.

Rohen, Johannes W.
Mitverf.: – und E. Lütjen-Drecoll: Funktionelle Anatomie des Menschen (10. Aufl.). Stuttgart: Schattauer, 2001.

Schaefer, Matthias
Mithrsg.: Band 122–125 der Zeitschrift Oecologia. Berlin: Springer, 2000.

Thiede, Jörn
Verf.: Kalte Pole, warme Pole in der Erdgeschichte – nichts bleibt wie es ist. In: Eiskalte Entdeckungen, hrsg. von G. Lange. Bielefeld: Delius Klasing, 2001.

Vaupel, Peter

Mithrsg.: – und D. Kelleher: Ipossia tumorale. Rom: Il Pensiero Scientifico Editore, 2000.

Vogel, Stefan

Verf.: The floral nectaries of Malvaceae sensu latu – a conspectus. In: Kurtziana, Bd. 28(2000).

Mitverf.: – und M Hesse u.a.: Thread-forming structures in angiosperm anthers. In: Plant systematics and evolution, Jg. 2000. – und J. Martens: Die tödlichen Kesselfallen von Arisaema (Araceae). In: Linzer Biologische Beiträge, Jg. 32(2). – und A. Cocucci: Oil-producing flowers of Sisyrinchium species (Iridaceae) and their pollinators in South America. In: Flora 196(2001).

GEISTES- UND SOZIALWISSENSCHAFTLICHE KLASSE

Andreae, Bernard

Verf.: Skulptur des Hellenismus. München: Hirmer, 2001.

Mithrsg.: – und C. Carpano: Forma Urbis, Jg. 5, Rom, 2000.

Benedum, Jost

Verf.: Die Frühgeschichte der künstlichen Niere. In: Gießener Universitätsblätter, Jg. 33(2000). – Franz Riegel (1843–1904). In: Uniklinikum, 2000, 3. – Zur Geschichte der ankylosierenden Spondylitis. In: Ankylosierende Spondylitis, hrsg. von K.L. Schmidt. Nürnberg: Novartis Pharma Verl., 2001.

Mitverf.: – und D. Loew u.a.: Arzneipflanzen in der traditionellen Medizin. 3. überarb. und erw. Aufl., Bonn: Kooperation Phytopharmaka, 2000.

Borbein, Adolf Heinrich

Verf.: Klassische Archäologie. Berlin: Reimer, 2000. – Griechische Forschungen aus Berliner Sicht. In: Les politiques de l'archéologie, hrsg. von R. Etienne. – Zur Geschichte der Wertschätzung und Verwendung von Gipsabgüssen antiker Skulpturen (insbesondere in Deutschland und in Berlin). In: Les moulages des sculptures antiques et l'histoire de l'archéologie, hrsg. u.a. von H. Lavagne. Genf : Droz, 2000.

Brang, Peter

Verf.: Puschkin und die französische Literatur. In: Von Pol zu Pol Gesänge sich erneun, hrsg. von J. Golz u.a. Weimar: Verl. Hermann Böhlaus Nachfolger, 2001

Mithrsg.: – und T. Berger u.a.: Zeitschrift für Slavische Philologie, Jg. 60(1), Heidelberg, 2001.

Debus, Friedhelm

Verf.: In der Beschränkung zeigt sich erst der Meister? In: Muttersprache, 2000(2). – Funzioni dei nomi letterari. In: Il nome nel testo, II –III, 2000–2001. – Krieg und Friede(n) in deutschen Siedlungs- und Flurnamen, mit besonderer Berücksichtigung Hessens. In: Raum, Zeit, Medium – Sprache und ihre Determinanten, hrsg. von G. Richter u.a.. Darmstadt: Hessische Historische Kommission, 2000. – Wissenschaftsgeschichte – Theorie und Wirklichkeit. In: Vom Umgang mit sprachlicher Variation, hrsg. von A. Häcki-Buhofer, Tübingen: Francke, 2000.

Dingel, Irene

Verf.: The debate of over justification in ecumenical dialogue. In: Lutheran Quarterly, Bd. 15,3(2001). –Bekenntnis und Geschichte – Funktion und Entwicklung des reformatorischen Bekenntnisses im 16. Jahrhundert. In: Dona Melanchthoniana – Festgabe für Heinz Scheible zum 70. Geburtstag, hrsg. von J. Loehr. Stuttgart-Bad Cannstatt: Frommann-Holzboog, 2001. – Melanchthon und die Normierung des Bekenntnisses. In: Der Theologe Melanchthon, hrsg. von G. Frank. Stuttgart: Thorbecke, 2000. – Flacius als Schüler Luthers und Melanchthons. In: Vestigia pietatis, hrsg. von G. Graf. Leipzig: Ev. Verl.-Anst., 2000. – Rezension über das Werk:: M. Arnold: La correspondance de Luther. In: Theologische Literaturzeitung, Bd. 125(2000). – Rezension über das Werk: F. Lurz: Die Feier des Abendmahls nach der kurpfälzischen Kirchenordnung von 1563. In: Theologische Literaturzeitung, Bd. 125(2000).

Hrsg.: Quellen und Forschungen zur Reformationsgeschichte, Band 71 (W. Breul-Kunkel: Herrschaftskrise und Reformation) und Bd. 72 (A. Kohnle: Reichstag und Reformation). Gütersloh: Gütersloher Verlagshaus, 2000.

Fried, Johannes

Verf.: Otto III. und Boleslaw Chrobry. (2. durchges. und erw. Aufl.). Stuttgart: Steiner, 2001. – Otto der Große, sein Reich und Europa. In: Otto der Große – Magdeburg und Europa, hrsg. von M. Puhle. Mainz: von Zabern, 2001. – Wann verlor Karl der Große seinen ersten Zahn? In: Deutsches Archiv für Erforschung des Mittelalters, Bd. 56,2(2000) – Papst Leo III. besucht Karl den Großen in Paderborn oder Einhards Schweigen. In: Historische Zeitschrift, Bd. 272(2001). – „auf Bitten der Gräfin Mathilde". Werner von Bologna und Irnerius. In: Europa an der Wende vom 11. zum 12. Jahrhundert – Beiträge zu Ehren von Werner Goez, hrsg. von K. Herbers. Stuttgart: Steiner, 2001. – Festvortrag: Mäzenatentum – zur historischen Dimension eines aktuellen Themas. Erschienen im Begleitheft des Festaktes zum 50jährigen Bestehen des Instituts für Europäische Geschichte am 06. Mai 2000. Mainz, 2000. – Politik der Ottonen im Spiegel der Krönungsordnungen. In: Krönungen, Könige in Aachen, hrsg. von M. Kramp. Mainz: von Zabern, 2000.

Mitverf.: – und D. Eizenhöfer: Wandel durch Wissen. In: Forschung Frankfurt, Bd. 19,1(2001).

Mithrsg.: – und A. Wieczorek u.a.: Europas Mitte um 1000 (Ausstellungskatalog). Stuttgart: Theiss, 2000. – und J. Süßmann: Revolutionen des Wissens. München: Beck, 2001.

Funke, Gerhard

Mithrsg.: – und M. Baum u.a.: Kant-Studien – Philosophische Zeitschrift der Kant-Gesellschaft, Jg. 92,1 Berlin: de Gruyter, 2001.

Gärtner, Kurt

Verf.: Ein neues „Willehalm"-Fragment aus Marburg. In: Wolfram-Studien, hrsg. von W. Haubrichs u.a., Bd. XVI (Aspekte des 12. Jahrhunderts). Berlin: Schmidt, o.J. – Mariendichtung. In: Reallexikon der deutschen Literaturwissenschaft. Berlin: de Gruyter, 2000.

Mitverf.: – und T. Burch u.a.: Mittelhochdeutsche Wörterbücher auf CD-ROM und im Internet. DFG, 2000. – und H.-H. Steinhoff: Minimalgrammatik zur Arbeit mit mittelhochdeutschen Texten. 7. verb. Aufl., Göppingen: Kümmerle, 2001. – und T. Burch u.a.: Werkzeuge für Edition und Übersetzung. In: Editio, Bd. 14(2000). – und R. Plate: Troja im Leipziger Schluß der Christherre-Chronik. In: Vom Mittelalter zur Neuzeit, hrsg. von D. Klein. Wiesbaden: Reichert, 2000. – und R. Plate: Zur aktuellen Situation der Lexikographie des Mittelhochdeutschen. In: Vox Sermo Res, hrsg. von W. Haubrichs u.a. Stuttgart: Hirzel, 2001.

Mithrsg.: – und K. Grubmüller: Ein neues mittelhochdeutsches Wörterbuch – Prinzipien, Probeartikel, Diskussionen. Göttingen: Vandenhoeck & Ruprecht, 2000.

Bearb.: Der arme Heinrich. Von H. von Aue, hrsg. von H. Paul. (Neubearbeitung, 17. durchgesehene Aufl.) Tübingen: Niemeyer, 2001.

Ganzer, Klaus

Verf.: Gesamtkirche und Ortskirche auf dem Konzil von Trient. In: Römische Quartalsschrift für christliche Altertumskunde und Kirchengeschichte, Bd. 95(3/4). Rom u.a.: Herder, 2000. – Das Konzil von Trient – Antrieb oder Hemmschuh für die Kirche der Neuzeit? In: Das Konzil von Trient und die Moderne, hrsg. von P. Prodi u.a. Berlin: Duncker & Humblot, 2001.

Hrsg.: Teil 2 (Traktate nach der XXII. Session (17. September 1562) bis zum Schluß des Konzils) des zweiten Bandes des „Concilii Tridentini Tractatuum". Freiburg: Herder, 2001.

Mithrsg.: – und W. Kasper u.a.: Lexikon für Theologie und Kirche, Bd. 11. Freiburg: Herder, 2001.

Gründer, Karlfried

Mithrsg. – und H. Kopp-Oberstebrink u.a.: Gershom Scholem – Tagebücher, Halbband 2. Frankfurt a.M.: Jüdischer Verl., 2000.

Haubrichs, Wolfgang

Mithrsg.: Vox Sermo Res. Stuttgart: Hirzel, 2001.

Heinen, Heinz

Verf.: Boethos, fondateur de Poleis en Egypte ptolemaique. In: Politics, administration and society in the hellenistic and roman world, hrsg. von L. Mooren. Leuven: Peeters, 2000. – Reichstreue Nobiles im zerstörtenTrier. In: Zeitschrift für Papyrologie und Epigraphik, Bd. 131(2000). – Zum Verständnis des Textes auf der neuen Decennalien-Platte des Constans aus Kaiseraugst. In: Zeitschrift für Papyrologie und Epigraphik, Bd. 132(2000).

Heitsch, Ernst

Verf.: Gesammelte Schriften, Bd. 1: Zum frühgriechischen Epos. München: Saur, 2001.

Hempel, Wido

Verf.: Don Perlimplin, Cyrano de Bergerac y sus cartas de amor. In: Federico Garcia Lorca, Actas des coloquio internacional, hrsg. von T. Berchem u.a.. Sevilla: Fundacion El Monte, 2000. – Rezension über das Werk:: F.B. Pedraza Jimenez u.a. (Hrsg.): Lope de Vega. In: Notas, Bd. 7(2000).

Henning, Hansjoachim

Verf.: Der niederrheinische Wirtschaftsraum 1830 bis 1914, ein Debattierbeitrag. In: Köln und die Niederrheinlande in ihren historischen Raumbeziehungen, hrsg. von D. Geuenich. Mönchengladbach, 2000.

Hesse, Helmut

Verf.: Beitrag zur Diskussion „Reform der Deutschen Bundesbank: Zentrale Organisation oder Beibehaltung förderaler Strukturen?“ In: ifo Schnelldienst, Bd. 53(2000).

Mitverf.: – und B. Braasch: Aktienkurse in geldpolitischer Sicht. In: Geldpolitik und Europäische Währungsunion, hrsg. von G. Engel u.a. Göttingen: Vandenhoeck & Ruprecht, 2000.

Hinüber, Oskar von

Verf.: A handbook of Pali literature. Berlin: de Gruyter, 2000. – Lan Na as a centre of Pali literature during the late 15th century. In: Journal of the Pali Text Society, Bd. 26(2000). – The cause of Buddah's death. In: Journal of the Pali Text Society, Bd. 26(2000). – Tuvattati/tuvatteti Again. In: Journal of the Pali Text Society, Bd. 26(2000). – Die Nonnen im Theravada-Buddhismus. In: Wiener Zeitschrift für die Kunde Südasiens. Bd. 44(2000). – Rezension zu: Bollee, W. B.: Bhadrabahu Brhat-Kalpa-Niryukti and Sangha-dasa Brhat-Kalpa-Bhasya, Romanized and metrically revised version. In: Orientalische Literaturzeitung, Bd. 96,3(2001).

Mitverf.: – und D. Bandini-König: Die Felsbildstationen in Shing Nala und Gichi Nala. Mainz: von Zabern, 2001.

Kaenel, Hans-Markus von

Verf.: Das Fragment eines Militärdiploms flavischer Zeit aus dem Kastellvicus von Groß-Gerau. In: Archäologie in Hessen – Neue Funde und Befunde, hrsg. von S. Hansen u.a. Rahden/Westf.: Leidorf, 2001.

Mitverf.: – und S. Klein: The early Roman imperial AES coinage: metal analysis and numismatic studies. In: Schweizerische Numismatische Rundschau, Bd. 79(2000). – und C. Wenzel: Geophysikalische Prospektion und Grabungen im Kastellvicus von Groß-Gerau. In: Denkmalpflege und Kulturgeschichte, Jg. 2000.

Kahsnitz, Rainer

Verf.: Frühgotische Buchmalerei. In: Otto der Große – Magdeburg und Europa (Bd. I), hrsg. von M. Puhle. Mainz: von Zabern, 2001. – Texte zur Buchmalerei, zu byzantinischen Elfenbeinarbeiten und zu Siegeln. Im Katalogband (= Bd. II) des eben genannten Werkes. (Katalognummern: I,5; II,16; III,1–6, 12–14, 16–17, 22–23 und 32; IV,2, 7–22, 26–35, 57–58, 60–62, 67, 71–76, 78–79 und 84; VI,39, 46, 48–51). – Herrscherbilder der Ottonen. In: Krönungen – Könige in Aachen, hrsg. von M. Kramp. Mainz: von Zabern, 2000. – Ottonische Emails in Regensburg / Schöne Madonnen um 1400 / Die Seeoner Meister / Ein Altar der heiligen Sippe von Tilman Riemenschneider / Gußversuche von Hans Leinberger: Heiliger Johannes / Gußversuche von Hans Leinberger: Stehende Muttergottes / Drei Passionsreliefs von Hans Leinberger / Bronzen des frühen 16. Jahrhunderts in Augsburg und Nürnberg. Alle in: Meisterwerke Bayerns von 900–1900, Ausstellungskatalog, hrsg. von R. Eikelmann. München: Bayerisches Nationalmuseum, 2000. – Von der Spätantike zum hohen Mittelalter, Die gotischen Jahrhunderte. beide Beiträge in: Bayerisches Nationalmuseum: Handbuch der kunst- und kulturgeschichtlichen Sammlungen, hrsg. von R. Eikelmann. München: Hirmer, 2000. – Ottonische Emails, zum Stand der Forschung. In: Zeitschrift des deutschen Vereins für Kunstwissenschaft, Bd. 52/53(1998/99).

Kleiber, Wolfgang

Verf.: Rezension zu: Schreibung und Aussprache im älteren Frühneuhochdeutschen. In: Kratylos, Bd. 45(2000). – Das Ortsnamenmorphem –heim am Oberrhein in diachron-synchroner und sprachgeographischer Sicht. In: Raum, Zeit, Medium – Sprache und ihre Determinanten, hrsg. von G. Richter u.a. Darmstadt: Hessische Historische Komission, 2000. – Urbare als namenkundliche Quellen. In: Stadtbücher als namenkundliche Quellen, hrsg. von F. Debus. Stuttgart: Steiner, 2000. – Otfrieds liber evangeliorum (863/871) – HSS: Historischer Südwestdeutscher Sprachatlas (1280–1430) – SSA: Südwestdeutscher Sprachatlas (1984ff.) – 1100 Jahre Sprachgeschichte am Oberrhein in diatopischer Sicht. In: Vox Sermo Res, hrsg. von W. Haubrichs u.a. Stuttgart: Hirzel, 2001.

Koller, Heinrich

Verf.: Die Herrschaft der Habsburger im Spätmittelalter. In: Krönungen – Könige in Aachen, Katalog der Ausstellung, hrsg. von M. Kramp. Mainz: von Zabern, 2000.

Kresten, Otto

Verf.: Zur Rekonstruktion der Protokolle kaiserlich-byzantinischer Auslandsschreiben des 12. Jahrhunderts aus lateinischen Quellen. In: Polypleuros nous – Miscellanea für Peter Schreiner zu seinem 60. Geburtstag, hrsg. von C. Scholz u.a.. München: Saur, 2000.

Krummacher, Hans-Henrik

Verf.: Lehr- und trostreiche Lieder. In: Vox Sermo Res, hrsg. von W. Haubrichs u.a. Stuttgart: Hirzel, 2001.

Lange, Hermann

Verf.: 100 Jahre Bürgerliches Gesetzbuch – 50 Jahre Bundesgerichtshof. Heidelberg: Müller, 2001.

Lützeler, Paul Michael

Verf.: Napoleons Kolonialtraum und Kleists „Die Verlobung in St. Domingo". Vortrag G 372 der Nordrhein-Westfälischen Akademie der Wissenschaften. Wiesbaden: Westdeutscher Verl., 2000. – Die Entropie des Menschen – Studien zum Werk Hermann Brochs. Würzburg: Königshausen & Neumann, 2000.

Hrsg.: Hofmannsthal und seine Zeit. Von H. Broch. Frankfurt a.M.: Suhrkamp, 2001. – Der Tod im Exil : Briefwechsel 1950/51. Von H. Broch und A. Meier-Graefe. Frankfurt a.M.: Suhrkamp, 2001. – Räume der literarischen Postmoderne. Tübingen: Stauffenburg, 2000.

Mithrsg.: – und S. Bauschinger: Staub und Sterne – Aufsätze zur deutsch-jüdischen Literatur. Von M. Pazi. Göttingen: Wallstein, 2001.

Bearb.: Hermann Broch, 1886–1951 – eine Chronik. Marbacher Magazin, Bd. 94(2001). Deutsche Schillergesellschaft Marbach, 2001.

Mehl, Dieter

Verf.: English literature in the age of Chaucer. London: Longman, 2001.

Hrsg.: Studien zur englischen Literatur, Bd. 11–13. Münster: LIT, 2000.

Müller, Gerhard

Verf.: Stellungnahme zur ökumenischen Vereinbarung zur Rechtfertigungslehre im Diskurs der Lutherforscher. In: Luther, Bd. 71(2000). – Kirchliche Zusammenschlüsse. In: Handbuch der Geschichte der Evangelischen Kirche in Bayern, Band II., hrsg. von G. Müller u.a. St. Ottielien: EOS, 2000. – Martin Luther in seinem politischen Verhalten. In: Praxis Pietatis, hrsg. von H.-J. Niedern u.a. Stuttgart: Kohlhammer, 2000. – Christus allein alles. In: Lutherische Kirche in der Welt, Bd. 48(2000). – Martin Luther über Kapital und Arbeit. In: Humanismus und Reformation, hrsg. von R. Mokrosch u.a. Münster: LIT, 2001. – Hyldrich Zwingli und Landgraf Philipp von Hessen, eine ungewöhnliche Kooperation. In: Die Zürcher Reformation, Ausstrahlungen und Rückwirkungen, hrsg. von A. Schindler u.a. Bern: Lang, 2001.

Mithrsg.: – und H. Weigelt u.a.: Handbuch der Geschichte der evangelischen Kirche in Bayern, Band 2. St. Ottilien: EOS, 2000.

Müller, Walter W.

Verf.: Südarabien im Altertum – Kommentierte Bibliographie der Jahre 1973–1996. Rahden/Westf.: Leidorf, 2001 – Südarabien im Altertum. In: Archiv für Orientforschung, Bd. XLVI und XLVII(1999/2000). – Rezension über das Werk: W. Leslau: Zway. Ethiopic documents. Grammar and dictionary. In: Aethiopica, 2000, Heft 3.

Mitverf.: – und S. Al-Said: Der babylonische König Nabonid in taymanischen Inschriften. In: Biblische Notizen, Bd. 107/108(2001).

Müller-Wille, Michael

Verf.: Lindisfarne 1998. In: Offa, Bd. 56(1999).

Schmid, Wolfgang P.

Verf.: Adverb und Adverbiale im Deutschen. In: Die deutsche Sprache in der Gegenwart, hrsg. von S. Schierholz u.a. Frankfurt am Main: Lang, 2000. – Rezension über das Werk: A. Bammesberger (Hrsg.): Baltistik. In: Indogermanische Forschungen, Bd. 105(2000).

Hrsg.: Arbeitsblätter der Kommission für Deutsch-Slavische Namensforschung, Nr. 1. Leipzig: Sächsische Akademie der Wissenschaften, 2000.

Mithrsg.: – und E. Eggers: Indogermanische Forschungen, Band 105(2000). Berlin, 2000.

Sier, Kurt

Verf.: Zwischen Ontologie und Sprachbeobachtung – zur Entstehung eines Sprachnormenbewußtseins bei den Griechen. In: Einstellungsforschung in der Soziolinguistik und Nachbardisziplinen, hrsg. von S. Deminger u.a. Frankfurt a.M.: Lang, 2000. – Gorgias über Fiktionalität der Tragödie. In: Dramatische Wäldchen, hrsg. von E. Stärk u.a. Hildesheim: Olms, 2000.

Stolleis, Michael

Verf.: Der Methodenstreit der Weimarer Staatsrechtslehre, ein abgeschlossenes Kapitel der Wissenschaftsgeschichte? Stuttgart: Steiner, 2001.

Hrsg.: Juristische Zeitschriften, die neuen Medien des 18.–20. Jahrhunderts. Frankfurt am Main: Klostermann, 1999. – Juristen (biographisches Lexikon). 2. verb. Aufl. München: Beck, 2001.

Mithrsg.: – und R. Helmholz u.a.: Grundlagen des Rechts. Paderborn: Schöningh, 2000.

Zimmermann, Harald

Verf.: Der deutsche Orden im Burzenland – eine diplomatische Untersuchung. Weimar: Böhlau, 2000. – Festvortrag gehalten auf dem Heimattag der Siebenbürger Sachsen in Dinkesbühl zu Pfingsten 2000. – Eugenio III. In: Enciclopedia dei papi, Vol. 2, 2000.

Zippelius, Reinhold

Staatsphilosophie seit Kant. In: Archives for legal philosophy and legal sociology. 2000.

KLASSE DER LITERATUR

Bender, Hans

Verf.: Eine mittelalterliche Straße in Florenz. In: Gazetta di Nittardi, Jg.15, Heft 16, Frankfurt, 2000.

Borchers, Elisabeth

Verf.: Alles redet, schweigt und ruft – Gesammelte Gedichte. Ausgewählt und mit einem Nachwort versehen von Arnold Stadler. Frankfurt a.M.: Suhrkamp, 2001.

Dittberner, Hugo

Verf.: Morgenübungen: Gedichte. München: Buch und Medi@ GmbH, 2000.

Hartung, Harald

Verf.: Traum im Deutschen Museum: Gedichte 1965–1985. München: Lyrikedition 2000/Buch und Medi@ GmbH, 2001.

Hillebrand, Bruno

Verf.: Ästhetik des Augenblicks: der Dichter als Überwinder der Zeit, von Goethe bis heute. Göttingen: Vandenhoeck & Ruprecht, 1999. – Nietzsche, wie ihn die Dichter sahen. Göttingen: Vandenhoeck & Ruprecht, 2000. – Was denn ist Kunst? – Essays zur Dichtung im Zeitalter des Individualismus. Göttingen: Vandenhoeck & Ruprecht, 2001.

Hoffmann, Dicter

Verf.: Carl Lohse, Helmut Schmidt-Kirstein, Fritz Tröger – Drei Maler in der Lausitz. In: Jahresschrift des Ernst-Rietschel-Kulturrings. Pulsnitz, 1998 – Altenbourg bei Rothe. In: Gerhard Altenbourg – Hügelwärts / Michael Müller – Ausflüge. Frankfurt a.M.: Galerie Rothe, 2000 – Eingebrannte Hieroglyphen: ein Brief aus Ebersbrunn. In: Die Niederkunft der schönen Gärtnerin, hrsg. von U. Panndorf. Rudolstadt: Thüringer Landesmuseum Heidecksburg u.a., 2000. – Kokoschkas künstliche Freundin. In: Dresdner Kuriosa, hrsg. u.a. von K.-J. Lagler. Dresden: Verlags- und Publizistikbüro, 2000. – Die verrückte Ida. In: ebd. – Dix-Löbte oder: Otto der Große. In: ebd. – Hochflößnitz (Gedicht). In: Das Lächeln der Lößnitz, hrsg. von I. Reintzsch. Radebeul: Edition Reintzsch, 1999. – In der

Kötzchenbroda. (Gedicht) In: ebd. – Bei Paul Wilhelm (Gedicht). In: ebd. – Villen in Radebeul (Gedicht). In: ebd. – Lößnitz (Gedicht). In: ebd. – Horst Leifer, Aquarelle aus drei Jahrzehnten (Rede zur Ausstellungseröffnung). In: Jahresschrift des Ernst-Rietschel-Kulturringes, Pulsnitz, 2000. – Moritzburg im Bild der letzten hundert Jahre. In: Inspiration Moritzburg – Kunst im 20. Jahrhundert. Red.: I. Kretschmann. Moritzburg: Käthe Kollwitz-Gedenkstätte, 2001. – Über Künstlergärten. In: Schriften des Ateliers Otto Niemeyer-Holstein. Lüttenort: OHN, 2001. – Liebeswunden; Ein Falter; Falterliebe; Ausflug. Alle Gedichte in: Potpurri: Arbeiten auf Papier, von F. Wahle. Leipzig: galerie-Kleindienst, 2001.

Kleßmann, Eckart

Verf.: Napoleon – Ein Charakterbild. Weimar: Verl. Hermann Böhlaus Nachfolger, 2000.

König, Barbara

Verf.: Die Wichtigkeit, ein Fremder zu sein – der Schriftsteller und die Distanz. (Bamberger Punkte, 2). Bamberg: Verl. Fränkischer Tag, 2001.

Zeller, Bernhard

Verf.: Marbacher Memorabilien, Band 2. Marbach: Deutsche Schillergesellschaft, 2000.

Schriftentausch

Die Akademie der Wissenschaften und der Literatur steht mit 549 wissenschaftlichen Einrichtungen in der Bundesrepublik Deutschland und in folgenden Ländern im Schriftentausch:
Ägypten, Algerien, Argentinien, Armenien, Australien, Belgien, Bosnien-Herzegowina, Brasilien, Bulgarien, Volksrepublik China, Kuba, Dänemark, Dominikanische Republik, Ecuador, Estland, Finnland, Frankreich, Griechenland, Großbritannien, Indien, Iran, Irland, Israel, Italien, Japan, Kanada, Kasachstan, Kolumbien, Kroatien, Lettland, Liechtenstein, Litauen, Luxemburg, Makedonien, Niederlande, Norwegen, Österreich, Peru, Polen, Portugal, Rumänien, Rußland, Schweden, Schweiz, Serbien, Slowakische Republik, Slowenien, Spanien, Sri Lanka, Republik Südafrika, Syrien, Taiwan, Tschechische Republik, Türkei, Ukraine, Ungarn, Uruguay, Usbekistan, Vatikan, Venezuela, Vereinigte Staaten von Amerika, Weißrußland.

Die Tauschpartner wurden im Jahrbuch 2000, Seite 287–300 namentlich aufgeführt.

Personenregister
zu den Seiten 7–82

GESAMTHAUSHALT DER AKADEMIE DER WISSENSCHAFTEN UND DER LITERATUR
HAUSHALTSJAHR 2001

	DM		DM
1. Eigene Einnahmen	340.904,87	1. Personalausgaben	13.096.895,46
2. Zuweisungen des Landes Rheinland-Pfalz für die Grundausstattung	2.797.000,00	2. Sächl. Verwaltungsausgaben, Veröffentlichungen u. für laufende Zwecke	2.512.763,53
3. Zuweisungen von Bund und Ländern für Akademienprogramm	18.973.641,18	3. Bauausgaben	–,–
4. Zweckgebundene Drittmittel	4.295.817,91	4. Zuweisungen aus dem Akademienprogramm für musikwiss. Editionen	6.964.947,00
5. Überschüsse aus Vorjahren	644.811,65	5. Allgemeine Ausgaben aus Drittmitteln	2.681.265,36
Gesamteinnahmen	27.052.175,61	Gesamtausgaben	25.255.871,35

Gesamteinnahmen:	27.052.175,61 DM
Gesamtausgaben:	25.255.871,35 DM
Bestand:	1.796.304,26 DM

UNION
DER DEUTSCHEN AKADEMIEN
DER WISSENSCHAFTEN

vertreten durch die
Akademie der Wissenschaften und der Literatur, Mainz

Musikwissenschaftliche Editionen

JAHRESBERICHT 2001

Nachruf auf Hans Grüß

1929–2001

von

Klaus Wolfgang Niemöller

Am 24. November 2001 verstarb im 73. Lebensjahr Hans Grüß, langjähriger Dozent und Professor am Musikwissenschaftlichen Institut zu Leipzig, der als Vertreter der Sächsischen Akademie der Wissenschaften dem Ausschuß für musikwissenschaftliche Editionen der Union der deutschen Akademien der Wissenschaften seit 1995 angehörte.

Hans Grüß stammte aus Berlin, wo er am 4. März 1929 geboren wurde. Bereits während seines Studiums der Schulmusik kam er nach Leipzig und blieb der Stadt zeitlebens besonders verbunden. Hier baute er in direkter Verbindung mit der Musikinstrumenten-Sammlung der Universität die Capella Fidicinia auf, um Musik der Renaissance und des Barock auf historischen Instrumenten und in werkgerechter Interpretation wieder neu ins Bewußtsein zu bringen. Musikgeschichte war für ihn etwas sehr Lebendiges, und es war ihm ein besonderes Anliegen, immer wieder nach neuen Möglichkeiten zu suchen, inneren Strukturen von Kompositionen nachzuspüren und diese musikalisch umzusetzen. Als profunder Kenner alter Musik beschäftigte er sich aber auch mit neuer Musik und initiierte Konzerte mit Kompositionen wenig bekannter und zum Teil auch beargwöhnter Musik. Neben seiner vielseitigen und tiefgründigen Tätigkeit als Leiter der Capella Fidicinia stand seine wissenschaftliche Lehrtätigkeit am Institut für Musikwissenschaft gleichermaßen im Zentrum seines Schaffens. Wie weit seine musikwissenschaftlichen Interessen und Kenntnisse reichten, bezeugen die angebotenen Themen, die vom Mittelalter bis in die unmittelbare Gegenwart und zu Karlheinz Stockhausen, Luigi Nono und Pierre Boulez reichen. 1994 berief die Sächsische Akademie der Wissenschaften zu Leipzig Hans Grüß als Ordentliches Mitglied, und bis zum seinem Tode war er Vorsitzender der Kommission „Kunstgeschichte, Literatur- und Musikwissenschaft".

Während seiner 6-jährigen Zugehörigkeit zum Ausschuß für musikwissenschaftliche Editionen hat Hans Grüß die Belange der langfristigen musikwissenschaftlichen Editionsunternehmen immer mit intensivem Interesse verfolgt; für den Ausschuß war er dabei stets eine wichtige Verbindung zur Sächsischen Akademie der Wissenschaften. Die Mitglieder des Ausschusses gedenken seiner in besonderer Anerkennung und Verbundenheit.

Musikwissenschaftliche Editionen

Bericht Klaus Wolfgang Niemöller und Gabriele Buschmeier

1. Koordinierung der musikwissenschaftlichen Vorhaben durch die Union der deutschen Akademien der Wissenschaften

Vertreten durch die Akademie der Wissenschaften und der Literatur Mainz koordiniert die Union der deutschen Akademien der Wissenschaften im Rahmen der Gemeinschaftsfinanzierung des Bundes und der Länder derzeit 17 langfristige und bei keiner öffentlichen Einrichtung etatisierte musikwissenschaftliche Editions- und Dokumentationsvorhaben[1].

Zur Koordinierung hat die Union (damals Konferenz) 1976 einen Ausschuß für musikwissenschaftliche Editionen errichtet. Dessen Aufgaben, Zusammensetzung und Arbeitsweisen sind in einer am 1. Dezember 1995 durch Präsidium und Senat der Union verabschiedeten geänderten Geschäftsordnung festgehalten (siehe den vollständigen Abdruck der Geschäftsordnung im Jahresbericht 1995 auf Seite V f.). Dem Ausschuß gehören an (Stand: 1. Januar 2002):

Professor Dr. Detlef Altenburg, Weimar, als Präsident der Gesellschaft für Musikforschung

Professor Dr. Rudolf Flotzinger, Graz, als kooptiertes Mitglied

Professor Dr. Theodor Göllner, München, für die Bayerische Akademie der Wissenschaften

Professor Dr. Ulrich Konrad, Würzburg, als kooptiertes Mitglied

Professor Dr. Silke Leopold, Heidelberg, für die Heidelberger Akademie der Wissenschaften

---

[1] Zu den Aufgaben und Arbeitsweisen der musikwissenschaftlichen Projekte und zur Finanzierung wird auf die Jahresberichte 1979 bis 2000 in den Jahrbüchern der Akademie der Wissenschaften und der Literatur, Mainz verwiesen.

Professor Dr. Christoph-Hellmut Mahling, Mainz, als kooptiertes Mitglied

Professor Dr. Klaus Wolfgang Niemöller, Köln, für die Nordrhein-Westfälische Akademie der Wissenschaften (Vorsitzender des Ausschusses)

Professor Dr. Albrecht Riethmüller, Berlin, für die Akademie der Wissenschaften und der Literatur, Mainz

Professor Dr. Martin Staehelin, Göttingen, für die Akademie der Wissenschaften in Göttingen

Professor Dr. Clemens Zintzen, Köln/Mainz, als Präsident der Akademie der Wissenschaften und der Literatur, Mainz sowie für die Union der deutschen Akademien der Wissenschaften

Die Geschäftsstelle des Ausschusses für musikwisssenschaftliche Editionen ist angesiedelt bei der Akademie der Wissenschaften und der Literatur, Mainz. Generalsekretär der Akademie ist Dr. Wulf Thommel. Die Koordinierung der musikwissenschaftlichen Editionen und die Führung der laufenden Geschäfte im Einvernehmen mit dem Vorsitzenden des Ausschusses obliegen Dr. Gabriele Buschmeier.

Neben den Mitteln des Akademienprogramms aus der Gemeinschaftsfinanzierung von Bund und Ländern koordinieren Ausschuß und Geschäftsstelle seit 1988 auch die vom Österreichischen Bundesministerium für Bildung, Wissenschaft und Kultur für die Edition österreichischer Musiker dankenswerterweise bereitgestellten Mittel. Für die Förderung der Ausgaben Gluck, Haydn und Mozart standen daraus 2001 öS 1.300.000 zur Verfügung.

Auf seiner Sitzung am 23. November 2001 befaßte sich der Ausschuß für musikwissenschaftliche Editionen vor allem mit der mittelfristigen Programm-, Struktur- und Finanzplanung musikwissenschaftlicher Vorhaben im Akademienprogramm.

Im Berichtsjahr wurde die Veranstaltungsreihe „Musik im Landtag“, die gemeinsam vom Landtag Rheinland-Pfalz, von der Akademie der Wissenschaften und der Literatur, vom Landesstudio Rheinland-Pfalz des Südwestrundfunks und vom Landesmusikrat Rheinland-Pfalz getragen wird, mit einem Carl Maria von Weber gewidmeten Abend am 26. Juni 2001 fortgesetzt. Gerhard Allroggen, Herausgeber der Carl-Maria-von-Weber-Gesamtausgabe, präsentierte das Vorhaben mit Unterstützung von Angela Umlauf (Sopran), Inga Kazantseva (Klavier), Philipp Stümke (Klarinette) und dem Dagan Streichquartett.

2. Berichte der einzelnen Projekte

JOHANN SEBASTIAN BACH
Neue Ausgabe sämtlicher Werke

Träger: Verein Johann-Sebastian-Bach-Institut e.V., Göttingen, unter Vorsitz von Professor Dr. Bernd Moeller und Bach-Archiv Leipzig unter Leitung von Professor Dr. Dr. h.c. Christoph Wolff.
Herausgeber: Johann-Sebastian-Bach-Institut Göttingen (federführend) und Bach-Archiv Leipzig. Direktor des Johann-Sebastian-Bach-Instituts Göttingen ist Professor Dr. Martin Staehelin, Göttingen, stellvertretender Direktor Professor Dr. Klaus Hofmann, Göttingen. Direktor des Bach-Archivs Leipzig und Leiter der Leipziger Arbeitsstelle der Neuen Bach-Ausgabe ist Professor Dr. Dr. h.c. Christoph Wolff, Cambridge (Massachusetts)/Leipzig.
Anschriften: Johann-Sebastian-Bach-Institut Göttingen, Dahlmannstraße 14, 37073 Göttingen, Tel.: 0551/55972, Fax: 0551/46015, e-mail: info@bach-institut.de. Bach-Archiv Leipzig, Thomaskirchhof 15/16, 04109 Leipzig, Tel.: 0341/9137-0, Fax: 0341/9137-105, e-mail: archiv.info@bach-leipzig.de. Internet: http://www.bach-institut.de, http://www.bach-leipzig.de.
Verlag: Bärenreiter-Verlag, Kassel.
Umfang der Ausgabe: Geplant sind etwa 105 Notenbände und Kritische Berichte sowie 10 Supplementbände; davon sind seit 1954 erschienen 95 Notenbände, 90 Kritische Berichte und 6 Supplementbände.

Im Johann-Sebastian-Bach-Institut arbeiteten im Berichtsjahr neben dem hauptamtlichen Leiter Professor Dr. Klaus Hofmann als Wissenschaftliche Mitarbeiter Dr. Ulrich Bartels, Dr. Reinmar Emans (halbtags), Dr. Frieder Rempp und Dr. Uwe Wolf. In der Arbeitsstelle der Neuen Bach-Ausgabe des Bach-Archivs Leipzig arbeiteten als Wissenschaftliche Mitarbeiter Dr. Andreas Glöckner und Dr. Peter Wollny. Die Neue Bach-Ausgabe arbeitet auch mit externen Bandherausgebern.

Im Berichtsjahr sind zwei Kritische Berichte erschienen:

Lateinische Kirchenmusik, Passionen: Werke zweifelhafter Echtheit, Bearbeitungen fremder Kompositionen: Kritischer Bericht (**II/9**), herausgegeben von Kirsten Beißwenger, Hayama/Japan;

Konzerte für Cembalo: Kritischer Bericht (**VII/4**), herausgegeben von Werner Breig, Erlangen.

Zur Herstellung befinden sich folgende Manuskripte beim Verlag:

III/3 (Motetten, Choräle, Lieder: Nachträge und Werke zweifelhafter Echtheit: Notenband und Kritischer Bericht), herauszugeben von Frieder Rempp.

Im Berichtsjahr wurde im Johann-Sebastian-Bach-Institut Göttingen und in der NBA-Arbeitsstelle des Bach-Archivs Leipzig außerdem an folgenden Manuskripten gearbeitet:

II/1a (Frühfassungen zur h-Moll-Messe), herauszugeben von Uwe Wolf;
II/5b (Frühfassung der Matthäus-Passion), herauszugeben von Andreas Glöckner;
IV/10.1–2 (Orgelchoräle aus unterschiedlicher Überlieferung), herauszugeben von Reinmar Emans;
IV/11 (Choralpartiten, -variationen und freie Orgelwerke aus unterschiedlicher Überlieferung), herauszugeben von Ulrich Bartels und Peter Wollny;
V/3 (Inventionen und Sinfonien: Kritischer Bericht), herauszugeben von Georg von Dadelsen, Tübingen;
V/12 (Klavierwerke zweifelhafter Echtheit), herauszugeben von Ulrich Bartels und Frieder Rempp;
VI/5 (Kammermusik: Werke zweifelhafter Echtheit, Bearbeitungen, Nachträge), herauszugeben von Klaus Hofmann;
VIII/3 (Kontrapunktstudien, Skizzen, Entwürfe), herauszugeben von Peter Wollny;
IX/4 (Berichtigungen und Nachträge), herauszugeben von Uwe Wolf und weiteren Mitarbeitern;
IX/5 (Register), herauszugeben von Uwe Wolf und weiteren Mitarbeitern.

Anläßlich des Abschlusses des Hauptcorpus der NBA erhielt der Bärenreiter-Verlag Kassel den Deutschen Musikeditionspreis 2001 des Deutschen Musikverleger-Verbandes e.V. als Sonderpreis für die besondere editorische Leistung der NBA.

Bereits Ende letzten Jahres erschien die Broschüre „Die Neue Bach-Ausgabe auf dem Wege zu ihrem Abschluß. Vier Referate, gehalten am 9. November 1996 in Göttingen“, herausgegeben von Martin Staehelin, Kassel 2000, mit den Referaten von Alfred Dürr, Klaus Hofmann, Martin Staehelin und Frieder Zschoch, die am 9. November 1996 bei der „Festlichen Präsentation“ der damals neu erschienenen Bände V/6.2 und VIII/2 der Neuen Bach-Ausgabe mit dem „Wohltemperierten Klavier II“ und der „Kunst der Fuge“ in der Aula der Georg-August-Universität Göttingen gehalten wurden. Die Broschüre wurde vom Bärenreiter-Verlag auch den Subskribenten der Neuen Bach-Ausgabe im Bach-Jahr 2000 zum Abschluß des Hauptcorpus der Gesamtausgabe überreicht.

Innerhalb der Abhandlungen der Akademie der Wissenschaften in Göttingen, Phil.-Hist. Klasse, Dritte Folge, erschien als Band 240 der Bericht über das 1998 aus Anlaß des 80. Geburtstags von Alfred Dürr veranstalteten Symposiums „Die Zeit, die Tag und Jahre macht – Zur Chronologie des Schaffens von Johann Sebastian Bach“, herausgegeben von Martin Staehelin, Göttingen 2001, mit Beiträgen von Ulrich Bartels, Werner Breig, Reinmar Emans, Andreas Glöckner, Karl Heller, Klaus Hofmann, Yoshitake Kobayashi, Friedhelm Krummacher, Frieder Rempp, Hans-Joachim Schulze, Uwe Wolf und Jean-Claude Zehnder sowie einer Laudatio auf Alfred Dürr von Martin Staehelin.

Am 1. April 2001 feierte das Göttinger Bach-Institut sein 50-jähriges Bestehen. Aus diesem Anlaß veranstaltete es – in Verbindung mit dem Musikwissenschaftlichen Seminar der Universität Göttingen und der Göttinger Akademie der Wissenschaften – am 1. Mai ein Jubiläumskonzert mit Cembalowerken Johann Sebastian Bachs, gespielt von Andreas Staier. Eine von Ulrich Bartels und Uwe Wolf konzipierte Ausstellung „Das Bach-Institut in Göttingen. Einblicke – Ausblicke – Rückblicke" wurde in der Niedersächsischen Staats- und Universitätsbibliothek sowie im Rahmen der Göttinger Händel-Festspiele gezeigt. Zur Eröffnung am 22. März hielt Uwe Wolf einen einführenden Vortrag. Ferner fanden in Verbindung mit Kirchengemeinden und Kirchenmusikern der Stadt und der Region Göttingen Konzertveranstaltungen mit Aufführungen der Matthäus-Passion (mit Einführungsvortrag von Alfred Dürr), der Johannes-Passion (Einführungsvortrag: Klaus Hofmann) sowie mit Orgelwerken Bachs statt (Einführung: Ulrich Bartels).

Ein seit 1999 in einem Drittmittelprojekt der Akademie der Wissenschaften zu Göttingen am Bach-Institut erarbeiteter Online-Bach-Quellenkatalog ist seit März 2001 im Internet frei verfügbar (www.bach.gwdg.de). Der Katalog wird laufend aktualisiert und erweitert. An Konzeption und Durchführung war Uwe Wolf als freier Mitarbeiter maßgeblich beteiligt.

Reinmar Emans hielt am 26. und 27. Januar in der Akademie des Bistums Mainz im Rahmen der Veranstaltung „Johann Sebastian Bach (1685–1750): Musikalische Gnadengegenwart. Ein Ausblick als Handlungsauftrag" die beiden Vorträge „Ein Rückblick auf das Bach-Jahr" und „Unbekannte Kompositionen von Bach?". Beim Symposium „Zur Geschichte der Nürnberger Orgelmusik", das innerhalb der Internationalen Orgeltage in Nürnberg stattfand, referierte er am 7. Juli über „Authentizitätsprobleme bei den sowohl Johann Pachelbel als auch Johann Sebastian Bach zugeschriebenen Orgelchorälen". Vom 16.–18. Juli nahm er als Referent am X. Convegno internazionale di studi „La musica e il sacro: Prospettive e intertestualità nel barocco lombardo-padano" in Brescia teil. Beim Europäischen Musikfest Stuttgart hielt er am 27. August einen Vortrag sowie ein Seminar über das Thema „Zwischen Übernahme und Ablehnung – Bach und die italienische Musik". Er referierte zudem beim 2. Frankfurter Telemann-Symposion (24.–27. Oktober) über die Frage „Sind stilkritische Echtheitsbeweise möglich? Versuch anhand der auch J. S. Bach zugeschriebenen Kantaten Telemanns". Außerdem beteiligte er sich mit Beiträgen an den Festschriften für Werner Braun und Martin Geck.

Andreas Glöckner referierte anläßlich eines Seminars zur Aufführungspraxis der Werke Johann Sebastian Bachs am 4. Oktober in Leipzig zum Thema „Vom Autograph zur Urtext-Ausgabe". Diethard Hellmanns 1964 erschienene Rekonstruktionsausgabe der Markus-Passion BWV 247 hat er in einer überarbeiteten Fassung beim Carus-Verlag neu herausgegeben. Außerdem ist er mit Beiträgen in den neuen Ausgaben von „Die Musik in Geschichte und Gegenwart" sowie „The New Grove Dictionary" vertreten.

Klaus Hofmann leitete im Wintersemester 2001/02 am Musikwissenschaftlichen Seminar der Universität Göttingen ein Hauptseminar über die Motetten Bachs.

Uwe Wolf wurde in das Herausgeber-Kollegium der NBA berufen. Die von ihm im Carus-Verlag Stuttgart herausgegebene Gesamtausgabe der Motetten des Bach-Schülers

Gottfried August Homilius (G.A. Homilius, Motetten. Gesamtausgabe, Stuttgart 2000) wurde auf der Frankfurter Musikmesse 2001 mit dem Deutschen Musikeditionspreis ausgezeichnet.

Peter Wollny hielt an der Technischen Universität Dresden Lehrveranstaltungen zum Thema „Die frühen Kantaten von J. S. Bach" (Proseminar) und „Einführung in die musikalische Quellenkunde" (Hauptseminar) ab. Er veröffentlichte Aufsätze über „Wilhelm Friedemann Bachs Kantatenaufführungen in Halle" (Händel-Jahrbuch 2001) und „Anmerkungen zur Bach-Überlieferung in Naumburg" (Bach-Jahrbuch 2000). Außerdem hielt er im April Gastvorträge zum Thema „Johann Rosenmüller und das Leipziger Musikleben um 1650" an den Universitäten Basel und Zürich.

JOHANNES BRAHMS
Neue Ausgabe sämtlicher Werke

Träger: Johannes Brahms Gesamtausgabe e. V., München, Vorsitzender: Professor Dr. Friedhelm Krummacher, Kiel.
Herausgeber: Johannes Brahms Gesamtausgabe, München, in Verbindung mit der Gesellschaft der Musikfreunde in Wien; Editionsleitung: Forschungsstelle Kiel.
Anschrift: Johannes Brahms Gesamtausgabe, Forschungsstelle Kiel, Musikwissenschaftliches Institut der Christian-Albrechts-Universität, Olshausenstraße 40, 24098 Kiel, Tel.: 0431/880-2304 bzw. -2632, Fax: 0431/880-1697, e-mail: brahmsausgabe@email.uni-kiel.de.
Verlag: G. Henle Verlag, München.
Umfang der Ausgabe: Geplant sind mindestens 65 Notenbände mit eingebundenen Kritischen Berichten. Bisher sind 4 Notenbände erschienen.

In der Kieler Forschungsstelle der Johannes Brahms Gesamtausgabe (JBG) arbeiten hauptamtlich Dr. Salome Reiser und Dr. Michael Struck. An der Ausgabe sind externe Bandherausgeber beteiligt.

Im Berichtsjahr ist erschienen:

Symphonie Nr. 2 D-Dur op. 73 (**I/2**), herausgegeben von Robert Pascall, Bangor/Nottingham, und Michael Struck.

Die Edition von Brahms' 2. Symphonie konnte erstmals auf die in Privatbesitz befindliche abschriftliche Stichvorlage des 1. Satzes zurückgreifen. Diese verdeutlicht zusammen mit der autographen Partitur die komplexen Korrekturschichten bei Brahms' kompositorischer Revision des Werkes.
Wenn auch die 2. Symphonie schnellere und breitere Zustimmung fand als die ein Jahr zuvor an die Öffentlichkeit gelangte 1. Symphonie, kann sie doch nicht lediglich als ungetrübt pastorales Werk gelten, wie Brahms aufschlußreiche, erst vor einigen Jahren an die Öffentlichkeit gelangte Diskussion mit Vincenz Lachner über das Werk zeigt. Die im Rahmen des Kritischen Berichtes dargestellte Quellengeschichte führte zu revidierten Erkenntnissen über die Phasen des Korrekturlesens; aufgrund eingehender philologischer Recherchen ergaben sich in diesem Zusammenhang Umdatierungen und Zuordnungskorrekturen für den Briefwechsel Brahms/Dessoff. Neu bewertet wurde auch ein von Brahms

korrigierter Abzug des vierhändigen Klavierarrangements, bei dem es sich im Gegensatz zu den Angaben von McCorkles Brahms-Werkverzeichnis nicht um einen druckrelevanten Korrekturabzug handelt, sondern um dessen Schwesterexemplar, das als Vorabzug beim Komponisten verblieb. Darüber hinaus zeigte sich, daß es sich bei bestimmten Blaustiftkorrekturen, die Verlagslektor Robert Keller in der abschriftlichen (1. Satz) bzw. autographen (2.–4. Satz) Stichvorlage der Partitur vornahm, um Rückübertragungen Brahmsscher Änderungen aus dem verschollenen Korrekturabzug der Partitur handeln muß. Aus der textkritischen Arbeit resultierten zahlreiche Revisionen der Hauptquelle (Partitur-Erstdruck), die neben Notenkorrekturen vor allem Eingriffe in Dynamik und Artikulation betrafen. Sehr aufschlußreich war außerdem die – vom editorischen Konzept der Neuen Ausgabe sämtlicher Werke geforderte – Erfassung der teilweise höchst komplexen kompositorischen Korrekturen. So konnten die Herausgeber rekonstruieren, an welcher Stelle des 4. Satzes Brahms sich während der Partiturniederschrift entschied, statt dreier Posaunen vier tiefe Blechbläser zu verwenden (dies hatte zur Folge, daß er in den vorangehenden Teilen des 4. Satzes sowie im 1. Satz entsprechende Änderungen vornahm, während er den tiefen Blechbläser-Satz im später geschriebenen 2. Satz sogleich vierstimmig konzipierte). Auch die vom Komponisten nahezu unlesbar gemachten ursprünglichen Streicherpartien in der Coda des 1. Satzes ließen sich rekonstruieren. Insgesamt liefert die vorliegende Edition somit neben einem quellenkritisch intensiv revidierten Notentext auch fruchtbare Erkenntnisse über die späteren Phasen des Kompositionsprozesses.

Im Berichtsjahr wurde außerdem an folgenden Bandmanuskripten gearbeitet:

I/5 (Serenaden Nr. 1 op. 11 und Nr. 2 op. 16), herauszugeben von Michael Musgrave, London/New York;
I/8 (Klavierkonzert Nr. 2 op. 83), herauszugeben von Bernhard Stockmann, Hamburg;
I/9 (Violinkonzert op. 44), herauszugeben von Linda Correll-Roesner, New York;
II/1 (Streichsextette Nr. 1 op. 18 und Nr. 2 op. 36), herauszugeben von Christian Martin Schmidt, Berlin;
II/3 (Streichquartette op. 51 Nr. 1 und 2 sowie op. 67; Hymne zur Verherrlichung des großen Joachim; Anh. III/1), herauszugeben von Salome Reiser;
V/5 (Geistliche Chorwerke a cappella), herauszugeben von Virginia Hancock, Portland/Oregon;
IX/1 (Bearbeitungen von Werken anderer Komponisten für ein oder zwei Klaviere zu vier Händen), herauszugeben von Valerie Woodring Goertzen, Hattiesburg/Mississippi.

Folgende Bände wurden neu an externe Bandherausgeber vergeben:

II/5 (Klavierquartette op. 25, 26 und 60), herauszugeben von Giselher Schubert, Frankfurt am Main;
IIA/4 (vierhändige Klavierarrangements der Klavierquartette op. 25 und 26), herauszugeben von Giselher Schubert, Frankfurt am Main;
IV (Orgelwerke), herauszugeben von George S. Bozarth, Seattle/Washington;
VI/2 (Chorwerke und Vokalquartette op. 64, 92, 93b, 103, 112 sowie Werke ohne Opuszahl), herauszugeben von Bernd Wiechert, Mainz.

Modifiziert wurde folgender Band:

II/9 (Sonaten für Violoncello op. 38 und op. 99; Klarinettensonaten op. 120 Nr. 1 und 2), herauszugeben von Egon Voss, München.

In der Arbeit Michael Strucks bildete die abschließende inhaltliche Diskussion und Redaktion der gemeinsam mit Robert Pascall herausgegebenen 2. Symphonie sowie die Korrekturlesung der Noten- und Worttexte den Schwerpunkt der Arbeit. Darüber hinaus begann er mit der Redaktion der externen Edition von Brahms' Violinkonzert (I/9). Außerdem führte er editorische Diskussionen mit den Herausgeber(inne)n der Cellosonaten sowie der Brahmsschen Bearbeitungen von Werken anderer Komponisten für ein oder zwei Klaviere zu vier Händen. Zudem mußte für einen Teil der neu vereinbarten Editionen umfangreiches Quellenmaterial beschafft und dupliziert werden.

Salome Reiser war außer mit der eigenen editorischen Arbeit an den Streichquartetten mit der Betreuung von Bänden externer Herausgeber (insbesondere I/8 und V/2) beschäftigt. In der Pierpont Morgan Library New York nahm sie eine Autopsie der autographen Partitur des B-Dur-Quartetts op. 67 vor und sichtete darüber hinaus hier, wie auch in der New York Public Library, mehrere Manuskript- und Druckquellen weiterer Brahmsscher Werke.

Im Jahre 2001 erschienen folgende Texte von Mitgliedern der Editionsleitung im Druck:

Robert Pascall: Brahms underway to the „Adagio" of his Clarinet Quintet: A story of stylistic assimilation and enrichment, in: Rezeption als Innovation. Untersuchungen zu einem Grundmodell der europäischen Kompositionsgeschichte. Festschrift für Friedhelm Krummacher zum 65. Geburtstag, hrsg. von Bernd Sponheuer, Siegfried Oechsle und Helmut Well unter Mitarbeit von Signe Rotter, Kassel etc. 2001, S. 337–356.

Michael Struck: Manuskripte mit Frage- und Ausrufezeichen. Die Clara Wieck zugeschriebenen Werke aus dem Familienarchiv Avé-Lallemant, in: Brahms Institut an der Musikhochschule Lübeck – Musikhandschriften und Briefe aus dem Familienarchiv Avé-Lallemant, hrsg. von der Kulturstiftung der Länder in Verbindung mit dem Brahms-Institut an der Musikhochschule Lübeck, Lübeck 2001 (= Patrimonia 197), S. 33–43.

Salome Reiser, Friedhelm Krummacher und Michael Struck wirkten bei der gemeinsamen öffentlichen Vorstellung der Johannes Brahms Gesamtausgabe und des Brahms-Institutes an der Musikhochschule Lübeck im Rahmen der Jahrestagung der Gesellschaft für Musikforschung an der Hochschule für Musik und Theater Hannover mit. Salome Reiser und Michael Struck berichteten zudem im Rahmen des Kolloquiums des Musikwissenschaftlichen Institutes Kiel über „Manuskripte mit Frage- und Ausrufezeichen. Neue Quellenfunde zu Brahms und Clara Schumann".

Salome Reiser hielt beim Kolloquium des Musikwissenschaftlichen Instituts Kiel und beim Colloquium der Kammermusikakademie Villa Musica auf Schloß Engers jeweils einen Vortrag über „Spuren kompositorischer Arbeit in Brahms' Streichquartett a-Moll op. 51 Nr. 2". Für den Landesmusikrat Schleswig-Holstein führte sie während einer Arbeitsphase des Landesjugendorchesters auf Schloß Salzau in Brahms' 4. Symphonie ein.

Michael Struck berichtete sowohl im Kolloquium des Musikwissenschaftlichen Institutes Kiel als auch auf Einladung der Brahms-Gesellschaft Schleswig-Holstein jeweils über seine Ende 2000 erschienene Edition von Johannes Brahms' Doppelkonzert op. 102. Beim Internationalen Symposion „Komponisten-Werkverzeichnisse: Probleme – Erfahrungen – Perspektiven" in Wien berichtete er über „17 Jahre Brahms-Werkverzeichnis – Forschungs-Fokus und Forschungs-Impuls". Mit dem Beitrag „Surrogat und Hybris: Wirkungsbereiche des Klaviers im Umfeld tradierter Gattungen (am Beispiel von Brahms' vierhändigen Arrangements eigener Werke und Alkans „Douze études dans tous les tons mineurs op. 39") nahm er an der Internationalen Tagung „Musik, Wissenschaft und ihre Vermittlung" anläßlich der Jahrestagung der Gesellschaft für Musikforschung an der Musikhochschule Hannover teil. Zusammen mit der Pianistin Ina Peeken gestaltete er u.a. in Wiesbaden und Kiel erneut Gesprächskonzerte über Brahms' vierhändige Arrangements eigener Werke und konzipierte in diesem Zusammenhang in der Schleswig-Holsteinischen Landesbibliothek Kiel eine kleine Ausstellung über Brahms' Arrangiertätigkeit („Johannes Brahms: Werke in wechselnder Gestalt").

CHRISTOPH WILLIBALD GLUCK
Sämtliche Werke

Träger: Akademie der Wissenschaften und der Literatur, Mainz; Vorsitzender der Kommission für Musikwissenschaft der Akademie ist Professor Dr. Albrecht Riethmüller, Berlin.
Herausgeber: Akademie der Wissenschaften und der Literatur, Mainz; Vorsitzender des Herausgeber-Gremiums ist Professor Dr. Christoph-Hellmut Mahling, Mainz.
Anschrift: Gluck-Gesamtausgabe, Akademie der Wissenschaften und der Literatur, Geschwister-Scholl-Str. 2, 55131 Mainz, Tel.: 06131/577-240 bzw. 241, Fax: 06131/577-111, e-mail: Gluck-GA@adwmainz.de, Daniela.Philippi@adwmainz.de; Internet: http://www.adwmainz.de.
Verlag: Bärenreiter-Verlag, Kassel.
Umfang der Ausgabe: Geplant sind 53 Notenbände mit in der Regel eingebundenen Kritischen Berichten und 4 Supplementbände; erschienen sind seit 1951 33 Bände.

Wissenschaftliche Mitarbeiterinnen der Gluck-Gesamtausgabe (GGA) sind PD Dr. Daniela Philippi (ganztags) und Tanja Gölz M.A. (seit Juli 2001 beurlaubt) – Vertretung durch Isolde von Foerster und Christine Heyter-Rauland M.A. (beide halbtags). Organisatorische Aufgaben und Aufgaben der Editionsleitung nahm Dr. Gabriele Buschmeier als Mitglied des Herausgeber-Gremiums zusammen mit dessen Vorsitzenden wahr. An der Ausgabe arbeiten externe Bandherausgeber mit.

Im Berichtsjahr wurden die Arbeiten fortgeführt an:

I/3 (Alceste, Teilband b: Textteil), von Gerhard Croll, Salzburg;
III/11 (Le nozze d'Ercole e d'Ebe), herauszugeben von Tanja Gölz;
III/13 (La contesa dei Numi), herauszugeben von Daniela Philippi;
III/20 (Antigono), herauszugeben von Irene und Daniel Brandenburg, Thurnau;
III/23 (Il trionfo di Clelia), herauszugeben von Silke Leopold, Heidelberg;
III/28 (Le feste d'Apollo), herauszugeben von Gabriele Buschmeier;
IV/10 (L'Arbre enchanté, 1. Fassung), herauszugeben von Bruce A. Brown, Los Angeles;
IV/11 (L'Arbre enchanté, 2. Fassung), herauszugeben von Bruce A. Brown, Los Angeles;
VI/2 (Oden, Lieder), herauszugeben von Theophil Antonicek, Wien.

Aufgenommen wurden die Arbeiten an:

III/27 (Prologo), herauszugeben von Christoph-Hellmut Mahling.

Im Rahmen der stetigen Komplettierung und Erweiterung der in der Datenbank verzeichneten Quellenangaben konzentrierte sich die Arbeit auf die Ergänzung und Aktualisierung des vorhandenen Forschungsstands. So wurden u.a. die im Dezember 2000 gewonnenen Ergebnisse der Quellen-Recherchen in der Österreichischen Nationalbibliothek sowie in Archiv und Bibliothek der Gesellschaft der Musikfreunde Wien in die Mainzer Datenbank eingearbeitet.

Zwecks Sichtung des Quellenmaterials zu „La contesa dei Numi" und Ermittlung neuer Erkenntnisse der Werkkontexte unternahm Daniela Philippi im März eine Bibliotheksreise nach Kopenhagen. Neben zahlreichen Detailergebnissen, die direkt in die editorische Arbeit einfließen, konnte hier auch das der Gluck-Forschung bislang nicht bekannte Uraufführungslibretto aufgefunden werden.

Um die Erfahrungen anderer Werkverzeichnis-Projekte kennenzulernen und sie für die Arbeiten am Gluck-Werkverzeichnis in der Arbeitsstelle Mainz nutzen zu können, nahm Daniela Philippi vom 8.–10. Juni an dem Symposion „Komponisten-Werkverzeichnisse. Probleme – Erfahrungen – Perspektiven" in Wien teil.

Beim Internationalen Symposion „Berlioz, Wagner und die Deutschen", das vom 17.–20. August in Bayreuth stattfand, referierte Gabriele Buschmeier zu dem Thema „‚Le Jupiter de notre Olympe, l'Hercule de la musique'. Berlioz' Gluck-Rezeption".

Im Mozart-Jahrbuch 2000 erschien der Beitrag „Zum Kanon konzertant verwendeter Arien von Christoph Willibald Gluck" von Daniela Philippi.

Am 6. Juli fand die jährliche Sitzung des Herausgeber-Gremiums der Gluck-Gesamtausgabe statt.

In der Salzburger Arbeitsstelle im Institut für Musikwissenschaft der Universität Salzburg, die von Professor Dr. Gerhard Croll geleitet wird, arbeiteten stundenweise Mag. Elisabeth Richter und Dr. Irene Brandenburg. Neben Arbeiten an Band I/3, Teilband b wurden die Vorbereitungen der Ausgabe der Briefe von und an Christoph Willibald Gluck und der biographischen Dokumente fortgesetzt.

GEORG FRIEDRICH HÄNDEL
Hallische Händel-Ausgabe
– Kritische Gesamtausgabe –

Träger: Georg-Friedrich-Händel-Gesellschaft e.V., Halle. Präsident: Professor Dr. Wolfgang Ruf.
Herausgeber: Georg-Friedrich-Händel-Gesellschaft e.V., Halle. Editionsleiter: Professor Dr. Wolfgang Ruf, Halle, und Terence Best, Brentwood/UK.
Anschrift: Hallische Händel-Ausgabe, c/o Händel-Haus, Große Nikolaistraße 5, 06108 Halle, Tel.: 0345/500900, Fax: 0345/50090416, e-mail: landgraf@musik.uni-halle.de, Internet: http://www.haendelhaus.de/gfhaendel/haendel_ausgabe.html.
Verlag: Bärenreiter-Verlag, Kassel.
Umfang der Ausgabe: Geplant sind 116 Notenbände mit Kritischen Berichten und Faksimiles der Libretti bei Opern und Oratorien sowie ca. 10 Bände Supplemente; seit 1955 erschienen 59 Notenbände mit Kritischen Berichten und 5 Bände Supplemente.

Dem Editorial Board der Hallischen Händel-Ausgabe (HHA) gehören neben den Editionsleitern an: Professor Dr. Graydon Beeks, Claremont/USA, Professor Dr. Donald Burrows, Cranfield/UK, Dr. Siegfried Flesch, Halle, Professor Dr. Klaus Hortschansky, Münster, Professor Dr. Hans Joachim Marx, Hamburg, und Professor Dr. John H. Roberts, San Francisco/USA.

Die Redaktion bilden die hauptamtlichen Wissenschaftlichen Mitarbeiter Stephan Blaut M. A., Dipl.-phil. Annette Landgraf und Dr. Michael Pacholke, die auch mit der Edition von Bänden betraut sind, sowie Karola Henze (halbtags) als Sachbearbeiterin. Die HHA beschäftigt als Bandherausgeber überwiegend externe Mitarbeiter.

Im Berichtsjahr wurden veröffentlicht:

Orgelkonzerte I, Sechs Konzerte für Orgel und Orchester op. 4, HWV 289–294, Konzert für Harfe und Orchester HWV 294 (**IV/2**: Notenband mit Kritischem Bericht), Neuausgabe von Terence Best, Brentwood/UK und William D. Gudger, Charleston/USA.

Der Band enthält die sechs Orgelkonzerte HWV 289–294, und zwar in der Reihenfolge, wie sie von John Walsh in London 1738 zum ersten Mal als Händels Opus 4 gedruckt wurden, das Konzert HWV 294 in seiner ursprünglichen, auch im Autograph erhaltenen Fassung mit Harfe als Soloinstrument; der Anhang enthält eine von den Herausgebern rekonstruierte Orgelstimme für den überarbeiteten ersten Satz von HWV 291, und den ursprünglichen Schluß desselben Konzerts (ohne Orgel) sowie den Hal-

leluja-Chor, mit dem das Konzert zuerst 1735 zur Wiederaufführung von „Athalia“ und 1737 in „Il Trionfo del Tempo e della Verità“ gespielt wurde.
Die Konzerte II–V schrieb Händel zu Anfang des Jahres 1735, um sie in die Aufführungen seiner Oratorien „Deborah“, „Esther“ und „Athalia“ einzufügen, wobei er den Orgelpart selbstverständlich selbst ausführte. (In der ersten Londoner Aufführung von „Athalia“ am 1. April 1735 wurden alle vier Konzerte gespielt: „...ein neues Konzert auf der Orgel, außerdem das erste Konzert in dem Oratorium Esther sowie das letzte aus Deborah.“) Die beiden übrigen Konzerte, das sechste, das Harfenkonzert HWV 294, und das erste, HWV 289, komponierte Händel Ende des Jahres 1735 oder Anfang 1736, jedenfalls rechtzeitig genug, um sie wie auch das Concerto grosso C-Dur HWV 318 (das sogenannte „Alexanderfest-Konzert“) während der ersten Aufführung von „Alexander's Feast“ am 19. Februar 1736 zu spielen.
Die Orchesterbesetzung für das Harfenkonzert sieht Blockflöten vor, die Violinen con sordino, die tiefen Streicher pizzicato; in der späteren Fassung mit Orgel als Soloinstrument treten Oboen an die Stelle der Blockflöten, die Streicher spielen ohne Dämpfer und col arco. Für den letzten Satz von Concerto IV (HWV 292) schrieb Händel einen neuen Schluß, da es von Walsh natürlich ohne den Chor gedruckt wurde.
Auch für diese Konzerte sind Entlehnungen bzw. Übernahmen aus anderen Werken Händels bekannt; bemerkenswert sind Transkriptionen, zum Teil von ganzen Sätzen, aus Sonaten von Opus 1 und Opus 2.
Das ausführliche Vorwort behandelt neben Entstehung und Aufführungsgeschichte der Werke die (günstige) Quellenlage sowie die Entlehnungen, zusätzlich aber auch Händels Bedeutung als Organist und Improvisator, die Orgel in England zur Händelzeit sowie Spezialprobleme.
Händels Opus 4 war bereits 1956 in einem der ersten Bände der HHA neu gedruckt erschienen, die damals als „in erster Linie für die Praxis gedacht“ angesehen wurde (Zitat aus dem damaligen Vorwort). Doch dieser Band, mit nur zwei Seiten Kritischem Bericht, war kaum mehr als eine überarbeitete Neuauflage von Chrysanders Ausgabe von 1868, so daß eine nochmalige Ausgabe unter Berücksichtigung aller verfügbaren Quellen und auf dem heutigen Stand von Händelforschung und Editionstechnik nötig war.

Deidamia, HWV 42 (**II/41**: Notenband mit Kritischem Bericht), herausgegeben von Terence Best, Brentwood/UK.

Die Premiere von Händels letzter Oper „Deidamia“ fand am 10. Januar 1741 an John Richs Theatre Royal in Lincoln's Inn Fields statt. Nach nur zwei Wiederholungen am 17. Januar und 10. Februar 1741 wurde die Oper vom Spielplan abgesetzt und bis zum 20. Jahrhundert nicht mehr aufgeführt.
Der im 17. und 18. Jahrhundert als Vorlage für mehrere Opernlibretti verwendete Stoff ist dem Sagenkreis des Trojanischen Krieges entnommen und behandelt eine Legende um Achilles. Dieser wurde von seinem Vater in Mädchenkleidern zu Lycomedes auf die Insel Skyros geschickt, damit er seinem vom Orakel prophezeiten frühen Tod im Krieg gegen Troja entgehe. Da der Hohepriester Kalchas jedoch verkündet hatte, daß Troja ohne Achilles nicht eingenommen werden könne, wurde Ulysses von den Griechen beauftragt, Achilles zu finden und für den Feldzug zu gewinnen. Mit Hilfe einer List gelingt ihm die Enttarnung, die Deidamia, Achilles' Geliebte, vergeblich zu verhindern versucht hatte.
Das Libretto schrieb Paolo Antonio Rolli, der schon für fünf frühere Opern Händels als Textdichter tätig gewesen war. Mit einer ungezwungenen, klaren Sprache gelang es Rolli, die treffend charakterisierten Hauptpersonen in eine logisch aufgebaute Handlung zu integrieren.
Den Hauptteil des Bandes bildet die Fassung der drei Aufführungen von 1741. Der Anhang enthält neben verworfener Musik der Arie „Un guardo solo“ die ursprüngliche Gestalt des Rezitativs „Invano, o Principessa“ und die jeweils ersten Fassungen von vier Arien Nereas. Diese von Händel offenbar nach der Fertigstellung der Kompositionspartitur von „Deidamia“ umgearbeiteten, nunmehr virtuoser angelegten Arien waren für die Ende 1740 in London eingetroffene italienische Sängerin Maria Monza bestimmt; wahrscheinlich hatte Händel die Partie der Nerea zunächst für eine weniger qualifizierte Sängerin komponiert.

Im Rahmen der Hallischen Händel-Ausgabe im Auftrag der Stadt Halle erschien 1945 der Klavierauszug von „Deidamia" (hrsg. von Rudolf Steglich), der, obwohl mit ihm der Anfang gemacht wurde, nicht in den Bestand der heutigen HHA gehört. Die Oper ist nun in Form einer Partitur als kritisch-wissenschaftliche Edition verfügbar.

Sechs Sonaten für Violine und Basso Continuo, HWV 361, 371, 368, 370, 372, 373 (**IV/7**: Notenband mit Kritischem Bericht), herausgegeben von Johann Philipp Hinnenthal, Neuausgabe von Terence Best, Brentwood/UK.

Der Band enthält die fünf Sonaten für Violine und Basso continuo (HWV 361, 368, 370, 372, 373), die unter Händels Namen zu seinen Lebzeiten veröffentlicht wurden, und eine weitere (HWV 371), die zum ersten Mal 1879 in der Chrysander-Ausgabe im Druck erschien (ChA, Bd. 27). Drei andere Violinsonaten (HWV 358, 359[a] und 364[a]) sind in HHA IV/18, „Neun Sonaten für ein Soloinstrument und Basso continuo", abgedruckt.
Händels Autograph der A-Dur Sonate HWV 361, das von 1726 stammt, befindet sich im Fitzwilliam Museum Cambridge. Die D-Dur Sonate HWV 371 ist wesentlich später, um 1750, entstanden, und das Autograph in der British Library ist ihre einzige Quelle. Diese Sonate wurde im 18. Jahrhundert niemals gedruckt, und es gibt auch keine zeitgenössischen Abschriften.
Für HWV 368, 370, 372 und 373, die zwischen 1730 und 1732 in Druckausgaben erschienen sind, existieren keine handschriftlichen Quellen. Diese vier Sonaten sind mit ziemlicher Sicherheit unecht.
Für nahezu ein Jahrhundert ging eine große Anzahl praktischer Ausgaben auf den Text von Chrysander zurück. So hat sich die Überlieferung von den sechs Violinsonaten Händels gebildet, die auch noch aktuell war, als die ursprüngliche Ausgabe dieses HHA-Bandes 1955 erschien. Die vorliegende Revision behält den ursprünglichen Inhalt bei, weil die Sonaten HWV 358, 359[a] und 364[a] inzwischen im Band HHA IV/18 und auch in einer separaten Ausgabe abgedruckt sind: BA 4229, „Sämtliche Sonaten für Violine und bezifferten Bass, Heft 2: Drei Sonaten". Jedoch wurde die Reihenfolge entsprechend geändert; die beiden zweifellos echten Werke stehen jetzt am Anfang des Bandes.
Die Continuo-Aussetzung beruht auf der, die Johann Philipp Hinnenthal für die Originalausgabe dieses Bandes der HHA von 1955 geschrieben hat. Es wurden einige Korrekturen vorgenommen, besonders an den Stellen, wo die ursprüngliche Aussetzung viel kunstvoller ausgearbeitet ist, als es heutzutage als passend für eine gedruckte Continuo-Stimme angesehen wird, oder dort, wo die Harmonien, impliziert durch den Bass oder entsprechend der Bezifferung, unvollständig oder falsch interpretiert sind.
Der Band wurde den modernen Editionsprinzipien gemäß überarbeitet und mit einem ausführlichen Vorwort und einem Kritischen Bericht versehen.

Im Jahre 2002 werden veröffentlicht:

II/40 (Imeneo HWV 41), herauszugeben von Donald Burrows, Cranfield/UK;
II/16 (Rodelinda HWV 19), herauszugeben von Andrew Jones, Cambridge/UK.

Weiterhin sind zur Veröffentlichung 2002/2003 vorgesehen:

II/23 (Lotario HWV 26), herauszugeben von Michael Pacholke;
III/12 (Funeral Anthem for the Queen Caroline HWV 264), herauszugeben von Annette Landgraf;
II/39 (Serse HWV 40), revidierte Ausgabe, herauszugeben von Terence Best, Brentwood/UK.

Wolfgang Ruf hielt am 3. Juni 2001 den Festvortrag zu den Göttinger Händel-Festspielen „Dramatik und Lyrik in den Oratorien und Serenaten Händels", am 13. Juni 2001 ein Referat auf der Wissenschaftlichen Konferenz „Händelforschung – Händelfestspiele" in Halle zu dem Thema „Hermann Abert und die Händel Renaissance" und am 7. Juli ein Referat auf der Wissenschaftlichen Konferenz „Mitteldeutsche Barockmusik im europäischen Kontext" „Händel in England: L'Allegro, il Penseroso ed il Moderato".

Annette Landgraf sprach am 6. Mai 2001 auf der Wissenschaftlichen Konferenz des Maryland Handel Festivals in College Park zum Thema „Pyramids in Germany: A contribution to the German Reception of Handel's Oratorios in the 18th and 19th Century", am 11. Juni auf der Wissenschaftlichen Konferenz „Händelforschung – Händelfestspiele" in Halle über „Die Händel-Bearbeitungen Friedrich Chrysanders" und am 20. November in Münster auf der Tagung „Händels geschichtliche Opern: Historizität und Zeitbezug in Sujet und Musiktheatralischer Verwirklichung" über „Das Ende des Jahres 1723 am King's Theatre am Haymarket".

Michael Pacholke referierte am 12. Juni auf der Wissenschaftlichen Konferenz „Händelforschung – Händelfestspiele" in Halle über „Händels Notenschrift".

JOSEPH HAYDN
Werke

Träger: Joseph Haydn-Institut e.V., Köln, unter Vorsitz von Professor Dr. Klaus Wolfgang Niemöller.
Herausgeber: Joseph Haydn-Institut, Köln, unter Leitung von Dr. Armin Raab.
Anschrift: Joseph Haydn-Institut, Blumenthalstraße 23, 50670 Köln, Tel.: 0221/733796, Fax: 0221/ 724054, e-mail: haydn-institut@t-online.de, Internet: http://www.haydn-institut.de.
Verlag: G. Henle Verlag, München.
Umfang der Ausgabe: Geplant sind 106 Noten- und zwei Textbände, 101 Kritische Berichte sowie ein Registerband; davon erschienen seit 1955 81 Bände (80 Notenbände, ein Textband) und 66 Kritische Berichte. Außerdem wurden 30 Hefte „Haydn-Studien" veröffentlicht.

Im Joseph Haydn-Institut arbeiteten im Berichtsjahr als hauptamtliche Wissenschaftler: Dr. Andreas Friesenhagen, Dr. Annette Oppermann, Dr. Armin Raab und Dr. Robert von Zahn, als Teilzeitkraft (Sachbearbeiterin) Silke Schloen und als studentische Hilfskräfte Dirk Mühlenhaus und Nathalie Wauters. An der Edition sind mehrere externe Bandherausgeber beteiligt.

Im Berichtsjahr sind erschienen:

Volksliedbearbeitungen für William Napier, 2. Folge (**XXXII/2:** Notenband und Kritischer Bericht), herausgegeben von Andreas Friesenhagen.

Der Band enthält fünfzig Bearbeitungen schottischer Volkslieder für Singstimme, Violine und Generalbaß, die Haydn während seines zweiten Englandaufenthalts für den Verleger William Napier anfertigte. Napier veröffentlichte die Bearbeitungen im Juli 1795 als dritten Band seiner Sammlung „A Selection of Original Scots Songs in Three Parts". Für den zweiten Band dieser Sammlung hatte Haydn drei Jahre zuvor schon einmal einhundert schottische Melodien für dieselbe Besetzung eingerichtet (sie wurden 1961 in Band XXXII/1 der Gesamtausgabe veröffentlicht). Über Hintergründe und Entstehungsgeschichte der fünfzig Lieder von 1795 ist so gut wie nichts bekannt. Aus dem Datum des Eintrags ins Register von Stationers' Hall (16. Juli 1795) läßt sich zumindest der Erscheinungstermin des Drucks erschließen. Darüber hinaus kann man der Preisangabe auf dem Titel des Drucks und einer Zeitungsannonce noch entnehmen, daß Napier zunächst geplant hatte, entsprechend dem vorhergehenden Band einhundert – und nicht fünfzig – Lieder zu veröffentlichen.
Einzige Quelle für die Edition war der Druck Napiers. Als problematisch erwies sich vor allem die Bezifferung der Lieder. Sie ist sowohl unvollständig als auch in sich unstimmig und fehlerhaft. Man muß deshalb daran zweifeln, daß sie zur Gänze auf Haydn zurückgeht. Da aber nicht auszuschließen ist, daß zumindest einige Ziffern von ihm stammen, wurde die Bezifferung beibehalten. Offensichtliche Fehler wurden zwar korrigiert, auf eine Vervollständigung jedoch verzichtet. Die Gesangstexte sind wie in Napiers Ausgabe im Anschluß an den Notentext, also einschließlich der bereits den Noten unterlegten ersten Strophe, vollständig abgedruckt. Dabei werden die Differenzen zwischen Unterlegung und separatem Textabdruck in der Schreibweise einzelner Wörter aus dem schottischen Dialekt beibehalten.

Haydn-Studien **VIII/2**

Dieses Heft enthält die von Armin Raab zusammengestellte vierte Folge der Haydn-Bibliographie. Sie verzeichnet über 800 Titel von 1991 bis 2001. Wie die drei vorangehenden Folgen (Haydn-Studien III/3–4, V/4 und VI/3) ist sie als kommentierte Bibliographie angelegt und wird durch Register und Vorwort erschlossen.

In Herstellung beim Verlag befinden sich:

XXXII/3 (Volksliedbearbeitungen für George Thomson, 1. Folge), herauszugeben von Marjorie Rycroft unter Mitwirkung von Warwick Edwards und Kirsteen McCue, Glasgow.

Der Band mit knapp dreihundert Notenseiten und umfangreichem Kritischen Bericht, der 112 Bearbeitungen schottischer Lieder enthält, steht kurz vor der Fertigstellung. Sämtliche Noten- und Worttexte sind bereits gesetzt.

I/9 (Sinfonien um 1777–1779), herauszugeben von Stephen C. Fisher, Philadelphia.

Im Berichtsjahr wurde darüber hinaus hauptsächlich an folgenden Bänden gearbeitet:

I/11 (Sinfonien 1782–84), herauszugeben von Sterling Murray, West Chester, in Verbindung mit Sonja Gerlach, München;
I/15 (Londoner Sinfonien, 1. Folge), herauszugeben von Gernot Gruber, München, und Robert von Zahn;
XII/4 (Streichquartette „Opus 50" und „Opus 54/55"), herauszugeben von James Webster, Ithaca/ New York;
XII/6 (Streichquartette „Opus 76", „Opus 77" und „Opus 103"), herauszugeben von Horst Walter, Bergisch Gladbach;

IX/X (Streichduos/Trios mit Bläsern), herauszugeben von Ulrich Mazurowicz, Mainz, und Andreas Friesenhagen;
XXII/2–3 (Verschiedene geistliche Werke, 1. und 2. Folge), herauszugeben von Marianne Helms, Köln;
XXV/12 (nachträglicher Kritischer Bericht zu „Armida. Dramma Eroico"), zu erarbeiten von Silke Schloen;
XXVI/2 (Arien und Szenen mit Orchester, 2. Folge), herauszugeben von Robert von Zahn;
XXVIII/3 (Die Schöpfung), herauszugeben von Annette Oppermann;
XXVIII/4 (Die Jahreszeiten), herauszugeben von Armin Raab;
XXXII/4 (Volksliedbearbeitungen für George Thomson, 2. Folge), herauszugeben von Marjorie Rycroft, Warwick Edwards und Kirsteen McCue, Glasgow;
XXXII/5 (Volksliedbearbeitungen für William Whyte), herauszugeben von Egbert Hiller, Köln.

Die Wissenschaftler des Instituts waren außer mit den eigenen editorischen Arbeiten mit der Betreuung von Bänden externer Herausgeber beschäftigt. Weiterhin beantworteten sie zahlreiche schriftliche und telefonische Anfragen zu Leben und Werk Haydns. Im Laufe des Jahres absolvierten insgesamt fünf Studierende mehrwöchige Praktika im Institut.

Vom 16. Januar bis 29. April 2001 fand im Ernst-Moritz-Arndt-Haus in Bonn eine Ausstellung „Joseph Haydn in Bonn" statt, veranstaltet vom Stadtmuseum Bonn und der Gesellschaft der Musikfreunde Wien. Armin Raab schrieb für den Ausstellungskatalog einen Beitrag „Haydn in Köln. Zur Arbeit des Joseph Haydn-Instituts" und stellte eine kommentierte Bibliographie zusammen; Robert von Zahn gestaltete eine Schautafel, auf der er den neuesten Band der Gesamtausgabe vorstellte.

Am 13. Mai 2001 wurden in einem Konzert, das der Westdeutsche Rundfunk auf Anregung des Haydn-Instituts in Lüdenscheid veranstaltete, die drei kürzlich in Band XXVII/1 der Gesamtausgabe veröffentlichten Kantaten für das Fürstenhaus Esterházy aufgeführt. Andreas Friesenhagen als Mitherausgeber hielt dazu einen Einführungsvortrag. Das Konzert wurde auch im Rundfunk ausgestrahlt; außerdem produzierte der WDR in Zusammenarbeit mit Harmonia Mundi France eine CD der Kantaten. Die Aufführungsstimmen auf Basis des Gesamtausgabenbandes wurden durch Kooperation von WDR und Henle-Verlag hergestellt und sind nun auch als Leihmaterial erhältlich.

Annette Oppermann und Robert von Zahn nutzten den Besuch eines Symposions über Komponisten-Werkverzeichnisse, das im Juni 2001 in Wien stattfand, zu mehrtägigen Quellenarbeiten in der Österreichischen Nationalbibliothek, der Stadt- und Landesbibliothek und dem Archiv der Gesellschaft der Musikfreunde. Annette Oppermann war außerdem für drei Tage in Berlin, um in der Staatsbibliothek eine Partitur der „Schöpfung" genauer zu untersuchen. Sonja Gerlach, die auch nach ihrem Ausscheiden aus dem Institut als externe Mitarbeiterin der Gesamtausgabe tätig bleibt, war mehrere Tage zu Quellenstudien im Joseph Haydn-Institut zu Gast.

Zum Bericht über das Jahr 2000 sind noch zwei Quellenreisen nachzutragen, die im Dezember stattfanden. Robert von Zahn besuchte die Nationalbibliothek in Budapest, um Stimmenmaterial von Opernaufführungen Haydns in Eszterháza zu sichten; Annette Oppermann untersuchte in der Wiener Stadt- und Landesbibliothek das Stimmenmaterial und im Archiv der Gesellschaft der Musikfreunde in Wien die Stichvorlage (zur Originalausgabe) der „Schöpfung". Außerdem referierte sie im Rahmen eines Seminars an der Hochschule für Musik und darstellende Kunst in Wien über die Haydn-Gesamtausgabe und insbesondere über die Edition der „Schöpfung".

FELIX MENDELSSOHN BARTHOLDY
Leipziger Ausgabe der Werke

Träger: Sächsische Akademie der Wissenschaften zu Leipzig.
Projektleiter: Professor Dr. Christian Martin Schmidt, Berlin.
Adresse: Karl-Tauchnitz-Straße 1, 04107 Leipzig; *Anschrift für Briefe*: Postfach 100440, 04004 Leipzig; Tel.: 0341/7115336; Fax: 0341/7115344, e-mail: lma@saw-leipzig.de.
Verlag: Breitkopf & Härtel, Wiesbaden / Leipzig.
Umfang der Ausgabe: Geplant sind ca. 80 Notenbände mit eingebundenen Kritischen Berichten, ca. 75 Bände Briefe, Schriften und Tagebücher, eine noch unbestimmte Anzahl Dokumentenbände sowie ein Band Werkverzeichnis. Seit 1992 sind davon 7 Notenbände erschienen.

Hauptamtliche Wissenschaftliche Mitarbeiter der Forschungsstelle sind Dr. Ralf Wehner und Dr. Christoph Hellmundt. Als wissenschaftlich-technischer Mitarbeiter war Armin Koch M. A. bis 31. Mai 2001 in Vertretung für Eva-Maria Ranft (Erziehungsurlaub) halbtags tätig, die bis 24. Juli 2001 Mitarbeiterin der Forschungsstelle war. Seit 1. Dezember 2001 ist Birgit Schreier M.A. halbtags tätig. Armin Koch arbeitet seit 1. August 2001 im Rahmen eines Drittmittelprojektes halbtags in der Forschungsstelle. An der Edition sind externe Bandherausgeber beteiligt.

Im Berichtsjahr sind folgende Bände erschienen:

Klaviersextett, 1824 (**III/11**), herausgegeben von Christoph Hellmundt.

Mit dem viersätzigen Sextett für Violine, zwei Violen, Violoncello, Kontrabaß und Klavier wird ein Werk vorgelegt, das in besonderem Grade von der frühen Reife des fünfzehnjährigen Komponisten zeugt. Das Sextett blieb lange Zeit unveröffentlicht und unbeachtet, bis es innerhalb der Publikationsreihe nachgelassener Werke 1868 gleichzeitig in Leipzig und London erschien. Dabei erhielt es – obwohl nur die Opuszahlen bis 72 von Mendelssohn autorisiert sind – in Fortführung der Zählung der bis dahin erschienenen Werke die hohe Opuszahl 110, die den irrigen Eindruck erweckt, es handle sich um ein Spätwerk, und die deshalb in der vorliegenden Ausgabe in Klammern bzw. an untergeordneter Stelle angegeben wird. Quelle für die Edition ist das in der Staatsbibliothek zu Berlin – Preußischer Kulturbesitz aufbewahrte, ungewöhnlich wenige Korrekturen aufweisende Kompositionsautograph.

Sommernachtstraum-Musik, op. 61, Klavierarrangements (**V/8A**), herausgegeben von Christian Martin Schmidt.

Der Band bietet alle Arrangements für Klavier, die Felix Mendelssohn Bartholdy von seinen Kompositionen zum „Sommernachtstraum“ von William Shakespeare verfaßt hat, also sowohl dasjenige der Ouverture op. 21 als auch diejenigen der Schauspielmusik op. 61. Von der Ouverture ist – neben dem im Anhang abgedruckten Fragment eines vierhändigen Klavierauszugs – nur ein Arrangement für Klavier zu 4 Händen bekannt, das der Komponist 1832 ausgearbeitet hat und das noch im selben Jahr gedruckt wurde. Von den Stücken der Schauspielmusik im engeren Sinne dagegen sind sowohl ein vollständiges Arrangement für Klavier zu 4 Händen als auch eines für Klavier zu 2 Händen überliefert, das auf drei Stücke, nämlich das Scherzo, das Notturno und den Hochzeitsmarsch beschränkt ist. Letztere entstanden rasch nach der Uraufführung von op. 61 am 14. Oktober 1843: Das vierhändige Arrangement, dessen Autograph Mendelssohn am 10. Dezember des Jahres an seinen Verlag Breitkopf & Härtel nach Leipzig schickte, erschien am 1. Mai 1844, das zweihändige folgte nur sechs Monate später im November 1844.

Unmittelbar vor der Drucklegung steht der Band:

VI/4 (Gloria, 1822), herauszugeben von Ralf Wehner.

Zur Herstellung befinden sich im Verlag ferner die Bände:

I/4A (1. Sinfonie, op. 11, Klavierfassung und Kammermusikfassung), herauszugeben von Ralf Wehner;
I/5 (Sinfonie Nr. 3 „Schottische“, op. 56), herauszugeben von Thomas Schmidt-Beste;
II/3 (2. Klavierkonzert, op. 40), herauszugeben von Christoph Hellmundt;
IV/6 (Orgelwerke), Teilband I, herauszugeben von Christian Martin Schmidt.

Die Arbeiten an folgenden Bänden wurden weitergeführt bzw. aufgenommen:

III/5 (Oktett, op. 20), herauszugeben von Ralf Wehner;
V/9 (Musik zu „Athalia“), herauszugeben von Armin Koch;
VI/8 (Psalmkantaten), herauszugeben von Wolfgang Dinglinger;
VII/1 (Dürerfestmusik), herauszugeben von Annette Reinhardt.

In zunehmendem Maße bestimmt die redaktionelle Betreuung externer Herausgeber die Tätigkeit der Mitarbeiter der Forschungsstelle und überlagert die eigenen editorischen Arbeiten. So wurden mit insgesamt fünf für die Ausgabe derzeit aktiv tätigen Personen zum Teil umfangreiche Korrespondenzen und Arbeitsgespräche geführt, Quellenlisten konkretisiert und zahlreiche editorische Detailfragen erörtert. Der unmittelbaren Vorbereitung dieser sowie weiterer Bände diente eine Reise, die Ralf Wehner nach England führte. In der Bodleian Library, Oxford, und der British Library, London, wurden Quellenbeschreibungen angefertigt sowie zahlreiche anderweitig nicht zu klärende Fragen an autographen Partituren gelöst.

Christoph Hellmundt arbeitete neben der Redaktion eingehender Satzvorlagen weiter am Kritischen Bericht des 2. Klavierkonzertes, das sich durch eine besonders komplizierte Quellenlage von anderen Konzerten des Komponisten unterscheidet. Mendelssohn schrieb keine vollständige Partitur, sondern schuf Solostimme und Orchesterpartitur getrennt; er nahm an dem Werk viele Umarbeitungen bis hin zur Weglassung des dritten von ursprünglich vier Sätzen vor; das Werk erschien zu Lebzeiten in drei Verlagen gleichzeitig nach teilweise differierenden Vorlagen und nur in Gestalt von Klavierstimme und Orchesterstimmen; die Klavierstimme stellt eine raffinierte Kombination aus Solostimme und zweihändigem Klavierauszug dar, die zu entflechten ist, und die Streicherstimmen enthalten in kleinen Noten Passagen der Bläser, unter deren Verwendung das Werk auch mit Streichorchester aufgeführt werden kann, ein Umstand, der offenbar bisher kaum jemals beachtet worden ist. Unter diesen Umständen sind in dem Band ein Anhang und ein im Verhältnis zur Hauptpartitur umfangreicherer Kritischer Bericht als sonst nötig.

Ralf Wehner benutzte einen Aufenthalt in Hannover zur Autopsie der in dieser Stadt aufbewahrten Mendelssohn-Quellen sowie zu bibliographischen Studien.

WOLFGANG AMADEUS MOZART
Neue Ausgabe sämtlicher Werke

Träger in der Bundesrepublik Deutschland: Deutsche Mozart-Gesellschaft e.V., Augsburg, für die Internationale Stiftung Mozarteum, Salzburg.
Herausgeber: In Verbindung mit den Mozartstädten Augsburg, Salzburg und Wien herausgegeben von der Internationalen Stiftung Mozarteum, Salzburg.
Anschrift: Neue Mozart-Ausgabe, Internationale Stiftung Mozarteum, Schwarzstraße 26, 5020 Salzburg, Tel.: 0043/662/881841, Fax: 0043/662/881841-57, e-mail: office@nma.at, Internet: http://www.nma.at/.
Verlag: Bärenreiter-Verlag, Kassel.
Umfang der Ausgabe: Geplant sind etwa 130 Bände (die Kritischen Berichte zu den Notenbänden erscheinen in der Regel separat); erschienen seit 1955 126 Bände, außerdem Kritische Berichte zu 87 Bänden.

Mitglieder der Editionsleitung sind Dr. Dietrich Berke (Kassel), Dr. Faye Ferguson (Salzburg, hauptamtlich) und Professor Dr. Wolfgang Rehm (Salzburg). Wissenschaftliche Mitarbeiter in der Editionsleitung sind Henning Bey M. A. (Salzburg, hauptamtlich) und Rudolf Faber M. A. (Salzburg, hauptamtlich, finanziert aus Drittmitteln); für die Mozart-Quellendatenbank zuständiger Mitarbeiter: Dr. Christoph Großpietsch (München, hauptamtlich, finanziert aus Drittmitteln). Die Neue Mozart-Ausgabe beschäftigt als Bandherausgeber auch externe Mitarbeiter.

Im Berichtsjahr sind erschienen:

Fragmente mit Kritischem Bericht (**X/30/4**), von Ulrich Konrad, Würzburg.

Diese (neben den Skizzen: NMA X/30/3) zentrale Edition im NMA-Supplement faßt alle heute bekannten Fragmente Mozarts zusammen und bietet damit Einsicht in Mozarts Schaffensweise. Sie besteht aus:

1) Als Band gebunden: Vorwort und Faksimilia der Originale (überwiegend in Vierfarbendruck);

2) Als Beilage zum Band: Kritischer Bericht, in dem die Originale genau beschrieben und Einzelprobleme eingehend behandelt sind.
Die Hoffnung des Bandherausgebers und der NMA-Editionsleitung ist vielleicht nicht unberechtigt, daß mit Erscheinen des Bandes X/30/4 weitere, bislang unbekannt gebliebene Fragmente Mozarts zum Vorschein kommen.

Die Entführung aus dem Serail (**II/5/12**: Kritischer Bericht), von Faye Ferguson, Mitarbeit: Henning Bey;

Così fan tutte (**II/5/18**: Kritischer Bericht), von Faye Ferguson und Wolfgang Rehm, Mitarbeit: Henning Bey;

Arien, Band 1 und 2 (**II/7**: Kritischer Bericht), von Konrad Küster, Freiburg/Br. (für Stefan Kunze), Mitarbeit: Rudolf Faber;

Divertimenti und Serenaden für Blasinstrumente, Band 2 (**VII/17**: Kritischer Bericht), von Dietrich Berke (für Daniel N. Leeson und Neal Zaslaw), Mitarbeit: Wolfgang Rehm.

2002 bis 2006 werden erscheinen (die mit * versehenen Titel bereits 2002; aufgeführte Titel können nach Maßgabe ihrer Fertigstellung gegebenenfalls gegeneinander ausgetauscht werden):

I/1/Abt. 2 (Requiem: Kritischer Bericht), von Christoph Wolff, Cambridge/MA;
II/5/2 (La finta semplice: Kritischer Bericht), Wolfgang Rehm;
II/5/7 (Lucio Silla: Kritischer Bericht), von Kathleen Kuzmick Hansell, Chicago/IL;
***II/5/8** (La finta giardiniera: Kritischer Bericht), von Dietrich Berke;
II/5/11 (Idomeneo: Kritischer Bericht), von Bruce Alan Brown, Los Angeles/CA, und Daniel Heartz, Berkeley/CA;
II/5/14 (Lo sposo deluso: Kritischer Bericht), von Gerhard Allroggen, Detmold;
II/5/16 (Le nozze di Figaro: Kritischer Bericht), von Ludwig Finscher, Wolfenbüttel, und Ulrich Leisinger, Leipzig;
***II/5/17** (Don Giovanni: Kritischer Bericht), von Wolfgang Rehm;
II/5/19 (Die Zauberflöte: Kritischer Bericht), von Gernot Gruber, Wien, und Corinna Steinbach, München;
***II/7** (Arien, Band 3 und 4: Kritischer Bericht), von Konrad Küster, Freiburg/Br.;
III/9 (Mehrstimmige Gesänge: Kritischer Bericht), von Dietrich Berke und Rudolf Faber;
III/10 (Kanons: Kritischer Bericht), von Dietrich Berke und Rudolf Faber;
***IV/11** (Sinfonien, Band 6: Kritischer Bericht), von Christoph-Hellmut Mahling, Mainz, und Editionsleitung für Friedrich Schnapp;
***IV/11** (Sinfonien, Band 8: Kritischer Bericht), von László Somfai, Budapest, und Editionsleitung für Friedrich Schnapp;
V/14/1 (Violinkonzerte und Einzelsätze: Kritischer Bericht), von Christoph-Hellmut Mahling, Mainz;
V/14/2 (Concertone und Sinfonia concertante: Kritischer Bericht), von Christoph-Hellmut Mahling, Mainz;
VII/18 (Divertimenti für 5–7 Streich- und Blasinstrumente: Kritischer Bericht), von Dietrich Berke;

***VIII/19/Abt. 1** (Streichquintette: Kritischer Bericht), von Manfred Hermann Schmid, Tübingen;
VIII/19/Abt. 2 (Quintette mit Bläsern: Kritischer Bericht), von Manfred Hermann Schmid, Tübingen;
X/28/Abt. 2 (Bearbeitungen von Werken verschiedener Komponisten; Klavierkonzerte und Kadenzen: Kritischer Bericht), von Faye Ferguson;
X/28/Abt. 3–5 (Sonstige Bearbeitungen und Kopien, Bände 2 und 3) mit Kritischem Bericht, vorzulegen von Ernst Hintermaier, Salzburg, und Warren Kirkendale, Rom, u. a. mit der Editionsleitung;
X/29/1 (Werke Zweifelhafter Echtheit, Sinfonia concertante und Violinkonzert: Kritischer Bericht), von Christoph-Hellmut Mahling, Mainz;
X/30/5 (Studien, Entwürfe, Varia) mit Kritischem Bericht, vorzulegen von Ulrich Konrad, Würzburg;
X/33/Abt. 3 (Schriftchronologie) mit Kommentar, vorzulegen von der Editionsleitung.

ARNOLD SCHÖNBERG
Sämtliche Werke

Träger: Gesellschaft zur Förderung der Arnold Schönberg-Gesamtausgabe e.V., Mainz.
Vorsitzender: Professor Dr. Giselher Schubert, Frankfurt a.M.
Herausgeber: Unter dem Patronat der Akademie der Künste, Berlin, begründet von Josef Rufer, herausgegeben von Rudolf Stephan unter Mitarbeit von Reinhold Brinkmann, Richard Hoffmann, Leonard Stein und Ivan Vojtěch. Verantwortlicher Leiter der Edition ist Professor Dr. Rudolf Stephan, Berlin.
Anschrift: Arnold Schönberg-Gesamtausgabe, Forschungsstelle, Jägerstraße 22/23, 10117 Berlin, Tel.: 030/20370338, Fax: 030/20370222, e-mail: schoenberg@bbaw.de, Internet: http://www.adwmainz.de.
Verlag: Schott Musik International, Mainz, und Universal Edition AG, Wien.
Umfang der Ausgabe: Geplant sind etwa 70 Bände in zwei Reihen sowie Supplementbände; seit 1969 sind 56 Bände erschienen. Die Reihe A enthält die vollendeten Werke und die aufführbaren unvollendeten Werke, die Reihe B die Frühfassungen vollendeter Werke, unvollendete Werke, Skizzen und Entwürfe sowie den Kritischen Bericht. Darüber hinaus werden in den Bänden der Reihe B Dokumente zur Werkgeschichte und Erläuterungen zum Verständnis des Materials vorgelegt.

Unter der Leitung von Professor Dr. Rudolf Stephan arbeiten als hauptamtliche Wissenschaftliche Mitarbeiter und Herausgeber in der Berliner Forschungsstelle Dr. Ulrich Krämer, Ralf Kwasny (Vertretung für Dr. Martina Sichardt; Juli bis September 2/3-Stelle), Ullrich Scheideler, Dr. Martina Sichardt (im Sonderurlaub) sowie Andrea Hanft als Sachbearbeiterin (1/2-Stelle). Die Schönberg-Gesamtausgabe beschäftigt nur selten externe Mitarbeiter.

Im Jahr 2001 sind erschienen:

„Erwartung“ op. 17 (**6, 1 B**: Klavierauszug), herausgegeben von Ullrich Scheideler.

Schönbergs eigenhändiger Klavierauszug des Monodrams „Erwartung“, der im Rahmen der Gesamtausgabe erstmals im Druck erscheint, entstand im Herbst 1909, vermutlich unmittelbar nach Beendigung der Partiturreinschrift dieses Werks. Die Niederschrift trägt das Abschlußdatum „22/10.1909“, die – undatierte – Reinschrift dürfte sicher noch vor Jahresende fertiggestellt worden sein. Da die Uraufführung des Werks schon für das Frühjahr 1910 in Mannheim geplant war, drängte Schönberg zunächst beim Verlag Dreililien und dann bei der Universal Edition auf eine rasche Drucklegung. Nachdem sich jedoch dieser wie auch in den nachfolgenden Jahren manch anderer Uraufführungsplan zerschlagen hatte und der Verlag Schönberg 1914 vor die Wahl stellte, die Partitur oder den Klavierauszug zu veröffentlichen, blieb der Auszug ungedruckt. Ein Klavierauszug der „Erwartung“ erschien erst 1922, allerdings nicht in Schönbergs Fassung, sondern in der deutlich leichteren Einrichtung Eduard Steuermanns, die jedoch zumindest teilweise auf den originalen Klavierauszug zurückgeht. Schönbergs Klavierauszug war jedoch bis zum Erscheinen der Partitur im Frühjahr 1917 die wichtigste Quelle, wenn Sängerinnen, Dirigenten oder Regisseure für das Werk gewonnen werden sollten.
Während die manchmal etwas lückenhafte Niederschrift des Klavierauszugs stets im Nachlaß zugänglich war, galt die Reinschrift lange Zeit als verschollen. Sie tauchte erst 1995 wieder auf und wurde 1998 vom Auktionshaus Sotheby's versteigert.
Der Klavierauszug spiegelt – von wenigen Ausnahmen abgesehen – noch die Werkgestalt der „Erwartung“ aus dem Jahre 1909 wider (für die Drucklegung der Partitur hatte Schönberg das Werk leicht revidiert). Weil der Klavierauszug außerdem als Dokument der frühesten Rezeption des Werks (wenngleich in einem sehr kleinen Personenkreis) von großer Bedeutung ist, wurde er nicht als Werk-, sondern als Inhaltsedition vorgelegt.

„Gurre-Lieder“ für Soli, Chor und Orchester (**16 A**: Notenband), herausgegeben von Ulrich Krämer.

Der Ausgabe liegt die in New York aufbewahrte autographe Partitur zugrunde, die sowohl als Vorlage für die Studienpartitur in Gestalt einer fotographisch reproduzierten Faksimileausgabe von 1912 als auch als Stichvorlage für die 1920 erschienene Dirigierpartitur im Folioformat diente. Der langwierige Entstehungsprozeß – zwischen dem Beginn der Komposition im Frühjahr 1900 und dem Abschluß der Instrumentation im November 1911 vergingen fast zwölf Jahre –, aber auch die vielfältige Nutzung der Quelle als Reinschrift, Reproduktionsvorlage, Dirigierpartitur und durchkorrigierte, retuschierte Stichvorlage haben zahlreiche Spuren im Manuskript hinterlassen, zu deren kompletter Erfassung ein mehrmonatiger Studienaufenthalt an der Pierpont Morgan Library notwendig war.
Der im Rahmen der Gesamtausgabe veröffentlichte Notentext berücksichtigt wie die gestochene Partitur von 1920 die bis zu diesem Zeitpunkt im Manuskript vorgenommenen Eintragungen, Korrekturen und Retuschen von Franz Schreker (der im Februar 1913 die Uraufführung dirigierte), Josef Polnauer (der im Rahmen seiner Tätigkeit für die Universal Edition im Auftrag Schönbergs Retuschen am Manuskript vorgenommen hatte), sowie von Schönberg selbst (der die Partitur zwischen November 1913 und Juni 1914 fortlaufend revidiert und die entsprechenden Änderungen mit unterschiedlichen Farbstiften in die Partitur eingetragen hatte). Dabei wurden jedoch diese Einträge aufgrund einer genauen Differenzierung zum Teil neu bewertet.
Als sekundäre Quellen wurden herangezogen: das Particell, das als unmittelbare Vorlage für die Partiturreinschrift diente; Schönbergs annotierte Handexemplare der Faksimile- und der Dirigierpartitur; Polnauers und Schönbergs Korrekturlisten, die in Zusammenhang mit der Uraufführung bzw. späteren Aufführungen angelegt wurden; die in der Korrespondenz mit Polnauer und Berg überlieferten Korrekturen und Retuschen; die Grünfahnen der gestochenen Partitur mit teilweise autographen Korrektureintragungen; und schließlich die Orchesterstimmen, die zumindest teilweise auf das von Schönbergs Schülern gewissenhaft korrigierte originale Stimmenmaterial zurückgehen.
Eine Besonderheit der Edition besteht darin, daß Schönbergs eigenhändige Einrichtung eines „vierten Chores“ zur Verstärkung der Hauptstimmen in dem für drei vierstimmige Männerchöre gesetzten

Chorsatz „Gegrüßt, o König" als Kleinstichzusatz in den Notentext aufgenommen wurde. Die lange als verschollen geltende Quelle – ein kompletter Satz der Männerchorstimmen mit Schönbergs Eintragungen, auf deren Existenz eine in die gestochene Partitur von 1920 eingegangene Anmerkung Schönbergs hinwies – lag bis vor kurzem nur als Xerokopie im Archiv der Universal Edition vor. Sie ist jedoch im Berichtsjahr wieder aufgetaucht und befindet sich nun in den Beständen der British Library.
Der ins Riesenhafte gesteigerte Orchesterapparat der „Gurre-Lieder" machte die Wahl eines vom Verlag großzügig bewilligten größeren Formats des Notenbandes notwendig. Nur so war es möglich, das auf Schönbergs eigenen Wunsch in der Ausgabe von 1920 auf 42 Systeme pro Seite beschränkte Partiturbild derart zu erweitern, daß Mißverständnisse etwa bei den zahlreichen Streicherteilungen oder bei der Phrasierung und der Dynamik von mehreren auf einem System notierten Stimmen ausgeschlossen werden konnten. Insofern bietet die Ausgabe einen Notentext, der nicht nur die zahlreichen Fehler der Ausgabe von 1920 korrigiert, sondern zugleich deren Vorzug – das große, zum Dirigieren geeignete Format – zu einer größeren Eindeutigkeit und damit Übersichtlichkeit nutzt.

Zur Veröffentlichung im Jahre 2002 wurden vorbereitet:

6, 2 B („Erwartung" op. 17; „Die glückliche Hand" op. 18: Kritischer Bericht), herauszugeben von Ullrich Scheideler;
14, 2 A („Orchesterfragmente": Notenband), herauszugeben von Ralf Kwasny;
16, 1 B („Gurre-Lieder": Kritischer Bericht), herauszugeben von Ulrich Krämer.

Folgende Bände befanden sich im Berichtsjahr in unterschiedlichen Stadien der Bearbeitung:

9, 1 A (Werke für Streichorchester I: Notenband), herauszugeben von Ullrich Scheideler;
14, 2 B („Orchesterfragmente": Kritischer Bericht), herauszugeben von Ralf Kwasny;
16, 2 B („Gurre-Lieder": Skizzen und Frühfassungen mit Klavier), herauszugeben von Ulrich Krämer;
17 A („Die Jakobsleiter": Notenband), herauszugeben von Ulrich Krämer;
23 A und **B** (Kammermusik II: Notenband und Kritischer Bericht), herauszugeben von Martina Sichardt.

Neben den allgemeinen editionsvorbereitenden Arbeiten, der redaktionellen Betreuung der im Berichtszeitraum erschienenen bzw. zum Erscheinen vorbereiteten Bände und den zeitaufwendigen Korrekturarbeiten wurden auch die diversen editionsbegleitenden Projekte (Quellenkatalog, Beschreibung der Skizzenbücher, Chronologie der musikalischen Werke und Schriften, Verzeichnis der Papiersorten) weitergeführt. Die bibliographische Datenbank der Publikationen zum Schaffen Arnold Schönbergs wurde aktualisiert. Das Korrespondenzarchiv konnte um den Briefwechsel Winfried Zilligs mit Schönberg erweitert werden.

Aufgrund der internen Arbeitsabläufe waren im Berichtszeitraum keine Forschungsreisen erforderlich. Gleichwohl sind in den folgenden Jahren Forschungsaufenthalte im Arnold Schönberg Center, Wien und in amerikanischen und europäischen Bibliotheken und Archiven zur Auffindung, Identifizierung und Beschreibung von musikalischen und schriftlichen Quellen sowie zur Überprüfung nicht gesicherter Lesarten notwendig.

Veröffentlichungen und sonstige Aktivitäten des Editionsleiters und der Mitarbeiter:

Ulrich Krämer, „Zur Notation der Sprechstimme bei Schönberg", in: Schönberg und der Sprechgesang (= Musik-Konzepte 112/113), hrsg. v. Heinz-Klaus Metzger u. Rainer Riehn, München 2001, S. 6–32. Ders., „Oratorium oder Liederzyklus? Zur Entstehung von Schönbergs ‚Gurre-Liedern'", in: Arnold Schönberg in Berlin. Bericht zum Symposium (28.–30. September 2000), hrsg. von Christian Meyer, Wien 2001, S. 86–103.

Ralf Kwasny u. Ullrich Scheideler, „‚...und dem künstlerisch Mutigen fühle ich mich verwandt.' Arnold Schönberg und sein früher Förderer Artur Bodanzky", in: ÖMZ 56 (2001), H. 3–4, S. 28–39.

Ullrich Scheideler u. Andreas Meyer (Hrsg.), „Autorschaft als historische Konstruktion: Arnold Schönberg: Vorgänger, Zeitgenossen, Nachfolger und Interpreten", Stuttgart/Weimar 2001; darin neben der Einleitung (zusammen mit Andreas Meyer): „Einfall – Material – Geschichte. Zur Bedeutung dieser Kategorien im Musikdenken Pfitzners und Schönbergs um 1910", S. 159–188.

Ullrich Scheideler: „Dehmel, Richard", in: MGG, Bd. 5, Kassel etc. 2001, Sp. 689–693.

Ullrich Scheideler hielt auf dem Symposium „Tonbilder-Klangfiguren" (Berlin, 7.–9. Juni 2001) einen Vortrag mit dem Titel: „Farbgestaltung in Schönbergs Drama mit Musik ‚Die glückliche Hand'".

Im Rahmen eines vom Arnold Schönberg Center, Wien, in Kooperation mit der Hochschule der Künste, Berlin veranstalteten öffentlichen Workshops hielt Rudolf Stephan am 12. und 13. Juli 2001 in Wien Einführungsvorträge zu Schönbergs Streichquartetten. Diese Veranstaltung wurde anläßlich der 51. Berliner Festwochen im Staatlichen Institut für Musikforschung unter dem Titel „Schönbergs Quartett-Werkstatt" unter Beteiligung von Martina Sichardt wiederholt.

Im Rahmen der vom Staatlichen Institut für Musikforschung veranstalteten Reihe „Werk im Gespräch" referierten Martina Sichardt über „Moses und Aron" sowie Rudolf Stephan und Martina Sichardt über „Die Jakobsleiter".

Im März bzw. im Juni besuchten Studenten des musikwissenschaftlichen Institus der Universität Zürich und der Hochschule der Künste, Berlin die Forschungsstelle und wurden von den Mitarbeitern über die unterschiedlichen Tätigkeiten der Arnold Schönberg Gesamtausgabe unterrichtet.

Im Januar 2001 wurde die Arnold Schönberg Gesamtausgabe mit dem Förderpreis der Ernst-von-Siemens-Stiftung ausgezeichnet. Die für den Zeitraum von drei Jahren gewährte Förderung soll vor allem der Edition des Oratoriums „Die Jakobsleiter" zugute kommen.

FRANZ SCHUBERT
Neue Ausgabe sämtlicher Werke

Träger: Internationale Schubert-Gesellschaft e.V., Tübingen. Vorsitzender: Dr. Harald Heckmann, Ruppertshain.
Herausgeber: Internationale Schubert-Gesellschaft e.V., Tübingen. Editionsleiter sind Professor Dr. Walther Dürr, Tübingen, Dr. Werner Aderhold, Tübingen, und Dr. Walburga Litschauer, Wien.
Anschriften: Neue Schubert-Ausgabe, Schulberg 2, D-72070 Tübingen, Tel.: 07071/22810, Fax: 07071/550617, e-mail: info@schubert-ausgabe.de und schubert-ausgabe@oe.uni-tuebingen.de. Neue Schubert-Ausgabe, Dr. Ignaz-Seipel-Platz 2, A-1010 Wien, Tel.: 43/1/51581-557, Fax: 43/1/5139541, e-mail: schubert-ausgabe@oeaw.ac.at. Internet: http://www.schubert-ausgabe.de.
Verlag: Bärenreiter-Verlag, Kassel.
Umfang der Ausgabe: Geplant sind 77 Bände; erschienen sind bisher 48 Bände (seit 1967). Die Kritischen Berichte werden nicht gedruckt, sondern stehen auf Anforderung u.a. bei der Editionsleitung in Kopie zur Verfügung. Ergänzend zu den Notenbänden erscheinen beigebunden oder separat „Quellen und Lesarten".

In der Editionsleitung in Tübingen arbeiten als Sprecher Professor Dr. Walther Dürr (nebenamtlich), Dr. Werner Aderhold und Dr. Michael Kube (geschäftsführend); Dr. Walburga Litschauer leitet die Wiener Arbeitsstelle als Angestellte der Österreichischen Akademie der Wissenschaften. An der Ausgabe sind externe Bandherausgeber beteiligt.

Im Berichtsjahr ist erschienen:

„Deutsche Messe" / Deutsche Trauermesse (**I/6**), herausgegeben von Michael Kube.

Unter dem Titel „Deutsche Messe" zählen die vielfach gedruckten und arrangierten „Gesänge zur Feier des heiligen Opfers der Messe. Nebst einem Anhange enthaltend: Das Gebet des Herrn" (D 872) heute zu den bekanntesten und beliebtesten Kompositionen Franz Schuberts. Die insgesamt neun Sätze gehören zu jener schwer abgrenzbaren Gruppe geistlicher deutschsprachiger Werke, die nicht nur Schuberts religiöses Befinden widerspiegeln, sondern auch den Reformen der katholischen Aufklärung und des Josephinismus verpflichtet sind. Kirchenmusikalisch fügen sich die von Schubert im Frühherbst 1827 nach einem Text von Johann Philipp Neumann (1774–1849) vertonten „Gesänge" zwanglos in die Reihe der sogenannten „Deutschen Singmessen" ein, die neben anderen Liedern den lateinischen Choral- und Figuralgesang ersetzen sollten (weit verbreitet war etwa Michael Haydns „Deutsche Messe ‚Hier liegt vor deiner Majestät'"). Zum Abdruck gelangen die beiden autograph überlieferten Fassungen von Schuberts „Gesängen", die sich neben einigen Lesarten vor allem durch die Besetzung der Instrumentalbegleitung unterscheiden (Orgel bzw. Bläserharmonie mit Orgel und Kontrabaß ad libitum).
Kaum bekannt ist hingegen die „Deutsche Trauermesse" (D 621), deren äußerst knapp gehaltene Sätze erstmals 1826 von Ferdinand Schubert unter seinem Namen veröffentlicht wurden. Bereits Otto Erich Deutsch machte in seiner Neuausgabe des Werkes (1928) aufgrund einer überzeugenden Indizienkette darauf aufmerksam, daß als eigentlicher Urheber der Komposition Franz Schubert zu gelten hat. Fraglich ist allerdings, in welcher Form dieser die Sätze seinem Bruder zur Verfügung stellte, da die vierstimmige Fassung nicht frei von satztechnischen Ungeschicklichkeiten ist; eine später von Ferdinand publizierte Fassung für zwei Knabenstimmen und Instrumentalbaß überzeugt eher (ferner kam es später noch zu einem Arrangement für Männerstimmen). Mit Rücksicht auf die uneindeutige Quellenlage erfolgte daher die Publikation der „Deutschen Trauermesse" im Anhang des Bandes. Um weitere Unter-

suchungen zu erleichtern, wurden die Fassungen der einzelnen Sätze synoptisch angeordnet (und, soweit dies drucktechnisch möglich war, auf sich gegenüberliegenden Seiten).

In Herstellung beim Verlag befinden sich die Bände:

II/3, (Die Freunde von Salamanka), herauszugeben von Marco Beghelli;
IV/10, (Lieder 10), herauszugeben von Walther Dürr;
V/4, (Sinfonien IV), herauszugeben von Werner Aderhold.

In einem fortgeschrittenen Stadium der Arbeit befinden sich ferner folgende Bände:

II/13 (Opern-Fragmente), herauszugeben von Manuela Jahrmärker, München;
II/14 (Opern-Fragmente), herauszugeben von Manuela Jahrmärker, München;
III/2b (Mehrstimmige Gesänge), herauszugeben von Dietrich Berke, Kassel;
VII/1,3 (Werke für Klavier zu vier Händen, Band 3), herauszugeben von Werner Aderhold;
VII/2,2 (Klaviersonaten II), herauszugeben von Walburga Litschauer.

Mit der Konzeption des im Supplement vorgesehenen Band **VIII/1** (Incerta / Bearbeitungen) wurde begonnen; Materialien für den Band **VIII/3** (Nachträge) wurden zusammengestellt. Ferner wurden Vorarbeiten zu den Bänden **I/1b** (Messen Ib) und **I/8** (Kleinere kirchenmusikalische Werke) geleistet und die Arbeit an den Kritischen Berichten fortgesetzt.

Im Jahre 2001 hielten die Mitglieder der Editionsleitung folgende Vorträge auf Kongressen und Veranstaltungen:

Werner Aderhold: „Das Schubert-Werkverzeichnis: 50 Jahre mit einer vorläufigen Bestandsaufnahme“ (Internationales Symposion „Komponisten-Werkverzeichnisse“, Wien).

Michael Kube: „Schuberts ‚Deutsche Messe‘. Zu Kontext, Werk und Rezeption“ (Graduiertenkolleg „Geistliches Lied und Kirchenlied interdisziplinär“, Oberseminar „Hymnologie interdisziplinär“, Universität Mainz).

Walther Dürr: „‚Die Allmacht‘ (D 852): Schubert, Schelling und der Pantheismus“ (Symposium „‚Laudato sí, mi signore, per sora nostra matre terre‘ – Zur Ästhetik und Spiritualität des ‚Sonnengesangs‘“, Frankfurt am Main).

Walburga Litschauer: „Le danze per pianoforte di Franz Schubert“ und „Le Sonate giovanili per pianoforte di Franz Schubert“ (Università degli studi di Pavia: Dipartimento di Scienze Musicologiche e Paleografico-Filologiche, Cremona). Im Rahmen der Schubert-Tage des „Carinthischen Sommers“ zwei Vorträge: „Vom ‚Schwammerl‘ zum ‚Liederfürsten‘. Die Geschichte der Schubert-Rezeption“ und „‚Beim Komponieren über die Schulter geschaut‘. Schuberts späte Klavierwerke“ (gemeinsam mit Christopher Hinterhuber und Clemens Zeilinger). „Zur Aufführungspraxis von Schuberts Tänzen“ (im Rahmen eines „Biedermeier-Symposions“ des Instituts für Alte Musik und Aufführungspraxis der Universität für Musik und darstellende Kunst, Graz).

Im Jahre 2000/2001 sind von den Mitgliedern der Editionsleitung folgende Texte zur Schubert-Forschung und zu editorischen Fragestellungen erschienen:

Walther Dürr: „Entwurf und Ausarbeitung in Schuberts h-moll-Sinfonie als Beispiel für Analysemethoden", in: Musiktheorie. Festschrift für Heinrich Deppert, hrsg. von Wolfgang Budday, Tutzing 2000, S. 129–140; „Übersetzungen vertonter und Vertonungen übersetzter Texte: Mozarts ‚La Finta giardiniera' und Schuberts Lieder aus Walter Scotts ‚Fräulein am See', in: editio 14 (2000), S. 41–53. Gemeinsam mit Martin Chusid: „On Singing Schwanengesang", in: A Companion to Schubert's Schwanengesang. History, Poets, Analysis, Performance, hrsg. von Martin Chusid, New Haven und London 2000, S. 174–190.

Walburga Litschauer: „Schubert und sein Lehrer Salieri", in: Schubert: Perspektiven, 1 (2001), S. 74–83; „The Origin and Early Reception of ‚Schwanengesang'", in: A Companion to Schuberts Schwanengesang. History, Poets, Analysis, Performance, hrsg. von Martin Chusid, New Haven und London 2000, S. 5–13.

Die Arbeit an verschiedenen editionsbegleitenden Projekten wurde kontinuierlich fortgeführt. Dazu zählen die Aktualisierung des Deutsch-Verzeichnisses und die Erfassung der relevanten Literatur. Die Datenbank der Neuen Schubert-Ausgabe (Bibliographie) umfaßt derzeit 4628 Titelaufnahmen.

Die Editionsleitung erhielt im Jahre 2001 von mehreren Schubert-Forschern des In- und Auslandes Besuch, darunter Shinji Koiwa (Berlin/Tokjo), Wakako Tsuchida (Yokohama) und Kyoko Kajiki (Tokio).

Fertiggestellt wurde die Homepage der Neuen Schubert-Ausgabe (www.schubert-ausgabe.de). Neben allgemeinen Informationen gibt die Seite auch Auskunft über die bereits erschienenen Bände und Kritischen Berichte (mit Inhaltsangaben) sowie über andere Neuerscheinungen zum Thema (Webmaster: Michael Kube).

Am 13. März 2001 fand im Prinzregententheater (München) ein vom Bayerischen Rundfunk veranstalteter Round-Table über Schuberts Sinfonien statt, an dem Walther Dürr teilnahm (Diskussionsleitung: Renate Ulm).

Gemeinsam mit Robert Holl und David Lutz gestaltete Walburga Litschauer am 6. November 2001 an der Österreichischen Akademie der Wissenschaften (Wien) eine Musikalische Akademie „Kunst und Wissenschaft im Dialog", bei der Lieder Franz Schuberts erklangen.

Im Wintersemester 2001/02 veranstaltete Walburga Litschauer im Rahmen eines Lehrauftrags am Institut für Musikwissenschaft der Universität Wien ein „Praktikum zur Editionstechnik von Werken Schuberts".

Walburga Litschauer übernahm auch in diesem Jahr die wissenschaftliche Beratung bei der Programmgestaltung der Schubert-Tage des Carinthischen Sommers (künstlerische Leitung: Robert Holl).

ROBERT SCHUMANN
Neue Ausgabe sämtlicher Werke

Träger: Robert-Schumann-Forschungsstelle e.V. der Robert-Schumann-Gesellschaft e.V., Düsseldorf, und Robert-Schumann-Haus Zwickau.
Herausgeber: Robert-Schumann-Gesellschaft e.V., Düsseldorf, durch Professor Dr. Akio Mayeda, Zürich/Tokyo, und Professor Dr. Klaus Wolfgang Niemöller, Köln, in Verbindung mit dem Robert-Schumann-Haus Zwickau.
Anschriften: Robert-Schumann-Forschungsstelle e.V., Bilker Straße 4–6, 40213 Düsseldorf, Tel.: 0211/131102, Fax: 0211/327083, e-mail: SchumannGA@aol.com. Robert-Schumann-Haus Zwickau, Hauptmarkt 5, 08056 Zwickau, Tel. und Fax: 0375/213757, e-mail: RSFZwickau@aol.com. Internet: http://members.aol.com/schumannga.
Verlag: Schott Musik International, Mainz.
Umfang der Ausgabe: Geplant sind ca. 53 Notenbände mit eingebundenen Kritischen Berichten sowie 7 Bände Studien und Skizzen bzw. Schriften und Supplemente. Seit 1991 sind 10 Bände erschienen.

In der Düsseldorfer Forschungsstelle arbeiten hauptamtlich PD Dr. Bernhard R. Appel und Dr. Matthias Wendt. Im Robert-Schumann-Haus Zwickau ist Dr. Ute Bär als weitere hauptamtliche Mitarbeiterin beschäftigt. Externe Bandherausgeber sind an der Ausgabe beteiligt.

Im Berichtsjahr sind erschienen:

Werke für Klavier zu vier Händen und für zwei Klaviere, opp. 46, 66, 85, 109, 130, WoO 20 **(III, 2, 1)**, herausgegeben von Joachim Draheim, Karlsruhe, und Bernhard R. Appel.

Neben vier von Schumann selbst zum Druck beförderten vierhändigen Klavierwerken und einem Opus für zwei Klaviere (op. 46) enthält der Band ein Jugendwerk, „VIII Polonaisen“ Anh. G I (1828), sowie Quelleneditionen von Fragmenten zu sechs vierhändigen Kompositionen, in denen sich das zeitlebens durchgängige Interesse des Komponisten an diesem hausmusikalischen Genre spiegelt. Kurz vor Abschluß der Editionsarbeiten zu den „Bildern aus Osten“ op. 66 tauchte unverhofft das zugehörige Autograph aus Privatbesitz auf. Dieses nun seit 2000 im Besitz des Brahms-Instituts, Lübeck, befindliche Arbeitsmanuskript enthält eine bislang unbekannte Frühfassung von op. 66 Nr. II, die im vorliegenden Band abgedruckt ist. Zu den opp. 46, 85 und 109 werden ebenfalls verworfene Frühfassungen bzw. ausgesonderte Satzteile erstmals veröffentlicht. Das separate Faksimile-Beiheft enthält Reproduktionen ausgewählter Quellen.
In dem Band wird erstmals die Zählung des in Vorbereitung befindlichen Schumann-Werkverzeichnisses verwendet. Die neue Zählung betrifft insbesondere die Werke ohne autorisierte Opusnummer sowie Fragmente.

Literarische Vorlagen der Vokalkompositionen. Bd. l: Ein- und mehrstimmige Lieder, Gesänge und Deklamationen (**VIII, 2**), herausgegeben von Helmut Schanze unter Mitarbeit von Krischan Schulte, Siegen.

Bei Schumanns Vokalwerken ist ein besonderer Quellenbereich editorisch zu berücksichtigen: die von Schumann benutzten literarischen Vorlagen seiner Vertonungen. Häufig verweisen die vom Komponisten selbst in seinen Arbeitsmanuskripten vermerkten Kurztitel sowie die darauf bezogenen Seitenzahlen auf die der Vertonung jeweils zugrundeliegende dichterische Textvorlage. Ein Teil der literarischen Handexemplare, aus denen Schumann seine Singtexte bezogen hat, ist erhalten geblieben. Darin befindliche Anstreichungen, gelegentliche handschriftliche Texteingriffe und Randnotizen des Komponisten weisen jene Handexemplare zweifelsfrei als literarische Textquellen bestimmter Vertonungen aus. Auf weitere literarische Textquellen gibt eine besondere handschriftliche Anthologie zusätzliche Hinweise. In den vornehmlich zusammen mit Clara Schumann angelegten „Abschriften von Gedichten zur Composition", hat sich Schumann einen Vorrat von 169 Gedichten angelegt, von denen er 94 in verschiedenen Gattungszusammenhängen vertont hat. Allerdings fehlen diesen Abschriften, die im übrigen nicht das gesamte Vokalwerk erfassen, fast ausnahmslos bibliographische Hinweise auf die zugrundeliegenden Quellen. Deshalb muß für jeden Einzelfall die literarische Vertonungsvorlage philologisch ermittelt werden. Der vorliegende Supplementband „Literarische Vorlagen der ein- und mehrstimmigen Lieder, Gesänge und Declamationen" liefert nicht nur bibliographische Nachweise für die dichterischen Quellen zu Schumanns solistisch besetzter Vokalmusik, sondern ermöglicht durch die synoptische Textpräsentation außerdem unmittelbare Vergleiche zwischen dem literarischen Originaltext und seiner kompositorischen Adaption. Damit stellt der Band nicht nur den von Schumann verwendeten literarischen Corpus für die Edition des Vokalwerks zur Verfügung, sondern eröffnet auch der literatur- und musikgeschichtlichen Forschung neue Perspektiven.

Im Berichtsjahr erschien außerdem:

Schumann Forschungen 7
„Neue Bahnen". Robert Schumann und seine musikalischen Zeitgenossen. Bericht über das 6. Internationale Schumann-Symposion am 5. und 6. Juni 1997 im Rahmen des 6. Schumann-Festes, Düsseldorf, herausgegeben von Bernhard R. Appel (Schumann Forschungen, hg. von der Robert-Schumann-Gesellschaft, Düsseldorf, durch Akio Mayeda und Klaus Wolfgang Niemöller 7), Mainz: Schott.

Der Band enthält folgende Beiträge von Mitarbeitern der Forschungsstelle und der Editionsleitung:
Bernhard R. Appel, Robert Schumann und die Komponistin Elise Müller;
Ute Bär, Robert Schumann und Ferdinand David;
Akio Mayeda, Schumanns Motto und Brahms' 1. Symphonie – Versuch einer Deutung und Motivanalyse;
Klaus Wolfgang Niemöller, Alte Tänze in der Klaviermusik von Schumann und Brahms;
Matthias Wendt, Keine „Neuen Bahnen?". Schumann als Berater und Gutachter junger Komponisten.

In der Herstellung befinden sich folgende Bände:

I, 2, 1 (Klavierkonzert op. 54), herauszugeben von Bernhard R. Appel;
I, 2, 3 (Violoncello-Konzert op. 129 und Konzertstück für vier Hörner und Orchester op. 86), herauszugeben von Akio Mayeda unter Mitarbeit von Bernhard R. Appel. Der Kritische Bericht ist in Arbeit;

II, 2, 3 (Violinsonaten opp. 105, 121 und op. post), herauszugeben von Ute Bär. Der Band befindet sich im Korrekturstadium und wird 2002 erscheinen.

Im ersten Arbeitshalbjahr waren die drei Mitarbeiter der Forschungsstelle mit der Überarbeitung und mit Korrekturen des Werkverzeichnisses beschäftigt:

VIII, 6, 1 und **2** (Robert-Schumann-Werkverzeichnis), herauszugeben von Margit L. McCorkle, Vancouver, unter Mitwirkung von Akio Mayeda. Die Herausgeberin Margit L. McCorkle arbeitete vom 5. bis 29. Mai in der Düsseldorfer Forschungsstelle.

Außerdem wurde im Berichtsjahr in Düsseldorf und Zwickau an der Edition von folgenden Bänden und Bandmanuskripten gearbeitet:

I, 2, 2 (Konzertstück für Klavier op. 92, Konzert-Allegro für Klavier op. 134), herauszugeben von Ute Bär;
VI, 6 (Lieder, opp. 98a, 104,107,117,119,125,127,135,142 und Deklamationen, opp. 106, 122), herauszugeben von Kazuko Ozawa, Krefeld, und Matthias Wendt;
VII, 3, 5 (Kontrapunktische Studien und Skizzen), herauszugeben von Hellmut Federhofer, Mainz, und Gerd Nauhaus, Zwickau; das Herstellungsmanuskript wird voraussichtlich im Januar 2002 abgeschlossen.

In der Forschungsstelle Düsseldorf fanden Arbeitsgespräche mit den externen Mitarbeitern Thomas Synofzik, Gerd Nauhaus, Charlotte Reinke und Krischan Schulte statt.

Von Bernhard R. Appel erschienen 2001 folgende Beiträge:
Robert Schumann: „Bilder aus Osten. Sechs Impromptus für Klavier zu vier Händen“, op. 66. Arbeitsmanuskript; in: Musikhandschriften und Briefe aus dem Familienarchiv Avé-Lallemant, hg. vom Brahms-Institut an der Musikhochschule Lübeck, [Kulturstiftung der Länder und des Landes Schleswig-Holstein] o. O. 2001 (Patrimonia, 197), S. 25–32;
Melancholie und Humor in Robert Schumanns erstem Stück im Volkston op. 102/1, in: Martin Geck. Festschrift zum 65. Geburtstag, hg. v. Ares Rolf und Ulrich Tadday, Dortmund 2001, S. 63–83;
Robert Schumanns „Szenen aus Goethes Faust“ im Leipziger Salon Livia Freges, in: Musik und Szene. Festschrift für Werner Braun zum 75. Geburtstag, hg. v. B. R. Appel, Karl W. Geck u. Herbert Schneider, Saarbrücken 2001, S. 317–332 (Saarbrücker Studien zur Musikwissenschaft, Neue Folge, Bd. 9).

Ute Bär referierte im Rahmen der Jahrestagung des Sächsischen Museumsbundes am 24. März 2001 im Robert-Schumann-Haus, Zwickau, über „Eine Musikergesamtausgabe im Museum“ (veröffentlicht in: „Information des Sächsischen Museumsbundes e. V.“, Dresden, Weißbach, Nr. 22, August 2001, S. 15–23).

Matthias Wendt referierte beim „Tag der mitteldeutschen Barockmusik 2001“ im Robert-Schumann-Haus, Zwickau, über „Bach und Händel in der Rezeption Robert Schumanns“.

Bernhard R. Appel nahm im SS 2001 an der Robert-Schumann-Hochschule, Düsseldorf, einen Lehrauftrag über „Schumanns Kammermusik" wahr.

Am 13. Dezember 2001 brachte der WDR3 in der Sendereihe „Resonanzen" eine Reportage über die Arbeit der Schumann-Forschungsstelle. Der Bericht wurde durch Klangbeispiele, die direkt aus der Editionsarbeit erwachsen sind, untermalt.

GEORG PHILIPP TELEMANN
Musikalische Werke (Auswahlausgabe)

Träger: Arbeitskreis „Georg Philipp Telemann" e.V. Magdeburg, Vorsitzende Christine Sommer.
Herausgeber: Prof. Dr. Martin Ruhnke und Dr. Wolf Hobohm in Verbindung mit dem Zentrum für Telemann-Pflege und -Forschung Magdeburg.
Anschrift: Telemann-Auswahlausgabe, Liebigstr. 10, 39104 Magdeburg, Tel.: 0391/5430290, Fax: 0391/5616421, e-mail: telemann@magdeburg.de, Internet: http://telemann.magdeburg.de/.
Verlag: Bärenreiter-Verlag, Kassel.
Umfang der Ausgabe: Es werden etwa 50 Bände mit Kritischen Berichten und 3 Supplementbände erscheinen. Bisher erschienen 34 Bände sowie drei Supplementbände (Telemann-Werkverzeichnis – TWV – Instrumentalwerke).

Hauptamtliche Wissenschaftliche Mitarbeiterin in der Arbeitsstelle Magdeburg ist Ute Poetzsch-Seban. Für die Telemann-Auswahlausgabe arbeiten auch externe Bandherausgeber.

Im Berichtsjahr erschien:

„Das Selige Erwägen. Passionsoratorium in neun Betrachtungen" TWV 5:2 (**33**), herausgegeben von Ute Poetzsch-Seban.

Dieses Oratorium, das Telemann kurz nach seinem Amtsantritt in Hamburg komponierte und im März 1722 uraufführte, ist das meistgespielte Werk des 18. Jahrhunderts. Bis in das 19. Jahrhundert hinein wurde es in Hamburg aufgeführt (ungefähr fünf Mal jährlich). Darüber hinaus war es im gesamten lutherischen deutschsprachigen Raum verbreitet. Telemanns Enkel Georg Michael bearbeitete 1805 den Text und die Musik, um es weiterhin aufführen zu können. In Hamburg wurde ebenfalls ein neuer Texte gedichtet. Viele Quellen, darunter Telemanns Autograph und eine Abschrift seines Sohnes Andreas, sind verloren. Doch blieben an verschiedenen Orten elf Partituren, fünf Stimmensätze (teils unvollständig) und zwei Klavierauszüge erhalten. Einer der Klavierauszüge stammt aus demselben Verlag wie die der Edition zugrunde liegende Partitur. Zwölf Textdrucke aus verschiedenen Orten, darunter Augsburg und Hermannstadt, blieben erhalten. Telemann nahm Anfang 1751 eine Revision dieses Drucks vor, indem er die inzwischen veraltete Orthographie der neueren anpaßte und zwei Textstellen änderte. Über das Prinzip dieser Änderungen berichtet das Vorwort und der Kritische Bericht.
Das Libretto des mehr lyrischen als dramatischen Oratoriums dichtete Telemann selbst. Sicherlich nahm er Anregungen von Christian Friedrich Hunold und Barthold Hinrich Brockes auf. Die Bilder und Gleichnisse gehören in eine noch in der ersten Hälfte des 18. Jahrhunderts aktive Auslegungstra-

dition. Anlaß für die neun „Betrachtungen" genannten Szenen sind: das Abendmahl, die Selbstüberschätzung des Petrus, Jesu Gebet in Gethsemane, das Verhör durch Caiphas, die Zerknirschung des Petrus, die Geißelung, Jesus am Kreuz, der sterbende und der ins Grab gelegte Jesus. Die allegorische Person, die den Hörer das Betrachten lehrt und ihn mitnimmt, die reflektiert und kommentiert, ist die Andacht. Hinzu kommen die kleineren Partien „Glaube" und „Zion". „Historische" Personen sind Jesus selbst, Petrus und Caiphas.
Telemanns Komposition zeichnet sich durch eine außerordentlich differenzierte Wahl der Mittel aus. Eingeleitet wird das Oratorium von einer zweiteiligen, ausdrucksvollen Sinfonia. Die Rezitative sind kurz, die Accompagnati beeindruckend und die Ariosi auf Bibelwortparaphrasen des Jesus feierlich. Die Affekte der Arien bewegen sich von Innigkeit, Nachdenklichkeit, Zuversichtlichkeit bis hin zu Zerknirschung und kämpferischem Impetus. Choräle beschließen sinnvoll einzelne Abschnitte. Jesus und Caiphas sind Baßpartien, Zion und der Glaube Sopran-, Petrus und die „Hauptrolle" Andacht Tenorpartien. Allerdings wurden die hohen Stimmen im Verlauf der Aufführungsgeschichte zumindest in Hamburg manchmal ausgetauscht und die große Partie der Andacht geteilt. Diese aus einer Telemann nahestehenden Quelle ersichtliche Besetzungsvariante wurde in der Edition durch Fußnoten kenntlichgemacht. Das Werk hat einen Tonartenplan. Es spannt sich ein Bogen, der die zu bewegenden Affekte (vgl. dazu auch Johann Mattheson, Das neu-eröffnete Orchestre, Hamburg 1713) unterstützt. Die Arien erklingen in F-Dur, D-Dur über c-Moll, f-Moll, E-Dur und A-Dur zurück nach F-Dur. Die Instrumentation ist reich, und die Instrumente werden ebenfalls nach ihrem affektiven Potential verwendet. Telemann setzt Blockflöten (Flauto piccolo und Flauto dolce), Querflöten, Oboen, Chalumeaux, Fagotte und Hörner in verschiedenen Stimmungen ein. Einmal tritt das Violoncello solistisch aus dem vierstimmigen Streicherensemble heraus.
Das Vorwort gibt die Gattungsdefinition wider, beschreibt Text und Musik. In einem weiteren Abschnitt wird das Erstaufführungsdatum (16. März 1722) festgestellt. Die Opernhaftigkeit der Komposition ließ danach fragen, wer das „Selige Erwägen" aufgeführt hat, ob nicht Opernsänger die Ausführenden waren. In einem weiteren Kapitel geht es um die Hamburger Aufführungen, und es werden noch einmal die zwar bekannten, aber bislang immer wieder partiell mißverstandenen Dokumente aus dem Jahr 1748 um eine Aufführung in einer Hauptkirche, wo Oratorien nicht zugelassen waren, ausgewertet. Es schließt sich ein Abschnitt über Aufführungen außerhalb Hamburgs an, worauf Bemerkungen zur bald einsetzenden Rezeption in Bearbeitungen, Adaptionen und Paraphrasen sowie zur Rezeption in der Musikgeschichtsschreibung folgen. Wie üblich, wird das Vorwort von aufführungspraktischen Hinweisen beschlossen.
Beigegeben ist ein Faksimile des vermutlich frühesten Textdruckes sowie mehrere Seiten der Hauptquellen.

Im Berichtsjahr wurden die Arbeiten fortgeführt an:

34: Die Matthäuspassionen aus den Jahren 1750 „Wenn meine Sünd mich kränken" TWV 5:35 und 1754, herauszugeben von Manfred Fechner, Jena, und Carsten Lange, Magdeburg;
35: „Brockes-Oratorium" TWV 5:1, herauszugeben von Carsten Lange, Magdeburg;
36: „Frühe Kantaten", herauszugeben von Wolfram Steude, Dresden.

Aufgenommen wurden die Arbeiten an:

38: „Geistliches Singen und Spielen", herauszugeben von Ute Poetzsch-Seban.
Der Band wird die Kantaten vom 1. Advent bis zum Sonntag nach Weihnachten des Jahrgangs 1710 /11 enthalten.
39: „Kircheneinweihungsmusiken", herauszugeben von Wolfgang Hirschmann, Erlangen.

Folgender Band wurde vergeben:

40: „Flavius Bertaridus" TWV 21:27, herauszugeben von Brit Reipsch, Magdeburg.

Ende Oktober veranstaltete das Institut für Musikwissenschaft der Johann Wolfgang von Goethe-Universität zum Thema „Telemanns Vokalmusik. Klangrede der Aufklärung" das 2. Frankfurter Telemann-Symposium. Wolf Hobohm leitete die Sektion „Werke, Werkreihen, Gattungen" und referierte zum Thema „‚Deutlichkeit' als kompositorisches Prinzip bei Telemann". Ute Poetzsch-Seban sprach über „Die Da-capo-Arie in der Kirchenmusik – ein Problem? Bemerkungen zur zeitgenössischen Argumentation um die theatralische Kirchenmusik".

RICHARD WAGNER
Sämtliche Werke

Träger: Gesellschaft zur Förderung der Richard Wagner-Gesamtausgabe e.V., Mainz. Vorsitzender: Professor Dr. Christoph-Hellmut Mahling, Mainz.
Herausgegeben in Verbindung mit der Bayerischen Akademie der Schönen Künste, München. Begründet von Carl Dahlhaus. Editionsleitung: Dr. Egon Voss, München.
Anschrift: Richard Wagner-Gesamtausgabe, Luisenstraße 37a, 80333 München, Tel.: 089/28927490, Fax: 089/28927491; Internet: http://www.adwmainz.de.
Verlag: Schott Musik International, Mainz.
Umfang der Ausgabe: Geplant sind im Notenteil (Reihe A) 57 Teilbände, einschließlich der Kritischen Berichte, und im Dokumententeil mit den Quellen zu Wagners Arbeit an seinen Bühnenwerken (Reihe B) 12 Teilbände; erschienen seit 1968 41 Teilbände der Reihe A und 3 Teilbände der Reihe B sowie das Wagner-Werk-Verzeichnis. Das Wagner-Briefe-Verzeichnis (Wiesbaden 1998) wurde in Zusammenarbeit mit der Richard-Wagner-Gesamtausgabe erstellt.

An der Richard Wagner-Gesamtausgabe arbeiten als hauptamtliche Wissenschaftliche Mitarbeiter Dr. Klaus Döge, Dr. Christa Jost, Dr. Peter Jost und Dr. Egon Voss.

Alle hauptamtlichen Mitarbeiter sind mit der Herausgabe der Ausgabe, d.h. mit den Editionen selbst betraut. Egon Voss, zugleich Leiter der Münchner Editionsstelle, ist Hauptbearbeiter des Quellenkataloges zu den musikalischen Werken, Christa Jost bearbeitet den Quellenkatalog der literarischen Werke, Klaus Döge und Peter Jost bearbeiten das Briefverzeichnis.

Im Berichtsjahr erschienen:

Der fliegende Holländer. Romantische Oper in drei Aufzügen WWV 63 (Fassung 1842-1880) Dritter Aufzug, Anhang und Kritischer Bericht (**4, IV**), herausgegeben von Egon Voss. Urfassung 1841, Kritischer Bericht, herausgegeben von Isolde Vetter und Egon Voss.

Über die im Hauptteil des Bandes vorgelegte Fassung der Oper und die Art ihrer Darstellung in der Edition wurde bereits im Jahrbuch 2000 (S. XXXVIf.) berichtet. Die Edition gelangt mit dem vorliegenden Band zum Abschluß. Darüber hinaus schließt der Band die Edition des „Fliegenden Holländers" insgesamt ab. Der Anhang informiert über sämtliche Phasen der Bearbeitungsgeschichte des Werks und teilt die Varianten der Stationen dieser Geschichte in chronologischer Ordnung mit. Zum ersten Mal ist damit ein lückenloser Überblick über die Werkgeschichte der Oper möglich. Einige Stücke wie die Ouvertüre und die Ballade der Senta erscheinen in vollständiger Wiedergabe. Zudem legt der Anhang die 1840 vorab komponierten Einzelnummern vor, außerdem Einzelausgaben und Konzertschlüsse. Besonders zu erwähnen ist die Einrichtung auf französischen Text, die bemerkenswerterweise 1861, nach dem „Tannhäuser"-Fiasko, vorgenommen wurde. Sie belegt, daß Wagners brennendes Interesse an einem Erfolg gerade in Paris entgegen den geläufigen Meinungen weiterhin bestand. Fast alles, was der Anhang vorlegt, erscheint zum ersten Mal im Druck.

Tannhäuser und der Sängerkrieg auf Wartburg. Handlung in 3 Aufzügen (1861–1875; mit Varianten) WWV 70 Zweiter Aufzug (**6, II**), herausgegeben von Peter Jost.

Zu dieser Edition vgl. das im Jahrbuch 1999 (S. XXXIII) Mitgeteilte.

Bei den Herausgebern in Arbeit und zum Teil schon in Korrektur befinden sich folgende Teilbände:

6, III (Tannhäuser, 1861–1875: 3. Aufzug), herauszugeben von Peter Jost;
11, I–III (Die Walküre: 1.–3. Aufzug), herauszugeben von Christa Jost;
24 (Dokumente zu Der fliegende Holländer), herauszugeben von Egon Voss;
26 (Dokumente zu Lohengrin), herauszugeben von John Deathridge, London, und Klaus Döge.

In Vorbereitung sind die Bände:

25 (Dokumente zu Tannhäuser), herauszugeben von Peter Jost;
27 (Dokumente zu Tristan und Isolde), herauszugeben von Egon Voss;
28 (Dokumente zu Die Meistersinger von Nürnberg), herauszugeben von Egon Voss;
31 (Texte und Dokumente zu den fragmentarischen und nichtvertonten Bühnenwerken), herauszugeben von Isolde Vetter, Karlsruhe, und Egon Voss.

Die Arbeit an den Quellenkatalogen (a. Musikalische Werke; b. Literarische Werke; c. Briefe) wurde fortgeführt. Zugleich wurde der Plan eines am Vorbild des „Wagner-Werk-Verzeichnisses" orientierten „Wagner-Schriften-Verzeichnisses" (WSV) weiterverfolgt. Dieses Projekt, das mittelfristig als selbständige Publikation erscheinen und die Grundlage der dringend benötigten historisch-kritischen Ausgabe von Wagners Schriften bilden soll, wird von Christa Jost und Peter Jost betreut. Besondere Aufmerksamkeit galt weiterhin auch der Vervollkommnung des Briefverzeichnisses und der Briefsammlung, die die unabdingbare Voraussetzung für die Erarbeitung der Dokumentenbände der Reihe B bilden.

Beim Internationalen Symposion „Berlioz, Wagner und die Deutschen", das vom 17. bis zum 20. August in Bayreuth stattfand, referierte Peter Jost über das Thema „Berlioz und Wagner in den Schriften von Richard Pohl".

CARL MARIA VON WEBER
Sämtliche Werke, Tagebücher, Briefe und Schriften

Träger: Gesellschaft zur Förderung der Carl-Maria-von-Weber-Gesamtausgabe e.V., Detmold. Vorsitzender: Professor Dr. Gerhard Allroggen.
Herausgeber: Professor Dr. Gerhard Allroggen, Detmold/Paderborn.
Anschriften: Carl-Maria-von-Weber-Gesamtausgabe, Arbeitsstelle Berlin, Staatsbibliothek zu Berlin – Preußischer Kulturbesitz, Musikabteilung, Unter den Linden 8, 10117 Berlin, Tel.: 030/266-1321 oder -1324, Fax: 030/266-1624. Arbeitsstelle Detmold, Musikwissenschaftliches Seminar Detmold/Paderborn, Gartenstraße 20, 32756 Detmold, Tel.: 05231/975-663, Fax: 05231/975-668, e-mail: veit@muwi.upb.de.
Verlag: Schott Musik International, Mainz.
Umfang: Geplant sind etwa 46 Notenbände einschließlich Kritischer Berichte, 8 Bände Tagebücher, 10 Bände Briefe und 2 Bände Schriften sowie als Ergänzung 5 Bände Dokumente und ein Werkverzeichnis. Bisher sind 3 Notenbände erschienen.

In Berlin arbeiten hauptamtlich Dagmar Beck (Tagebücher) und Frank Ziegler (Musikalische Werke, Werkverzeichnis), in Detmold Dr. Joachim Veit (Briefe, Musikalische Werke), der zugleich die Arbeiten koordiniert. Außerdem sind externe Bandherausgeber beschäftigt.

Erneut waren aufgrund von Finanzierungsproblemen im Berichtszeitraum Korrekturen der Arbeitsplanung notwendig. Im Mai konnte dennoch der mehrfach verschobene Besuch der Londoner Bibliotheken, der u. a. für die Fertigstellung des Bandes VI, 2 unabdingbar war, durchgeführt werden.

Im Berichtszeitraum erschienen:

Sinfonien Nr. 1 C-Dur, WeV M. 2, und Sinfonie Nr. 2 C-Dur, WeV M. 3 (**V, 1**), herausgegeben von Joachim Veit.

Beide Jugendwerke entstanden Ende 1806/Anfang 1807 in Schloß Carlsruhe/Schlesien. Während Weber die 2. Sinfonie nie zur Veröffentlichung bestimmt hatte, arbeitete er die 1. Sinfonie 1810 in Darmstadt für die Publikation durch Johann André in Offenbach nochmals um. Der Herausgeber entschied sich dafür, diese Fassung im Haupttext zu publizieren. Die älteren Schichten des Werkes konnten durch Ablösung der überklebten Stellen im Partiturautograph wieder sichtbar gemacht und durch einen Vergleich mit einer frühen Abschrift aus der Pariser Nationalbibliothek auch vervollständigt werden; sie wurden im Anhang dokumentiert. In der Endphase der Editionsarbeiten tauchte überraschend die verloren geglaubte Stichvorlage des Werkes auf und konnte für die Edition erstmals mit ausgewertet werden.

Weber-Studien, Bd. 6: Gerhard Jaiser, Carl Maria von Weber als Schriftsteller. Mit einer in Zusammenarbeit mit der Weber-Gesamtausgabe erarbeiteten quellenkritischen Neuausgabe der Romanfragmente „Tonkünstlers Leben".

Die von Georg Kaiser 1908 edierten Fragmente des Romans konnten durch eine detaillierte quellenkritische Untersuchung in eine neue, chronologische Ordnung gebracht werden, wobei sich zugleich zeigte, daß erhebliche Lücken in der Dokumentation der Weberschen Entwürfe bestehen. Für die Forschung stehen die Fragmente nun erstmals in einer verläßlichen Ausgabe zur Verfügung.

In der Endredaktion bzw. im Notenteil bereits in der Korrekturphase befindet sich folgender Band:

III, 10/1 (Sonstige Schauspielmusiken), herauszugeben von Oliver Huck, Weimar-Jena.

Zur Veröffentlichung im kommenden Jahr wurden außerdem folgende Bände vorbereitet:

VI, 2 (Kammermusik 2, WeV P. 7 und P. 11–14), herauszugeben von Gerhard Allroggen, Knut Holtsträter und Joachim Veit, Detmold;
VIII, 6 (Preciosa, Klavierauszug, WeV F. 22a), herauszugeben von Frank Ziegler.

Zur Redaktion eingeliefert wurden die endgültigen Vorlagen zu den Bänden:

III, 10/2 (Musik zu Festspielen für den Dresdner Hof), herauszugeben von Oliver Huck, Weimar-Jena;
V, 2 (Konzertouvertüren), herauszugeben von Jonathan Del Mar, London.

Notentexte zu folgenden Bänden sind nahezu komplett hergestellt, die Kritischen Berichte befinden sich in Arbeit:

III, 3 (Abu Hassan, WeV C. 6), herauszugeben von Gerhard Allroggen und Joachim Veit;
VIII, 2 (Abu Hassan, WeV C. 6a), Klavierauszug, herauszugeben von Joachim Veit.

Intensiv gearbeitet wurde im Berichtszeitraum außerdem an folgenden Bänden:

II, 4 (Jubel-Kantate, WeV B. 15), herauszugeben von Irmlind Capelle, Detmold;
V, 5 (Konzerte für Klavier Nr. 1 und 2, WeV N. 8 und N. 14), herauszugeben von John Warrack, Oxford, und Matthias Schäfers, Detmold;
V, 7 (Concertino für Klarinette und Orchester, WeV N. 9, Konzerte für Klarinette und Orchester Nr. 1 f-Moll und Nr. 2 Es-Dur, WeV N. 10 und N. 12), herauszugeben von Frank Heidlberger, Würzburg.

Das Berichtsjahr war außer durch Redaktions- und Korrekturarbeiten durch eine Reihe von Aktivitäten gekennzeichnet, die für die weitere Arbeit an der Gesamtausgabe von erheblicher Bedeutung sind:
Vom 15. bis 21. Oktober fand in Detmold ein MeisterWerk-Kurs zu dem einaktigen Singspiel „Abu Hassan" statt, an dem sich außer der Gesamtausgabe auch das Musikwissen-

schaftliche Seminar Detmold/Paderborn, die Hochschule für Musik Detmold und das Detmolder Kammerorchester beteiligten. Für diese Veranstaltung wurden Partitur, Klavierauszug und Stimmen des Werkes in einer Vorabedition vorgelegt, um innerhalb des Kurses die Anforderungen an eine Gesamtausgabe auch von Seiten der musikalischen Praxis zu eruieren und zugleich die mit einem sparsamen Begleitapparat erstellte Edition zur Diskussion zu stellen. Zugleich kamen zwei bislang unbekannte Alternativfassungen erstmals zur Aufführung. Der Kurs brachte wertvolle Ergebnisse für die Edition der Opern Webers innerhalb der Gesamtausgabe und rückte das prekäre Verhältnis von Gesamtausgabe zu Praktischer Ausgabe ins Zentrum der Diskussion. Mit der Auswertung der Ergebnisse im kommenden Jahr werden auch Konsequenzen für die Herstellung der übrigen Opern Webers gezogen.

Am 4. Dezember wurde in der Staatsbibliothek zu Berlin eine Ausstellung zum Opernschaffen Webers eröffnet, die erstmals alle Autographen seiner Opern und etliche wichtige Handschriften wieder vereinte. An der Vorbereitung dieser Ausstellung war die Berliner Arbeitsstelle der Weber-Gesamtausgabe wesentlich beteiligt, darüber hinaus wurde auch ein fast 200seitiger Katalog vorgelegt, der in den ersten Monaten des Jahres entstand. Dieser Katalog wurde als Zusammenschau neuerer Forschungsergebnisse konzipiert und wird sicherlich Grundlage weiterer Arbeiten zu den Bühnenwerken Webers sein. Die Ausstellung erlaubte den Mitarbeitern erstmals intensiveren Kontakt mit einigen wichtigen Autographen aus Privatbesitz bzw. aus fremden Bibliotheken. Außerdem wurden durch den Vergleich zahlreicher Handschriften im Zuge der Katalogvorbereitung z. T. überraschende Erkenntnisse für die weiteren Arbeiten gewonnen.

Dagmar Beck setzte nach dem Abschluß der Übertragung des Tagebuchs (1810–1826) die Arbeiten an Register und Kommentar fort. Bei den Briefen tauchte überraschend in Dresden ein Konvolut mit Briefen Caroline von Webers an Jähns auf, die von Eveline Bartlitz ausgewertet werden konnten.

Während eines einwöchigen Bibliotheksaufenthalts in London wurden im Mai neben Handschriftenautopsien große Teile der Notendrucke der British Library und des Royal College of Music gesichtet und für die vorhandene Datenbank ausgewertet. Weitere Handschriften-Autopsien in Darmstadt, Stuttgart, Wien und Hamburg dienten u. a. der Vorbereitung von Band III, 3; in Hamburg wurde außerdem die Theaterzettelsammlung ausgewertet.

Mehrere handschriftliche Textbücher des „Abu Hassan", des „Freischütz" und des „Rübezahl" sind für die weiteren Editionsarbeiten übertragen worden. Ergänzt wurden außerdem wiederum die diversen Kataloge und Datenbanken der Ausgabe.

Im Mai hielt sich Frau Dr. Natalja Gubkina (Petersburg) zu einem Arbeitsbesuch in Detmold und Berlin auf, die Berliner Mitarbeiter übersetzten dabei ihren neuen Beitrag über den Fund der Partitur des „Waldmädchens" und vereinbarten weitere Überprüfungen der Handschrift. Ebenfalls im Mai fanden während des London-Aufenthalts Redaktions-Besprechungen mit Prof. Dr. John Warrack und Jonathan Del Mar statt. In Detmold wurden mit Prof. Dr. Frank Heidlberger weitere Details der Herstellung der Klarinettenkonzerte vereinbart. Wiederholte ausführliche Beratungen fanden mit dem Notensetzer Frank Litterscheid statt. Deutlich zugenommen hat im Berichtszeitraum wiederum die Zahl der Anfragen an die Arbeitsstellen.

Im Juni stellte sich die Weber-Ausgabe in der Reihe „Musik im Landtag" vor, zu der Gerhard Allroggen durch zwei Kurzreferate zum unbekannten Weber und zu Webers Kammermusik beitrug. Dagmar Beck publizierte in den „Weberiana" einen Beitrag über Quellen und Dokumente zu Weber und Weimar. Joachim Veit hielt während des Detmolder MeisterWerk-Kurses im Oktober zwei Vorträge zu Webers Opernschaffen sowie zu Deutung und Bedeutung von Webers „Abu Hassan". Im Februar referierte er in der Detmolder Reihe „Alte Musik und Neue Medien" über das Verhältnis der Musikeditionen zu den neuen Medien, Ende Juni im Kulturgut Ermlitz bei Leipzig über die Kontakte Webers zu dem Kreis um August Apel. Frank Ziegler hielt im November vor der Friedrich-Spee-Akademie in Kiel einen Vortrag zum 175. Todestag Webers und referierte während der Eutiner Gedenktage zum Thema „Weber im Bild. Anmerkungen zur Weber-Ikonographie".

DAS ERBE DEUTSCHER MUSIK

Träger: Musikgeschichtliche Kommission e.V., unter Vorsitz von Professor Dr. Friedhelm Krummacher, Kiel.
Herausgeber: Musikgeschichtliche Kommission e.V., unter Vorsitz von Professor Dr. Friedhelm Krummacher. Leiter des „Erbes deutscher Musik" ist Professor Dr. Martin Staehelin, Göttingen. Hauptamtlicher Redakteur des „Erbes" sowie der Ausgabe E.T.A. Hoffmann, Ausgewählte musikalische Werke, ist Professor Dr. Thomas Kohlhase, Tübingen.
Anschrift: Das Erbe deutscher Musik, Musikwissenschaftliches Institut der Universität Tübingen, Schulberg 2, 72070 Tübingen, Tel. und Fax: 07071/551619, e-mail: erbe.deutscher.musik@t-online.de; Internet: http://www.uni-tuebingen.de/musik/Muwi23.htm.

Aus der Gemeinschaftsfinanzierung über die Union werden die Denkmälerreihe „Das Erbe deutscher Musik" mit dem besonderen Projektteil „Archivsparten" sowie jene „Gesamt- und Auswahlausgaben" gefördert, die von der Musikgeschichtlichen Kommission betreut oder in ihrem Namen herausgegeben werden. Im „Erbe deutscher Musik" werden wichtige Werke der deutschen Musikgeschichte vorgelegt, die für eine Epoche, eine Gattung oder einen Komponisten besonders charakteristisch sind. In den „Gesamt- und Auswahlausgaben" erscheinen vor allem Werke von Komponisten, die ein OEuvre geringeren Umfangs hinterlassen haben (z.B. Leonhard Lechner – die vierzehnbändige, 1954 begonnene Ausgabe konnte 1998 abgeschlossen werden –, Georg Rhau, Johann Hermann Schein und Silvius Leopold Weiß Band 1–4 – die angekündigten Bände 5–10 werden als Band 11–16 in der Sonderreihe des „Erbes" erscheinen) oder deren Werke zunächst nur in

Auswahl ediert werden sollen (z. B. die musikalischen Werke von Ernst Theodor Amadeus Hoffmann); dazu kommen die Monumenta Monodica Medii Aevi samt Subsidia, eine Denkmäler- und Schriftenreihe, in der einstimmige geistliche und weltliche Gesänge des Mittelalters erschlossen und publiziert werden. Die Ausgaben erscheinen in mehreren Verlagen. Sie gehen zurück auf die im Jahre 1900 gegründeten „Denkmäler Deutscher Tonkunst". Seit 1953, als das 1933 gegründete „Erbe" von der Musikgeschichtlichen Kommission wiederbelebt wurde, sind im „Erbe deutscher Musik" 95 (seit 1933 insgesamt 119) und innerhalb der Gesamt- und Auswahlausgaben 91 Bände erschienen; zu den bis 1991 erschienenen Bänden siehe im einzelnen „Musikgeschichtliche Kommission e.V., Verzeichnis der Gesamt- und Auswahlausgaben", Tübingen 1991. Zum „Erbe" siehe: „Das Erbe deutscher Musik. Katalog", Tübingen 1996 sowie Addenda und Corrigenda zum „Erbe"-Katalog 1996, Stand: November 1998. Der jeweils aktuelle Stand des „Erbes" ist im Internet abrufbar (siehe Anschrift: Internet). Ein neuer Gesamtkatalog des „Erbes" einschließlich Archivsparten wird vorbereitet.

Im Projektteil Archivsparten werden Notenmanuskripte von Werken, die unbeschadet ihrer musikwissenschaftlichen oder musikpraktischen Bedeutung nicht oder noch nicht gedruckt werden sollen, nach historisch-kritischen Editionsprinzipien erarbeitet und in druckfertigem Zustand mit kritischem Apparat im Deutschen Musikgeschichtlichen Archiv in Kassel, ebenfalls einer Einrichtung der Musikgeschichtlichen Kommission, oder bei der Redaktion des „Erbes deutscher Musik" in Tübingen zugänglich gehalten. Die Sparten werden in den Katalogen des Archivs sowie in der Zeitschrift „Die Musikforschung" der Fachwelt annonciert (siehe auch „Das Erbe deutscher Musik, Verzeichnis der handschriftlichen Archivsparten und Depotarbeiten", Tübingen 1991, und „Addenda 1992–1997").

I. Im Berichtsjahr sind erschienen:
1. Im „Erbe deutscher Musik":

Johann Knöfel, Neue teutsche Liedlein mit fünf Stimmen (Nürnberg 1581) (Erbe **102**), herausgegeben von Hartmut Möller, Rostock.

Johann Knöfel, um 1530 im schlesischen Lauban geboren, veröffentlichte sein einziges weltliches Werk, die 23 teutschen Liedlein, 1581 als Heidelberger „Churfürstlich Pfaltz Capellmeister". Die bunte Folge von Liebes- und Geselligkeitsliedern, Trink- und Jagdliedern, Schwank- und Anekdotenliedern sowie Zeitklagen, angeordnet nach den acht traditionellen Kirchentönen, ist repräsentativ für den Stilwandel, den das deutsche mehrstimmige Lied des späten 16. und frühen 17. Jahrhunderts kennzeichnet. Knöfel geht vom Liedtypus Lassoscher Prägung ohne cantus firmus aus, mit Stilelementen von Chanson, Madrigal und Villanelle. Joachim Burmeister zählt Knöfel in seiner „Musica poetica" (Rostock 1606) zu den hervorragenden und nachahmenswerten Komponisten der Zeit – neben Meiland, Dreßler, Scandellus, Marenzio, Clemens non Papa, Regnart, Pevernage, Lechner, Utendal und Lasso.

Philipp Dulichius (1562–1631), Die Evangelienmotetten des Fasciculus novus (Stettin 1598) (Erbe **124**), herausgegeben von Martin Ruhnke und Wolfgang Schmidt, Erlangen.

Vgl. Jahresbericht 2000, S. XLI.

2. In den Gesamt- und Auswahlausgaben:

E. T. A. Hoffmann, Ausgewählte musikalische Werke, Kirchenmusik I: Overtura, Messa, Canzoni a capella (Band **10 a**), herausgegeben von Thomas Kohlhase und Felix Loy, Tübingen.

In Band 10 b (mit dem Miserere b-Moll aus dem Jahre 1809) und 10 a liegen nun sämtliche erhaltenen Kirchenwerke E. T. A. Hoffmanns vor. Lediglich die sechs A-cappella-Chöre aus dem Jahre 1808 waren schon früher gedruckt erschienen (unter anderem in Gustav Beckings bruchstückhaft gebliebener Gesamtausgabe von E. T. A. Hoffmanns Werken), bei den vier anderen Werken handelt es sich um Erstausgaben. Die Overtura (Musica per la Chiesa) vom Frühjahr 1801 (oder 1807?) und die im Jahre 1805 vollendete Messa lassen sich zwar tonartlich gut miteinander kombinieren (beide stehen in d-Moll), waren aber von Hoffmann offenbar nicht als Werkpaar gedacht. Die Edition der Werke in Band 10 a folgt in allen drei Fällen den Berliner Autographen aus dem Besitz von Hoffmanns Freund und Biographen Julius Eduard Hitzig.

Monumenta Monodica Medii Aevi, Band **XIII**: Das Repertoire der normanno-sizilischen Tropare I: Die Sequenzen, herausgegeben von David Hiley, Regensburg.

Vier Handschriften aus dem damals von den Normannen regierten Sizilien zählen zu den bedeutendsten Quellen der liturgischen Einstimmigkeit des 12. Jahrhunderts. Die Handschriften 288, 289, 19421 und V.20-4 der Biblioteca Nacional, Madrid – drei Tropare und ein Graduale – enthalten u.a. Sequenzen, Ordinarium-Missae-Melodien, Benedicamus-Gesänge und Conductus; sie sollen in drei Bänden der Monumenta Monodica Medii Aevi herausgegeben werden. Als erster Band sind nun die Sequenzen erschienen – insgesamt einhundert, aufgezeichnet in jeweils mindestens einer der vier Handschriften. Die Sequenzen stammen zum Teil aus den frühesten Schichten des Sequenzenrepertoires des 9. Jahrhunderts, wie sie in Nordfrankreich und insbesondere in der Normandie im 11.–12. Jahrhundert überliefert wurden. Hinzu kommen Stücke jüngeren Datums aus der Normandie und Sizilien. Die Ausgabe der Sequenzen folgt, den Originalhandschriften entsprechend, der Ordnung des Kirchenjahres. Eine der vier Handschriften stellt jeweils die Basisquelle dar; abweichende Lesarten der anderen Quellen erscheinen nach der Übertragung der einzelnen Stücke. Die Einleitung der Ausgabe (in englischer Sprache) behandelt den historischen Kontext, die Quellen, den Aufbau des Repertoires (bietet auch eine ausführliche Konkordanztabelle für andere Quellen) und die Editionstechnik. Dem Editionsteil folgen numerische bzw. alphabetische Register mit Verweisungen auf die Textausgaben der „Analecta Hymnica“.

II. In Herstellung bei den Verlagen befinden sich:
„Das Erbe deutscher Musik“:

Erbe **Sonderreihe 9** und **10** (Thomas Fritsch, Novum et insigne opus musicum, Breslau 1620), herauszugeben von Rudolf Walter, Heidelberg;
Erbe **Sonderrreihe 11** und **12** (Silvius Leopold Weiß, Sämtliche Werke für Laute in Tabulatur und Übertragung, Band 5 und 6: Tabulatur Dresden, Sächsische Landesbibliothek – Staats- und Universitätsbibliothek Dresden, Mus. 2841-V-1. Faksimile der Tabulatur, Teil I und II), herauszugeben von Tim Crawford.

III. In Vorbereitung bei der „Erbe“-Redaktion befinden sich:

Erbe **72** und **73** (Annaberger Chorbuch, Sächsische Landesbibliothek – Staats- und Universitätsbibliothek Dresden, Mus. 1-D-505, Ms. 1248), herauszugeben von Jürgen Kindermann, Kassel;
Erbe **74** und **75** (Das Liederbuch des Dr. Hartmann Schedel, Teil I und II), herausgegeben von Heinrich Besseler †, redigiert und für den Druck vorbereitet von Peter Gülke, Wuppertal, und Wolfgang Horn, Erlangen; Textrevision von Richard Kienast † und Paul Sappler, Tübingen;
Erbe **113** und **114** (Annaberger Chorbuch, Sächsische Landesbibliothek – Staats- und Universitätsbibliothek Dresden, Mus. 1-D-506, Ms. 1126), herauszugeben von Jürgen Kindermann, Kassel;
Erbe **122** (Leopold Schefer, 1784–1862, Ausgewählte Lieder und Gesänge zum Pianoforte), herauszugeben von Ernst-Jürgen Dreyer, Kaarst;
Erbe **126** (Johann Friedrich Reichardt, Vertonungen von Schiller-Texten), herauszugeben von Rainer Gstrein, Innsbruck, und Andreas Meier, Wuppertal;
Band **9**: E. T. A. Hoffmann, Ausgewählte musikalische Werke, Musik zur Tragödie „Das Kreuz an der Ostsee“ von Zacharias Werner, Ballettmusik „Arlequin“, herauszugeben aus dem Nachlaß von Friedrich Schnapp.

WISSENSCHAFTLICHE EDITION DES DEUTSCHEN KIRCHENLIEDS, Arbeitsstelle Kassel

Träger: Gesellschaft zur wissenschaftlichen Edition des deutschen Kirchenlieds e.V., Kassel. Vorsitzender: Professor Dr. Joachim Stalmann, Hänigsen.
Herausgeber: Gesellschaft zur wissenschaftlichen Edition des deutschen Kirchenlieds e.V., Kassel.
Anschrift der Arbeitsstelle: Gesellschaft zur wissenschaftlichen Edition des deutschen Kirchenlieds e.V., Gießbergstraße 41–47, 34127 Kassel, Tel.: 0561/893216, Fax: 0561/85395, e-mail: Kirchenlied@t-online.de, Internet: http://www.das-deutsche-kirchenlied.de/. Anschrift des Vorsitzenden: Professor Dr. Joachim Stalmann, Görlitzer Str. 16, 31311 Uetze/ OT Hänigsen.
Verlag: Bärenreiter-Verlag, Kassel.
Umfang der Ausgabe: Geplant sind je 5 Bände Edition und Kritischer Bericht, gegebenenfalls in mehreren Teillieferungen; davon sind bisher 7 Teillieferungen von Band 1 erschienen.

Aufgabe der Kasseler Arbeitsstelle ist die Edition der deutschen Kirchenlieder aus gedruckten Quellen (= Abteilung III des Projektes „Das deutsche Kirchenlied. Kritische Gesamtausgabe der Melodien“; Abteilung I, „Verzeichnis der Drucke“, erschien in Reihe B als Band VIII in RISM; Abteilung II wird die Melodien der handschriftlichen Überlieferung enthalten).

Hauptamtliche Wissenschaftliche Mitarbeiter in der Kasseler Arbeitsstelle sind Dr. Hans-Otto Korth, Dr. Daniela Wissemann-Garbe (im Erziehungsurlaub, zur Zeit auf Werkvertragsbasis) und Dr. Helmut Lauterwasser (80 %, Vertretung).

Im Berichtszeitraum wurden die Druckbeschreibungen, Verbreitungs- und Variantenangaben sowie die Anmerkungen zu den Drucken und Melodien zu Band 2, der die Melodien aus gedruckten Quellen von 1571 bis 1580 enthalten soll, fertiggestellt. Im Vergleich zum 1. Band wurden einige Redaktionsrichtlinien und Grundsätze der Darstellung verbessert. Das ist für die Ausgabe unumgänglich, da sich das Editionsgut in dem weit gespannten Editionszeitraum ständig ändert. Auch wurden etwa 30 sogenannte Nachtragsfassungen erstellt: Melodiefassungen, die eigentlich bereits nach einer Quelle vor 1570 hätten ediert werden müssen, in Band 1 aber als Verbreitungen und Varianten zu anderen Melodien geführt wurden. Die nachträgliche Edition, nach Quellen des Editionszeitraumes für Band 2 (1571–1580), trägt dem Umstand Rechnung, daß solche Lesarten eigene Traditionen ausgebildet haben. Durch die Einführung dieser Fassungen werden solche Traditionen angemessener dargestellt und die Variantenverzeichnisse entlastet; es werden aber auch bislang umständliche Variantenaufnahmen erleichtert. Weiterhin sind die Anmerkungen zu den Melodien erheblich komprimierter gestaltet. Dies geschieht angesichts des Selbstverständnisses einer modernen wissenschaftlichen Edition: Sie hat in erster Linie eine die Forschung vorbereitende Funktion. Doch erfolgt jene Straffung auch im Hinblick auf den durch die zeitliche Projektbegrenzung erzeugten Zeitdruck. Für die Zusammenstellung von Literaturangaben gilt Entsprechendes. Beschleunigend wirkt ferner, daß sich die Suche nach Vorgängermelodien mehr und mehr konkretisiert: An die Stelle von Modelltönen und tiefgreifenden, subtilen Bearbeitungen treten in zunehmendem Maße fest umrissene Kontrafakturen.

Mehr als bisher werden künftig Lesarten von Melodien als Neufassungen ediert, anstatt sie in Variantenverzeichnissen darzustellen. Neu hinzukommen ab Band 2 werden Anmerkungen auch zu Druckbeschreibungen.

Probleme ergaben sich bei der angemessenen Auswahl und Behandlung der in die Edition zu übernehmenden Kantionalmotetten von Johann Eccard und Joachim a Burck. Der Editionsband 2 wird deutlich mehr mehrstimmige Sätze enthalten als der erste.

Im Zuge der Arbeit fallen Addenda und Corrigenda für Band 1 und weiterhin auch für die Bibliographie DKL/ RISM B VIII an.

Erste Sondierungen zur Herstellung von Noten- und Textteil des Bandes 2 wurden vorgenommen.

Die Textbände werden künftig zweigeteilt werden, getrennt nach Fortsetzungen von Kommentaren älterer Melodien einerseits und Kommentaren, Anmerkungen und Bibliographie zu neu edierten Melodien andererseits.

Ständiger Wartung bedarf der EDV-Zeichensatz mit den vielfältigen Noten- und Sonderzeichen für die Kritischen Kommentare.

Mehrere Kurzreisen zu Bibliotheken ergaben sich, weil immer häufiger Gesangbücher aus konservatorischen Gründen nicht verfilm- oder kopierbar sind oder weil Details nur am Original zu erkennen waren.

Von August bis November war bei der EdK Svetlana Khlybova als Praktikantin beschäftigt, in vorübergehender Vertretung der derzeitigen Freien Mitarbeiterin.

Sehr fruchtbare Verbindungen bestehen weiterhin zum Interdisziplinären Arbeitskreis Gesangbuchforschung der Universität Mainz. Hans-Otto Korth referierte beim dortigen Graduiertenkolleg über „Notationen von frühen Kirchenliedmelodien: Möglichkeiten – Grenzen – Auswirkungen". Ferner ergaben sich Verbindungen zu einem Forschungsprojekt der Johannes a Lasco Bibliothek in Emden und somit zur calvinistischen Musik. Auf einer dortigen Tagung zum Genfer Psalter stellte Hans-Otto Korth die Edition vor.

Im Zusammenhang mit einer Vorhabenprüfung inklusive Begutachtung durch externe Gutachter beschlossen die Gremien der Union der deutschen Akademien der Wissenschaften die Weiterförderung des Vorhabens.

RÉPERTOIRE INTERNATIONAL DES SOURCES MUSICALES (RISM)
Zentralredaktion Frankfurt

Träger: Internationales Quellenlexikon der Musik e.V., Kassel. Ehrenpräsident: Professor Dr. Kurt von Fischer, Zürich; Präsident: Dr. Harald Heckmann, Ruppertshain; Vizepräsidentin: Catherine Massip, Paris; Sekretär: Dr. Hartmut Schaefer, München; Schatzmeister: Dr. Martin Bente, München; kooptierte Vorstandsmitglieder: Prof. Dr. Ulrich Konrad, Würzburg, John Roberts, Berkeley; Leiter der Zentralredaktion: Klaus Keil, Frankfurt.
Anschrift: Internationales Quellenlexikon der Musik, Zentralredaktion an der Stadt- und Universitätsbibliothek, Sophienstraße 26, 60487 Frankfurt am Main, Tel.: 069/706231, Fax: 069/706026, e-mail: rism@stub.uni-frankfurt.de.
Verlage: für Serie A/I, für die Bände VIII,1 und 2 der Serie B sowie für Serie C Bärenreiter Verlag, Kassel; für Serie A/II, CD-ROM K. G. Saur Verlag GmbH, München; für Serie B (ohne Bände VIII,1 und 2) G. Henle Verlag, München.

Hauptamtliche Mitarbeiterinnen und Mitarbeiter: Yvonne Babioch, Susanne Büchner (3/8-tags), Nina Eichholz (1/2-tags, ab 08.01.2001 Vertretung für Birgit Grün), Dr. Martina Falletta, Gheorghe Georgita, Birgit Grün (1/2-tags, seit 07.01.2001 in Erziehungsurlaub), Stephan Hirsch (1/2-tags), Klaus Keil, Guido Kraus (3/8-tags), Alexander Marxen (ab 01.04.2001, Vertretung für Sigrit Möres), Sigrit Möres (z.Z. in Erziehungsurlaub),

Markus Pacher (bis 31.03.2001), Isabella Wiedemer-Höll (1/2-tags). Unterstützt wird die Arbeit der Zentralredaktion durch studentische Mitarbeiterinnen und Mitarbeiter auf Werkvertragsbasis.

Das Internationale Quellenlexikon der Musik (Répertoire International des Sources Musicales – RISM) mit der Zentralredaktion in Frankfurt steht unter dem Patronat der „Association Internationale des Bibliothèques, Archives et Centres de Documentation Musicaux" (AIBM) und der „Société Internationale de Musicologie" (SIM) und hat die Aufgabe, weltweit die gedruckte und handschriftliche Überlieferung der Musik zu dokumentieren. In einer Serie A/I werden Einzeldrucke unter den Namen der Komponisten mit den Fundorten, in einer Serie A/II die Musikhandschriften nach 1600 nachgewiesen. Die Serie B ist für Spezialrepertorien vorgesehen wie z.B. Sammeldrucke des 16. und 17. Jahrhunderts, das deutsche Kirchenlied, musiktheoretische Quellen in lateinischer, griechischer, arabischer, hebräischer und persischer Sprache, usw. Diese drei Serien werden durch eine Serie C, das Directory of Music Research Libraries, ergänzt.

Serie A/I: Erschienen in 9 Bänden und 4 Supplementbänden. Ein die Gesamtserie über die Verleger und Verlagsorte erschließendes Register, in dem diese Namen und Orte, wie auch die Namen der Komponisten vereinheitlicht sind, ist in Vorbereitung.

Serie B: Im Rahmen dieser Reihe sind bisher 26 Bände erschienen.

Serie C: Bisher erschienen 5 Bände sowie ein Sonderband „RISM-Bibliothekssigel-Gesamtverzeichnis", herausgegeben von der RISM-Zentralredaktion. Die Revision zweier Bände mit den Bibliotheken von 17 europäischen Ländern wird in Zusammenarbeit mit dem Publications Committee der AIBM vorbereitet. Bereits 1979 bis 1986 erschienen 3 Sonderbände „Das Tenorlied".

Serie A/II: In dieser Serie werden Handschriften mit mehrstimmiger Musik, die nach 1600 entstanden sind, komplett erfaßt und erschlossen. Sie bildet den umfangreichsten Komplex des gesamten RISM und ist gegenwärtig der Schwerpunkt seiner Arbeit. Für sie erarbeiten Mitarbeiterinnen und Mitarbeiter in mehr als 30 Ländergruppen der ganzen Welt Titelaufnahmen von Musikhandschriften vor Ort in den Bibliotheken und Archiven. Teilweise werden der Zentralredaktion diese Aufnahmen als Karteikarte übermittelt, zunehmend benutzen die Ländergruppen jedoch den Computer. Eine Übermittlung der auf diese Weise digitalisierten Informationen ist geeignet, den redaktionellen Aufwand zu minimieren und damit die Fertigstellung des Projektes zu beschleunigen.

Insgesamt wurden bisher ca. 504.491 Titelaufnahmen nach Frankfurt gemeldet.

Dreizehn Länder- bzw. Arbeitsgruppen arbeiten mit dem für die Katalogisierung von Musikhandschriften entwickelten Programm PIKaDo, einige haben sogar mehrere Arbeitsplätze damit einrichten können: Belgien (715 übertragene Titel), Deutschland: Dresden (3.016), München (3.865), Estland (0), Italien (8.330), Kroatien (0), Österreich: Wien (1.214), Innsbruck (3), Polen: Warschau (7), Breslau (275), Danzig (118), Oppeln (42), Schweiz (7.014), Slowenien (168), Spanien (0), Tschechien (866). In Amerika und Dänemark benutzt man ein eigenes Programm. Aus Dänemark konnten 241 Titel übertragen werden.

Im Berichtsjahr konnte die RISM-Manuskriptdatenbank um 39.505 Titel erweitert werden und enthält nun 429.190 Titel.

Um den Zufluß von Daten mit Beschreibungen von Musikhandschriften weiter zu verbessern, arbeitet die Zentralredaktion unter Beratung einer internationalen Arbeitsgruppe mit Experten daran, die Erfassung und den Austausch solcher Daten mit Hilfe von Bibliotheksprogrammen zu ermöglichen.

Nach ersten Versuchen der Publikation von Teilen der Datenbank in Form von Microfiches wurde im Dezember 1995 zum ersten Mal eine CD-ROM mit ca. 160.000 Nachweisen von Musikhandschriften veröffentlicht. Seither erscheint jährlich eine neue Ausgabe. Die neueste, 9. Ausgabe (7. CD-ROM) enthält gegenüber der ersten ca. 220.000 neue Eintragungen und damit insgesamt ca. 380.000 Titel. Zusätzlich werden drei Spezialdateien veröffentlicht: eine der Komponisten, eine der Bibliothekssigel und eine mit der bei der Quellenbeschreibung herangezogenen Literatur.

Seit Juni 1997 kann man die Datenbank zur Serie A/II dank einer Zusammenarbeit mit der Harvard University, Cambridge, USA, auch im Internet abfragen. Für die Recherche in der Datenbank werden keine Gebühren verlangt. Die Adresse ist: http://www.rism.-harvard.edu/rism/DB.html.

Die RISM homepage, die die US-RISM group zusammen mit der RISM-Zentralredaktion pflegt, findet man unter http://www.rism.harvard.edu/rism.

Für weitere Informationen steht auch die Zeitschrift INFO-RISM zur Verfügung. Das zuletzt erschienene Heft Nr. 10, November 1999, das bisher nur im Internet erschienen war, kann nun über den Buchhandel (Libri BoD) bezogen werden. Es kann auch über die RISM homepage aufgerufen werden.

RÉPERTOIRE INTERNATIONAL DES SOURCES MUSICALES (RISM) Arbeitsgruppe Deutschland

Träger: Répertoire International des Sources Musicales (RISM) – Arbeitsgruppe Deutschland e. V., München. Vorsitzender: Dr. phil. habil. Wolfgang Frühauf, Sächsische Landesbibliothek – Staats- und Universitätsbibliothek Dresden; Stellvertretender Vorsitzender: Dr. Kurt Dorfmüller, Lt. Bibliotheksdirektor i. R., München.
Anschriften: RISM-Arbeitsstelle Dresden, Sächsische Landesbibliothek, Staats- und Universitätsbibliothek Dresden, 01054 Dresden, Tel. und Fax: 0351/8130105 bzw. 0351/46335964 (Vereinsvorstand), e-mail: fruehauf@slub-dresden.de, landmann@slub-dresden.de. RISM Arbeitsstelle München, Bayerische Staatsbibliothek, 80328 München; Tel.: 089/28638-2395 (RISM) und 28638-2888 (RIdIM), Fax: 089/28638-2479, e-mail: brinzing@bsb.muenchen.de.

Die RISM-Arbeitsgruppe der Bundesrepublik Deutschland ist rechtlich selbständiger Teil des internationalen Gemeinschaftsunternehmens RISM, das ein Internationales Quellenlexikon der Musik erarbeitet. Ihre Aufgabe, die für die Musikforschung wichtigen Quellen in Deutschland von circa 1600 bis zur Mitte des 19. Jahrhunderts zu erfassen, wird von zwei Arbeitsstellen wahrgenommen. Für das Gebiet der alten Bundesrepublik ist die Münchener Arbeitsstelle an der Bayerischen Staatsbibliothek zuständig, für die neuen Bundesländer die Dresdener Arbeitsstelle mit Sitz an der Sächsischen Landesbibliothek – Staats- und Universitätsbibliothek Dresden. Die Titelaufnahmen werden von den Arbeitsstellen zur Weiterverarbeitung an die RISM-Zentralredaktion in Frankfurt übermittelt.

Hauptamtliche Wissenschaftliche Mitarbeiterinnen und Mitarbeiter sind: bei der Münchener Arbeitsstelle Dr. Gertraut Haberkamp, Klaus Kindler (bis 30. September 2001), Dr. Hans Rheinfurth für die Erfassung der Musikhandschriften und Dr. Armin Brinzing für die Erfassung der musikikonographischen Quellen (halbtags) und seit 1. Mai 2001 zusätzlich für die Erfassung der Musikhandschriften (halbtags); bei der Dresdener Arbeitsstelle Dr. Ortrun Landmann und Dr. Andrea Hartmann. Weitere Mitarbeiter werden auf der Basis von Werkverträgen beschäftigt; dies gilt vorrangig für die Dresdener Arbeitsstelle.

Im Berichtsjahr wurden folgende Arbeiten geleistet:

Handschriften, Reihe A II

Die Arbeitsstelle Dresden lieferte im Berichtszeitraum 3.940 neue Titelaufnahmen an die RISM-Zentralredaktion in Frankfurt/M. Die Titelmenge verdient es auch deshalb besonders hervorgehoben zu werden, weil sie trotz erheblicher Probleme erzielt wurde, welche die Software, die der elektronischen Datenverarbeitung zugrunde liegt, immer wieder bereitet.

Folgende Musikalienbestände in den neuen Bundesländern wurden katalogisiert:
Dresden, Sächsische Landesbibliothek – Staats- und Universitätsbibliothek (SLUB)
Glauchau, Kantoreiarchiv (abgeschlossen)
Herrnhut, Unitätsarchiv
Leipzig, Musikbibliothek der Stadt
Olbernhau, Pfarrarchiv (abgeschlossen)
Pulsnitz, Kantoreiarchiv (abgeschlossen)
Schwerin, Landesbibliothek Mecklenburg-Vorpommern
Themar, Pfarrarchiv.

Damit setzte die Dresdener Arbeitsstelle die Erschließung sowohl großer und bedeutsamer Musikaliensammlungen fort (Dresden, Leipzig, Schwerin) als auch die Katalogisierung kleinerer Bestände, welche bislang Vorrang hatte.

Die Bearbeitung der Bestände in den für RISM zur Verfügung stehenden Räumen bewährt sich weiterhin in der Berliner Staatsbibliothek und in der SLUB Dresden. Außer einer erheblichen Reisekosten-Ersparnis sind Effektivitätssteigerungen der Arbeitsergebnisse zu konstatieren, dank ständiger Zugriffsmöglichkeit auf alle wichtigen Ermittlungshilfen wie Nachschlagewerke, Parallelquellen und Noten-Neuausgaben. Weitere Synergieeffekte dürfen für die Zukunft wegen der ausgeschöpften Reserven allerdings nicht erwartet werden. Das gilt auch für die hohen Ergebnisse im Berichtsjahr, welche den relativ unkompliziert zu bearbeitenden Quellen und der Menge der im Vorjahr zurückgehaltenen Olbernhauer Titelaufnahmen zu verdanken waren. Mit den nachfolgenden, schwieriger zu erschließenden Beständen ist dies kaum wiederholbar.

Mit der vollständigen Aufarbeitung dreier sächsischer Kantoreiarchiv-Bestände hat sich der Überblick über die mitteldeutsche evangelische Kirchenmusik bemerkenswert erweitert.

Eine Besonderheit ist die begonnene Erschließung der Themarer Clavier- und Lautentabulatur. Ein Spezialist transkribiert anhand eines Mikrofilms die Incipits und sendet sie mit den weiteren benötigten Angaben und mit seinen Ermittlungen an die Dresdener Arbeitsstelle, wo aus ihnen maschinenlesbare Katalogisate gefertigt werden.

Dr. Ortrun Landmann setzte im Berichtszeitraum ihre Ergänzungs- und Korrekturarbeiten an dem mit PIKaDo erstellten, von der DFG geförderten Katalog „Dresdener Opernarchiv" fort und brachte sie schließlich zu Ende. Die dadurch für die RISM-Arbeit ausgefallene Zeit wurde seitens der SLUB Dresden abermals durch Bereitstellen von Mitteln für Werkverträge kompensiert. Die Vorbereitung der Veröffentlichung des eigentlichen Katalogs als CD-ROM schließt sich nun an. Etwa ein Jahr nach dem Erscheinen des Katalogs werden die elektronischen Daten auf die allgemeine RISM-CD-ROM übernommen.

Die Münchener Arbeitsstelle hat die Katalogisierung der Musikhandschriften ebenfalls größtenteils auf EDV umgestellt. Fortgeführt wurde die Arbeit in:

Berlin, Staatsbibliothek zu Berlin (SBPK, ab Buchstabe R der Signaturengruppe Mus. Ms.; Amalienbibliothek),
Hamburg, Staats- und Universitätsbibliothek (aus St. Petersburg und Armenien zurückgekommene Musikalien),
Oldenburg, Niedersächsische Landesbibliothek (Lieder- und Chorsammlungen aus dem 19. Jahrhundert in den Nachlässen Schumacher-Zitelmann und Holtzinger).

Während in Hamburg die Arbeit erst 2002 beendet werden kann, wurde in Oldenburg die Katalogisierung bis Ende 2001 abgeschlossen, abgesehen von einigen späteren Nachlässen. Die Erfassung der Amalienbibliothek (SBPK) wurde bis Ende 2001 beendet.

Begonnen wurde mit der Katalogisierung in Karlsruhe, Badische Landesbibliothek (220 Titel). In den Besitz dieser Bibliothek ging inzwischen der vom Württembergischen Staat erworbene, von RISM bereits erfaßte und auch in der RISM-CD-ROM enthaltene umfangreiche Musikalienbestand der Fürstenbergischen Hofbibliothek Donaueschingen über.

Der Musikalienbestand der Dommusik St. Stephan im Archiv des Bistums Passau wurde 1993 in einem Katalog der Reihe „Kataloge Bayerischer Musiksammlungen" (Band

21) vorgelegt. Die seitdem neu aufgefundenen und bisher nur konventionell erfaßten Musikhandschriften wurden in die Datenbank eingegeben (54 Titel). Auch wurde damit begonnen, die konventionell erstellten Titel der Fürstlichen Bibliothek Waldburg-Wolfegg-Waldsee in die RISM-Datenbank einzugeben (bisher 100 Titel).

Insgesamt etwa 1560 neue Titel wurden an die RISM-Zentralredaktion in Frankfurt überspielt, und zwar der Bibliotheken Berlin und Hamburg (1270), Oldenburg (235) und Passau (54). Hinzu kamen aufgrund von Rückfragen der Frankfurter Zentralredaktion zahlreiche Ergänzungen und Korrekturen der überspielten Titel, besonders von Titeln der Staatsbibliothek zu Berlin (Buchstabe A–Q der Signaturengruppe Mus. ms.), die schon früher konventionell erstellt worden waren und jetzt durch Mitarbeiter der Frankfurter Zentralredaktion der Datenbank zugeführt werden.

Klaus Kindler, der zum 1. Oktober 2001 nach langer überaus ertragreicher Tätigkeit in den Ruhestand trat, beendete darüber hinaus die Eingabe sämtlicher seiner früher konventionell erstellten Titel in die Frankfurter Datenbank (u. a. aus Münster, Santini-Bibliothek, Detmold, Lippische Landesbiblliothek, Wolfenbüttel, Herzog August Bibliothek). Das waren im Berichtszeitraum 2570 Titel der Herzog August Bibliothek und des Niedersächsischen Staatsarchivs in Wolfenbüttel, dabei vor allem Helmstedter Handschriften aus dem 17. Jahrhundert u. a. aus St. Stephani, Orgelwerke von Johann und Hieronymus Wilhelm Pachelbel und Tänze von Johann Schop. Außerdem hat er sämtliche Stücke der zwölf Lautentabulaturen von Philipp Hainhofer (782 Titel) in der Herzog August Bibliothek sowie die fünf Lautentabulaturen der Santini-Bibliothek in Münster (132 Titel) übertragen und in die Datenbank eingegeben, wobei sich etliche Identifizierungen ergaben. Eingegeben wurden von ihm auch die 456 Titel des Opernbestands des Herzoglichen Theaters in Braunschweig aus der 2. Hälfte des 18. Jahrhunderts, die bereits in einem von ihm im Rahmen der RISM-Arbeit erstellten gedruckten Katalog vorliegen (1990) und im Niedersächsischen Staatsarchiv Wolfenbüttel aufbewahrt werden.

Fortgesetzt wurde die Katalogisierung der Musikhandschriften und Musikdrucke des Benediktiner-Klosters Metten (s. auch unter Musikdrucke). Die zum Teil bereits von Seiten des Klosters konventionell erstellten Titelaufnahmen der Musikhandschriften müssen ergänzt und korrigiert werden, der überwiegende Teil des Bestandes ist neu zu katalogisieren. Bisher wurden knapp 2.700 Manuskripte überprüft bzw. neu katalogisiert.

Musikdrucke, Reihe A

Die alphabetische Kartei der für die RISM-Reihe „Einzeldrucke vor 1800" in Frage kommenden Musikdrucke in der Münchener Arbeitsstelle wuchs nur geringfügig um 70 Titel aus Hamburg (Staats- und Universitätsbibliothek), Metten (Benediktiner-Kloster) und München (Bayerische Staatsbibliothek). Stand der Kartei: 62.808 Titel. Hinzu kommt die große Zahl der Drucke des 19. Jahrhunderts aus dem Bestand des Benediktiner-Klosters Metten. Im Berichtszeitraum wurden 2220 Drucke katalogisiert; damit sind bisher 4570 Drucke des Bestands Metten erfaßt. Da die gesamte Sammlung an Musikhandschriften und Musikdrucken des Klosters für die Dauer der Katalogisierung in die Bischöfliche Zentralbibliothek in Regensburg überführt wurde und zum größten Teil noch ungeordnet und unkatalogisiert war, dürfte seine vollständige Erfassung, auch der späten Drucke, durch RISM gerechtfertigt sein, zumal Drucke und Handschriften nicht getrennt aufgestellt waren und bei der Handschriftenkatalogisierung sich vielfach ein Zurückgreifen auf die entsprechenden Ausgaben als notwendig herausstellte.

In der Dresdener Arbeitsstelle wurden 251 Titel aus Augustusburg, Berlin (SBPK), Dresden (SLUB), Herrnhut, Mügeln und Zittau (Christian-Weise-Bibliothek) erfaßt.

Libretti

Die Dresdener Arbeitsstelle nahm 167 Titel auf, außerdem wurden dort ca. 20 handgeschriebene Texte und Rollenbuch-Sets katalogisiert.

Sonstiges

Von den etwa 1.100 Sammeldrucken der zweiten Hälfte des 16. Jahrhunderts (1550–1599), die im RISM-Band „Recueils imprimés XVIe - XVIIe siècles“ (1960) nur mit ihren Titeln und Fundorten verzeichnet sind, wurden bisher etwas über 500 Drucke in Kassel von einer Mitarbeiterin auf Werkvertragsbasis per EDV detailliert beschrieben und inhaltlich erschlossen. In München wurden die knapp 12.000 in diesen über 500 Drucken enthaltenen einzelnen Stücke bibliographisch ergänzt, d. h. jedes Stück erhielt, sofern vorhanden, den Hinweis auf ein Musikincipit in einem thematischen Werkverzeichnis, auf allgemein zugängliche wissenschaftliche Ausgaben u. a. (Tenorlied, Incipitverzeichnisse von Harry B. Lincoln). Im Berichtszeitraum wurden sämtliche zukünftig noch zu erfassenden Sammeldrucke im Computer bereits in Kurzform erfaßt und alle bisher erschienenen Bibliographien, Faksimiles und Ausgaben vermerkt. Die etwa 240 Ausgaben mit Stücken Lassos sollen aus der von der Bayerischen Akademie der Wissenschaften in München per EDV erarbeiteten und 2001 erschienenen Lasso-Bibliographie überspielt werden.

Am 26. Januar 2001 informierte sich das Musikwissenschaftliche Seminar der Universität Regensburg unter der Leitung der Professoren David Hiley und Franz Körndle über die RISM-Arbeitsstelle München und ihre Tätigkeit.

Bildquellen

Etwa 500 Bildquellen zur Musik wurden neu in der computergestützen Datenbank erfaßt und sind somit nach verschiedensten Kriterien recherchierbar. Anhand bereits vorliegender Kurzbeschreibungen und Fotografien wurden Bestände des Kurpfälzischen Museums in Heidelberg aufgenommen (100 Musikdarstellungen). Neu hinzu kamen vor Ort durchgesehene Bestände des Württembergischen Landesmuseums in Stuttgart (400); hier konnten erstmals von einem großen Teil der Objekte vor Ort digitale Fotos angefertigt werden, welche in die Beschreibung in der elektronischen Datenbank eingebunden wurden.

Damit sind derzeit ca. 19.500 Werke der bildenden Kunst mit musikikonographischem Inhalt aus Museen und Bibliotheken der alten Bundesländer bei der Münchener Arbeitsstelle erfaßt (davon 9.200 in der computergestützten Datenbank).

Personenregister
zu den Seiten I–LIV

HAUSHALTSVORANSCHLAG 2001 – EINNAHMEN (in DM) – [1)]

Vorhaben	Akademienprogramm	Sonstige	Zusammen
Bach	931.820	–	931.820
Brahms	268.400	–	268.400
Gluck	230.100	4.000	234.100
Händel	338.000	–	338.000
Haydn	546.700	45.500	592.200
Mozart	248.900	68.000	316.900
Schönberg	393.200	4.000	397.200
Schubert	348.300	–	348.300
Schumann	109.700	–	109.700
Telemann	120.300	–	120.300
Wagner	548.800	–	548.800
Weber	341.100	–	341.100
Erbe	212.200	–	212.200
Kirchenlied, Kassel	286.800	18.900	305.700
RISM, Frankfurt	767.900	25.000	792.900
RISM, München und Dresden	730.400	–	730.400
Koordinierung	268.227	–	268.227
Zusammen	6.964.947	165.400	7.130.347

[1)] ohne Mendelssohn-Ausgabe

HAUSHALTSVORANSCHLAG 2001 – AUSGABEN (in DM) – [1)]

Vorhaben	Personalmittel	Sachmittel	Werkverträge	Druckbeihilfen	Zusammen
Bach	836.420	80.040	15.000	–	931.820
Brahms	231.000	25.000	12.400	–	268.400
Gluck	220.000	11.100	3.000	–	234.100
Händel	300.200	22.500	15.300	–	338.000
Haydn	530.400	57.800	4.000	–	592.200
Mozart	245.100	23.800	48.000	–	316.900
Schönberg	361.200	36.000	–	–	397.200
Schubert	306.500	29.600	12.200	–	348.300
Schumann	342.200	37.600	4.000	–	383.800
Telemann	100.100	12.200	8.000	–	120.300
Wagner	538.800	10.000	–	–	548.800
Weber	303.100	20.000	18.000	–	341.100
Erbe	144.200	28.000	40.000	–	212.200
Kirchenlied, Kassel	248.300	31.200	15.000	11.200	305.700
RISM, Frankfurt	620.500	136.400	36.000	–	792.900
RISM, München und Dresden	633.400	44.000	53.000	–	730.400
Koordinierung	256.500	30.000	–	–	286.500
Zusammen	6.199.647	635.600	283.900	11.200	7.130.347

[1)] ohne Mendelssohn-Ausgabe